Rosa Magalhães

a Moça Prosa da Avenida

Luiz Ricardo Leitão

Rosa Magalhães

a Moça Prosa da Avenida

EDITORA UERJ, DECULT
EDITORA OUTRAS EXPRESSÕES

Rio de Janeiro - 2019

CRÉDITOS

Projeto gráfico e capa
Alexandre Machado

Revisão
Maria Luiza Newlands
Renato Cascardo

Ilustração da capa
Rosa Magalhães

Ilustrações
Rosa Magalhães

Impressão e acabamento
Santa Marta

UNIVERSIDADE DO ESTADO DO RIO DE JANEIRO - UERJ

Reitor
Ruy Garcia Marques

Vice-Reitora
Maria Georgina Muniz Washington

Sub-Reitora de Extensão e Cultura
Elaine Ferreira Tôrres

Diretor do Departamento Cultural
Marcelo Campos

CATALOGAÇÃO NA FONTE
UERJ/REDE SIRIUS/NPROTEC

L533 Leitão, Luiz Ricardo.
Rosa Magalhães: a moça prosa da avenida / Luiz Ricardo Leitão. – Rio de Janeiro: Decult; São Paulo: Outras Expressões, 2019.
560 p. + 1 DVD; (Acervo Universitário do Samba, vol. 4)

ISBN (RJ) 978-85-85954-90-1
ISBN (SP) 978-86-9482-044-0

1. Magalhães, Rosa - Biografia. 2. Carnaval – Rio de Janeiro (RJ). 3. Artes Plásticas – Rio de Janeiro (RJ). I. Título. II. Série

CDU 92:73(815.3)

Bibliotecária: Leila Andrade CRB7/4016

1ª edição: novembro de 2019

Editora Outras Expressões

Rua Abolição, 201 – Bela Vista
CEP 01319-010 – São Paulo-SP
Tel: (11) 3522-7516 / 4063-4189 / 3105-9500
editora.expressaopopular.com.br
livraria@expressaopopular.com.br
www.facebook.com/ed.expressaopopular

Coordenação
Luiz Ricardo Leitão

Equipe
Andressa Lacerda
Denise Barata
Juliana Campos
Marcelo Braz
Thatiane Carvalho

Assistente de Produção
Tatiana Agra

Visite nossa página no *Instagram*
e no *Facebook:*

/acervodosambauerj

TÍTULOS JÁ PUBLICADOS

Volume 1
Aluísio Machado: sambista de fato, rebelde por direito

Volume 2
Zé Katimba: antes de tudo um forte

Volume 3
Noca: da Portela e de todos os sambas

Volume 4
Rosa Magalhães: a moça prosa da avenida

Próximo Lançamento:
Tiãozinho da Mocidade, Toco e Gibi: vira, virou, a Mocidade chegou

NOTA DOS EDITORES

Com a publicação de ***Rosa Magalhães: a moça prosa da avenida***, o Departamento Cultural da UERJ e o *Acervo Universitário do Samba* têm a honra e o orgulho de apresentar à comunidade acadêmica brasileira e a todos os pesquisadores e admiradores da arte popular de matriz africana mais um volume desta série dedicada aos grandes nomes – *felizmente vivos!* – do samba e do carnaval do Rio de Janeiro. Em meio ao sistemático e deliberado processo de asfixia dos recursos destinados à Educação e à Saúde Pública em nosso estado, a edição deste livro-DVD representa, sem dúvida, uma demonstração cabal de resistência da Universidade – *pública, gratuita, autônoma e socialmente referenciada*. E reitera, igualmente, o compromisso da UERJ em não se dissociar do nosso povo e de seus artistas mais criativos, cuja lucidez e talento nos ajudam a desvelar máscaras sociais e a (re)interpretar esta terra tão fecunda e desigual.

Cabe-nos, de imediato, agradecer com imensa satisfação às instâncias uerjianas que viabilizam o sucesso deste quixotesco projeto. Destacamos, em primeiro lugar, o papel essencial da **Diretoria de Administração Financeira** da UERJ (DAF), seja na figura de sua ex-diretora, a Profª Maria Thereza Lopes de Azevedo, seja na pessoa da colega Márcia Carvalho da Cunha, atual titular do órgão. Ambas não hesitaram em assumir os custos integrais de produção do DVD encartado neste volume e subsidiar uma vultosa parte das despesas de formatação e impressão do ensaio biográfico escrito pelo Prof. Dr. Luiz Ricardo Leitão. Sem dúvida, investir em **cultura** nesta era (ultra)neoliberal do mundo globalizado é um sinal inequívoco de coerência e dignidade de uma instituição de Ensino Superior sustentada pelos impostos pagos pela população fluminense.

Expressamos também inestimável gratidão à equipe do **Departamento Cultural** (DECULT-UERJ), dirigido pelo Prof. Dr. Marcelo Campos (docente do Instituto de Artes), em particular aos companheiros Renato Cascardo (revisor desta obra) e Heloísa Barboza (chefe da Secretaria), cuja presteza é inigualável. E, obviamente, não poderíamos esquecer os pares da **Sub-reitoria de Extensão e Cultura** (SR-3 UERJ), à qual o *Acervo do Samba* se vincula, sobretudo à Profª Drª Elaine Ferreira Tôrres, titular da pasta (por sinal, a autora da proposta de concessão do título de Doutora *Honoris Causa* à Profª Rosa Magalhães, ex-aluna desta Casa), e suas assessoras Maria Angelica Marques Rocha e Rosana Rocha, duas prestimosas colaboradoras desta iniciativa.

Na produção do DVD, não há palavras para traduzir nossa admiração pelo trabalho desenvolvido pela equipe da **TV UERJ**, liderada pela jornalista Cássia

Ferreira de Andrade, da qual participaram profissionais devotados como Adil Lepri, Aline Zacher, Daniel Cordeiro, Félix Milesi, Guapy Góis e Yasmim de Cássia, do **Centro de Tecnologia Educacional** (CTE) da UERJ, dirigido pela jornalista Ana Cláudia Theme, setor que se associou desde a primeira hora ao *Acervo do Samba* a fim de produzir, a custo mínimo, o documentário sobre a carnavalesca e artista plástica **Rosa Magalhães**. Por sua vez, o coletivo do projeto criador desta série (o nosso *Acervo*) também se desdobrou para reunir o material textual e iconográfico aqui incluído, com destaque para a atuação das professoras Andressa Lacerda e Juliana Campos, além da assistente de produção Tatiana Agra.

Os quatro anos de pesquisa e elaboração da obra ora lançada contaram ainda com o apoio de diversas instituições públicas, entre as quais destacamos o Arquivo Geral da Cidade do Rio de Janeiro e a equipe da historiadora Beatriz Kushnir; o Arquivo Nacional, dirigido pela bibliotecária Neide Alves de Sordi; o Museu da Imagem e do Som, dirigido pela historiadora Clara Paulino; a Academia Brasileira de Letras (ABL) e o Arquivo Múcio Leão; a Gerência de Acervo da EBC e o CPDOC da FGV. No âmbito das entidades da sociedade civil, além do apoio do Colégio Sagrado Coração de Maria RJ e de Fernando Araújo, do Centro de Memória da LIESA, várias escolas de samba também nos abriram suas portas. Entre elas, o GRES Portela, cujo presidente Luiz Carlos Magalhães e o assessor Raphael Perucci sempre nos concederam generosa atenção, o GRES Unidos de Vila Isabel, cujo Departamento Cultural nos prestou valiosa serventia, e o GRES São Clemente, na figura do carnavalesco Jorge Silveira. E nossa gratidão mor aos fotógrafos Valéria del Cueto, do acervo ***carnevale.com***, e Wigder Frota, que nos cederam preciosas imagens de Rosa Magalhães em 2012 e 2013.

Por fim, agradecemos uma vez mais aos parceiros do selo *Outras Expressões* (SP), que desde 2015 têm compartilhado conosco o desafio de editar, sem qualquer expectativa de lucros avantajados, esta singela série acadêmica em defesa da cultura popular brasileira e do samba carioca. Embora nossa experiência periférica de capitalismo preconize o sucateamento do Serviço Público e a privatização total da Cultura e da Educação, há quem não professe tal credo – e a equipe de Miguel Yoshida e seus pares do Brás, em São Paulo, são, decerto, a mais saudável exceção à regra que o ultraneoliberalismo busca impingir.

Acervo Universitário do Samba – UERJ
Rio de Janeiro, setembro de 2019

Sumário

ALGUMAS PALAVRAS

Zeni Pamplona, em entrevista ao biógrafo | TVUERJ / *Acervo do Samba*

Os meus 90 anos, mais 60 de casamento e companheirismo com Pamplona, já dizem o quanto vivi e testemunhei as transformações que as escolas de samba tiveram.

Indiscutivelmente, o enredo africano *Zumbi dos Palmares* concebido por Pamplona foi o marco da grande virada. A partir daí, Fernando entrou de corpo e alma no "ramo", levando com ele uma turma talentosa e competente. Falar de Joãosinho Trinta é repetir tudo que já foi dito e provado por ele mesmo pelas obras que fez. João era um gênio. Pena que tenha partido tão cedo.

Não posso deixar de mencionar a equipe feminina: Maria Augusta, Lícia Lacerda e Rosa Magalhães. Três personalidades distintas, cada uma com o seu estilo, mas igualmente talentosas. Maria Augusta, divertidíssima com seus colares e guias. Lícia Lacerda, sempre disposta e prestativa. E Rosa Magalhães tinha sempre um caso engraçado para contar. Era uma usina de criatividade. Fernando sabia bem administrar esse trio.

Em relação à Rosa Magalhães, há quem diga que Fernando poderia ser considerado de fato um tutor e conselheiro dela; porém, como "testemunha ocular" da história e conhecendo bem o desprendimento de meu companheiro, sei que não era essa a sua realidade. Ficava sempre feliz com o talento de suas discípulas.

Fiquei mais próxima da Rosa e, quando ela prestou homenagem ao Fernando, fazendo-o enredo da São Clemente, só fiquei frustrada em não poder assistir da arquibancada, pois desfilei no carro do Teatro Municipal.

Sensação maior senti com o carinho que ela me dispensou, realizando um almoço para comemorar os meus 90 anos, quando me ofertou um chaveiro da formiga Tocandira, o elemento tão caro na infância de Fernando!

Zeni Pamplona
Rio de Janeiro, agosto de 2019.

APRESENTAÇÃO

Maria Luiza Newlands e Rosa Magalhães no lançamento de *O inverso das origens* | Acervo da artista

Quando éramos pequenas, no recreio do colégio, brincávamos de roda, de mãos dadas, cantando aquelas cantigas que as crianças daquele tempo sabiam de cor. E a Rosa de tranças! Quem diria, hein, Rosa, que hoje, tanto tempo depois, ainda estaríamos aqui de mãos dadas nesta roda maior, fazendo livros, batendo grandes papos, contando histórias, dando risadas, trocando ideias!

Primeira comunhão no colégio de freiras, aqueles minivestidos de noiva. A adolescência, os namorados todos, os livros mais marcantes, os filmes, os atores favoritos, as peças de teatro, os concertos no Municipal (quando nossos pais se revezavam no leva e busca), as aulas de Francês e Inglês, as férias em Petrópolis, as festinhas.

E, agora, para minha surpresa, descobri neste livro precioso do Luiz Ricardo tantas coisas maravilhosas que eu não sabia que ela tinha feito, coisas importantes que só confirmam a minha profecia de menina, que fazia dona Lúcia dar risadas: *"Guardo tudo o que ela desenha, até os esboços, porque um dia ela vai ser famosa e aí fico milionária."*

E ela desenhava muito, sem parar, onde quer que estivesse, nas margens dos cadernos, dos livros, durante os passeios e viagens, desde que houvesse papel e lápis ou caneta à mão. Às vezes, os modelos éramos nós. Ou os professores, o cachorro da casa, as visitas da família, quem e o quê estivessem por perto. Tenho até hoje as cartas que me mandava quando viajava com o pai nas férias de julho, com desenhos por trás do texto manuscrito. Pois é, que sorte a minha, naquele tempo se escreviam cartas.

Não só descobri neste livro coisas que desconhecia, como fiquei surpresa com o tamanho da obra da Rosa, que Luiz Ricardo conseguiu enumerar e reunir. Trabalho hercúleo, meticuloso, documento inestimável para os amigos dela e o público em geral. Só temos que agradecer.

Vejo nessa profusão de trabalhos uma digna filha do pai: a mesma energia inesgotável, a mesma curiosidade e empenho de pesquisadora meticulosa. Com o senso de humor, a presença de espírito e a imaginação da mãe. A tudo isso, acrescente-se o que ela própria adquiriu por si só pela vida afora. Uma boa conta de talento.

A obra da Rosa trouxe e traz prazer e deslumbramento para milhares de pessoas, e vai ser uma alegria para sempre, como disse o poeta. Inclusive para os que privam de sua intimidade e acompanham cada etapa de sua rica vida profissional.

Mas fico feliz em lembrar que estivemos lado a lado em muitas outras ocasiões memoráveis.

Um dia, vimos *Hair* juntas em Londres e fizemos compras na *Biba*, fomos à *Carnaby Street*...

Num outro dia, ela foi minha madrinha de casamento. De minissaia!

E brincamos de roda, muito antigamente.

Maria Luiza Newlands

Rio de Janeiro, julho de 2019.

O biógrafo e a artista, no barracão da Portela (2018) | Foto: Andressa Lacerda

À GUISA DE INTRODUÇÃO

Crear es la palabra de paso de esta generación.
El vino, de plátano; y si sale agrio ¡es nuestro vino!
José Martí, "Nuestra América"

Desde os tempos de infância, o autor deste ensaio biográfico apegou-se com enlevo e curiosidade às lides do carnaval. Meu tio Petrônio era presidente de uma modesta escola de samba no interior do antigo Estado do Rio, o GRES Unidos do Bonfim, cuja madrinha era a poderosa Portela de Paulo Benjamin de Oliveira (o saudoso *Paulo da Portela*) e de Natalino José do Nascimento, o bicheiro a quem todos chamavam de *Natal*. Lembro que boa parte da família se envolvia, direta ou indiretamente, com os preparativos para os desfiles que se realizavam ao final dos anos 60 na pequena, mas efervescente cidade – dos quais, infelizmente, este escriba era apenas um miúdo espectador.

Há imagens que ainda hoje sobrevêm à memória de minhas retinas já tão fatigadas (*ave*, Drummond!), como a reinauguração festiva da quadra da agremiação, com o lendário *Natal*, à feição de um soba angolano, sentado em uma cadeira de madeira numa ponta do acanhado palco do Bonfim e minha avó Eurídice garbosamente acomodada do outro lado, para orgulho dos filhos, netos, parentes e amigos do clã Arruda Leitão. Também não me sai da lembrança o desfile de 1969, quando, em plena onda cívico-cultural do *"Brasil Grande"*, a diretoria do Bonfim escolheu como enredo a construção da rodovia *Transamazônica*, um ícone da "integração nacional" que a ditadura resolvera fomentar a ferro e fogo.

Era tudo tão tosco e, ao mesmo tempo, tão ingênuo, que não havia como esquecer o carro alegórico do "desbravamento" da selva, no qual meu primo mais velho, Paulo Neto, parecia já um homem feito, vestido de engenheiro agrimensor, com macacão e capacete, examinando o horizonte pelas lentes do nível topográfico. Recordo que havia ainda outra alegoria, dedicada aos indígenas "integrados" à *civilização*, em que minha prima Márcia, de apenas oito anos, vinha fantasiada de curumim. E tampouco me sai da cabeça a figura de meu pai aboletado na cabine de jurados (sem dúvida, o mais suspeito e parcial de todos), dando 10 para todos os quesitos do Bonfim e descontando pontos preciosos dos rivais – o que decerto concorreu decisivamente para a vitória do grêmio presidido por seu irmão...

O que mais me impressionava, porém, não eram as noites de desfile, mas as visitas ao humilde barracão (a bem da verdade, uma *garagem*) da escola, onde mal cabiam os dois chassis de caminhonete que serviam de base aos carros alegóricos do enredo. Ali dentro, quem reinava soberano era o *Seu* "Faz-Tudo", um caboclo maduro de uns cinquenta anos, misto de ferreiro, carpinteiro, escultor e aderecista. Ele não fizera nenhum curso na *Escola Nacional de Belas Artes,* nem trabalhara nas oficinas do Teatro Municipal, como os pupilos e pupilas de Fernando Pamplona e Arlindo Rodrigues, mas era responsável pelo desenho e montagem das principais atrações visuais do desfile. E, já que a fórmula ufanista e *chapa-branca* da *Transamazônica* acertara no milhar, o tema de 1970 seria a *Ponte Rio–Niterói*, outra obra faraônica do regime militar, a qual se iniciara justamente em janeiro de 1969.

É óbvio que o sobrinho carioca de Petrônio quis conferir o trabalho na garagem do Bonfim, para aprender um pouco mais sobre aquela insólita arte de converter a realidade em fantasia (ou seria talvez o contrário?). Quando o menino entrou no galpão, lá estava a ponte, na escala empírica de *Seu* "Faz Tudo", com os 13 km de extensão reduzidos a menos de quatro metros sobre a carcaça do carro. Contemplei-a com um ar intrigado e incrédulo: de imediato, chamou-me a atenção o tamanho dos postes de luz, feitos de ripas de madeira muito grossas, que me soavam bastante desproporcionais no conjunto. Mas logo abstraí o detalhe, encantado com o entusiasmo do carnavalesco amador na descrição de sua obra. Naquele ano, sem o mesmo impacto temático e visual do desfile anterior (e sem as notas generosas do irmão Plínio), a agremiação de tio Petrônio não venceu, deixando o abnegado "Faz-Tudo" bastante acabrunhado sob as ruínas da sua obra arquitetônica.

Hoje me dou conta de quão desprendido e amoroso era o labor daquele homem no singelo *barracão* de sua escola. Ele não sabia, mas era talvez um dos últimos da espécie. Com a conversão do desfile em um evento *espetacular* sob a tutela da TV e dos chefões do *jogo do bicho* no Rio, como resistir ao tsunami das *Superescolas de Samba S/A*? Ao final dos anos 70, a contravenção, que ampliava cada vez mais seus negócios ilícitos, mas ainda não ajustara totalmente suas relações com o poder, buscava a todo custo legitimar-se na sociedade. Sua melhor opção seria instalar-se ruidosamente nas escolas de samba, um dos equipamentos culturais mais relevantes da Zona Norte, do subúrbio e da periferia da cidade. E, como *bicheiro* não joga para perder, logo cuidaram de "caprichar" na embalagem do novo produto administrado, contratando a peso de ouro os *profissionais* da folia.

Assim, o folclórico Bonfim, junto com o *Seu* "Faz Tudo", aos poucos definhou e veio a desaparecer, como tantas outros grêmios carnavalescos no interior do estado. Já que *"tudo que é sólido se dissolve no ar"*, a opção deste cronista, então, foi refugiar-me nas quadras cariocas, onde as difusas impressões plásticas sobre o folguedo cederiam passo à batida do **samba**, curtido nas madrugadas de sexta-feira na inesquecível *"Casa de Bamba"* da Vila Isabel, ali no terreirão improvisado sob as arquibancadas do antigo campo do América F. C., ou nas noites de sábado na União da Ilha, lá no Cacuia, onde Haroldo Melodia *segurava a marimba* com os melodiosos hinos da tricolor insulana.

Foi no balanço daquelas ondas e baterias que se forjou o pesquisador acadêmico, para o qual não existem polos excludentes no universo dialético do ***carnaval***, o maior signo de resistência cultural do povo negro do Rio. Aliás, deve-se consignar, de antemão, que este escriba (formado em Letras e apaixonado pelas Artes Plásticas) se considera um modesto discípulo de Mikhail Bakhtin e que minha leitura da festa se atém ao que enunciou o autor russo sobre o espírito *carnavalizante* da cultura popular na Idade Média. No mundo ao revés dos oprimidos, o celestial é rebaixado ao plano terreno e o cerebral cede passo ao corpóreo/ventral... Vive-se, em suma, o *inverso das origens*, fórmula igualmente subscrita por Rosa Magalhães em sua práxis carnavalesca.

Atentos a esse preceito filosófico-existencial, não cultivaremos aqui nenhum "Fla-Flu" estético-ideológico. Isso significa que, ao descrever a contribuição acadêmica de Marie Louise Nery, Arlindo Rodrigues, Fernando Pamplona e seus pupilos & pupilas do Teatro Municipal e da *Escola Nacional de Belas Artes* à maior expressão de resistência cultural do povo negro do Rio, buscaremos sempre a mediação. Ou seja: se o **canto** e a **dança** são ***primordiais***, como anotou certa vez Rosa, os elementos **plásticos** não deveriam jamais representar uma contrafação ou elitização do cortejo popular – esse evento onírico em que todos os foliões bailam, cantam e se fantasiam de reis, piratas e jardineiras, antes que os sonhos da avenida se desvaneçam nas cinzas da quarta-feira.

É por isso que, após imergir na história sempre rica e singular de alguns sambistas nascidos ou radicados no Rio (entre eles, **Noel Rosa**, **Aluísio Machado** e **Zé Katimba**), o ensaísta decidiu abrir alas para a outra face do antropofágico ***carnaval***, o *"inverso das origens"*. Se, por um lado, o **samba** e seus tambores continuam a ser o grande motor da folgança encenada na avenida (que o diga o Salgueiro de Zuzuca *"pegando no ganzê e no ganzá"* em 1971, o Império de Aluísio Machado & Beto Sem Braço "*contagiando a Sapucaí*" em 1982 e a Mangueira arrepiando corações com sua "*História para ninar gente grande*" em 2019), a **narrativa visual** do desfile, por sua vez, não deve e não pode ser desprezada.

Sem **música** e, em especial, sem o ritmo contagiante de um bom **samba de enredo**, não há festa (assim como, nos idos de Braguinha e Noel, não haveria carnaval sem a cadência brejeira das marchinhas). Mas quem hoje abdica das belas e criativas **fantasias**, **alegorias** e **adereços** que ilustram os temas cantados na ópera popular? Mais além do inequívoco impacto visual, sem a convicção estética e a ousadia de **Arlindo**, **Pamplona** & Cia., não teríamos conhecido a saga de rebeldia do "*Quilombo dos Palmares*" ou as histórias fabulosas de "*Xica da Silva*" e "*Chico-Rei*". Aliás, sequer desfrutaríamos da imaginação e do engenho prodigiosos de ***Joãosinho***, nem da fabulação rocambolesca e dramática de **Rosa**, com a qual viajamos entre diversos mundos, vivenciando insólitas confluências entre as mais díspares criaturas – *de repente, de lá pra cá; e dirrepente, de cá pra lá...*

Enfim, o ensaio que ora se publica não pretende ser apenas uma simples biografia. Ele representa, também, um esforço para delinear o papel dos **carnavalescos** nas últimas cinco décadas de desfiles. Não por acaso, há quase meio século a multifacetada artista e professora aqui pintada iniciou sua atuação em um improvisado 'barracão' de Botafogo, com mais de um "*Faz-Tudo*" em mutirão compondo a esfuziante "*Festa para um Rei Negro*". Discípula de Pamplona, tanto quanto *Joãosinho* Trinta, Maria Augusta, Renato Lage e Lícia Lacerda, **Rosa Magalhães** hoje pode ser vista como epígono do mestre – mas é igualmente uma referência para as novas gerações da EBA que se empenham em reinventar a festa na Sapucaí, como Jack Vasconcelos, Jorge Silveira, Leandro Vieira e Leonardo Bora.

Efetivamente, a colaboração dos "acadêmicos" com o carnaval (seja na decoração de clubes e ruas, seja na criação de fantasias e alegorias para ranchos, grandes sociedades e escolas de samba) é um processo secular, de que têm participado nomes como Rodolfo Bernardelli, Raul Pederneiras, Santa Rosa, Marie Louise Nery e outros artistas. Não é fácil sopesar o que há de benéfico e daninho nessa coexistência dos "professores" com os atores originais da festa, mas esse é um desafio de nosso ensaio. Por outro lado, além da atenção concedida à **Rosa** *carnavalesca*, o texto há de conferir igual relevo à **Rosa** *artista plástica* (presente a várias exposições no Brasil e no exterior) e à **Rosa** *figurinista* e *cenógrafa* de extenso currículo, que há anos vem atuando em peças teatrais, concertos musicais, récitas de ópera e balés – sem falar nos megaeventos culturais e esportivos que ela já dirigiu.

***

"*Nosso vinho é de banana; e se sair azedo, é nosso vinho!*[1]" A história e a obra de **Rosa Magalhães** fazem jus à tradição dos melhores cronistas das Índias e, sobretudo, à dos artistas intérpretes desta nossa *Bruzundanga*[2], entre os quais convém incluir o poeta Gregório de Matos (o "*Boca do Inferno*"), os ficcionistas Machado de Assis e Lima Barreto, a pintora Tarsila do Amaral e os músicos Noel Rosa e Chico Buarque de Holanda. Filha de um acadêmico cearense impregnado da seiva sertaneja e de uma dramaturga paulista florida

---

1 MARTI, José. "Nuestra América". *In: Tres documentos*. La Habana: Editorial José Martí, 1984, p. 15.

2 O termo ***Bruzundanga***, que aparecerá em outras passagens deste ensaio biográfico, é uma referência direta à obra *Os Bruzundangas* (1922), de **Lima Barreto**, narrativa satírica sobre um país vizinho ao nosso, cujos hábitos e costumes desusados o autor descreve com rara picardia. Dirigida por uma elite fútil e parasitária, que vivia dos lucros da lavoura do café, a nação fictícia era uma imagem especular do Brasil do limiar do séc. XX (e, desafortunadamente, ainda mais atual nesta quadra do novo milênio).

na boa cepa italiana, a moça prosa das avenidas cariocas tornou-se, sob o influxo dos pais e dos vários estudos e viagens realizadas, uma arguta e espirituosa observadora das *cousas* e *causos* surreais de sua pátria.

Há quem a chame de "*barroca pós-moderna*" ou "*modernista antropofágica*", que tempera o substrato letrado com constantes infusões na cultura popular e até no universo *pop*. Lembrando as andanças de Rosa com o pai e os amigos pelos dois hemisférios (Ásia, Europa, África e Américas), outros veem na artista uma vocação *cosmopolita* que contribui para o motivo recorrente de suas narrativas – as quais, sempre que possível, cuidam de promover ***enlaces entre dois** (ou mais)* ***mundos***. Assim, o gosto por personagens que se deslocam entre o *Velho* e o *Novo Mundo*, ou motes que transitam por distintos continentes, há de impulsionar as histórias rocambolescas que povoam os desfiles da moça prosa.

Como esquecer, por exemplo, o esfuziante ***ti-ti-ti*** do ***sapoti*** (tema da Estácio de 1987), que surgiu de uma viagem de Rosa à Tailândia e entrelaçou México, Ásia e Brasil? O que dizer do genuíno encontro de dois mundos ocorrido no século XVI em Rouen, onde os índios tupinambás foram atração da festa oferecida pela cidade francesa aos reis Henrique II e Catarina de Médicis (enredo campeão da Imperatriz em 1994)? Como não se encantar com o *causo* verídico da expedição histórica e científica ao Nordeste (desfile bicampeão em 1995), que importou camelos do Saara para varar os sertões, mas acabou apelando para o brioso jegue cearense, única alimária apta a suportar a missão? E de onde saiu o "*pó de pirlimpimpim*" que fez o escritor dinamarquês Hans Christian Andersen viajar no tempo e no espaço para visitar o fabuloso *Sítio do Pica-pau Amarelo* de Lobato (tema de 2005)?

Quem porventura já tachou de europeísta a autora de enredos como "*Brasil mostra a sua cara em... Theatrum Rerum Nataralium Brasiliae*" (1999) e "*João e Marias*" (2008) por certo não se ateve à tessitura das tramas concebidas por Rosa. De uma forma ou de outra, a riqueza etnográfica e estética do **Brasil** manifesta-se na avenida, seja na concepção dos *figurinos*, que se valem explicitamente do repertório popular (rendas, fitas, fuxicos), seja na criação dos *elementos alegóricos*, em que a flora, a fauna, o artesanato, a culinária e outros aspectos da cultura brasileira têm sempre lugar de destaque.

Aliás, para quem não acompanha os cortejos da Sapucaí, vale recordar a cerimônia de encerramento da Olimpíada *Rio 2016*, no estádio do Maracanã, que reconstituiu a larga história deste rincão do *Novo Mundo*, desde os desenhos rupestres pré-históricos da Serra da Capivara (PI) até a obra paisagística de Burle Marx e a festa indescritível do carnaval. Como qualquer artista que se preze, Rosa seguiu o aforismo de Leon Tólstoi: "*Se queres ser universal, começa por pintar a tua aldeia*". Dessa forma, sobre o gramado convertido em palco e telão, viu-se uma celebração *tropicalista* e sem pecado do lado de baixo do Equador, com direito à arte única das mulheres rendeiras do Ceará, que, embaladas pela música insinuante de Zé do Norte, bordaram uma imensa toalha branca no campo.

De resto, a reverência à nata de músicos da nossa MPB diz muito sobre a artista. Como não se emocionar com os acordes de "*Carinhoso*", o *chorinho* sublime de Pixinguinha & Braguinha, entoado pela voz malemolente e brasileiríssima de Martinho da Vila (com o coro de três filhas e uma neta)? Há maneira de não se comover com os versos de "*Asa Branca*", a ode vibrante de Humberto Teixeira e Luiz Gonzaga aos retirantes nordestinos? Como não chorar ao som da "*Bachiana Brasileira nº 5*", de Villa-Lobos, vendo as imagens dos atletas no telão? E como ficar indiferente ao hino nacional, tão parnasiano e pomposo, quando este é cantado – sem qualquer laivo de *chauvinismo* – por 27 crianças vestidas de branco (personificando a capital e os 26 estados de sua nação turbulenta e excludente), acompanhadas pelos tambores retumbantes de um grupo de percussionistas?

***

Para quem preza juízos de valor precipitados, Rosa pode parecer conservadora ou até anacrônica, mas o conjunto da obra e o próprio comportamento atestam que a artista sempre foi uma personagem iconoclasta e vanguardista, tanto nas atitudes impulsivas que tomou, como nos hábitos e indumentária que adotou. Neste livro, os parentes e as amigas do tempo de adolescência e juventude confessarão o quanto ela maravilhava a todos com sua independência e com as roupas que usava, andando no valente *fusquinha* para cima e para baixo, com o cabelo pintado (um vezo que até hoje cultiva) e os trajes coloridos que a fã declarada de Carmen Miranda e Frida Kahlo sempre adorou.

O temperamento desabrido de quem nunca fugiu aos desafios impostos pelo ofício ou pelo destino explicam, talvez, o destaque que as narrativas de Rosa concedem ao **papel feminino** na vida pública. No universo da moça prosa, as mulheres brilham não só pelo talento e pioneirismo, mas também por sua iniciativa e autonomia. Nascida um século depois de **Chiquinha Gonzaga** (mero acaso ou sincronicidade?), ela nunca escondeu a profunda admiração pela artista pioneira cuja vida pessoal, amorosa e profissional gerou desprezo e preconceito no limiar do séc. XX. E esse apreço concorreu para a difusão de uma causa que ainda hoje provoca reações violentas no Brasil patriarcal – **a igualdade de gênero** –, ajudando a inscrever o folguedo de Momo na agenda identitária e social do país.

Não por acaso, em vários de seus desfiles, Rosa envereda pelo mote. Já em 1978, na Portela, ao lado de Lícia Lacerda e Hiram Araújo, o enredo "***Mulher à brasileira***" era dedicado à diversidade e beleza de nossas mulheres, destacando as heroínas do Brasil. Em 1996, com o tema "***A Imperatriz Leopoldinense Honrosamente Apresenta Leopoldina, a Imperatriz do Brasil***", a figura feminina assume lugar de peso na História: descrita como a grande conselheira do inexperiente Imperador Pedro I, Maria Leopoldina de Áustria une a política e a trajetória de dois países aparentemente bem distantes. Já em 1997, é a vez de "***Eu sou da lira, não posso negar***", homenagem à corajosa Chiquinha, retratada como um ícone da cultura genuinamente brasileira que se forjava em sua época.

***

Essas e outras veredas trilhadas pelo presente ensaio devem bastar para ilustrar os leitores sobre a complexa tarefa de que se incumbiu o biógrafo. Não reclamo da faina, mas reconheço que a missão absorveu completamente minhas energias. De um lado, era preciso inventariar e apreciar a extensa produção da biografada nas esferas do **carnaval** e das **artes plásticas**. Isso incluía, de antemão, os anais de mais de quarenta desfiles que ela desenvolveu nas escolas de samba do Rio de Janeiro (até 1987, em parceria com outros pares; depois, sempre em voo solo), além de duas passagens por São Paulo.

Não havia como limitar-me ao relato sumário dos enredos, visto que cada um deles se inscreve em um momento distinto da evolução do cortejo na cidade. Deu, de fato, panos para manga o histórico desfile do **Salgueiro** de 1971, cuja "*Festa para um Rei Negro*" seria a "colação de grau" da turma de Rosa, *Joãosinho*, Maria Augusta e Lícia Lacerda. Onze anos depois, a autocrítica clarividente das *Superescolas de Samba S/A* (mote de Pamplona para Rosa e Lícia no **Império**), com o "*Bumbum Paticumbum Prugurundum*" imortalizado por Aluísio Machado & Beto Sem Braço, também exigiu capítulo próprio. E a longa temporada na **Imperatriz** (1992-2009), que o autor penou para condensar em duas seções, mereceria por si só um livro à parte, tão férteis e marcantes vieram a ser os ***enlaces entre dois** (ou mais)* ***mundos*** que a artista engendrou na fábrica de sonhos da Leopoldina. Isso para não falar das fecundas jornadas na **Vila Isabel**, de 2011 a 2013, e na **São Clemente**, de 2015 a 2017, por vezes subestimadas pelos cronistas do espetáculo.

Outra faceta da poliédrica Rosa é a sua colaboração, como cenógrafa e figurinista, em inúmeros **espetáculos teatrais**, **líricos** e **musicais** no Brasil e no exterior, carreira iniciada em 1973 com o desenho dos figurinos de *Calabar: o elogio da traição* (peça de Chico Buarque e Ruy Guerra censurada pela ditadura no ensaio geral). Nesse périplo, vale ressaltar sua atuação em Curitiba com o Teatro Guaíra e o coletivo do *Grupo Delírio*. E, se não bastasse esse rol de trabalhos, consta ainda no currículo sua presença em relevantes mostras nacionais e internacionais, desde a precoce ida à *I Bienal da Bahia*, em 1966, quando ainda cursava o 2º ano de *Belas Artes* (após seletiva com Rubens Gerchman, Lygia Clark e Hélio Oiticica), até a participação na *49ª Bienal de Veneza*, em 2001, sob curadoria de Germano Celant, ao lado de Ernesto Neto, Miguel Rio Branco, Tunga e Vik Muniz.

Para sacramentar a estafa, faltava ainda resenhar a atuação de Rosa na direção de megaeventos urbanos e esportivos, como o desfile dos "500 anos" em Salvador, a festa de abertura do *Pan 2007* no Rio de Janeiro e a cerimônia de encerramento da *Olimpíada Rio 2016*, ambas no estádio do Maracanã. Os registros de todos esses eventos eram acessíveis ao pesquisador, mas não havia como contentar-me com os dados factuais disponíveis, pois estes nem sempre revelam os malabarismos que uma equipe artística tem de realizar para driblar um corte de 50% em seu orçamento – como ocorreu em 2016, já no auge da crise fluminense, com os cofres públicos saqueados pelas *maracutaias* do ex-governador Sérgio Cabral, do deputado Jorge Picciani e seus pares funestos do PMDB.

A biografada nunca se furtou a falar de cada atividade pela qual respondeu, mas às vezes a memória não a acudia – e, em outras ocasiões, quando o tema não a empolgava, ela se tornava ainda mais lacônica do que costuma ser nas entrevistas à mídia ou nos debates acadêmicos quando a pergunta que lhe endereçam a desagrada. Afortunadamente, a fim de suprir as lacunas objetivas e subjetivas identificadas em cada passo, o biógrafo contou com a preciosa ajuda dos assistentes de Rosa e de alguns profissionais que se tornaram seus amigos após décadas de convívio, além de agudos estudiosos da obra da artista.

E assim se deu. O arquivo vivo do título obtido em 1982 só poderia ser a notável pesquisadora **Rachel Valença**, imperiana de quatro costados, a quem devemos um farto acervo iconográfico aqui reproduzido. Já para recontar os desfiles de 1987 até hoje, vali-me de dois guardiões da obra de Rosa: a artista **Alessandra Cadore** e o estilista **Mauro Leite**, que compilaram todos os desenhos de fantasias e de elementos alegóricos feitos no período. Mauro e a escultora **Andréa Vieira**, membros da equipe de criação do *Pan 2007* e da *Olimpíada 2016*, relembraram a rotina alucinada dos dois eventos, além de fornecer oportunas informações sobre outros espetáculos, como a remontagem de *O Grande Circo Místico* (mescla de balé, circo e teatro, com roteiro de Naum Alves de Sousa e canções de Chico Buarque e Edu Lobo), que encantou plateias do Brasil e de Portugal em 2002.

O belíssimo espetáculo, aliás, nascera bem antes, na Fundação Teatro Guaíra, em Curitiba (PR). Lá, **Áldice Lopes** e **Edson Bueno**, criadores do Grupo *Delírio*, viveram uma verdadeira jornada cênico-existencial com Rosa, montando peças de William Shakespeare, Will Eisner, Nelson Rodrigues e Maria Clara Machado, entre outros ilustres dramaturgos. A dupla compartilhou generosamente com este biógrafo o registro iconográfico do périplo: como brinde às informações bastante úteis prestadas para o texto, eles ainda forneceram ao autor um raro acervo iconográfico que ilustra este volume .

Outras reminiscências e observações críticas sobre o trabalho da artista foram recolhidas da série de entrevistas realizadas com **Felipe Ferreira** (professor do Instituto de Artes da UERJ e coordenador do *Centro de Referência do Carnaval*), **Jack Vasconcelos** (ex-carnavalesco do Paraíso da Tuiuti, agora na Mocidade Independente), **Jorge Silveira** (carnavalesco da São Clemente), **Leonardo Bora** (dublê de carnavalesco e professor da EBA-UFRJ), **Paulo Herkenhoff** (curador e crítico de arte) e **Samuel Abrantes** (professor da EBA e destaque nos desfiles da Sapucaí).

Todos eles teceram considerações argutas e pertinentes sobre as concepções estéticas de Rosa e o papel que lhe coube no processo de reinvenção plástica da folia promovido pelos discípulos e discípulas de mestre Pamplona.

E, para não silenciar os **compositores**, aqueles cujos versos e melodias têm sido essenciais para realçar as histórias rocambolescas da carnavalesca, ouvimos igualmente três representantes laureados dessa ala: o imperiano **Aluísio Machado** (coautor do samba campeão de 1982, o memorável "*Bumbum Paticumbum Prugurundum*") e os gresilenses **Eduardo Medrado** (bicampeão na Imperatriz em 1995 e 1999), **Tuninho Professor** (não apenas autor e intérprete de vários hinos, mas também um arquivo vivo da escola de Ramos) e **Zé Katimba**. Todos eles confessam sua admiração pela artista, mas não "aliviam" na hora de relembrar os desentendimentos inevitáveis que tiveram com a *professora*, um dos ruídos até hoje não equacionados nos conturbados bastidores das agremiações.

***

Por fim, a jornada mais árida do biógrafo seria reconstituir a vida pessoal e afetiva de Rosa. Se esta já é, de natural, evasiva e lacônica no trato dos temas profissionais, não nos surpreendeu que também o fosse na abordagem dos assuntos familiares e de tópicos mais íntimos: a perda dos pais, a crônica amorosa, os problemas de saúde... Nos encontros realizados em sua casa, a rota da argonauta seguiu a máxima do velho marinheiro: numa zona de absoluto nevoeiro para o biógrafo, ela levava o barco devagar – *nem tanto ao mar, nem tanto à terra*. Alguns pontos até lhe aguçavam o espírito, como os relatos das viagens com o pai mundo afora, as férias com os primos Aloysio e *Lola* na casa da avó Leocádia em Niterói, o ingresso na *Escola Nacional de Belas Artes* e a paixão pelos cães. Outros eram um virtual tabu, como a morte violenta de Raymundo e as desavenças com os pares do ofício.

Esforçando-me em escrever uma biografia *consentida*, mas não *chapa-branca*, pude contar com testemunhos preciosos de amigos e assistentes da artista para desenrolar esse novelo. Uns seriam mais reservados, para não dizer "cúmplices" de Rosa, deixando-me ver muito pouco das *zonas obscuras* da personagem. Outros, mais indiscretos, revelariam passagens emblemáticas da vida da biografada. Para os anos de adolescência e juventude, em especial, as entrevistas com a professora

Ângela Kahn e a museóloga **Maria Luiza Newlands**, colegas inseparáveis desde os tempos do Colégio *Sacré-Coeur*, em Copacabana, prestaram-nos inestimável contribuição. Da mesma forma, a longa conversação com o primo **Aloysio Benedetti** e o depoimento enviado dos EUA pelo sobrinho-primo **Vitório Benedetti** lançaram luzes significativas sobre o ambiente familiar da ala italiana do clã.

Além desses, o biógrafo também ouviu **Maria Cecília Batista**, a diligente *Maria*, que há dezoito anos trabalha na casa de Rosa. E, claro, também recorreu às entrevistas já consignadas com Alessandra Cadore, Andréa Vieira, Mauro Leite e Samuel Abrantes, que há mais de três décadas convivem em estreita sintonia com a personagem retratada. No universo do cortejo, foi também uma honra trocar vários dedos de prosa com a simpática e afável bailarina **Zeni Pamplona**, viúva do saudoso mestre, mas cabe anotar a frustração do pesquisador em não poder contar com a palavra de duas notáveis pupilas de Fernando: **Maria Augusta** (cuja entrevista foi postulada, porém não se concretizou) e **Lícia Lacerda** (que, por viver fora do Brasil há dois anos, não pôde encontrar o autor).

Ainda assim, esperamos que esta obra venha a cumprir a missão dialética a que se propôs, revelando o quão fértil e sedutora tem sido a união da arte popular com o mundo acadêmico, quando a conjunção se dá isenta de preconceitos ou juízos de valor. Os saberes orais e a cultura letrada jamais estiveram em campos opostos, como tão bem o sabiam gênios como Lima Barreto, Mário de Andrade, Câmara Cascudo, Guimarães Rosa, Noel Rosa e Fernando Pamplona. E sempre que se aproximaram, de forma franca e espontânea, renderam frutos pejados de sabor e mel, conforme atestam as *modinhas* do século XIX, as criações de Chiquinha Gonzaga e Pixinguinha na *Belle Époque*, ou os grandes desfiles da 2ª metade do século XX no Rio de Janeiro – uma leitura *carnavalizante* e perspicaz deste mistério aparentemente indecifrável que se chama Brasil (ou, quiçá, *Bruzundanga*).

Evoé, Baco! Axé, Rosa! "*O nosso samba, minha gente, é isso aí – é isso aí...*"

Luiz Ricardo Leitão

Vila Isabel, setembro de 2019.

Rosa, Morena!
Aonde vais, Morena Rosa?
Com essa rosa no cabelo
E esse andar de moça prosa
Morena, Morena Rosa...

Dorival Caymmi, "Rosa Morena"

Foto da 1ª comunhão de Rosa: o pai está de pé, à direita, e a mãe sentada, de preto; os avós estão à esquerda | Acervo Aloysio Benedetti

Copacabana nos "anos dourados" | Foto: AGCRJ

01
DE VOLTA AO COMEÇO

Carro dedicado a Fernando Pamplona, no desfile de 2015 | Desenho de Rosa Magalhães

Segunda-feira, 16 de fevereiro de 2015, abertura da segunda noite de desfiles do Grupo Especial das escolas de samba do Rio de Janeiro. Quando o último carro alegórico cruzou o portão corrediço da Praça da Apoteose, ao final da *Passarela* da Av. Marquês de Sapucaí, a carnavalesca respirou aliviada, com o corpo e o espírito a desfrutar a agradável sensação do dever cumprido. O G. R. E. S. São Clemente acabara de prestar sua homenagem ao saudoso mestre Fernando Pamplona, decano de todos os magos da folia carioca – e nada mais precisava ser dito. O público se encantara com o belo espetáculo da agremiação, que, apesar de não figurar entre as grandes campeãs da cidade, exibira na avenida um enredo muito bem concebido e executado, digno de beliscar uma vaga entre as seis melhores no sábado, conforme apostavam alguns jornalistas mais idôneos do ramo.

No entanto, a cabeça da maioria dos julgadores raramente obedece à vontade popular. Há aqueles que emitem suas notas na planilha de acordo com o peso da entidade na *Liga Independente das Escolas de Samba* (LIESA): descontam preciosos décimos das pequenas e atribuem sonoros **10** às 'coirmãs' de maior prestígio, salvo eventuais deslizes que nem mesmo o avaliador mais leviano pode ignorar. Por isso, na tarde de quarta-feira, ao término da apuração oficial, mesmo ciente de que os 268,4 pontos obtidos pela São Clemente não faziam jus à apresentação impecável da escola de Botafogo na Sapucaí, a experiente profissional sequer censurou os deuses da festa pelo 8º lugar que o júri lhe havia conferido.

A injustiça, de fato, não afetou a discípula do homem "*que só tinha medo da Matita Pereira, da Tocandira e da Onça Pé de Boi*". Depois que tudo terminou, em paz consigo mesma (e com mais um troféu *Estandarte de Ouro* de melhor enredo nas mãos), Rosa abriu as comportas da memória e deixou escapar pelas frestas do coração um mundo de lembranças que ela vinha represando havia muito tempo. Se a São Clemente lograra cruzar a passarela com muito charme e alegria, a moça prosa agora embarcava em um bonde imaginário e iniciava um estranho passeio de meio século pelas largas avenidas que abrigavam alguns dos momentos mais inesquecíveis de sua vida.

A estação inicial ficava nos verdes anos, lá em Copacabana, entre as décadas de 50 e 60. Como se a brisa amena do mar ainda lhe afagasse os cabelos, primeiro lhe sobreveio a imagem da menina de mãos dadas com o pai, à mesa de um bar da Avenida Atlântica, já nas horas altas da noite veloz, ouvindo Ary Barroso entoar, ao violão, os versos de "Rosa Morena" (canção de Dorival Caymmi), um gracejo do músico à miúda e afável criatura. O bonde seguiu adiante e, na segunda parada, ela se viu à sombra das amendoeiras do Posto 6, ladeada pelos colegas da Cultura Inglesa, que saíam do imponente casarão onde o curso então funcionava[1] e atravessavam a Atlântica para desfrutar com rara atenção as aulas que o Prof. McGregor ministrava ao ar livre, com os pés enfiados na areia, ensinando a língua de Shakespeare e dos Beatles para os seus pupilos.

Da Zona Sul, os trilhos a conduziram até a Avenida Presidente Wilson, no Castelo, bem no Centro do Rio, onde até hoje se vê a sede da Academia Brasileira de Letras (ABL), que desde 1956 passara a acolher entre seus membros o polêmico escritor Raymundo Magalhães Jr., pai de Rosa. Quando o bonde parou, surgiram nos escaninhos da memória os vestidos que sua mãe, a ficcionista Lucia Benedetti, avessa às solenidades da Academia, lhe emprestava para acompanhar o *imortal* da família nos eventos da instituição fundada por Machado de Assis, todos eles espantosamente ajustados à silhueta da jovem. Discreta e elegante, ela deveria tomar conta de Raymundo para que o escritor não

---

1 Nos anos 60, a filial Copacabana da Cultura Inglesa estava localizada em um largo casarão construído em um extenso terreno entre a Av. Nossa Senhora de Copacabana e a Av. Atlântica, próximo ao Forte de Copacabana, no trecho onde hoje se ergue o Hotel Sofitel.

fizesse nenhuma "travessura" – e foi assim, entrando de braços dados com o pai no luxuoso saguão do *Petit Trianon*[2], que os fotógrafos registraram a moça prosa na noite em que o chanceler alemão visitou a casa, para pasmo e chacota dos colegas da *Escola Nacional de Belas Artes*, que jamais poderiam imaginar ter uma "celebridade" das colunas sociais em suas fileiras...

O bonde avançou no tempo e no espaço, circulando pela Candelária, onde a Av. Rio Branco e a Av. Presidente Vargas se cruzam, no carnaval de 1971, ano em que a jovem conquistou seu primeiro título no desfile das grandes escolas de samba da cidade. Com apenas 24 anos, Rosa já integrava a extraordinária equipe de carnavalescos que Fernando Pamplona e Arlindo Rodrigues haviam reunido no barracão do Salgueiro, trabalhando junto com Maria Augusta, *Joãosinho 30* e Lícia Lacerda. Seus olhos contemplavam com ternura os adereços de isopor, as estampas africanas e as pinturas corporais com que a escola da Tijuca celebrou a "*Festa para um Rei Negro*" (contando e cantando a visita de nobres africanos à corte de Maurício de Nassau, no Recife do século XVII), enquanto os versos de Zuzuca ecoavam uma vez mais em seus ouvidos, martelando o refrão que iria sacudir *Oropa*, França e Bahia: *O-lê-lê, o-lá-lá, pega no ganzê, pega no ganzá...*

Por fim, enquanto os tambores pulsavam na passarela efervescente da Sapucaí, os trilhos da imaginação fizeram sua última parada em 1984, quando Rosa já ostentava dois troféus na carreira e buscava seguir rumo próprio no mundo do samba. Naquele ano, seria preciso suprir com a cabeça aquilo que o bolso não dava. Relembrando a penúria de seu primeiro carnaval na Imperatriz, a imagem que se desenhou com estranha nitidez à sua frente era o interior de um galpão da Prefeitura repleto de feixes de palha, destinados a limpar os vazamentos de óleo nas ruas, com os quais ela forraria alguns bonecos da escola da Leopoldina. A gambiarra estética também se materializou nas vistosas

---

2 Este é o nome do prédio doado pelo governo francês à Academia Brasileira de Letras em 1923, situado na esquina da Av. Presidente Wilson com a Av. Antônio Carlos, no centro do Rio. Construído como uma réplica do *Petit Trianon* do Palácio de Versailles, ele abrigara o Pavilhão da França durante a Exposição Internacional comemorativa do Centenário da Independência do Brasil, realizada na então capital da República, em 1922. O suntuoso saguão de entrada possui piso em mármore, lustre de cristal francês e peças de porcelana de Sèvres.

fantasias das passistas, que, observadas mais de perto, eram apenas biquínis brancos revestidos com celofane, material comprado a preço de banana no comércio popular do Rio.

Que desejavam lhe contar essas e outras recordações? Seduzida e intrigada com o cortejo infindável de fantasmas que a visitavam, Rosa afinal se deu conta de que já era tempo de passar sua história a limpo e acertar os ponteiros com o passado. É claro que ela não faria isso em meio à aura encantada da Av. Marquês de Sapucaí, com as entidades que assustavam o menino Pamplona a espreitá-la na pista. Seria melhor regressar à sua casa em Copacabana, recostar-se no sofá diante da larga porta de vidro da sala de jantar e saborear o silêncio à sua volta com uma boa xícara de café nas mãos. Quem sabe então, afagando a fiel cadela Tequila e o dengoso Leo, ambos deitados a seus pés, ela finalmente poderia ocupar-se de reatar as duas pontas da vida – um novelo de longas avenidas que por quase setenta anos a moça prosa desfiava sem jamais esperar por qualquer Ulisses...

1. Raymundo

A menina Rosa Lúcia Benedetti Magalhães, que na vida profissional e artística viria a ser conhecida apenas como **Rosa Magalhães**, nasceu no dia oito de janeiro de 1947, em pleno verão carioca, cerca de um mês antes do carnaval. Ela chegou ao mundo exatamente cem anos depois de Chiquinha Gonzaga, figura revolucionária e pioneira de nossa cultura e nossos costumes, a quem a moça prosa renderia homenagem na Sapucaí meio século mais tarde. O Brasil iria mudar muito a partir daquele ano, com os primeiros reflexos da *guerra fria* turvando a vida política nacional, mas Rosa abriu alas no Rio de Janeiro em tempo de folia, embalada pelas marchinhas que as rádios tocavam, como a animada "Pirata da Perna de Pau", grande sucesso de Braguinha, e a provocante "Eu Quero é Rosetar", de Haroldo Lobo e Milton de Oliveira, vetada pela Censura do governo Dutra.

Filha única do jornalista e ensaísta **Raymundo Magalhães Jr.** e da dramaturga e contista **Lucia Benedetti**, um talentoso casal de escritores que, no limiar da década de 40, já começava a despontar na cena literária nacional, Rosa viveria a infância e a adolescência em um apartamento na Rua Mascarenhas de Moraes, próximo à Rua Tonelero, em Copacabana, decerto o bairro mais famoso e badalado dos "anos dourados" do Rio. Ainda que a menina exibisse desde cedo uma forte personalidade e absoluta autonomia de voo, os pais seriam duas figuras decisivas na sua formação, cada qual lhe transmitindo os dotes mais pródigos de seu temperamento e de sua capacidade intelectual.

Raymundo nascera em 12 de fevereiro de 1907, na cidade de Ubajara, município situado a noroeste do Ceará, quase na divisa com o Piauí, em uma região montanhosa cortada pela Serra da Ibiapaba. O local é conhecido dos turistas por abrigar uma das menores reservas naturais do país – o Parque Nacional de Ubajara – e a gruta de mesmo nome, que se pode visitar a pé, por uma trilha traçada à margem de um riacho, ou por meio de um breve passeio de teleférico, uma das atrações do lugar. Atingindo cerca de 800 metros de altura, a serra se eleva em uma zona tropical bastante úmida, possuindo um clima mais ameno, com temperatura média anual entre 20° e 22°. Rosa, que já visitou o berço do pai, disse que o inverno de lá é bem frio e que à noite pode fazer até 4°, fato deveras insólito na abrasiva terra de Iracema.

O acadêmico era filho de Raymundo Magalhães e Jovina Cavalcante de Paula. O avô paterno de Rosa Lúcia era um jornalista renomado em sua terra, autor da obra *Vocabulário popular*, que fora publicada em 1911. A família era dona de um sítio de café em Ubajara, mas não se restringia à produção agrícola ou às atividades comerciais: tanto no interior quanto na capital, havia sempre um membro do influente clã envolvido com as lides da política. Do Ceará à Bahia, distintos núcleos do mesmo sobrenome geraram várias figuras de ruidosa projeção na vida pública do país, como o político e militar **Juracy Magalhães**[3], que participou do movimento tenentista na década de 20, da autoproclamada Revolução de 30 e do golpe militar de 64, e seu filho **Jutahy Borges Magalhães**, que foi vice-governador da Bahia na ditadura e senador pelo estado de 1979 até 1995.

---

3 Nascido em Fortaleza, **Juracy** Montenegro **Magalhães** (1905-2001) veio a se projetar como político na Bahia, sendo nomeado interventor do estado por Getúlio Vargas em 1931 e eleito governador de forma indireta pela Assembleia Legislativa em 1935. Mais tarde, já filiado à UDN, o partido mais conservador do país, tornou-se um dos mentores do golpe de 1964. Sob a ditadura, ele assumiria o posto de embaixador do Brasil nos Estados Unidos, por indicação do Marechal Castelo Branco, e ocuparia posteriormente o cargo de Ministro da Justiça, promovendo uma feroz censura aos meios de comunicação.

Sopé da Serra Grande, em Ubajara (CE), terra natal de Raymundo | Wikipédia

Utensílios do sertanejo cearense | Arquivo ABL

Ao contrário do que nos sugere o perfil autoritário do primo Juracy e a intimidade pegajosa de Jutahy com o regime militar, Raymundo Magalhães Jr. seguiu outros rumos na vida profissional e no cenário político brasileiro. Apesar de possuir a energia e a determinação típicas do clã, o jovem cearense se revelaria com o tempo uma figura de posições bem mais arejadas que aquelas defendidas pelos parentes instalados no poder, sendo, aliás, um dos fundadores do Partido Socialista Brasileiro (PSB) no Rio. Criado pela avó, que o acolheu após a morte precoce da mãe, Raymundo sempre demonstrou ser bastante rebelde e independente: aos 13 anos, o garoto chegou a fugir de casa, decidido a trabalhar como jóquei em Sobral, mas o pai descobriu seu paradeiro e, como castigo, obrigou-o a voltar a pé para Ubajara, o pequeno povoado encravado na Serra da Ibiapaba.

Lá ele iniciou seus estudos, mas foi em Campos, para onde se mudou em 1924, ainda com 17 anos de idade, que cursou Humanidades e travou contato com o jornalismo e as letras. A saída a toda pressa da terra natal sobreveio após um grave incidente vivido pelo avô de Rosa, que, por desavenças da política e do jornalismo em Ubajara, sofreu um violento atentado, levando sete facadas no peito. A fim de evitar um desfecho ainda mais trágico para sua vida, Raymundo pai fugiu rumo ao Rio de Janeiro – e o filho optou por ficar na próspera cidade dos usineiros do açúcar, onde iria aprimorar os estudos e iniciar-se no ofício de jornalista.

O trabalho na imprensa começou na histórica **Folha do Commércio**, jornal criado em 1910 por um grupo vinculado à Associação Comercial de Campos. A famosa "terra do chuvisco", situada no Norte Fluminense, era então um centro urbano em franca expansão. Nas últimas duas décadas do século XIX, Campos havia se tornado a quarta cidade mais populosa do país, abrigando 105 mil habitantes em 1890. Era, ainda, o segundo maior produtor de açúcar do Brasil e possuía uma renda *per capita* superior à média nacional[4]. A oligar-

---

4 Fazendo jus ao notável progresso econômico e às exigências de sua oligarquia, **Campos** era um município pioneiro em vários serviços de que só a Europa e os EUA até então dispunham. O centro urbano foi o primeiro a contar com sistema de iluminação elétrica e, já em 1869, realizava-se a primeira ligação telefônica para o Rio de Janeiro, então capital do Império. Além disso, abrigou aquele que é considerado o terceiro jornal criado no país, originalmente batizado de **O Campista**, que seria impresso a partir de quatro de janeiro de 1834 pela Tipografia Patriótica. Dez anos depois, em quinze de junho de 1844, Campos também receberia a mais antiga livraria do Brasil, fundada no centro da cidade com o sugestivo nome de *Ao Livro Verde*.

quia campista ia às nuvens com as cifras milionárias que as sacas do produto passaram a render para os usineiros, dissipando rios de dinheiro nas casas noturnas da cidade. Por isso, o município atraía para si um número crescente de pessoas vindas das mais diversas regiões do país, como a família do impetuoso Raymundo, que permaneceu em Campos até o final da década de 20.

Enquanto os milionários acendiam charutos com notas de 500 mil réis em chamas para impressionar as *cocottes* francesas nos cabarés, a música corria solta nos teatros e nos cinemas, atraindo músicos de diversos centros, inclusive do Rio de Janeiro. O próprio Pixinguinha visitaria três vezes a cidade, entre os anos de 1919 e 1926, exibindo sua arte no berço de *bambas* do naipe de Wilson Baptista, Délcio Carvalho, Jurandir da Mangueira, Aluísio Machado e Roberto Ribeiro. É de se supor, portanto, que Campos tenha estimulado a veia intelectual e boêmia do rapaz, que, a partir de 1927, já bastante dedicado à atividade jornalística, passa também a escrevinhar as primeiras peças de teatro e alguns contos.

É claro que a pujança da região arrefeceria em 1929, com o colapso financeiro mundial associado à quebra da Bolsa de Nova Iorque, que reduziu violentamente o preço do açúcar e de outros produtos agrícolas no mercado internacional, provocando a falência de vários produtores e exportadores[5]. E isso decerto contribuiu para uma nova guinada na trajetória de Raymundo, que, mesmo investido do cargo de redator-chefe da **Folha do Commércio**, decide deixar o Norte Fluminense, mudando-se para a capital da República em 1930.

A decisão abriria novos horizontes na vida do destemido cearense, que mal acabara de completar 23 anos de idade. No Rio, o rapaz prosseguiria sua bem-sucedida carreira de jornalista, trabalhando ativamente na redação do diário **A Noite** a partir de 1930, sendo inclusive designado correspondente

---

5 O quadro socioeconômico e cultural de Campos no início do século passado é descrito pelo autor no vol.1do ***Acervo Universitário do Samba***, dedicado ao sambista Aluísio Machado, natural da cidade. Cf.: LEITÃO, L. R. *Aluísio Machado: sambista de fato, rebelde por direito*. Rio de Janeiro / São Paulo: DECULT-UERJ / Outras Expressões, 2015, pp. 28-34.

internacional do órgão no Paraguai, para a cobertura da chamada *Guerra do Chaco*[6]. Corajoso, Raymundo cumpriu muito bem a missão, elaborando reportagens que seriam transcritas nos jornais de La Paz (Bolívia) e Assunção (Paraguai), principais cidades dos dois países envolvidos no litígio.

Esse era apenas o primeiro passo do profissional que viria a ser secretário do jornal **A Noite Ilustrada** e dirigiria vários veículos de imprensa, como as revistas **Carioca**, **Vamos Ler** e **Revista da Semana**. Ocupado com as lides do jornalismo, o literato também acompanharia a vida cotidiana da cidade que o acolhera, sendo inclusive jurado do primeiro desfile oficial das escolas de samba cariocas, certame organizado em 1932 pelo diário **Mundo Sportivo**, sob a batuta do lendário jornalista Mário Rodrigues Filho (irmão do dramaturgo Nelson Rodrigues), cujo nome batizou o famoso Estádio do Maracanã. Não se imagine, porém, como adverte a própria Rosa, que o cearense fosse um apaixonado pelo carnaval; ao contrário: a participação no concurso de 1932 se deu bem mais por razões profissionais do que por um suposto fascínio de Raymundo pela folia.

Carregando nas tintas, a filha relembra um episódio pitoresco, quando sua mãe desejou ir ao baile do Municipal, curiosa em ver o que acontecia no badalado evento. Lucia propôs ao marido que os dois fossem à festa e Raymundo, mesmo a contragosto, não recusou o convite. Na noite da efeméride, ele vestiu-se em traje de gala, com um vistoso *smoking*, e a acompanhou ao teatro. Assim que o casal entrou, os olhos da dramaturga se deleitaram; os dois passearam pelo amplo saguão ricamente decorado e seguiram pelos corredores do andar térreo. Todavia, poucos minutos depois, o elegante cavalheiro, sem esconder seu enfado com tudo aquilo, indagou secamente à companheira:

— *Já viu o que queria? Agora a gente já pode ir embora...*

---

6 Violento conflito armado travado, de 1932 a 1935, entre a Bolívia e o Paraguai, em disputa pelo território do *Gran Chaco*, ao sopé dos Andes, onde se descobrira a existência de petróleo. Considerada a maior guerra da América do Sul no século XX, a disputa provocou a morte de 60 mil bolivianos e 30 mil paraguaios – e resultou na anexação pelo Paraguai de boa parte da região a sudeste da Bolívia, país derrotado no litígio.

A pecha de "sisudo e circunspecto", contudo, não faz jus ao personagem. Embora não fosse um 'devoto' da folia, preferindo mil vezes o silêncio da leitura e dos estudos no escritório doméstico à algazarra dos festejos carnavalescos, Raymundo não era homem de índole tão pacata e reservada como a aparência sugeria. Quem contesta o estereótipo é seu sobrinho Aloysio Benedetti, que o descreve como "o rei da gozação", capaz de provocar o interlocutor com um chiste bem ferino e depois exibir uma impagável 'cara de paisagem' quando a vítima se dispunha a retrucar.

Na verdade, a julgar pelas reminiscências de Aloysio, ele era um tipo muito 'elétrico', com uma energia avassaladora, que nem a própria filha lograva igualar – como atesta a viagem que Rosa e a prima Eleanora fizeram à Europa com o incansável andarilho, que percorria as vias de cada cidade em ritmo frenético, deixando-as sempre para trás, sem dó nem piedade. Até mesmo na hora de datilografar os textos, digitando apenas com um dedo da mão direita (a esquerda só servia para acionar as letras maiúsculas), o cabra era mais veloz do que qualquer profissional do teclado...

Maria Luiza Newlands, amiga de Rosa desde os sete anos de idade, descreve o escritor como uma figura complexa e singular, que contribuiu em muito para a iniciação da herdeira no mundo mágico da literatura e das artes, além do gosto precoce pelas línguas estrangeiras. Quando ela ia estudar na casa da colega, o pai uma e outra vez entreabria a porta do quarto para entregar à filha uma pilha de romances policiais editados em francês ou inglês; ele dizia poucas palavras à menina, mas aguardava ansioso pelos comentários que ela teceria após a leitura. Amante do cinema e do teatro, Raymundo assistia a vários filmes e peças em exibição na cidade. Todavia, como não tinha tempo para ver todas as produções em cartaz, ele pedia às duas amigas que se incumbissem da tarefa, para depois colher as impressões da dupla sobre as obras indicadas[7].

Mas o cearense baixinho e atarracado tinha também suas manias triviais: gostava de pôr uma boina de feltro sobre a cabeça e costumava dirigir com um avental para não sujar a roupa de trabalho. Idiossincrasias à parte, Raymundo

---

7 Entrevista concedida ao biógrafo por Maria Luiza Newlands, em 13/3/2018, em sua residência no Rio.

ambientou-se muito bem na capital da República, onde iria formar um ativo círculo de amizades com os colegas do jornalismo e do meio artístico e literário, entre eles Jorge Amado, Zélia Gattai, Rachel de Queiroz, Villa-Lobos, Dinah Silveira de Queiroz, Ary Barroso, Braguinha e Bibi Ferreira.

Trabalhando incansavelmente, Raymundo não tardaria a lançar, em 1934, pela Editora Record, o livro *Impróprio para menores*, seu primeiro volume de contos. E seguiria escrevendo obras de grande fôlego, como o agudo ensaio sobre Rui Barbosa, *o homem e o mito*[8], que desmitifica o político e orador baiano com rigor e erudição. Considerado um "machadiano perspicaz", ele também trataria de investigar uma série de aspectos ainda inexplorados do criador de *Dom Casmurro* e *Brás Cubas*[9]. A fecunda carreira nas letras, aliás, seria coroada com o ingresso na Academia Brasileira de Letras, em 1956, ocupando a cadeira 34 da casa de Machado de Assis.

O Rio de Janeiro, de fato, era a cidade talhada para acolher a inquietude política e a verve literária de Raymundo. E, para arrematar nossa história, a charmosa capital seria também o cenário em que ele acabaria por conhecer, de forma totalmente inesperada, a figura que se converteu em personagem principal de um romance escrito a duas mãos por quase meio século de vida. Vejamos quem seria a heroína desse folhetim de amor carioca...

2. Lucia

Lucia Benedetti era uma mulher bonita, arguta e reservada, que impressionava pelo rosto sereno e harmonioso, com lábios e nariz de traços muito finos e sobrancelhas bem delineadas, adornando as duas amêndoas castanhas que

---

8 MAGALHÃES JÚNIOR, Raymundo. *Rui: o homem e o mito*. Rio de Janeiro: Civilização Brasileira, 1964.

9 Entre 1955 e 1958, o escritor publicou quatro ensaios sobre o "*bruxo do Cosme Velho*": *Machado de Assis desconhecido* (1955); *Ideias e imagens de Machado de Assis* (1956); *Ao redor de Machado de Assis* (1958); e *Machado de Assis, funcionário público* (1958).

observavam discretamente todos os movimentos ao seu redor. O olhar encerrava uma expressão meio melancólica, mas por vezes radiante, quando a jovem se permitia sorrir de forma sedutora, motivada por algum comentário espirituoso ou por um episódio mais gracioso que lhe fosse relatado. Filha de Domingos Benedetti e Leocádia Mathias, **Lucia** nasceu em Mococa, cidade do interior de São Paulo, já na divisa com Minas, em 30 de março de 1914, sendo, portanto, sete anos mais nova que Raymundo.

A família do pai era toda de origem italiana: o avô, Augusto Benedetti, deixara a pequena aldeia de Colbordolo[10], no norte da bota, com cerca de vinte anos, e se instalara em Nápoles, ao sul da Itália, obtendo permissão para negociar sal e tabaco, o que o fez se tornar um próspero e respeitado comerciante. Estabelecido no lugar, ele casou-se com Rosa Belo, uma moça natural de Sapri (pequena vila situada em uma enseada banhada pelo Mar Tirreno, cerca de 200 km ao sul de Nápoles), e o casal logo teve filhos.

Para surpresa dos amigos, no entanto, o negociante vendeu sua licença e viajou com a família para a Argentina. Como não era um homem desprovido de recursos, Augusto não precisou enfrentar a longa travessia em um navio abarrotado de emigrantes, como faziam tantos italianos no início do século XX. Ele, a mulher Rosa e os filhos cruzaram o Atlântico em uma embarcação confortável, até chegar ao Rio da Prata. Contudo, após a escala em Buenos Aires, o casal Benedetti decidiu rumar para o Brasil, cujas plantações de café reuniam um número cada vez maior de trabalhadores estrangeiros.

De início, todos ficaram em **Limeira**, município a pouco mais de 140 km da capital paulista, que, desde o século XIX, atraía milhares de pessoas de todo o país e levas de imigrantes oriundos da Europa. De fato, entre a década de 1840 e a fatídica crise de 1929, o café representava a principal atividade agrícola da região, sendo depois substituído pela citricultura, o que faria a cidade

10 Na terra natal de Augusto Benedetti, já não há qualquer vestígio da família. Segundo relata Vitório Benedetti, um dos bisnetos do casal Domingos e Leocádia, que esteve em Colbordolo em 2012, não é possível localizar nenhum morador com o sobrenome do patriarca, tampouco encontrar registro civil dos parentes nas igrejas e cartórios do vilarejo. Pelo visto, após duas guerras europeias e outros incidentes, todos os Benedetti morreram ou, então, optaram por deixar o seu povoado.

Centro de Colbordolo (Itália) | Acervo Vitório Benedetti

Arredores da cidade italiana | Acervo Vitório Benedetti

ser apelidada como *a capital da laranja*. **Domingos**, único filho brasileiro do casal italiano, veio a nascer exatamente nessa escala da família, antes que ela se mudasse outra vez para **Mococa**, cidade localizada no nordeste do estado, um pouco acima de Limeira, já na divisa com Minas Gerais.

Parece que o novo destino apaziguou momentaneamente o espírito nômade dos Benedetti, que ali fixaram residência por alguns anos, antes que o *brasiliano* Domingos, já então casado com a paulista Leocádia Mathias, se transferisse de mala e cuia para Niterói, outra urbe em franco processo de crescimento na primeira metade do século XX. Como tantas localidades no interior de São Paulo, Mococa também veio a se expandir à custa da lavoura do café. Por isso, após a abolição da escravatura, em 1888, aumenta o ingresso de imigrantes do *Velho Mundo* na região, a fim de suprir as necessidades dos cafeicultores.

A imensa maioria dos peregrinos eram justamente os **italianos**: sobressaindo-se entre os pequenos grupos de alemães, austríacos, espanhóis, portugueses e até alguns libaneses, estima-se que mais de nove mil colonos da terra de Garibaldi substituíram os escravos negros nas fazendas do lugar. Essa mescla de distintas nacionalidades com a cultura local, entre a última década do século XIX e o limiar do século XX, é um dos traços da chamada "*belle époque* caipira" do sertão do Rio Pardo, cujo marco inicial tinha sido a chegada do trem à cidade em 1890, o que viabilizou o transporte das sacas de café para o porto de Santos e propiciou o contato mais estreito de Mococa com os signos da modernidade "oligárquica" que os *barões* do café modelavam no próspero estado.

Nessa época, em meio a várias transformações na paisagem urbana (inauguração do Mercado Municipal em 1898, instalação do serviço de luz em 1905 e de água e esgoto em 1908, além da abertura do matadouro municipal em 1912), edificam-se em Mococa os suntuosos casarões da elite econômica e o comércio de alimentos assume feição mais requintada, fazendo jus à "modernização" de sua classe dominante. Em lugar das antigas "vendas", surgem os armazéns de secos e molhados, assim como as casas comerciais mais sofisticadas, onde se vendiam vinhos, massas, talheres, louças de fabricação europeia e tecidos finos. Elas são acompanhadas também pelas primeiras padarias e diversas fábricas de licores, refrigerantes e macarrão, entre outros produtos. O "*cosmopolitismo culinário*" é estimulado pelas culturas tradicionais e híbridas que cada grupo étnico aporta consigo, ensejando uma mistura rara no interior do Brasil[11].

Os Benedetti não tiveram problemas para se adaptar àquele ambiente dinâmico e cosmopolita que a burguesia cafeeira patrocinava em Mococa. Seria ali, aliás, que o filho caçula acabaria por conhecer a jovem **Leocádia**, com quem o rapaz em pouco tempo se casou. Assim, em 30 de março de 1914, nascia a menina **Lucia**, que só passaria alguns anos na terra natal: exibindo a veia nômade do velho negociante de sal e tabaco, Domingos e a esposa deixam a cidade após o término da I Guerra Mundial, talvez temerosos de que a retração do consumo de café nos países assolados pelo conflito acarretasse uma crise irreversível na economia local. De fato, em meio a tantos sinais inquietantes, não havia como prever que os fazendeiros da região dariam a volta por cima nos anos 20, optando por abandonar a cafeicultura e investir na pecuária leiteira – estratégia que converte a zona em um polo nacional na área de laticínios.

Enfim, os temores do *brasiliano* não eram infundados e talvez tenha sido uma feliz decisão sair de Mococa em busca de um futuro mais promissor para todos. O novo destino da segunda geração Benedetti seria Niterói, cidade que também experimentava uma notável metamorfose àquela época. Situada do outro lado da Baía de Guanabara, a poucos quilômetros da sede da República, a terra protegida pelo cacique Arariboia vivia um surto crescente de modernização ao início do século XX, quando voltou a ser oficialmente a capital do interior fluminense.

A partir de 1903, a abertura de praças, parques e rede de esgotos, além do alargamento das principais vias e da abertura da estação das barcas Rio–Niterói, bem no centro urbano, em 1908, atraíra trabalhadores de outras

---

11 PINTO, Gustavo de Souza. "Os imigrantes e a culinária em Mococa". *In*: História de Mococa – blog de pesquisa, museu virtual e guia turístico. Postado em 17/11/2010. Cf.: http://cliomococa.blogspot.com.br/2010/11/os-imigrantes-e--culinaria-em-mococa.html

regiões, sobretudo do Nordeste, para o município[12]. Eles se ocupavam com as obras da construção civil, com as duras lides da estiva na zona portuária e com serviços mais especializados na próspera indústria naval do município. Não por acaso, o recém-chegado Domingos logo conseguiu arrumar um emprego de porteiro em um estaleiro da cidade (mais tarde, ele assumiria um cargo administrativo em uma companhia marítima, cujo salário garantiria o sossego da família até o final da vida).

O casal levava uma vida simples, sem nenhum luxo, economizando o máximo para que nunca faltasse nada a Lucia e a seus dois irmãos: Paulo e Aloysio, este o caçula da família, quatro anos mais novo que a menina. Além dos três, havia ainda uma irmã de criação, Deise Mathias, que Leocádia educou com raro esmero e carinho; já crescida, ela se casou com um fazendeiro de Goiás, estado onde passou a viver. Para lá, um pouco depois, iria também o irmão Paulo, que se uniu à goiana Mirthes, deixando Niterói para trás. No início, a família morou numa casa de vila; depois, mudou-se para uma residência mais ampla, na Rua Domingues de Sá, nº 388, no bairro de Santa Rosa, próximo a Icaraí, onde hoje se vê um imponente prédio residencial.

Aloysio Aguiar Benedetti, primo de Rosa, ainda se lembra do agradável recanto dos avós, construído no terreno de uma velha chácara: era uma casa espaçosa, com três quartos e uma sala enorme, precedida de uma saleta de estar na entrada. Como tantos outros imóveis na primeira metade do século passado, ela também tinha sótão e porão, onde se guardava uma série inimaginável de objetos. Nos fundos, havia um quintal bem aconchegante, que era o paraíso das crianças, com direito ainda a galinheiro, árvores, balanço e um mundo de brincadeiras que os filhos e netos cultivariam por décadas[13].

---

12 Esse foi o cenário que João Inácio dos Santos, o pai do sambista Zé Katimba, encontrou ao desembarcar no Largo da Batalha, quando trouxe a família da Paraíba para Niterói. Cf.: LEITÃO, L. R. *Zé Katimba: antes de tudo um forte*. Rio de Janeiro / São Paulo: DECULT-UERJ / Outras Expressões, 2016, pp. 41-43.

13 Entrevista concedida ao biógrafo por Aloysio Aguiar Benedetti, em 12/1/2018, em sua residência em Icaraí.

Além da casa encantada de Santa Rosa, a outra referência básica nos verdes anos da futura escritora era a praia de Icaraí, a qual ela se acostumou a frequentar desde cedo. O mar não metia medo em Lucia, que, para desespero dos pais sentados na areia, nadava além da arrebentação e flutuava entre as ondas com total serenidade, coisa que muito menino de sua idade não tinha coragem de fazer. Felizmente, por estar situada dentro da baía de Guanabara, a praia não era assim tão perigosa, de sorte que a ousadia da arrojada nadadora nunca resultou em qualquer incidente digno de nota.

O ímpeto juvenil, porém, era um indício inequívoco de que a jovem iria muito além do papel reservado a seu gênero na velha sociedade patriarcal da primeira metade do século XX. Ao chegar à idade adulta, ela assumiria hábitos e atitudes de uma mulher "vanguardista", impondo-se como grande escritora em um universo quase exclusivamente masculino, assim como dirigindo e fumando em público com absoluta naturalidade. E, para não trair a paixão pelo mar, ela eventualmente reavivaria a saudável prática da natação, aquietando com suas braçadas as águas mais agitadas do Leblon.

Essa postura *modernista* de Lucia, no entanto, nunca a privou dos dotes cultivados no ambiente familiar, como atestariam seus cuidados com a educação formal da filha e o gosto típico dos italianos por uma boa mesa, em que as refeições compartilhadas a três no apartamento de Copacabana eram sempre uma jornada gastronômica inigualável. Maria Luiza Newlands, uma das amigas de Rosa que costumava jantar com a família quase todas as semanas, até hoje se lembra com indisfarçável prazer dos pratos que a "tia" Lucia preparava, sobretudo as sobremesas, sempre algum doce de dar água na boca. A fim de provocar a gula de Iza, a capciosa cozinheira ainda se dava ao trabalho de telefonar para a menina, anunciando o cardápio da noite com um bordão irresistível:

> *— Vem jantar com a gente, que hoje vai ter doce de abóbora na sobremesa...*[14]

---

14 Maria Luiza Newlands, entrevista concedida ao biógrafo em 13/3/2018.

Praia de Icaraí | Arquivo Nacional

Prédio do antigo Ginásio Bittencourt Silva,
atual Faculdade de Economia da UFF | Foto: Adil Lepri

Quando Lucia já era adolescente, os pais a matricularam no Ginásio Bittencourt Silva, um colégio particular de ensino fundamental e médio, criado em 1926, lá em Niterói, pelo professor Francisco Bittencourt Silva. O popular "Biteco", aliás, era a mesma escola onde estudaria Aloysio, irmão caçula da menina. Como era comum se ver naquela época, os garotos eram alojados em um prédio e as meninas em outro. A seção masculina ficava em um velho solar da Rua Lara Vilela, no bairro de São Domingos, ao passo que a feminina estava instalada em um sobrado da Rua Tiradentes, no Ingá. Depois que o estabelecimento fechou, em 1968, os dois prédios foram desapropriados e passaram a abrigar unidades acadêmicas da Universidade Federal Fluminense (UFF): o primeiro acolheu, logo em 1970, o curso de Ciências Humanas e Filosofia e, mais tarde, em 1979, o Instituto de Arte e Comunicação Social; no segundo, viria a instalar-se a Faculdade de Economia da UFF.

Quem passa pela Rua Tiradentes, quase noventa anos depois, talvez não repare no velho casarão de dois andares onde a jovem se formou em Ciências e Letras na virada da década de 30. Com um estilo arquitetônico típico da onda neoclássica "eclética" que prosperou no Rio e em Niterói no limiar do século XX, o sobrado está situado na parte mais elevada de um amplo terreno em que até hoje se abrigam algumas árvores bem frondosas, cuja sombra ameniza um pouco o calor do verão fluminense. Embora haja uma rampa lateral de acesso à porta de entrada, o visitante também pode ingressar no edifício subindo os degraus da antiga escadaria que acolheu tantas moças secundaristas e hoje continua a servir os jovens estudantes universitários.

Foi lá no Ginásio Bittencourt Silva que começou a se revelar a criativa veia literária de Lucia, que publica no jornal da escola seus primeiros textos, quase sempre uma crônica ou uma reportagem imaginária que a escritora, dotada de rara capacidade de fabulação, concebia com a maior naturalidade deste mundo. E esse dom extraordinário de inventar com palavras os mais diversos causos e aventuras iria mudar o próprio destino da jovem, no exato instante em que ela decidiu se inscrever em um concurso jornalístico para redigir a "mais bela carta de amor" endereçada a um homem que ela sequer conhecia: um ator latino de Hollywood que visitaria o Brasil para promover um filme lançado pela indústria cinematográfica estadunidense. Não, Lucia não se apaixonou, nem flertou com o galã das telas – mas o roteiro que estava à sua espera poderia muito bem ter sido assinado por ela...

3. Lucia e Raymundo

A história de amor entre Lucia Benedetti e Raymundo Magalhães Jr. se reveste de tons folhetinescos, dignos de uma radionovela dos anos 40/50, como a pioneira *Em Busca da Felicidade*[15], que o público brasileiro acompanhava atentamente pelas transmissões das emissoras cariocas, sobretudo a Rádio Nacional e a Rádio Tupi. É bem verdade que o romance entre eles nunca chegaria a ser um melodrama lacrimoso, ao velho estilo mexicano – ao contrário: mesmo com certa dose de emoção e uma mãozinha caprichosa do "destino", o encontro dos dois viria a acabar com um típico "final feliz", tão a gosto das plateias sonhadoras que idealizavam suas vidas pelas ondas do rádio.

A filha Rosa e os amigos da família relembram, com um sorriso maroto nos lábios, o inusitado encontro do casal nos anos 30. Tudo começou quando o jornal **A Noite** decidiu realizar um concurso literário para promover a vinda de Ramón Novarro[16] ao Brasil, em 1934. O artista era um dos galãs mais badalados de Hollywood já na década de 20, quando se consagrou no papel de *Ben-Hur* (filme de 1925 que o converteu no ator latino de maior prestígio na mídia dos EUA). Embora essa versão original do épico não contasse com os mesmos recursos da refilmagem protagonizada por Charlton Heston em 1959, Ramón impressionava as plateias não só por sua estampa

---

15 Escrita originalmente pelo cubano Leandro Blanco e adaptada ao português por Gilberto Martins, *Em Busca da Felicidade* foi a primeira novela transmitida no Brasil pela Rádio Nacional do Rio. O folhetim, cujos capítulos eram irradiados três vezes por semana, permaneceu cerca de dois anos no ar, de 1941 a 1943.

16 **Ramón Novarro** era o nome artístico de Juan Ramón Gil Samaniego (1899-1968), ator mexicano que obteve largo sucesso em Hollywood desde a era do cinema mudo, atuando em 55 filmes e trabalhando ainda como roteirista, produtor e diretor, de 1917 a 1960. Sua família era rica, mas o pai saiu do México e foi para os EUA em 1913, fugindo da Revolução iniciada em 1910. No auge da carreira, em 1934, ele realizou a famosa viagem à América do Sul, visitando Rio e Buenos Aires. Aqui, além de subir ao palco do Cine Palácio, ele conheceu vários artistas, como o ator Procópio Ferreira, a cantora Carmen Miranda e o músico Custódio Mesquita.

atraente (um perfeito estereótipo do *amante latino*), mas também pela beleza do vestuário. Por isso, sua anunciada visita ao Rio de Janeiro, a fim de divulgar a película "Voando para o Rio", dois anos após sua aparição ao lado de Greta Garbo em Mata Hari (1932), provocou enorme *frisson* entre os leitores e, sobretudo, entre as leitoras de **A Noite**, que sonhavam conhecer o galã ao vivo e em cores.

A ideia dos editores do jornal era simples e eficaz: os/as participantes do concurso teriam de escrever "*A Mais Bela Carta de Amor para Ramón Novarro*", cabendo ao 1º lugar, como prêmio, uma pulseira de brilhante. Muito mais do que a oportunidade de travar contato com o badalado ator mexicano, o que motivou Lucia a inscrever-se na promoção foi justamente a possibilidade de ganhar a valiosa joia oferecida pelos organizadores. E a inspirada jovem não perdeu tempo: com a fértil imaginação que cultivava desde os tempos das reportagens fictícias para o jornalzinho da escola, aliada às habilidades literárias que haviam se aprimorado nos últimos anos, ela caprichou no texto e o enviou para a redação de **A Noite**, esperançosa de ser a escolhida do júri.

Surgem, então, os ingredientes folhetinescos desta inusitada "história de amor"... Subestimando os dotes literários de suas leitoras, os editores do jornal temiam que não aparecesse um único texto digno de publicação entre as candidatas. Assim, o versátil Raymundo, um dos mais jovens jornalistas da casa, tornou-se, aos 27 anos, um "escritor fantasma", redigindo, com todo o talento de prosador que já exibia, a carta vencedora. A "autora" oficial, que estava longe de ser uma Cecília Meireles, era uma moça de enorme beleza, escolhida pelo próprio redator. Ignorando o artifício do cearense, os jurados, então, concederam o cobiçado prêmio para a *invenção* do *ghost writer*, ao passo que o texto de Lucia Benedetti obteve 'apenas' um honroso segundo lugar. Dias depois, no entanto, ao ler o original da 2ª colocada, ele se arrependeu e publicou um artigo em **A Noite**, dizendo que, se fosse membro do júri, teria escolhido o trabalho de Lucia Benedetti; e, para comprovar sua opinião, transcreveu junto ao artigo a carta da candidata preterida.

A declaração sincera do "escritor fantasma" repercutiu bastante entre os leitores. Uma vizinha da família Benedetti, em Niterói, logo procurou Domingos, o pai de Lucia, para lhe mostrar o que saíra nas páginas do jornal.

Ramón Novarro, o "Cupido" do casal Lucia e Raymundo |Wikipédia

Ciente do fato, o *brasiliano* foi com a filha até a redação de **A Noite**, na Praça Mauá (centro do Rio), a fim de conseguir um exemplar da edição com a carta publicada. O roteiro de nossa *love story*, a partir daí, é tão gracioso quanto previsível: na visita ao diário, pai e filha conheceram Raymundo, que se encantou por Lucia e lhe perguntou se ela não teria outros textos na gaveta. A moça, com apenas 20 anos, confessou que escrevia contos e prometeu enviá-los ao jornalista pelo correio. Assim que recebeu os originais, o rapaz, já inteiramente seduzido por aquela jovem formosa, discreta e de inegável talento nas letras, revisou os textos e, sem perda de tempo, tratou de devolvê-los pessoalmente à remetente, em Niterói, depois de anotar na agenda, com muito esmero, o endereço que aparecia no envelope remetido por Lucia.

O jornalista já sabia que aquela não seria sua única visita à terra de Araribóia em 1934. As viagens de barca entre os dois lados da baía de Guanabara voltaram a se repetir nos meses seguintes e, ao fim de dois anos, o namoro dos dois acabou virando casamento. Assim, a partir de 1936, Raymundo e Lucia passaram a compartilhar um destino único que só seria interrompido 45 anos depois, em 12 de dezembro de 1981, quando o pai de Rosa morreu. Os primeiros anos do casal foram vividos com a intensidade própria de duas personagens dotadas de muita imaginação e sede de viver. Para não perder tempo com as tarefas mais prosaicas do dia a dia, eles optaram por não alugar, nem comprar um imóvel, preferindo morar em hotéis no centro do Rio – um costume, aliás, bastante comum entre os artistas e escritores radicados na velha capital da República, entre eles o maestro e compositor Heitor Villa-Lobos, que se tornou amigo dos dois quando se hospedou no mesmo apart-hotel que abrigava o casal, ali perto da Cinelândia, no coração da cidade.

Se a vida profissional parecia consolidar-se para ambos, o ambiente político do *Estado Novo*, regime imposto por Getúlio Vargas ao país em 10 de novembro de 1937, por meio de um acintoso golpe de estado, prenunciava tempos difíceis para o redator de **A Noite**. A veia libertária de Raymundo, simpático aos ideais socialistas, era inteiramente avessa às medidas implantadas pelo "novo" governo, que, além de extinguir os partidos políticos existentes, instituiu a censura à imprensa e criou uma verdadeira máquina de publicidade oficial, coordenada pelo DIP (Departamento de Imprensa e Propaganda).

Se não bastasse o autoritarismo vigente na política interna, Vargas ainda adotou uma postura bastante ambígua em relação aos blocos internacionais que se confrontavam às portas da II Guerra Mundial: apesar de se manter oficialmente neutro nos primeiros anos, era visível a simpatia do regime pelas potências do Eixo (Alemanha, Itália e Japão), ou seja, os países adeptos do nazifascismo – e, não por acaso, Edda Mussolini, filha do líder fascista Benito Mussolini, visitou o país em 1939, sendo recebida em São Paulo por Adhemar de Barros, o interventor federal nomeado por Getúlio para o estado. Vale, aqui, por sinal, um parêntese curioso: quem acompanhou Edda em suas andanças pelo país foi o cadete Francisco Benedetti, familiar de Rosa, que ganhou até roupa nova para cumprir sua missão ao lado da italiana famosa...

Com a decretação da Guerra e o acirramento das perseguições e torturas contra os adversários do regime, o casal decidiu, de comum acordo, deixar o Brasil e seguir rumo aos Estados Unidos, onde Raymundo e Lucia passaram cerca de três anos em intensa atividade profissional e acadêmica. Em Nova York, Magalhães Jr. tornou-se assistente especial do escritório do Coordenador de Assuntos da América Latina, o poderoso milionário Nelson Rockefeller, cuja família criara, em 1932, o grupo empresarial *Rockfeller Center Inc*. Futuro presidente dos EUA, Rockfeller era um republicano moderado, que apreciava as artes plásticas e logo se destacaria como mecenas de instituições como o Museu de Arte Moderna (MoMA) e o Museu de Arte Primitiva.

Assim, além de assumir o posto que lhe fora conferido de 1942 a 44, o jornalista foi contratado como tradutor da empresa cinematográfica *Metro-Goldwyn-Mayer* (MGM), redigindo legendas em português para os filmes que seriam exibidos no Brasil. Ele ainda colaborou em diversos órgãos da imprensa local, entre eles ***The New York Times***, ***Pan-American Magazine***, ***American Mercury*** e ***Theatre Arts***. Seu envolvimento com essa área nos EUA foi tão intenso, que, na volta ao Brasil, ele escreveu para a revista ***Brazilian-American***, que era publicada em inglês no Rio.

É claro que os laços com o influente empresário poderiam suscitar ressalvas dos socialistas mais ortodoxos, mas vale lembrar que, no contexto da II Guerra, *Tio Sam* integrava o bloco das nações alinhadas contra o nazifascismo, ao lado, inclusive, da União Soviética. Além disso, Raymundo não era o único latino-americano a ser contratado pelo milionário clã: no início dos anos 30, o mexicano Diego Rivera já trabalhara no *Rockfeller Center*, incumbido de pintar um amplo mural no prédio da Fundação (obra, aliás, jamais finalizada, já que Rivera, comunista de carteirinha, não esqueceu sua ideologia ao compor os temas inscritos no painel).

Lucia, por sua vez, também aproveitou de modo bastante produtivo a temporada no exterior. Ela estudou na famosa Universidade Columbia de Nova York e obteve o cargo de locutora de rádio na CBS, emissora que transmitia *A Voz da América*, programa que difundia notícias sobre a II Guerra e propaganda política do *Tio Sam* para vários países do mundo. Na estação, ela trabalhou ao lado do célebre radialista Luís Jatobá, o homem da voz grave e solene que marcou a memória do público brasileiro em diversos meios de comunicação, desde os *trailers* exibidos nas salas de cinema até as emissões diárias de "A Hora do Brasil", o noticiário radiofônico oficial do governo federal. Ela e o marido bem que poderiam ter ficado mais tempo no hemisfério Norte, mas o casal decidiu regressar à terra natal, depois que o Serviço de Imigração dos EUA propôs a eles que se naturalizassem norte-americanos, opção que não interessava a nenhum dos dois.

4. Raymundo, Lucia e uma Rosa em botão...

De volta ao Brasil em 1944, em meio ao clima de esperança que o final iminente da II Grande Guerra despertava em boa parte do planeta, Raymundo e Lucia retomam seu labor profissional e criativo no Rio de Janeiro, sem falar na agenda política, que o dinâmico cearense, fiel à tradição do "clã" Magalhães, também cultivaria com maior empenho no final da década de 40. Coerente com seus ideais progressistas, o jornalista subscreve em agosto de 1945 o "Manifesto da Esquerda Democrática", elaborado por vários intelectuais e políticos que se opunham ao Estado Novo, entre eles os escritores José Lins do Rego e Rubem Braga, os historiadores José Honório Rodrigues e Sérgio Buarque de Holanda, o jurista Evandro Lins e Silva, o governador Juracy Magalhães (primo de Raymundo) e o deputado João Mangabeira.

O documento enunciava um amplo programa de melhorias das "condições gerais de vida do povo brasileiro", por meio de uma série de medidas abraçadas pelo movimento, que contemplavam desde o ensino público e gratuito para todos e um salário mínimo mais justo até a expansão da indústria e a organização da economia agrária[17]. A iniciativa dizia muito da insatisfação da *intelligentsia* brasileira com o atraso de um país de precária industrialização e hegemonia absoluta das oligarquias rurais – e que, com o "surto" de *redemocratização* do pós-guerra, sonha em construir um projeto de nação democrática.

Com o tempo, essa verdadeira "frente" à qual Raymundo se associara haveria de seguir trilhas distintas, com uma ala bem à direita do cenário político e outra em franca posição de esquerda. Assim, figuras como Domingos Velasco, João Mangabeira, Jurandir Pires Ferreira e Osório Borba participam diretamente da criação da União Democrática Nacional (UDN), organização que reúne, em um espectro mais reacionário, as forças antipopulistas adversárias de Vargas, lançando o nome do Brigadeiro Eduardo Gomes na eleição presidencial de 1945 (vencida pelo General Eurico Dutra, candidato apoiado por Getúlio). Por sua vez, uma numerosa ala dos "socialistas" originais permanece articulada em torno dos ideais postulados pelo *Manifesto*, convertendo-se em partido político na convenção nacional realizada em 1946 e assumindo a denominação de Partido Socialista Brasileiro (PSB) por ocasião da segunda convenção, em agosto de 1947.

Contudo, não seriam as lides da vida pública nacional o único móvel a galvanizar a atenção de Raymundo e Lucia no seu regresso ao Brasil. Em 1946, em meio à agitação febril do processo de reconstrução democrática do país, após a queda do Estado Novo e a realização de eleições gerais para o Congresso e a Presidência da República (talvez as mais "livres" já vistas até aquela data, com direito, inclusive, à extensão do direito de voto às mulheres), uma novidade extraordinária mudará os planos do casal: lá pelo mês de abril, após onze anos

---

17 O Manifesto destaca, textualmente, os seguintes pontos: *proteção do trabalho sob todas as suas formas; salário mínimo justo; salário igual para trabalho igual; gratuidade do ensino público para todos os ramos; plano nacional de defesa da saúde e assistência social; supressão de qualquer imposto sobre gêneros alimentícios de 1ª necessidade; construção de casas higiênicas ao alcance do trabalhador; abolição de qualquer imposto ou taxa sobre os pequenos vendedores ambulantes de comestíveis; redução do imposto para os pequenos comerciantes; industrialização e desenvolvimento das forças produtivas do país; organização da economia agrária.*

de casados, eles descobrem que serão pais – e a notícia benfazeja gera uma mudança radical na vida do casal. Até então, quem havia casado não quisera ter casa. Agora, já não será mais possível continuar morando em um apart-hotel, como os dois faziam desde o início do casamento: é preciso arranjar um espaço mais adequado para a "família", com um cantinho reservado para a bela semente que irá chegar.

Por isso, antes que Rosa nascesse, Lucia e Raymundo decidiram adquirir um imóvel na Rua Marechal Mascarenhas de Moraes, em Copacabana, bairro onde viviam vários de seus amigos, como o casal Jorge Amado e Zélia Gattai, que se muda para a capital federal em 1946, após a eleição do romancista baiano para a Câmara dos Deputados em dezembro de 1945. Além das sugestivas afinidades entre os quatro (eram duas escritoras nascidas em São Paulo casadas com dois prosadores nordestinos), havia uma sincronicidade mais do que "literária" a aproximá-los, visto que Zélia, tal qual Lucia, também iria engravidar e se tornar mãe pela segunda vez (o primeiro filho, Luís Carlos, fruto do casamento anterior com Aldo Veja, nascera em 1942), em 1947.

O nascimento de Rosa Lúcia representa para a mãe uma alegria e um alento sem igual. Depois que a menina vem ao mundo, sua atividade criativa, em lugar de arrefecer, intensifica-se ainda mais. De fato, é justamente naquele ano que Benedetti escreve sua peça infanto-juvenil de maior êxito: *O casaco encantado*. A experiência foi motivada pelo interesse do produtor Francisco Pete, que assistira à apresentação, no Teatro Carlos Gomes, na Praça Tiradentes (centro do Rio) de uma companhia austríaca que encenava teatro para crianças com atores profissionais, com enorme sucesso entre o público adulto e infantil. Pete quis montar um grupo similar e convidou Lucia, que já incursionara pelo gênero com o livro *Chico vira bicho e outras histórias*, a escrever o texto. Ela aceitou a proposta e compôs a obra, mas o projeto da montagem não foi adiante.

A ideia só veio a se tornar realidade depois que Lucia se encontrou com Paschoal Carlos Magno na ABI e leu o texto para o dublê de ator e teatrólogo. Paschoal, de imediato, pensou em apresentá-lo à companhia Artistas Unidos, dirigida por Henriette Morineau, que, com uma única leitura da obra, prontamente aprovou a ideia – e até se dispôs a integrar o elenco da montagem, atuando no papel da Bruxa. A sinopse da obra é bem simples: ela dramatiza a história de João e José, dois alfaiates que, para não cair em desgraça com o rei, devem

Edifício Madalena, endereço de Rosa e seus pais desde 1947 | TV UERJ / *Acervo do Samba UERJ*

Jorge Amado e Zélia Gattai, os ilustres vizinhos da família | Foto: Bob Wolfenson

costurar um casaco para o monarca. A tarefa parecia simples, mas a intervenção da Bruxa e outras peripécias insólitas deixam a dupla em maus lençóis.

O espetáculo acabou sendo apresentado no Teatro Ginástico, no centro do Rio, onde o grupo Artistas Unidos encenava *Hamlet*, a tragédia clássica de Shakespeare, sob a direção de Graça Melo. Coube a ele assumir os ensaios, contando com o talento do figurinista e cenógrafo paraense Nilson Penna para executar a montagem. Compuseram o elenco os atores Ambrósio Fregolente (nos papéis de alfaiate e sapo), Dary Reis (alfaiate e príncipe), Jacy Campos (rei), Flora May (princesa), Dona Maria Castro (avó), Orlando Guy (manequim) e Niete Junqueira (pajem), além da própria Morineau (a bruxa), Graça Melo (feiticeiro) e Nilson Penna (relógio). A *avant-première* de *O casaco encantado* aconteceu no dia 16 de outubro de 1948, à noite, ao passo que a estreia para o grande público ocorreu em duas matinês no dia 19 do mesmo mês.

É nesse ambiente de fabulação e criação artística que a pequena Rosa passa os verdes anos da infância. Ser filha de dois escritores renomados não era o melhor programa que uma criança poderia desejar: o pai e a mãe recolhiam-se aos seus escritórios durante boa parte do dia, ocupados com suas tarefas literárias – e a menina ficava livre, leve e solta pela casa... Os dois sabiam muito bem que essa não era a melhor forma de se educar uma herdeira e, por isso, trataram de patrocinar uma atividade que distraísse a menina. Quem nos conta a solução encontrada pelos pais é a própria Rosa:

> — *Um escrevia no silêncio, outro escrevia no silêncio e eu ficava lá de bobeira? Eu tinha que fazer alguma coisa. Aí eles me davam tinta para eu desenhar, para eu pintar... Então eu ia pintando...*[18]

A julgar pelo tom "fatalista" da declaração, parece até que o gosto pelo desenho e pela pintura surgiu como uma imposição arbitrária dos pais, totalmente avessa à vocação da menina. Ledo engano: a filha de Lucia e Raimunda já revelava

---

18 Entrevista concedida por Rosa Magalhães ao biógrafo, na residência da artista, em 08/08/2016.

desde cedo um enorme talento para as artes plásticas, que, com o tempo, só iria ser desenvolvido e lapidado. Na entrevista concedida ao biógrafo, a amiga Maria Luiza ressalta que, desde os tempos de escola, todas as colegas de turma sabiam que Rosa estava predestinada a se tornar uma artista consagrada.

Não poderia ser de outra forma: com uma facilidade espantosa para traçar no papel tudo que lhe vinha à cabeça, a menina era uma desenhista insaciável, sempre entretida com o lápis e a caneta nos mais diversos espaços do dia a dia. Tanto na agitação da escola, durante as aulas, quanto no silêncio do apartamento de Copa ou até mesmo na casa de veraneio em Petrópolis, não faltava o que desenhar. Que o diga a fiel parceira, que até hoje exibe em seu escritório dois retratos feitos por Rosa no dia em que Iza, pega de surpresa por um temporal em Copacabana, refugiou-se no apê da "tia" Lucia, descalça e encharcada, esperando a chuva passar. Na apresentação escrita para esta obra, Newlands ressalta esse traço precoce da amiga:

> *Ela desenhava muito, sem parar, onde quer que estivesse, nas margens dos cadernos, dos livros, durante os passeios e viagens, desde que houvesse papel e lápis ou caneta à mão. Às vezes, os modelos éramos nós. Ou os professores, o cachorro da casa, as visitas da família, quem e o quê estivessem por perto.*

Além dos desenhos, a outra diversão da Rosa em botão era um verdadeiro tabu para as famílias "chiques" da época: ver televisão diariamente. Segundo o padrão ditado pela alta classe média de Copacabana, era coisa de mau gosto (ou "cafona", como se dizia então) ter uma TV na sala. Raymundo e Lucia não escaparam à prescrição da "gente fina" da época e cuidaram de instalar o aparelho em outro cômodo. O mais interessante é que havia quatro quartos no apartamento, mas ela acabou ficando com Rosa, pois um cômodo era o escritório da mãe; o outro, escritório do pai; no terceiro, onde dormia o casal, nem pensar, seria pura heresia. No final das contas, a saída foi deixar a tevê no quarto da filha.

Como não é difícil de imaginar, a menina, já bem esperta, adorou a novidade: ela via tudo que se exibia na telinha na década de 50, quando a TV Tupi reinava absoluta no Rio de Janeiro. A emissora, fundada em 1950 em São

Paulo, fora inaugurada na capital da República em 20 de janeiro de 1951, data do padroeiro da cidade, quando Rosa já possuía quatro anos de idade. O canal só teria concorrente a partir de julho de 1955, quando foi criada a TV Rio, cuja sede ficava justamente na Avenida Atlântica, na altura do Posto 5, em Copacabana, bairro da família Benedetti Magalhães. Mas a emissora preferida de Rosa Lúcia sempre foi a Tupi, que, sobretudo na área da dramaturgia, exibia algumas atrações que marcariam para sempre a infância da menina.

Quando tinha dez ou doze anos de idade, a garota adorava assistir ao programa *Câmera 1*, escrito e produzido pelo ator e jornalista Jacy Campos, que adaptava peças teatrais e as encenava com uma única câmera, algo que o diretor aprendera nos EUA e tratou de reproduzir por aqui (como sempre, nada se cria, tudo se copia ou se reinventa desde os primórdios da tevê brasileira...). Para que tudo desse certo, os cenários e o vestuário eram substituídos às pressas, enquanto o narrador (o próprio Jacy) recapitulava a ação para o público. Obras e atores importantes passaram diante da solitária câmera de Campos nos estúdios da Tupi; a montagem de *Um Beijo nas Trevas* (com texto adaptado por Silvia Autuori), em especial, calou fundo nos telespectadores, entre os quais se incluía a curiosa Rosa, que, conforme ela própria nos confessou, "se pegava de medo" com as histórias, mas não desgrudava os olhos da telinha.

É claro que já havia fortes restrições à influência do atrativo meio de comunicação na educação dos filhos menores. No caso de Rosa, porém, o resultado não parece ter sido tão trágico quanto alguns pedagogos previam. Ela própria comenta a sua experiência com aquela que já foi chamada de "máquina de fazer doido":

> *— Eu via tudo, tudo. As pessoas diziam: "Ah, porque televisão faz mal, a criança fica boba, vai se imbecilizar..." E eu digo assim: Não, não fica boba não, fica ótima. Pode ver televisão o quanto quiser.*[19]

Aos poucos, o "vício" televisivo da Rosa em botão foi sendo assimilado pelos pais. Ela inclusive lembra que o único dia em que tinha licença de não

---

19 Rosa Magalhães, entrevista citada, 08/08/2016.

Maria Luiza Newlands. em desenho de Rosa Magalhães | Acervo Maria Luiza Newlands

Eva Christian, Canarinho e Francisco di Franco, os atores de "Jerônimo" | Revista **Amiga**

comer sentada à mesa com a família era o domingo, quando podia almoçar na frente da tevê, acompanhando o *Teatrinho Trol*, que, entre a segunda metade dos anos 50 e o início da década de 60, era a maior atração infantil da TV brasileira, só equiparável ao *Sítio do Pica-pau Amarelo*, outra série inesquecível para o público de todas as idades. Entre uma garfada e outra de comida, a garota assistiu a diversas montagens de histórias infantis, em que se destacava a saudosa atriz Zilka Salaberry (quase sempre atuando no papel de bruxa ou rainha má), ao lado de uma verdadeira constelação de artistas do nosso teatro: Fernanda Montenegro, Othon Bastos, Fábio Sabag, Iris Bruzzi, Cláudio Cavalcanti, Norma Blum e Monah Delacy, entre outros. Era absolutamente imperdível o *Teatrinho Troll* nas tardes de domingo...

Outro programa presente na infância da moça prosa era o lendário *Repórter Esso*, noticiário noturno apresentado pelo locutor Gontijo Teodoro, cuja ida para o cargo contara com a indicação do próprio pai de Rosa. Já envolvido com o novo meio de comunicação, Raymundo era admirador confesso da voz de Gontijo – o dublê de escritor e jornalista não só tratou de apadrinhar a contratação do locutor pela Tupi, como também não perdia uma edição do *Repórter* às 20 h, horário que se tornou sinônimo de notícia na televisão brasileira (que o diga o *Jornal Nacional*, até hoje transmitido na faixa das oito). Na verdade, a emissão diária da "testemunha ocular da História" começara pela Rádio Nacional, em agosto de 1941, com o propósito de cobrir a participação do Brasil na II Guerra Mundial. As ondas do rádio consagraram vozes famosas do jornalismo nacional, entre eles Luís Jatobá, Heron Domingues e o próprio Teodoro. Sua difusão pela TV só se iniciou em abril de 1952, na TV Tupi, mantendo-se no ar até o último dia de 1970.

Se a tevê imperava no quarto de Rosa, quebrando o silêncio de um ambiente de incansável faina literária dos pais, ambos avessos a ruídos e distrações ("*Barulho em casa era proibido*", ela faz questão de comentar), o rádio era presença constante na casa da avó, em Niterói, onde a menina costumava passar parte das férias no início do ano. Além de tocar violino com muita graça, Dª Leocádia era modista e, enquanto costurava mascando fumo na boca, adorava ouvir a programação noturna da Rádio Nacional, que se iniciava às 18 h em ponto, com a audição da *Ave Maria*, de Schubert (cuja versão original, em alemão, na voz sublime de Maria Callas, calou fundo em várias gerações), e prosseguia logo em seguida com a radionovela *Jerônimo, o Herói do Sertão*,

Domingos Benedetti, com a filha Lúcia e duas netas
(Rosa está à direita) | Acervo Aloysio Benedetti

uma criação de **Moysés Weltmann** que a emissora transmitiu de 1953 até 1967, com forte apelo junto ao público juvenil.

Jerônimo era uma espécie de justiceiro do sertão brasileiro, eterno defensor dos fracos e oprimidos. Ele enfrentava bandidos cruéis, como o Caveira e o Cobra, em uma acintosa paródia dos faroestes ianques, clara inspiração da série. Suas aventuras eram vividas pelo radioator Milton Rangel; o herói estava sempre acompanhado pelo Moleque Saci (Cauê Filho) e pela noiva Aninha (Dulce Martins). Mais tarde, em 1972, o programa seria adaptado para a telinha pela TV Tupi, com o *galã* Francisco di Franco interpretando o super-herói sertanejo, o comediante Canarinho no divertido papel do Moleque Saci, o escudeiro falastrão e contador de vantagens, além de Eva Christian na pele de Aninha.

A radionovela e a série televisiva jamais sairiam da memória da artista, que, curiosamente, anos mais tarde, ao realizar um curso de Roteiro com **Doc Comparato** (o consagrado criador de minisséries como *Lampião e Maria Bonita*, *O Tempo e o Vento* e *A Justiceira*), na Casa das Artes de Laranjeiras (CAL), viria a conhecer Wladimir Weltmann, filho de Moisés, o autor de *Jerônimo*. Tal como o pai, o rapaz também seguira a carreira jornalística e se tornou correspondente nos EUA do programa *Vitrine*, da TV Cultura (SP). Assim, por mais um capricho do destino, enquanto participava da oficina de roteiro para TV e cinema na CAL, Rosa revisitava um ícone do passado de Dona Leocádia e sua neta.

Os serões noturnos de costura embalados pelas ondas do rádio seriam, sem dúvida, uma das marcas registradas dos dias que a menina passava em Niterói, na casa da família materna, tanto no período das férias, quanto naquelas ocasiões em que Raymundo e Lucia viajavam e ficavam semanas ou até meses fora do Rio, tendo de deixar a filha aos cuidados dos avós. Sob a batuta de Domingos e Leocádia, a velha chácara da Rua Domingues de Sá, que um dia havia sido o paraíso de Lucia, Paulo e Aloysio, voltava a ser, nos dourados anos 50/60, o reino encantado de Rosa e seus primos, sobretudo os irmãos Aloysio e Eleanora, que sempre viveram em Niterói...

Ah, como era gostoso comer os bolos, os pães e os biscoitinhos de araruta que a avó trazia para os netos, aparecendo de surpresa no quintal com o tabuleiro quentinho, para alegria inenarrável de todos. Segundo relata Aloysio, ela não possuía nenhum livro de receitas – fazia tudo de improviso, revelando-se uma cozinheira de mão cheia. Apesar dos agrados, porém, não convinha abusar da boa vontade e paciência de Leocádia, que era uma mulher enérgica, bem mais severa que o avô Domingos, em geral mais complacente com as travessuras da molecada[20]. O *brasiliano* também marcou presença no imaginário dos miúdos: alfaiate e músico nas horas vagas, ele era um tipo alto e elegante, que exibia uma vistosa cabeleira grisalha e gostava de andar sempre nos trinques, como se pode ver na velha foto 3 x 4 que a neta Eleanora pregou no quadro de imagens da família.

Não seria exagero nenhum dizer que as temporadas em Niterói eram bem mais agradáveis do que as próprias idas à praia com o pai, muito raras e curtas: Raymundo só gostava de pegar sol de manhã bem cedo, lá pelas sete horas; às nove, o cearense já estava de volta ao lar, de sorte que, para Rosa, o passeio acabava se tornando uma coisa muito sem graça, que a fazia acordar quase de madrugada e não lhe despertava o menor prazer. Em um dos depoimentos prestados ao biógrafo, ela própria descreve sua experiência frustrante de banhista na infância:

> *— Eu ia muito pouco. Duas vezes ou três vezes por ano. Meu pai ia às vezes, minha mãe não ia nunca, quando ela ia era ao Leblon – não sei por quê: ela gostava do Leblon. Uma vez eu fui à praia com o meu pai; ele entrou na água, nadou, nadou e disse: "Pronto, vamos embora." Desse jeito, não era possível ir à praia...*[21]

Outra experiência frustrante na infância de Rosa foi seu primeiro contato com o carnaval. Quem imagina que a carnavalesca era uma foliã de carteirinha desde o berço se engana redondamente – a identificação com a festa só despontaria mais tarde, junto com a paixão pelas artes plásticas. Em suas lembranças do "tríduo momesco", até hoje não lhe sai da cabeça a sensação

---

20 Entrevista já citada de Aloysio Aguiar Benedetti ao biógrafo, concedida em 12/1/2018.

21 Rosa Magalhães, entrevista citada, 30/08/2016.

pálida que lhe provocou a ida ao baile ao ar livre na Praça do Lido, em Copacabana. Fantasiada como um bibelô pela mãe, a menina, ainda bem pequena, se viu rodeada pela multidão em festa, sem entender direito o que era aquilo. No primeiro dia, a curiosidade ainda se sobrepôs ao desconforto; no segundo, o cansaço já era visível; no terceiro, ela não resistiu e decidiu se manifestar:

— *Quando é que isso vai acabar, mãe?*

Mais tarde, já adolescente, ainda curiosa e mais simpática à festa, Rosa quis ir a um baile em Petrópolis, a cidade imperial onde a família passava as férias, na região serrana do Rio. O acompanhante, por certo, teria de ser o pai, que tirou o carro da garagem e se preparou para varar a noite ao lado da 'debutante'. Uma oportuna casualidade, porém, poupou-o da ingrata tarefa: na fila da entrada, os dois encontraram um amigo de Rosa e, sem pensar duas vezes, o escritor entregou ao jovem as chaves do carro, pedindo-lhe que trouxesse a foliã de volta para casa ao final da efeméride. A garota assistiu à cena de olhos arregalados: sem dúvida, apesar de espirituoso e vivaz, o cearense de veia política e literária não se empolgava com os sortilégios do rei Momo.

Contudo, a julgar pelo testemunho do primo Aloysio, ao menos lá em Petrópolis, onde os tios Raymundo e Lucia tinham uma casa de veraneio, a passagem do carnaval rendeu ótimos momentos para os adultos e as crianças. Afora os badalados bailes no Clube Quitandinha na virada dos anos 50/60 (com concursos de fantasia transmitidos pela TV, na época áurea de Clóvis Bornay e Evandro de Castro Lima), com direito a uma concorrida matinê infantil, a garotada se esbaldava com os blocos de rua, a começar pela saudável algazarra promovida pelos moradores do bairro. Discretos e comedidos durante o ano inteiro, nos dias de folia os vizinhos se largavam e brincavam à vontade, deleitando-se entre rolos de serpentina, banhos de confete e esguichos de lança-perfume.

Em compensação, Raymundo adorava levar a filha para as noitadas boêmias com os amigos do jornalismo e das lides artísticas nas mesas de bar da Av.

Atlântica, a charmosa via litorânea construída à beira da "princesinha do mar". Ali, Ary Barroso cantarolava ao violão os versos de "Rosa Morena", a canção imortal do baiano Dorival Caymmi, rendendo sua homenagem à graciosa menina, fazendo-a sentir-se, pela primeira vez, a moça prosa da avenida. E, assim, entre um lado e outro da baía de Guanabara, imersa em livros, lápis de cor e uma TV em Copacabana, ou rodeada de carretéis de linha, agulhas de tricô e um aparelho de rádio em Niterói, Rosa viveu seus verdes anos, quase sem se dar conta de que uma nova etapa de vida já se anunciava para a herdeira do casal Benedetti Magalhães...

5. Uma Rosa em flor, no epílogo dos "anos dourados"

As lembranças televisivas e radiofônicas embotam-se um pouco quando a rosa botão se abre em flor, aos quinze anos de idade, e passa a vivenciar as experiências de uma adolescente que desabrocha nos "*anos dourados*" de Copacabana, com os primeiros flertes amorosos e as inevitáveis estripulias de uma inquieta secundarista. Preocupados com a educação da menina, os pais a tinham matriculado desde cedo em uma das escolas mais tradicionais da Zona Sul do Rio, o Colégio Sacré-Coeur de Marie[22], localizado no início da Rua Tonelero, quase em frente à Praça Cardeal Arcoverde, a duas quadras da residência da família, que morava na Rua Mascarenhas de Moraes. Criado e dirigido por um instituto de freiras, o Sacré-Coeur era exclusivamente feminino, reunindo um grupo seleto de garotas da classe média carioca – e, sem a concorrência do *Facebook* ou do *Youtube*, seria

---

22 O estabelecimento centenário foi fundado em 23 de junho de 1911 por um grupo de religiosas vindas de Portugal, todas elas vinculadas ao Instituto do Sagrado Coração de Maria, organização surgida na França em 1849. O colégio seria um dos primeiros de uma rede mundial criada pelo Sacré-Coeur no século XX, destinada a formar crianças e jovens desde a Educação Infantil até o Ensino Médio. No Brasil, além do Rio de Janeiro, existem escolas instaladas em mais quatro cidades: Brasília (DF), Vitória (ES), Belo Horizonte e Ubá (MG).

dentro dos muros do educandário que Rosa e suas colegas cumpririam os primeiros ritos de iniciação na vida social de uma cidade e um país em profunda transformação.

Quando a filha de Lucia e Raymundo completou quinze verões, em 8 de janeiro de 1962, dois anos antes do golpe de 64, o Brasil já vivia o epílogo de sua época de ouro. Naquele ano, a *bossa nova* de Tom Jobim, Vinícius de Moraes e João Gilberto, trilha sonora da juventude classe média da Zona Sul, iria se consagrar no *Carnegie Hall*, em Nova York, com João e Agostinho dos Santos encantando a plateia de três mil pessoas, enquanto a seleção de Garrincha, Didi, Nilton Santos, Vavá & Cia., mesmo com Pelé contundido desde o segundo jogo, se sagraria bicampeã mundial na Copa do Chile.

Todavia, na esfera política e econômica, a conjuntura nacional desafinava mais que o magoado trovador da canção de Tom Jobim & Newton Mendonça[23]. O Plano de Metas ("*50 anos em 5*") do ex-presidente JK fora cumprido, com o ingresso massivo de grandes empresas estrangeiras (em especial o setor automotivo) em nossa economia, a nova capital federal desenhada por Oscar Niemeyer e Lúcio Costa já tinha sido inaugurada, mas havia algo de podre na república dos Bruzundangas...

Em Brasília e no Rio, as incertezas políticas inquietavam a todos. Após a renúncia de Jânio Quadros (UDN), em agosto de 1961, as forças conservadoras tentaram impedir a posse do vice-presidente João Goulart (PTB), que só pôde assumir graças a uma solução "conciliatória" do Congresso: a adoção do regime parlamentarista de governo. O país se dividia de vez, com os partidos de esquerda (inclusive o PCB), os sindicatos e a UNE apoiando *Jango*, na esperança de vê-lo promover as tão sonhadas "Reformas de Base", ao passo que a

---

23 Alusão explícita ao samba "Desafinado", um clássico da bossa nova, cujos versos iniciais enunciam: *Se você disser que eu desafino, amor / Saiba que isso em mim provoca imensa dor / Só privilegiados têm ouvido igual ao seu / Eu possuo apenas o que Deus me deu.*

oposição civil e militar se empenhava em evitar que o plebiscito pela volta do presidencialismo fosse convocado[24].

No 15º verão de Rosa Magalhães, o país fervilhava: com a economia estagnada e a inflação sem controle, ampliavam-se as greves nos centros industriais do Sudeste; nos latifúndios do Nordeste oligárquico, a crise agrária explodia, estimulando a ocupação de terras pelas Ligas Camponesas e acirrando o êxodo de milhares de lavradores rumo ao "Sul Maravilha". Sob o signo da desigualdade, o Brasil iniciava seu processo de urbanização selvagem e caótica, prelúdio da tragédia social que vivemos no século XXI.

No *front* cultural, artistas e intelectuais engajam-se no debate estético-ideológico, com o cinema e o teatro a abordar os grandes temas nacionais. Ao longo de 1962, uma extensa agenda de atividades mobiliza os grupos mais atuantes. Entre outras iniciativas, realiza-se o I Festival do CPC (*Centro Popular de Cultura* da UNE), com a presença dos escritores Ferreira Gullar e Dias Gomes; lança-se também o filme *Cinco Vezes Favela* (com documentários de Joaquim Pedro de Andrade, Leon Hirszman, Cacá Diegues, Marcos de Farias e Miguel Borges); nos palcos, o Teatro de Arena de Augusto Boal, Oduvaldo Viana Filho e Gianfrancesco Guarnieri encena textos de Bertolt Brecht e Maquiavel, enquanto o Teatro Oficina de José Celso Martinez Correa apresenta Tennesse Williams e Máximo Górki em espaços alternativos. Além disso, promovem-se marcantes espetáculos com alguns mestres do samba e da MPB, entre eles Cartola, Nélson Cavaquinho e Zé Keti.

Em meio a essa ciranda política e sociocultural, a família celebrou o aniversário da herdeira do jeito que Rosa solicitara à mãe. A garota não queria uma festa milionária, com um pomposo cerimonial e baile, como era tão comum àquela época. Ela já havia ido a alguns eventos do tipo, mas achava que aquilo não combinava com o seu espírito e vetou a caretice: o cortejo solene de pais e familiares, com pajens e damas de honra, príncipe de gala e quinze cadetes dançando uma valsa com

---

24 A consulta popular só seria realizada em 6 de janeiro de 1963, dois dias antes de mais um aniversário de Rosa. De um total de 12.773.260 votos, 9.457.448 apoiaram a volta do **presidencialismo** e apenas 2.073.582 optaram pela manutenção do parlamentarismo. Após 14 meses de conturbado cenário político no país, Jango finalmente obtinha plenos poderes em um país sacudido por diversas greves e declarações belicosas de seus adversários. Ver, a respeito: *Nosso Século: 1960/1980 – Sob as Ordens de Brasília*. I parte. São Paulo: Abril Cultural/Círculo do Livro, 1980/1986.

quinze donzelas para apresentar a *princesa* à sociedade não seria a opção da aniversariante. Lucia Benedetti não forçou a barra e organizou um jantar em grande estilo para os amigos e familiares, satisfazendo o desejo da filha: contratou um bom serviço de bufê e mandou fazer um bolo bem decorado, cuja forma era exatamente um livro aberto (detalhe nada original 'concebido' pelos pais escritores e o único item da cerimônia que a *debutante* até hoje critica e ironiza).

Cumprido o imperioso "rito de passagem", a vida seguiria um curso mais dinâmico para a irrequieta criatura. Em se tratando das lides do coração, Rosa não era clássica, nem romântica – era assim "meio *aliche*, meio muçarela..." Ela lembra que foi logo aos quinze anos que teve o primeiro namoradinho, uma figura que fugia inteiramente às expectativas das religiosas que dirigiam o Sacré--Coeur. Segundo relembra a artista, o rapaz era um tipo "todo moderno", que não se encaixava na imagem que todos idealizavam de um autêntico *namorado*: ele era cabeludo, não usava meias e vestia calça *Lee* (a marca que tinha virado sinônimo de *jeans* na época), o auge da moda para a galera dos anos 60. E, para arrematar, se já não bastasse o figurino ultraextravagante, o "cabeludo" ia buscar a *namorada* na porta do colégio, deixando as freiras preocupadíssimas...

Como o gosto pela TV havia arrefecido, Rosa adorava passear. Mesmo que o ritmo de vida no limiar dos anos 60 fosse muito mais calmo que o do século atual, com os jovens passando boa parte do tempo dentro de casa, ela nunca deixou de dar suas voltinhas pela rua. Naquele tempo, ver tevê era muito enjoado: só havia seriados e umas "bobagens" que a moça detestava. Não existia VHS, DVD, muito menos TV a cabo ou Netflix... Queria ver um bom filme? Ia ao cinema! A melhor opção para se divertir era refugiar-se nas boas salas da Zona Sul e depois sair para tomar sorvete com o namorado ou as amigas. Qualquer gênero servia: musical, drama, comédia, o que viesse pela frente; mas o que mais seduzia a cinéfila era um bom policial, que ela passou a admirar ainda mais depois que o pai lhe comprou a coleção inteira de Agatha Christie para que a garota, derrubada na cama por uma daquelas gripes intermináveis que nos pegam de jeito, não se entediasse sozinha no quarto.

Raymundo também era um admirador nato da sétima arte e teve grande peso na paixão da filha pelo cinema. Além de solicitar a Rosa que conferisse com Maria Luiza um e outro filme para posterior resenha ao cinéfilo, ele próprio ia com a jovem às *soirées* do cine Roxy, na Av. Nossa Senhora de Copacabana, ou às sessões do monumental Cinema Rian[25], na Av. Atlântica, entre outras salas que o bairro abrigava nas décadas de 60/70, quando a maior diversão do carioca era, de fato, apreciar uma boa produção cinematográfica na tela grande. Fã declarada do gênero policial, Rosa era apaixonadíssima por James Bond: ela não perdia um filme de *007*, o mais famoso agente secreto do mundo. Mais tarde, já adulta, quando viajava à Inglaterra, fazia fila para ver o lançamento de um novo título do espião, cujas aventuras mirabolantes já renderam aos estúdios ingleses mais de vinte e quatro produções com ótima bilheteria.

A carnavalesca conta que até hoje assiste aos filmes da série: ela não vai no dia da estreia, porque não tem paciência, mas nunca deixa de prestigiar o herói. E confessa que adora o ator Daniel Craig, que interpretou o personagem em *Casino Royale*, *Quantum of Solace*, *Skyfall* e *007 contra Spectre*, aparecendo até no evento de abertura das Olimpíadas de Londres, em 2012. Para Rosa, Craig é "bonitão" e fica bem no papel do agente durão. Na verdade, ela estranhou quando se anunciou que ele deixaria a franquia; mas a série já teve outros galãs "aposentados", como o lendário Sean Connery, ou até mesmo Roger Moore, com quem a tiete, aliás, tirou uma foto (acreditem, se quiserem, leitores!) numa sessão especial de lançamento de mais um *007*...

De resto, vale lembrar que Rosa e os pais também conheceram o cosmonauta russo Yuri Gagarin, o primeiro ser humano a viajar pelo espaço e orbitar o planeta azul, a 28 mil km/h, a bordo da nave *Vostok 1*, em abril de 1961, quando a moça prosa tinha apenas 14 anos. Em tempos de *guerra fria* declarada, Yuri tornou-se um herói da "corrida espacial" travada entre a URSS e os EUA – e, graças à proeza, tornou-se uma celebridade, viajando mundo afora como "embaixador da paz" do governo soviético. Na América Latina, apenas três meses após a façanha, visitou Cuba e Brasil, com escala no Rio de Janeiro, São Paulo e Brasília, onde recebeu a Ordem do Cruzeiro do Sul do Presidente Jânio Quadros.

---

25 O monumental Cine **Roxy** foi inaugurado em 03 de setembro de 1938 e até hoje é um dos principais cinemas de rua do Rio de Janeiro; ele foi reformado no início dos anos 90, passando a oferecer três salas menores ao público. Já o Cine **Rian**, inaugurado por Dona Nair de Tefé em 28 de novembro de 1932 (assegura-se que, em homenagem à lendária pianista e ex-primeira dama do país, a sala foi batizada com o seu nome lido de trás para frente: *Rian*), viria a ser demolido em dezembro de 1983.

Yuri Gagarin, em seu giro pelo mundo (1961) | Arto Jousi – Suomen Valokuvataiteen Museo

Roger Moore, o agente 007 | Foto: divulgação

No Rio, além do encontro oficial com o governador Carlos Lacerda (UDN), Gagarin foi acolhido com enorme pompa e circunstância pelo deputado federal Drault Ernanny (PSD), influente banqueiro paraibano, criador da Refinaria de Manguinhos. A efeméride se deu em sua mansão na Gávea Pequena, a chamada "Casa das Pedras" – e, como era de se suspeitar, contou com a presença de Rosa e seus pais. A garota e a mãe não perderam a chance de tirar fotos com o astro espacial, o qual, diga-se de passagem, fez muito sucesso com o público feminino – segundo a avaliação da jovem admiradora, aliás, "*era bonitinho toda vida*"... E o russo, impressionado com a reação de todos, voltou para Moscou dizendo que os brasileiros eram por demais "efusivos ao extravasar sua alegria"...

6. As pupilas do Sacré-Coeur

Curiosa e sonhadora, mas nem sempre apta a manifestar sua inquietude dentro de casa, templo sagrado dos pais escritores, Rosa Lúcia elegeu a escola seu espaço predileto de irreverência e expansão. Matriculada no Sacré-Coeur desde a infância, ela fazia parte de um círculo estreito de meninas que haviam crescido juntas e exibiam, quase todas, enorme cumplicidade e senso de humor. Criado e dirigido por um instituto de freiras, o Sagrado Coração de Maria era exclusivamente feminino, com apenas três turmas pequenas por série, acolhendo, no máximo, trinta estudantes cada uma. Os grupos costumavam ser bastante coesos e, ao menos no caso de Rosa e suas colegas, gostavam de burlar-se do rigor e da disciplina impostas pelas religiosas.

É verdade que a colegial não era tão "bagunceira" quanto se poderia supor: a amiga Maria Luiza a descreve como uma figura serena e bem-humorada, com muita presença de espírito e uma forma própria de se comportar. Mesmo com certa pitada de rebeldia e insubmissão próprias da adolescência, Rosa deu pouco trabalho às freiras: apenas duas ou três vezes sua mãe foi convocada ao colégio para conversar com a direção. Os motivos de reclamação eram bem triviais: uma resposta atrevida à professora, uma atitude por vezes mais insolente com a inspetora, coisas do tipo, quase inevitáveis em um estabelecimento mais conservador, mantido por uma organização religiosa já centenária, que desde 1849 estava instalada na França.

O próprio uniforme das alunas era um ícone do espírito tradicional das servas do Sagrado Coração de Maria: no verão, Rosa lembra que tinha de usar uma roupa de fustão[26] branco, com laço ao estilo Chanel, cinto azul, meia e sapato, além do chapéu, decerto o detalhe mais charmoso da indumentária. Obviamente, era impossível não sujar a roupa após um dia inteiro na escola: de vez em quando, caía café com leite, ou uma bolada inesperada manchava completamente o tecido. Por isso, o guarda-roupa do quarto de Rosa Lúcia era quase todo para o colégio, com um traje completo para cada dia da semana. Além disso, com o passar do tempo, ou até mesmo conforme a mudança de estação, o Sacré-Coeur adotava novos modelos de uniforme, o que obrigava a família a providenciar mudas e mudas de roupas para a menina.

Sempre com boas notas no boletim escolar, ela era bastante estudiosa, ainda que estivesse longe de ser uma "*cdf*"[27]. No histórico do antigo Curso Ginasial (atualmente o 2º segmento do Ensino Fundamental), cursado de 1959 a 1962, só aparece uma única média anual abaixo de 7,0: é um modesto 5,5 em Latim, registrado na 2ª série (equivalente hoje ao 7º Ano). Os melhores resultados em todas as séries do "Ginásio" eram sempre os de Desenho e Canto Orfeão, em que a artista mirim quase sempre obtinha graus superiores a 9,0. Já no Curso Colegial (hoje o Ensino Médio), desde o 1º até o 3º Ano, não se encontra uma única nota abaixo de 7,0. No estudo dos idiomas, o Latim continuava a ser o ponto fraco da estudante, ao passo que as disciplinas de melhor desempenho da secundarista eram o Francês e o Inglês, em que ela sempre obtinha médias muito altas (no histórico do 2º Ano, cursado em 1964, o resultado final em Língua Francesa foi

---

26 O **fustão** é um tecido de algodão de fio duplo ou triplo, frisado, cuja leveza provoca um efeito bem despojado. De origem indiana, mas produzido em larga escala pela indústria têxtil inglesa desde o século XVII, ele pode ser facilmente lavado e costurado, o que favorece seu uso para diversos fins. Até o século XIX, servia para fazer cortinas e lençóis; depois, veio a ser utilizado até na confecção de roupas, inclusive uniformes escolares.

27 Nos anos 60/70, chamava-se de "*cu de ferro*" (ou seja, "***cdf***") a pessoa que vivia para os estudos, passando horas ocupada com as tarefas escolares e participando muito pouco das brincadeiras das colegas.

Turma do 2º Ginásio C (1960), com Rosa sentada à esquerda | Acervo Rede Sagrado Coração – RJ

Curso Colegial	Português	Latim	Francês	Inglês	Ciênc. Fís. e Biológica	Sociologia	Literatura	História	Geografia	Filosofia			Média Global
1.ª Série	8,0	7,0	9,5	8,5	x	x	x	8,5	8,5	9,0			Aprov.
Col. "Sacré-Coeur de Marie" (Nome do Estabelecimento)						Rio de Janeiro (Cidade)			Guanabara (Estado)			1963 (Ano)	
2.ª Série	7,0	7,5	8,0	8,5	8,5	x	x	8,0	x	7,5			Aprov.
Col. "Sacré-Coeur de Marie" ((Nome do Estabelecimento))						Rio de Janeiro (Cidade)			Guanabara (Estado)			1964 (Ano)	
3.ª Série	7,5	7,0	x	9,5	x	9,0	x	7,5	x	7,5			Aprov.
Col. "Sacré-Coeur de Marie" (Nome do Estabelecimento)						Rio de Janeiro (Cidade)			Guanabara (Estado)			1965 (Ano)	

Histórico escolar de Rosa no Sacré Coeur | Acervo Rosa Magalhães

9,5). Por sua vez, nas demais cadeiras, todas da área de Humanas (Geografia, História e Filosofia), não há sequer uma nota abaixo de 8,5.

Maria Luiza Newlands conta que a amiga tinha lugar cativo no clube das melhores alunas da turma. Elas todas eram muito brilhantes e travavam uma disputa bem saudável pelos broches que as freiras concediam a quem obtivesse as maiores médias ao final de cada mês. O seleto grupo que monopolizava as estrelinhas coloridas distribuídas pelas educadoras (azul para o 1º lugar, vermelha para o 2º e assim por diante) era formado por Maria Eugênia, Ângela Dutra, Ellen Gracie (uma moça mais séria e contida, que seguiu a carreira de jurista e, em 2000, por indicação de Fernando Henrique Cardoso, tornou-se a primeira mulher a ocupar o cargo de ministra do STF) e pela *desenhista* Rosa Lúcia. Esta, na realidade, já havia se revelado muito mais uma artista do que uma *nerd*: sem desdenhar dos broches coloridos, o que lhe interessava mesmo era retratar as colegas e ilustrar com desenhos bem criativos os cadernos. Isso para não falar das roupas originalíssimas que passaria a usar fora da escola, para surpresa e admiração das amigas, que, de certa forma, se sentiam um pouco "caretas" diante de Rosa[28].

Na reta final do colégio, do 1º ao 3º Ano do Colegial, cursado entre 1963 e 1965, as médias se mantêm no mesmo padrão, com o Francês sempre em 1º lugar no histórico. O gosto pelas línguas estrangeiras, estimulado pelo pai, renderia duas atividades extras para a adolescente: em 1964, ela conclui o curso da Cultura Inglesa e, ao final dos anos 60, após fechar o ciclo básico da Aliança Francesa, cursa o *Nancy*[29] na instituição, habilitando-se oficialmente a ensinar a língua de Brigite Bardot e Jean-Paul Sartre (em 1969, ela ainda faria a Licenciatura em Francês na UERJ, cursando as disciplinas pedagógicas oferecidas pela Universidade). Patrocinada por Raymundo, que desde cedo lhe exigira o domínio de inglês e francês como requisito básico para qualquer viagem ao exterior (sonho confesso de Rosa), essa paixão

---

28 Maria Luiza Newlands, entrevista citada, 13/03/2018.

29 O *Nancy* é um programa de nível superior de língua, literatura e civilização francesas, por meio do qual o(a) estudante obtém um diploma outorgado pela Universidade de Nancy II, na França.

UNIVERSITÉ DE NANCY

FACULTÉ DES LETTRES ET DES SCIENCES HUMAINES

Diplôme d'études françaises (2e degré)

Le Recteur de l'Académie, Président du Conseil de l'Université de Nancy,

Vu la lettre de Monsieur le Ministre de l'Éducation Nationale en date du 24 Juin 1955;
Vu l'arrêté ministériel du 25 Octobre 1961 portant création d'examens réservés aux étudiants étrangers;
Vu la délibération du Conseil de l'Université de Nancy en date du 23 Février 1962;
Vu le procès-verbal, établi par les Professeurs de l'Université de Nancy, Membres du Jury, de l'examen du session octobre-novembre 1967,

Constate que Mademoiselle MAGALHAES Rosa Lucia Benedetti

né e à Rio de Janeiro *le* 8 JANVIER 1947

a subi avec succès les épreuves prescrites, le déclare digne du **Diplôme d'études françaises (2e degré)** *et lui délivre le présent diplôme.*

Fait à Nancy, le 13 Février 1968

Signature du Titulaire: Rosa Lucia Benedetti Magalhães

Le Président du Jury:

Le Recteur, Président du Conseil de l'Université,

J.BOMPAIRE

N° 146

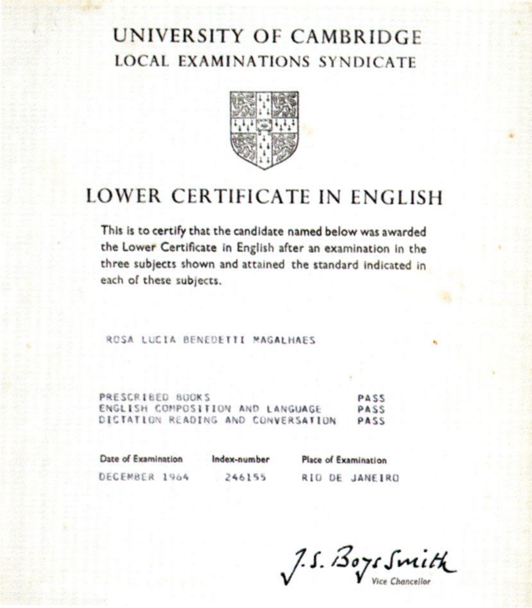

UNIVERSITY OF CAMBRIDGE
LOCAL EXAMINATIONS SYNDICATE

LOWER CERTIFICATE IN ENGLISH

This is to certify that the candidate named below was awarded the Lower Certificate in English after an examination in the three subjects shown and attained the standard indicated in each of these subjects.

ROSA LUCIA BENEDETTI MAGALHAES

PRESCRIBED BOOKS	PASS
ENGLISH COMPOSITION AND LANGUAGE	PASS
DICTATION READING AND CONVERSATION	PASS

Date of Examination	Index-number	Place of Examination
DECEMBER 1964	246155	RIO DE JANEIRO

J. S. Boys Smith
Vice Chancellor

Aprender idiomas para viajar: certificados de conclusão do Nancy e de proficiência em inglês – Cambridge | Acervo Rosa Magalhães pelos idiomas se estenderia a outras terras: a jovem andarilha haveria de aprender ainda italiano e alemão, estudando no Consulado Italiano do Rio e no Instituto Goethe.

Em meio a essa verdadeira torre de Babel, a adolescente guarda com boa dose de nostalgia e enlevo as lembranças das aulas de Inglês que lhe foram ministradas pelo Prof. McGregor na Cultura Inglesa, quando o curso ainda estava localizado na Avenida Atlântica, lá no final da via, em um enorme casarão quase em frente ao Forte de Copacabana. A fim de sacudir o espírito da turma e tornar suas aulas mais pitorescas e atraentes, o britânico optou por levar suas turmas para a praia, ao ar livre, à sombra das frondosas amendoeiras que cobriam aquele trecho da "princesinha do mar". Enquanto o mestre, com os pés enfiados na areia, lhes ensinava os rudimentos da língua de Lennon & McCartney, seus pupilos refrescavam-se com a brisa marinha e, pelo visto, aprendiam que, sob o sol dos trópicos, a vida ia bem além do metafísico "*to be or not to be*" do velho Hamlet...

Experiências inusitadas como essa contribuíram decisivamente para estimular a vocação hedonista da adolescente, que sempre contou com a cumplicidade dos pais para novos desafios e descobertas. Foi assim, por sinal, que ela pôde aprender a dirigir, de modo precoce, aos quinze anos de idade, intimada pela mãe, que, convencida de que era importantíssimo saber conduzir um carro, alertou-a com uma frase de efeito: "*Vai que precisa...*". Rosa não sabe por que Lucia lhe disse isso, mas o bordão jamais lhe sairia dos ouvidos. E assim, lá em Petrópolis, na região serrana do Rio, onde a família possuía uma casa de veraneio, a garota foi matriculada em uma autoescola e começou suas aulas pilotando um jipe, opção nada recomendável a uma iniciante.

A primeira lição foi um fiasco. Ela ia com o instrutor ao lado e a mãe sentada no banco de trás. Rosa mal se aguentava no volante, dirigindo aos trancos e barrancos, pois jamais andara em um veículo tão pesado, quando Lucia subitamente gritou: "*Para esse carro! Para! Para!*" Em lugar de acatar o pedido da passageira, o professor retrucou: "*Não! Não para! Não tem necessidade de parar agora*". O que ele não sabia, porém, é que havia uma barata na parte traseira do jipe e a mãe da aluna desejava desesperadamente se ver livre do asqueroso inseto. Por isso, a acompanhante continuou a berrar cada vez mais alto e o severo instrutor, mesmo a contragosto, se viu obrigado a parar. Foi aí que a apavorada escritora revelou o seu drama: "*Tem uma barata aqui atrás!*"

Compadecida da mãe, Rosa sentenciou: "*Não precisa de professor nenhum: meu pai vai me ensinar!*" Assim, por conta do tragicômico episódio, o inflexível professor foi literalmente "desbaratado" e Raymundo passou a iniciar a filha nos segredos do volante, passeando com Rosa Lúcia pelas ruas de Petrópolis. As aulas aconteciam quase sempre no fim de semana; no domingo ou no sábado à tarde, eles ficavam dando voltas em torno da Catedral, para que a insegura motorista ficasse mais habituada aos pedais do acelerador e da embreagem. A garota arrancava com o veículo, acelerava e depois reduzia a marcha, como se estivesse em uma pista de treinamento. Hoje isso seria proibido, mas naquela época não havia trânsito algum, era tudo muito calmo na pacata cidade serrana. Às vezes, após o almoço de sábado, o próprio pai lhe dava a chave do carro para que a "aluna" treinasse a mudança de câmbio e aprendesse a dar marcha à ré...

Mais tarde, quando completou 18 anos, a jovem não perdeu tempo e tratou de tirar a carteira de motorista, fazendo a famosa prova do DETRAN. Uma de suas amigas estava estudando em uma autoescola na Zona Sul, convidou-a para acompanhá-la no exame e ela se animou. A colega apresentou-a ao professor e este foi direto ao assunto: "*Se você quiser tirar carteira semana que vem...*" Rosa aceitou de imediato a proposta, mas lembrou ao instrutor que não sabia colocar o carro na vaga, um item imprescindível para concessão da habilitação: era preciso posicionar o veículo no espaço demarcado pelas balizas entre a pista e o meio-fio, sem derrubar nenhum cone, algo que muita gente grande era incapaz de fazer. Ele não se deu por vencido e prontamente retrucou: "*Então vamos fazer vaga!*"

O professor ensinou, Rosa aprendeu, mas a mãe, na contramão da facilidade, impôs uma condição à futura motorista: "*Tem de ter dois meses de aula, senão não vai tirar carteira!*" E assim foi feito: o instrutor apanhava a aluna na porta de casa e os dois ficavam rodando pela Lagoa, a fim de ganhar experiência no tráfego. Naquela época, as regras não eram as mesmas de hoje: era proibido uso de lanterna e as indicações de manobra deviam ser sinalizadas com a mão. Ao final, quando acabava o circuito, ela se aprimorava com as balizas, preparando-se para o exame. Com dois meses de autoescola, a aluna fez a prova e passou. Depois, seria aquela briga com Raymundo para ver quem iria ficar com o Fusca, o segundo carro do pai, que antes tivera um *Studebaker*[30], carinhosamente chamado de *Josefina* – "*muito bonito, mas não prestava para nada, só para ser bonito*", ironiza Rosa.

Já vacinada contra *Josefina*, cujo radiador costumava deixar a família na mão na subida para a Serra, Rosa era louca para dirigir o fusquinha. Quando começou a estudar na Escola de Belas Artes, no Centro, ela fechou um acordo com o pai:

> *— A gente saía de manhã: eu ia para a faculdade, ele ia para o trabalho. Eu deixava meu pai na Manchete e estacionava na cidade pra conseguir uma vaga. Depois, ele saía da revista e eu ia dar aula, então ele pegava o carro e eu vinha de ônibus.31*

O biógrafo, porém, já está pondo a carroça à frente dos bois, ou melhor, o fusca na frente do ônibus. Antes que a Rosa em flor alçasse voos mais altos na vida universitária, ela precisaria ainda encerrar sua trajetória no colégio dirigido pelas servas do Sagrado Coração de Maria. Mas esse rito de passagem de um cenário ao outro, como sempre sói acontecer na vida nada convencional de nossa personagem, também será marcado por certos eventos inusitados, que se desdobram em tons de farsa e comédia, conforme se poderá ler na próxima alegoria deste enredo.

---

30 Veículo fabricado nos EUA por uma indústria automobilística de menor porte (se comparada às três gigantes da época: General Motors, Ford e Chrysler), mas com relativa presença no mercado até a metade do século XX (a empresa seria fechada em 1966). O velho *Studebaker* guardava certos traços de semelhança com os modelos do *sedan Chevrolet* e do tradicional *Cadillac*, que marcaram o imaginário dos brasileiros nos anos 50/60.

31 Rosa Magalhães, entrevista citada, 08/08/2016.

Carteira de estudante emitida pelo Diretório Acadêmico
em 1965 | Foto: George Magaraia

Fachada da antiga Escola Nacional de Belas Artes, atual
Museu Nacional de Belas Artes | TY UERJ / *Acervo do Samba*

02
ENTRE DUAS ACADEMIAS

Rosa aos vinte anos | Acervo Maria Luiza Newlands

— Mãe, passei pra Faculdade!

Quando Rosa anunciou aos pais que passara no exame de acesso à *Escola Nacional de Belas Artes* (a atual EBA-UFRJ[32]), os dois tomaram um susto. Afinal, a jovem, que estava apenas com dezessete anos, sequer concluíra o Ensino Médio no Sacré-Coeur de Marie. Por um momento, a dúvida assaltou as mentes de Lucia e Raymundo: seria só uma brincadeira da divertida criatura com a família ou a história era mesmo verdade? Já habituado às invenções da filha, jovem independente e pioneira (quem sabe uma versão *anos dourados* da pianista Chiquinha Gonzaga, que Rosa tanto admirava), o casal achou melhor esperar que ela contasse a notícia com calma, antes de ter certeza de alguma coisa.

A novidade era à vera e começara de um jeito que nem a própria Rosa tinha podido imaginar. Convidada por uma amiga que conhecia como poucos a arte das rendeiras do Ceará (ofício admirado até hoje pela cenógrafa, que incluiu um painel com as artesãs na festa de encerramento dos Jogos Rio 2016), em março de 1964 a jovem secundarista inscreveu-se em um curso que a colega estava realizando em Botafogo, a fim de aprimorar suas noções sobre a arte de desenhar e, quem sabe, preparar-se para a carreira de Arquitetura, uma ideia que volta e meia lhe vinha à cabeça. De início, ela pensou que só havia uma

---

32 Neste ensaio biográfico, usaremos o termo *Escola Nacional de Belas Artes* e sua sigla (*ENBA*) em alusão aos fatos anteriores a 1971; para o período posterior, valerá o nome atual: Escola de Belas Artes da UFRJ.

disciplina (Desenho Artístico), mas, depois, iria se dar conta de que também teria aulas de Geometria, Modelagem e Modelo Vivo.

O que a precoce desenhista veio a cursar era, na realidade, um preparatório para a *Escola Nacional de Belas Artes*, celeiro de alguns dos artistas mais famosos do país. Segundo Rosa, a hipótese não lhe agradou em nada: ela só queria lapidar o talento que já trazia consigo, a fim de executar com boa técnica e segurança os desenhos que fazia desde pequena. Como já foi dito, o lápis de cor e a cartolina tinham sido inseparáveis parceiros nos dias em que ela ficava sozinha na sala com suas pinturas, proibida de fazer qualquer barulho, para não incomodar o labor silencioso dos pais nos escritórios. Depois, conforme nos relata a amiga Maria Luiza, o gosto pelo desenho se tornaria um traço distintivo da jovem, sempre pronta a retratar as figuras e as cenas que lhe despertavam a atenção.

"*Ela não poderia seguir outro rumo na vida*", sentencia Luiza – e não há dúvida de que até o anjinho e o diabinho que lhe sopravam "conselhos" aos ouvidos soltaram fogos de artifício no dia em que Rosa se matriculou no cursinho para a *ENBA*. Contudo, o espírito insubmisso da aluna falou mais alto quando o professor anunciou, no mês de setembro, que a turma teria lições de Geometria na reta final do curso. Ao saber da novidade, a tinhosa criatura prontamente retrucou: "*Não! Eu não vou fazer aula nenhuma!*"

Ciente do temperamento forte da jovem, a colega do curso procurou contornar a situação, minando a resistência da amiga com algumas ponderações: "*Como assim, Rosa? Você já está pagando! Fica aí, assiste à aula...*" O pedido acabou surtindo efeito e a aluna rebelde, mesmo contrafeita, foi ficando. É claro que isso não evitou alguns entreveros bem engraçados entre ela e o professor, como no dia em que este saiu para tomar café e decidiu passar uma tarefa extra à estudante:

> *— Olha! Eu vou desenhar para você uma circunferência e você acha o centro. Vou tomar um café e já volto...*

Encontrar o centro da circunferência era um mistério transcendental para a filha de Lucia e Raymundo. Ela própria confessa que não sabia nada daquilo

Rosas desenhadas pela artista aos 15 anos e desenho na folha da ABL, assinado "RLBM" | Acervo MLN

– julgava a tarefa algo muito abstrato para sua cabeça. Ainda assim, quando o professor voltou, o dever tinha sido feito: lá estava a pintinha que Rosa havia feito no ponto central do malfadado círculo. O mestre, no entanto, desconfiou da pupila e lhe perguntou à queima-roupa:

— Como você achou o centro?

A resposta de Rosa foi direta e franca:

— Ué! Eu coloquei na luz: tinha um furinho, eu fiz uma pinta. Qual é o problema?

Diante de tamanha desfaçatez da discípula, o calejado mestre, segundo o relato da própria Rosa, ficou "azedo". Primeiro, ele perguntou: "*Você não sabe fazer?*" Depois, ao ouvir a resposta negativa da jovem, pegou o compasso com raiva, traçou o movimento correto e mostrou a solução à abusada aluna.

Apesar dessas eventuais escaramuças no cursinho, a aluna acabou por aprender mais do que imaginara. Por isso, quando chegou o final do ano, sem duvidar da capacidade de sua aluna mais caprichosa, o mestre lhe fez a pergunta que mudaria sua vida para sempre:

— Por que você não faz a prova para testar?

A ideia não tinha nada de descabida. Afinal de contas, antigamente eram oferecidas 40 vagas para a *Escola Nacional de Belas Artes*. Se ela se inscrevesse, existiria uma chance mínima de aprovação, já que não havia tantos candidatos para a carreira, E, mesmo que Rosa não passasse, no ano seguinte, quando ela finalmente concluísse o 3º Ano do Sacré-Coeur, poderia concorrer de novo à sonhada vaga – só que desta vez a candidata já saberia como era a prova e não iria se assustar com o árduo processo seletivo.

Dito e feito. A talentosa desenhista se inscreveu e, na data estipulada, submeteu-se ao terrível exame de *habilitação específica* para **Pintura**, que, àquela época, incluía provas de Desenho Artístico (criação de uma *natureza morta*), Geometria, Modelagem e Modelo Vivo (quatro desenhos com tempo máximo de execução: o primeiro em quatro minutos, o segundo em três e os dois últimos em apenas dois). Para seu próprio "azar" e de muitos que a rodeavam, ela acabou passando... E agora, como contar para os pais, que não sabiam de nada até então? E pior: o que fazer para conciliar o colégio e a *ENBA* durante um ano inteiro de aulas? Quando Lucia e Raymundo a puseram contra a parede, a filha foi obrigada a tomar uma decisão – e Rosa não hesitou:

> — *Bem, eu sei que o problema é grave, mas aula no 3º Ano e na faculdade, ao mesmo tempo, não dá. Eu agora não vou mais para esse colégio!*

As freiras do Sacré-Coeur, porém, não aceitaram a resolução da aluna. Disseram a ela e aos pais que Rosa teria de ir, sim. Como equacionar o dilema? *Nem tanto ao mar, nem tanto à terra*, ou seja: se ela queria cursar a Escola de Belas Artes, mas precisava concluir formal e eticamente o 3º Ano, por que não optar pelos dois? E assim aconteceu: como a estudante entrava bem cedo, às sete e meia da manhã, no colégio da Rua Tonelero, às 9 h ela já estava indo embora de Copacabana rumo ao centro da cidade, de carona com o pai e vestida com o próprio uniforme do Sagrado Coração de Maria. O mais curioso é que, lá na faculdade, ninguém notava que havia uma secundarista na sala fazendo o curso com eles.

No dia do trote, porém, a roupa de fustão branquinho pesou contra a caloura. Os veteranos haviam organizado uma espécie de baile perto do Teatro Municipal e os novos alunos tinham de sair com a cara pintada pelas ruas, tocando tambor e batucando numas latas vazias em plena Av. Rio Branco, a mesma passarela que um dia seria um dos palcos de sua vitoriosa carreira no carnaval carioca. Ansiosa por participar da festa, Rosa procurou a galera mais velha e disse: "*Eu sou caloura!*" Só que ninguém acreditou naquela garota vestida com a roupa do Sacré-Coeur. Por isso, todo mundo mandou-a ir embora:

"*Sai daqui, pirralha!*" E, assim, fazendo jus à sua admiração por Chiquinha Gonzaga, a moça que já era da lira e não podia negar entrou na UFRJ sem tomar ao menos um singelo trote...

1. "Quando ela chegava, era uma festa..."

O ingresso na *Escola Nacional de Belas Artes*, em 1965, representou uma mudança radical na vida de Rosa. Muito mais do que um novo e cativante ambiente acadêmico, a *ENBA* era um espaço de criação, invenção e transgressão, em que um simples protesto estudantil podia revestir-se de surpreendentes dimensões estéticas. A conjuntura nacional era bastante delicada (a queda do presidente João Goulart, o arauto das "*reformas de base*" jamais consumadas[33], não completara sequer um ano), mas ainda havia sinais de vida no coração do Brasil. Em 1965, o recém-criado estado da Guanabara (antigo Distrito Federal) assistiria à escolha pelo voto popular do seu novo mandatário, o advogado e jornalista Francisco Negrão de Lima (PSD), que, com o apoio velado dos comunistas, derrotou o advogado e professor Flexa Ribeiro (UDN), candidato do então governador Carlos Lacerda – fato que seria a gota d'água para o fim do pluripartidarismo no país.

Mesmo com a sucessão presidencial suspensa e as eleições legislativas adiadas por um ano (os senadores e deputados federais, além dos deputados estaduais, seriam eleitos apenas em 1966, restritos a duas legendas: a ARENA, partido do "*Sim*", e o MDB, partido do "*Sim, senhor*"), o Rio de Janeiro continuava a ser o foco da oposição ao golpe civil-militar. Embora a sede do poder federal tivesse mudado para Brasília em 1960, a ex-capital da República ainda era o tambor político e cultural do Brasil. A fim de dobrar a incômoda resistência, um dos primeiros atos repressivos da ditadura foi invadir e incendiar

---

33 Defendidas por Jango e Leonel Brizola no famoso "Comício da Central", em 13/3/1964, as "**reformas**" foram um dos pretextos para a eclosão do golpe em 1º de abril. Entre outras medidas de impacto para um país dominado por forças bem conservadoras, propunha-se a realização de um plebiscito para convocação de uma **Assembleia Constituinte**, a efetivação da **reforma agrária** e a **nacionalização das refinarias de petróleo**.

a sede da UNE, no Catete (Zona Sul do Rio) e, por tabela, asfixiar o dinâmico *Centro Popular de Cultura* (CPC) da entidade, núcleo de criação que reunia artistas e intelectuais como o dramaturgo Oduvaldo Vianna Filho (o *Vianinha*), os músicos Capinam, Carlos Lyra, João do Vale, Sérgio Ricardo e Tom Zé, além dos cineastas Cacá Diegues e Leon Hirszman.

A *intelligentsia* e a classe artística carioca sentiram o baque, mas não entregaram os pontos. Não obstante a crescente projeção de São Paulo na cena cultural e econômica da jovem nação subdesenvolvida, a cidade abrigava grupos artísticos e organizações sociais de grande expressão no país. O movimento estudantil, em particular, assumiria um papel relevante na intensa batalha política travada nos anos subsequentes ao golpe, cujo marco histórico seria a impressionante "Passeata dos Cem Mil", realizada em 26 de junho de 1968, da qual participaram as principais lideranças dos estudantes (entre eles, Vladimir Palmeira e Luís Travassos), além de artistas, escritores e jornalistas como Chico Buarque, Caetano Veloso, Gilberto Gil, Nara Leão, Grande Otelo, Leila Diniz, Norma Bengell, Paulo Autran, Clarice Lispector e Zuenir Ventura, entre outros. Plural e criativa, a manifestação obrigou o presidente-ditador Artur da Costa e Silva a receber, em julho, em Brasília, uma comissão de representantes da 'sociedade civil', escolhida em assembleia pela própria passeata, cujas reivindicações, porém, foram rechaçadas em bloco pelo general[34].

De fato, a ditadura só haveria de assumir plenamente seu caráter fascista com a decretação do Ato Institucional nº 5, em 13 de dezembro de 68. Além de impor a censura prévia aos meios de comunicação, o famigerado AI-5 permitia ao ditador de plantão fechar o Congresso, cassar o mandato de parlamentares e suspender o direito ao *habeas corpus*, suprimindo as liberdades individuais e coletivas da população e instaurando a era dos "anos de chumbo", a fase mais repressiva do regime de exceção iniciado em abril de 1964.

---

34 A comissão recebida por Costa e Silva foi composta pelos líderes estudantis Franklin Martins e Marcos Medeiros, pelo psicanalista Hélio Pelegrino, por Irene Papi (representante das mães) e pelo padre João Batista Ferreira. Suas reivindicações básicas, aprovadas na passeata de 26 de junho, eram a libertação dos estudantes presos, a reabertura do restaurante Calabouço, o fim da repressão policial e a suspensão da censura às artes.

Passeata dos "Cem Mil" (1968) | Arquivo Geral da Cidade

Por isso, o período em que Rosa cursa a *ENBA*, exatamente entre os anos de 1965 e 1969, ainda seria uma época de muito agito e relativa 'liberdade', estimulada pelos ecos da revolução sociocultural em curso na Europa e nos EUA. A eclosão da arte *pop* e do *rock*, a liberação sexual, a contracultura e o movimento *hippie*, além dos protestos contra a Guerra da Vietnam e a luta pelos direitos civis dos negros estadunidenses, influenciam não só as ideias, mas, sobretudo, os costumes, os gostos, a estética e a indumentária de boa parte da juventude brasileira, em especial o segmento universitário de classe média.

Reeditando a vocação vanguardista da mãe, Rosa pareceu "explodir" depois que cruzou os muros solenes do Sacré-Coeur, em Copacabana, e aterrissou na *ENBA*, bem no centro do Rio, para iniciar os estudos de Pintura. Foi assim que ela deixou para trás o uniforme engomadinho das freiras e tratou de cultivar um novo visual, com o qual pôde traduzir da melhor forma sua personalidade singular. Espirituosa e bem-humorada, a filha da inovadora e arrojada escritora Lucia Benedetti assumiu um novo perfil, sobretudo para quem se habituara a vê-la durante anos sempre com o mesmo figurino recatado e formal da escola. O primo Aloysio, parceiro das folganças juvenis na casa dos avós, em Niterói, resume assim a impressão que ela causou aos parentes naquela fase:

> *— Rosa tinha virado uma figura extrovertida e bem falante, de cabelos coloridos, roupas de tons muito berrantes, casaco de oncinha, botas. A prima vinha nos visitar no fusquinha bege e a gente adorava. Quando ela chegava, era uma festa...*

Maria Luiza Newlands, a amiga mais íntima da artista desde a infância, analisa o processo vivenciado por Rosa sob outra ótica, considerando que o seu ingresso precoce na *ENBA* tão somente estimulou um traço há muito já presente na jovem. A atração pelas roupas nada convencionais que ela gostava de vestir sempre foi visto por Iza como uma faceta própria da criatividade da artista, que, obviamente, saltava ainda mais aos olhos por conta da extrema "caretice" do guarda-roupa das colegas do colégio. Mesmo livres do batido uniforme de fustão do Sacré-Coeur, elas não inovavam o figurino quando iam ao cinema ou a alguma festa na Zona Sul. Já Rosa impressionava a todas com suas peças, como aquele *sári*[35] azul de seda que ela trouxe de sua viagem à Índia, um traje tão deslumbrante que até hoje esvoaça na memória de Maria Luiza.

2. A Escola Nacional de Belas Artes em plena ebulição

Não era apenas o país que se agitava no decurso dos anos 60. A caloura não tinha, talvez, plena ciência do fato, mas a histórica ***Escola Nacional de Belas Artes***, que somente em 1971 viria a adotar a denominação de Escola de Belas Artes da UFRJ, também era palco de uma surda batalha acadêmico-ideológica travada desde os anos 50, cujo desfecho (se é que realmente houve um epílogo...) se daria justamente a partir da geração de Rosa e seus pares. Segundo anota o crítico e curador de arte Paulo Herkenhoff, quando ela entrou na *ENBA*, a instituição secular já se encontrava nos "estertores da resistência academicista", vendo-se obrigada a ceder espaço a uma alternativa experimental que se infiltrara entre seus quadros com os ventos de mudança do pós-guerra[36].

A aura de "grande academia", contudo, não iria se dissipar tão cedo. Parafraseando o romancista Manuel Antônio de Almeida, na abertura de suas saborosas *Memórias de um sargento de milícias*, a entidade era do "tempo do rei", tendo sido inaugurada em 1816 por D. João VI sob o pomposo nome de *Escola Real das Ciências, Artes e Ofícios*. Com a corte instalada no Rio de Janeiro desde 1808 (após fugir de Lisboa sob a guarda da frota inglesa, para escapar à invasão de Napoleão Bonaparte), o monarca julgara conveniente conferir um verniz de cultura àquele enclave lusitano no Novo Mundo, cujo marco inicial seria a vinda da Missão Artística Francesa ao país. Composta por profissionais

---

35 Traje nacional das indianas, o ***sári*** é formado por uma longa peça de seda, com cerca de seis metros do tecido, que envolve e cobre todo o corpo da mulher.

36 Cf. HERKENHOFF, Paulo: "Prefácio". *In*: MAGALHÃES & NEWLANDS, *O inverso das origens*. Rio de Janeiro, Nova Terra, 2014, p. 8.

renomados como o pintor Jean-Baptiste Debret (célebre autor de *Voyage pittoresque et historique au Brésil*, de 1836), o arquiteto Grandjean de Montigny e o escultor Zéphirin Ferrez, a comitiva estava incumbida de documentar aspectos da natureza tropical, da nossa sociedade e dos tipos humanos que a compunham, fixando um '*retrato do Brasil*' no imaginário coletivo europeu.

Com uma certidão de nascimento tão precoce, a atual Escola de Belas Artes exibiria inevitavelmente distintas fases ao longo de sua trajetória, em consonância com a própria evolução histórica do país. Já em 1826, com apenas dez anos de criação, sob os efeitos da palaciana Independência do Brasil (1822), ela passou a se chamar *Academia Imperial de Belas Artes*, ocupando-se tanto das artes plásticas quanto dos estudos humanistas e científicos. Para fazer jus ao novo *status*, a Academia instalou-se em um magnífico prédio na Travessa das Belas Artes, junto à Praça Tiradentes; contudo, como a cultura nunca se sobrepôs às finanças a leste de Tordesilhas, anos depois ela foi despejada do local, que se tornou a sede do Ministério da Fazenda[37].

Mais adiante, com o fim do Império e o advento da I República, em 1889, outra etapa se instaura: surge então, em 1890, a ***Escola Nacional de Belas Artes*** (*ENBA*), que de 1908 a 1975 ficaria instalada no histórico local onde até hoje funciona o **Museu Nacional de Belas Artes**, depositário de um dos maiores acervos de nossas artes plásticas. Como tudo nesta terra, o projeto de "*modernização*" da nova fase levaria décadas para se fazer valer. No terreno das artes visuais, em especial, *românticos* e *neoclássicos* tinham dado as cartas no século XIX, mas os *modernos*, como os artistas Henrique Bernardelli e Eliseu Visconti, inspirados nas inovações da arte europeia e de suas academias, postulam um novo projeto para a corporação no limiar do século XX.

Deles divergia o grupo *positivista* de Décio Villares e Aurélio de Figueiredo, que julgava a Academia anacrônica e propunha até sua extinção. As

---

37 O órgão não permaneceu muito tempo no local e o prédio acabou abandonado no século XX, sendo demolido pelo governo. O enorme terreno entre a Travessa das Belas Artes e a Av. Passos veio a abrigar então um estacionamento (!), também recentemente desativado. Pelo visto, há alguma "cabeça de burro francesa" enterrada no quarteirão, talvez querendo nos lembrar que nem Debret dobrou a miséria intelectual do país.

Academia Imperial de Belas Artes (1891) | Marc Ferrez

Museu Nacional de Belas Artes (2019) | TV UERJ / *Acervo do Samba*

duas correntes, entretanto, uniriam forças contra os pares *conservadores*, avessos a qualquer mudança, formulando em comum acordo um projeto de reforma da *ENBA*, saída que em nada se assemelha às celeumas estéticas de hoje, em que os polos sempre se veem como excludentes. Não obstante o choque entre duas realidades expressas pela *tradição* e a *essência nacional* (ou, ainda, pelo *neoclássico* e pelo *moderno*), a Escola vive um período fértil, no decurso do qual ela finalmente começa a explorar as "raízes da brasilidade", como observou Jorge Silveira, ao recontar a história da instituição no carnaval da São Clemente[38], em 2018.

Em meio a um mundo e um país em ebulição, com mudanças profundas em curso, o debate iria acirrar-se dentro e fora da Academia. Temas como a *democratização da educação artística*, a *valorização da arte* e a *exclusividade ou não do ensino nos espaços acadêmicos* galvanizam os círculos de intelectuais, mas a dita *modernidade* tarda a tornar-se uma força efetiva na instituição. Um artista estudioso do tema anotou que a *ENBA* era uma espécie de "último baluarte do academicismo em relação a toda revolução modernista que vinha ocorrendo no Brasil desde a Semana de 1922", ressalvando, porém, que, mesmo no âmbito da Escola, já no século XIX "*este apego rigoroso à tradição clássica já vinha sendo contestado, em graus diversos*" – sobretudo por parte dos alunos, muitos dos quais não escondiam sua insatisfação com o modelo de ensino vigente na casa[39].

Não obstante a realização da *I Semana de Arte Moderna* em São Paulo, em 1922, somente em 1930 um nome simpático ao movimento assume a direção da *Escola Nacional de Belas Artes*: o arquiteto **Lúcio Costa**, futuro criador, ao lado de Oscar Niemeyer, do Plano Piloto de Brasília (uma das raras capitais projetadas de um país historicamente avesso ao planejamento urbano). Lúcio não durou um ano no cargo, mas suas iniciativas deixaram rastro na Escola, como a organização dos *Salões Nacionais de Belas Artes*, sob a batuta de uma

---

38 "*Academicamente popular*". O enredo foi apresentado à direção da EBA, em reunião na Cidade do Samba e o desfile contou com 300 telas únicas criadas por estudantes de vários cursos e uma ala de 150 alunos da Escola.

39 PEREIRA, Ricardo A. B. "A ENBA da primeira metade do século XX vista pela obra de alguns dos seus professores – uma gradual transição para o moderno". *In*: **19&20**, Rio de Janeiro, v. VIII, n. 1, jan./jun. 2013.

comissão formada por ícones do *Modernismo*, entre eles a pintora Anita Malfatti, seu colega Cândido Portinari e o poeta Manuel Bandeira.

Mesmo sem Lúcio, as transformações eram inevitáveis. Após a II Guerra, o cunho *acadêmico* da *ENBA*, que prevalecera na fase oligárquica da República (1889-1930), teria de confrontar-se com a expansão do capital monopolista no país e os ditames do poderoso **mercado**. No bojo da crescente demanda por *conhecimentos* e *informação* (setor que em 1960 já respondia por 29% do PIB dos EUA[40]), a chamada ***indústria cultural*** terminaria por alargar as fronteiras das linguagens artísticas (eruditas e populares) mais difundidas, reconfigurando seu perfil e convertendo-as em mercadorias destinadas a diversas faixas do público ***consumidor***. A esfera das **artes plásticas**, o universo da **música popular** e o próprio **samba**, assim como os **desfiles** dos grêmios recreativos carnavalescos, sofreriam, ao final do século XX, cada qual à sua maneira, os efeitos irreversíveis dessa metamorfose.

Por outro lado, esse processo se entrecruza, nos anos 60, com a abertura da *ENBA* à experiência *antropofágica* do **carnaval**, tendência que também provocaria forte reação da corrente *antropoêmica* (ou seja, que preconizava a exclusão e o isolamento do *outro*) da comunidade acadêmica, inteiramente avessa ao reconhecimento das diferenças culturais. Essa atitude hostil, considerada por Herkenhoff "um desperdício da Universidade diante do potencial de trabalho com o universo simbólico da maior festa do povo brasileiro", traduzia, em última instância, a visão pequeno-burguesa de um grupo que almejava ser um "braço teórico-ideológico do mercado", em lugar de refletir sobre as complexas questões culturais da nossa sociedade[41].

O que a ala *antropoêmica* "esquecia" é que a participação dos *acadêmicos* em festas públicas não era uma 'novidade' na história da *ENBA*: os membros da Missão Francesa de 1816 já praticavam ofícios como a cenografia de ópera e de teatro, assim como a arquitetura temporária dedicada a celebrar datas ou eventos de grande vulto. A própria Rosa Magalhães, em um guia sobre o

---

40 *Apud* DEBORD, Guy. *La societé du espetacle*. Paris: Gallimard, 1992.

41 Cf. HERKENHOFF, "Prefácio". *In*: MAGALHÃES & NEWLANDS, obra citada, p. 9.

carnaval, lembra que o pintor Rodolpho Chamberlain já desenhava estandartes de **ranchos** no limiar do século XIX (o quesito chegou a contar ponto no desfile) e que Rodolfo Amoedo criou o primeiro pavilhão do **Ameno Resedá**, o mais famoso rancho do Rio, fundado em 1907, precursor de vários elementos que seriam adotados pelas **escolas de samba**[42].

Na era das **grandes sociedades**, é patente a interação da Academia com a festa. E não são poucos os nomes na lista: Armando Viana, Bustamente Sá, Fernando Valentim, Gilberto Trompowski, Henrique Cavalleiro, Leão Veloso, Raul Pederneiras, Rodolfo Bernardelli, Raul Pederneiras e Santa Rosa, entre outros[43]. Depois, nos anos 60/70, graças a notáveis inventores como Pamplona, Augusta, Rosa e Lícia, a atuação dos artistas da Escola serviria para forjar a nova "ópera de rua" carioca, que sucede as pioneiras ***embaixadas*** de *bambas* dos morros e subúrbios da cidade, no bojo do fecundo e polêmico processo de transfiguração do carnaval. Entretanto, o diálogo com a folia na instituição continuaria a sofrer forte repulsa dos *academicistas* da casa, sempre refratários não só ao carnaval, mas a outras linguagens que não se incluíam no cânone das *Belas Artes*.

O exemplo, hoje, pode parecer surreal, mas um mero ***estágio*** no *barracão* de uma escola era uma atividade quase "clandestina" nos anos 60. Só raríssimos docentes, entre os quais se inclui o pintor **Quirino Campofiorito** (que ingressou na *ENBA* em 1934, como professor substituto de Desenho Artístico, fez concurso para efetivo em 1949 e se tornou vice-diretor em 1961) e **Fernando Pamplona**[44], ambos da cadeira de **Arte Decorativa**, autorizavam a ida de seus alunos

---

42 Cf. MAGALHÃES, Rosa. *Fazendo carnaval* [*The making of carnival*]. Rio de Janeiro: Nova Aguilar, 1997, p. 135.

43 Cf.: *A Escola de Belas Artes e o carnaval*. Rio de Janeiro: Museu D. João VI, EBA-UFRJ, 1981.

44 Professor, carnavalesco, cenógrafo, apresentador e produtor de TV, **Fernando Pamplona** nasceu em 26 de setembro de 1926, no Rio de Janeiro, onde morreu em 29 de setembro de 2013. Em companhia do pai, passou a infância no Acre; lá, travou contato com o rico folclore da Amazônia e se interessou pela cultura popular do país. No Rio, além de ter sido professor e diretor da Escola de Belas Artes da UFRJ, assumiu, em 1960, o cargo de carnavalesco dos Acadêmicos do Salgueiro, criando a partir daí a equipe que reinventou os desfiles.

aos barracões. Isso, porém, sem nenhum alarde, para evitar eventuais represálias aos pupilos – ensejando, aliás, uma triste analogia com a luta travada pelos estudantes contra o regime militar nas organizações ditas *subversivas*[45].

O embate entre os amantes do carnaval e os inimigos da festa, longe de inviabilizar o diálogo entre as partes, serviu, na realidade, para advertir o conjunto da comunidade acadêmica sobre o processo inelutável que então se delineava. Diga-se de passagem, não era só a *ENBA* que se convertia num "*espaço de produção de carnaval*". Os profissionais do Teatro Municipal, que, desde fins da década de 1950, acolhia cenógrafos e figurinistas de indiscutível competência, também prestam uma contribuição decisiva à metamorfose do desfile. Iniciada na virada dos 50/60, a interação das duas instituições com as escolas de samba é uma iniciativa que canibaliza e reinventa antigas formas do folguedo, fenômeno que será analisado nos dois capítulos seguintes desta obra.

O "epicentro" dessa verdadeira *onda sísmica* do carnaval carioca, por assim dizer, situa-se no enlace entre duas figuras seminais da folia: **Arlindo Rodrigues**[46] e **Fernando Pamplona**, amigos quase inseparáveis nas coxias do Teatro Municipal e no barracão do Salgueiro, a *Academia do Samba*, cenário de estreia da futura carnavalesca Rosa Magalhães e seus pares. Dinâmicos e incansáveis, os dois já constituíam, desde a década de 1950, uma verdadeira "sociedade artística" dedicada não apenas a projetos de carnaval (entre eles, a decoração de rua e a dos bailes do Hotel Copacabana Palace e do Teatro Municipal), mas a outras atividades, sobretudo a cenografia de espetáculos teatrais e programas de televisão.

---

45 Havia também, entre os professores da Escola, um círculo ativo de pessoas engajadas na luta contra o regime autoritário de 1964. Esse núcleo, não é difícil imaginar, incluía alguns dos cenógrafos e figurinistas que, desde o início dos 60, haviam se associado às escolas de samba.

46 O carioca **Arlindo Rodrigues** nasceu em 1931 e morreu precocemente em 1987, com apenas 56 anos, no Rio de Janeiro. Cenógrafo e figurinista, ele era um artista criativo e dedicado, que trabalhou no teatro e na TV, mas se consagrou graças à carreira de carnavalesco. Arlindo contribuiu decisivamente para forjar a identidade visual das escolas por onde passou, arrebatando quatro títulos pelo Salgueiro (1960, 1963, 1965 e 1971), além de ser campeão pela Mocidade Independente (1979) e bicampeão pela Imperatriz Leopoldinense (1980-81).

Fernando Pamplona | Arquivo Nacional

Rosa conta que conheceu Pamplona justamente quando, na reta final do curso de graduação da *ENBA*, lá pelos idos de 1969, trocou as aulas de Pintura pela cadeira de **Arte Decorativa**. A área reunia profissionais bem experientes, como os professores Francisco Ferreira, especialista em *Design*, e Plínio Cipriano, que trabalhava na televisão. A sedução do novo meio de comunicação era, sem dúvida, irresistível. Instalado no país desde 1950, ele atraía cada vez mais os profissionais das artes plásticas e do teatro. Além da pioneira Rede Tupi (São Paulo/Rio) e da TV Rio (no ar desde 1955), outros canais apareciam na tela, entre eles a TV Excelsior (cuja matriz foi inaugurada em São Paulo, em 1960, e a filial carioca entrou no ar em 1963), a Rede Globo (fundada em 1965, no Rio) e a Bandeirantes (surgida em 1967 em São Paulo).

Em franca expansão na virada dos anos 60/70, o veículo se tornaria o paraíso dos cenógrafos e figurinistas do Teatro Municipal e da Escola de Belas Artes, convocados a atuar nos programas de dramaturgia, sobretudo os seriados e telenovelas, cuja audiência cresce bastante nessa época. Sem dúvida, o êxito estrondoso de *O Direito de Nascer* (novela exibida por Tupi e Excelsior de 1964 a 1965), adaptação do dramalhão radiofônico do cubano Félix Caignet, e de *O Sheik de Agadir* (folhetim transmitido pela Rede Globo entre 1966 e 1967), obra da consagrada cubana Gloria Magadan, comprova o sucesso do novo meio de comunicação em um país, que, durante as décadas de 30, 40 e 50, havia se curvado à avassaladora "***era do rádio***". Os tempos mudavam: de 60 em diante, os ouvidos já não estariam tão grudados nos programas de auditório, nas radionovelas e nas músicas tocadas por emissoras famosas como a Rádio Mayrink Veiga (reduto de grandes artistas), a Philips (casa do *Programa Casé*, em que Noel Rosa despontou) e a Nacional (pioneira na radionovela e no radiojornalismo, além de humorísticos como o *Balança, mas não cai*).

Muitos talvez não saibam, mas Arlindo Rodrigues seria o figurinista do fascinante seriado infantil ***O Sítio do Pica-pau Amarelo***, cuja versão inicial foi coproduzida pela TVE e pela TV Globo em 1977, sob direção de Geraldo Casé (pai da atriz Regina Casé) e com um elenco que daria inveja ao próprio escritor Monteiro Lobato (autor da coleção editada na primeira metade do século XX, leitura 'obrigatória' nos lares brasileiros), se porventura ainda estivesse vivo. Só para que os leitores mais nostálgicos possam recordar a série original, Zilka Salaberry e Jacyra Sampaio interpretavam *Dona Benta* e *Tia Nastácia*; o papel da menina *Narizinho* coube a Rosana Garcia e o de *Pedrinho* ao menino Júlio César; a boneca falante *Emília* renasceu na pele de Dirce Migliaccio e André Valli encarnou o *Visconde de Sabugosa*. Além desses, vale lembrar Dorinha Duval (a *Cuca*), Samuel dos Santos (*Tio Barnabé*), Canarinho (*Garnizé* e *Malasarte*) e Tonico Pereira (*Zé Carneiro*)[47].

Quem dividiu a tarefa com Arlindo foi Catherine Fleury, ex-colega de Rosa na *ENBA*. Além da dupla, outros pares da Escola de Belas Artes ajudaram a compor o visual do ***Sítio***: a bela abertura com desenhos de aquarela era obra do professor Rui Oliveira (que estudara na Tchecoslováquia e de lá importara a técnica) e os bonecos foram criados por Marie-Louise Nery, a fiel *acadêmica* figurinista do Salgueiro. Aliás, outro profissional da série, o alfaiate **Joaquim Cardoso**, também era afeito às lides da folia, mas, fora da TV, só trabalhava, em regime de total "exclusividade", para dois carnavalescos: **Rosa Magalhães** e **Arlindo Rodrigues**. Quarenta anos depois, ele continuava ao lado de Rosa e Mauro Leite na São Clemente (escola em que confeccionou a roupa da comissão de frente) e na Portela.

3. No caldeirão iconoclasta da E(N)BA

O biógrafo, no entanto, está pondo, mais uma vez, o carro adiante dos bois. Antes de começar seu aprendizado com os mestres da folia no barracão da *Academia do Samba*, no início da década de 70, Rosa ainda teria de concluir os seis anos do curso de **Pintura** (com uma incursão por Arte Decorativa no último ano da graduação) da *Escola Nacional de Belas Artes* – périplo iniciado em 1965, com sua precoce aprovação no vestibular. De carona com o pai, a caloura saía de Copacabana todos os dias rumo ao Centro, com escala obrigatória na porta da revista **Manchete**, onde Raymundo trabalhava. Na volta, ela pegava um ônibus, pois o jornalista saía mais tarde da Bloch. Àquela época, por sinal, ele também já fora eleito para ocupar uma cadeira na ABL e costumava assistir às tertúlias da casa de Machado de Assis (sediada na Av. Pres. Wilson, no

---

47 Monteiro Lobato nasceu em Taubaté (SP), em 1882, e morreu em São Paulo, em 1948. O primeiro livro da coleção (*As Reinações de Narizinho*) foi publicado em 1931 e o último (*Os doze trabalhos de Hércules*), em 1944.

elegante palacete doado pelos franceses à instituição – o "*Petit Trianon*", até hoje de pé), envergando o tradicional fardão de sarja inglesa em tom verde-escuro com folhas bordadas a ouro.

O destino final de Rosa era o famoso prédio situado na Av. Rio Branco, 199, bem na esquina da Rua Araújo Porto Alegre, quase na Cinelândia, tambor pulsante da velha capital federal. Rosa se sentia em outro mundo quando contemplava o edifício inaugurado em 1908, com projeto do arquiteto espanhol Adolfo Morales de los Ríos (originalmente inspirado no Museu do Louvre, mas cujo desenho sofreu visíveis alterações durante a construção), cingido por outros dois tesouros arquitetônicos da *Belle Époque* carioca, ambos de estilo eclético (com predomínio de elementos neoclássicos e de *art nouveau*): o vistoso **Teatro Municipal** (aberto ao público em 1909, somente um ano após o *début* da *ENBA*) e a suntuosa Biblioteca Nacional (instalada na nova sede logo depois, em 1910).

A aura solene das fachadas, entretanto, era apenas um véu por trás do qual pairava o espírito transgressor e iconoclasta dos estudantes, o pilar mais sólido da Escola. É claro que, ao cruzar a entrada principal (cujos frontões, colunatas e relevos em terracota, sob influência do Renascimento francês, aludiam às grandes civilizações da Antiguidade, e os medalhões pintados por Henrique Bernardelli retratavam os membros da Missão Artística Francesa de 1816 e outros artistas brasileiros), Rosa sentia o coração acelerar. Lá dentro, todavia, a atmosfera era outra: a secular *Academia* dava provas de não haver esquecido o lema libertário que a delegação francesa ainda acalentava no peito quando desembarcou no Brasil, legado maior da Revolução de 1789 – *Liberté, Egalité, Fraternité.*

Como observou o jovem carnavalesco Jorge Silveira, que estudou na EBA de 1999 a 2003, naqueles anos sombrios a antiga *Escola Nacional* abrigou "não só as ideias, mas também os militantes da causa democrática". Ela era um escudo de proteção dos alunos, um espaço onde nunca lograram entrar as tropas da repressão, mesmo nos anos mais cruéis do regime – o que não deixa de ser, aliás, um traço distintivo da velha *Universidade do Brasil*, cujo supremo exemplo seria dado pelo insigne reitor Pedro Calmon, em 1966, ao impedir que a PM invadisse a *Faculdade Nacional de Direito*, na Praça da República, valendo-se de sua autoridade e da frase lendária dirigida ao comandante da guarnição:

— Alto lá! Por esta porta, só fazendo vestibular...

A *ENBA* também possuía em sua história um episódio similar, ocorrido no séc. XIX com **Estêvão da Silva**, o primeiro pintor negro da escola, um mestre em naturezas-mortas e talvez o aluno mais brilhante de sua geração. Ele ingressou na *Academia Imperial de Belas Artes* em 1864, onde estudou com Victor Meirelles, um dos mais consagrados artistas da época. Vivendo sob o regime escravocrata do Império, Estevão protagonizou um evento insólito e constrangedor na instituição: após vencer o certame anual de Pintura, ele viu seu prêmio de 1º lugar ser rebaixado a uma reles "*Menção Honrosa*", por intervenção direta do Imperador Pedro II, que não desejava conceder tamanha honraria a um filho do povo africano. Na cerimônia oficial, então, o pintor se negou a receber o título das mãos do monarca, consignando de forma corajosa sua indignação contra a discriminação sofrida.

A atitude nada "cortês" do jovem artista negro deveria ter sido punida pela direção da Escola, mas esta se recusou a fazê-lo. Sem dúvida, as divisas de "*liberdade, igualdade e fraternidade*" ainda ressoavam na nobre *Academia Imperial*, exatamente um século antes da eclosão da ditadura de 1964, quando a *Escola Nacional de Belas Artes* se converteu em uma trincheira de resistência para seus alunos, que se manifestavam contra o arbítrio nos atos promovidos pelas entidades estudantis no centro do Rio. Reeditando a ousadia de Estêvão da Silva, eles também tinham consciência do papel social que cumpriam e, de forma lúdica e irreverente, acabaram prestando uma inestimável contribuição à luta por "*liberdades democráticas*" no país. Conforme enunciou Jorge Silveira, "a atuação dos estudantes da *ENBA* naquele período foi um tijolinho na construção da **democracia**[48]" – a qual, mesmo aos trancos e barrancos, sobrevive até hoje neste rincão ao sul do Equador.

Rosa não ficou alheia às lutas travadas na Escola. Ela, inclusive, integrou o diretório acadêmico, com o qual se identificava – a entidade era tão *sui generis*, que montou até uma exposição *modernista* com obras de Di Cavalcanti e Lasar Segall, algo inconcebível nos dias atuais. Todavia, a filha de um membro ativo do PSB e afilhada de uma deputada cassada em 1969 (a

---

48 Entrevista prestada por Jorge Luiz Silveira ao biógrafo em 05/02/2019, no barracão do GRES São Clemente.

jornalista Adalgisa Neri, do PSB e MDB), nunca assumiu posições políticas que a pusessem sob a mira atenta da polícia. Ainda assim, não escapou de uma ou outra "visita" ao DOPS, para prestar depoimento sobre suas 'atividades'. Quem padeceu a sanha feroz do regime foi sua amiga Anita Slade, talentosa desenhista que amargou dois anos de cativeiro, mas felizmente sobreviveu à prisão. Não teriam a mesma sorte alguns colegas de outros cursos, como Stuart Angel Jones, aluno da Faculdade de Economia, filho da estilista Zuzu Angel e irmão da colunista Hildegard Angel, que morreu com a boca amarrada ao cano de descarga de um jipe em um quartel da Ilha do Governador. Pelo visto, os muros da *ENBA*, sob o amparo das musas, protegiam seus pupilos das agruras dos "*anos de chumbo*".

Assim, ao longo de duas décadas de exceção (1964-85), a atual EBA jamais deixaria de ser uma saudável efervescência de ideias, cores e formas, desde os anos 60 até a virada de 70/80. Quando este biógrafo entrou na Letras, em 1978, pôde constatar que, na maioria dos cursos da UFRJ, ainda que houvesse reivindicações bastante justas (*Mais verbas para a Educação*; *Eleições diretas para Reitor*; *Anistia ampla, geral e irrestrita*), as pautas do movimento estudantil eram bem "ortodoxas", fruto de um tenso (e, muitas vezes, sectário) debate travado pelas lideranças dos grupos que dirigiam os centros acadêmicos nos dois *campi* da Universidade (Fundão e Praia Vermelha) e nas unidades do Centro. Na **Escola de Belas Artes**, porém, o cenário era outro: a pós-modernidade nem sonhava em chegar ao isolado prédio da Reitoria, no Fundão, onde o regime a confinara em 1975, mas sua trupe coalhava o leite podre dos caretas com *intervenções* inimagináveis para a época.

Sim, o "*planeta* EBA" era um cenário à parte na resistência à ditadura... Os alunos não deixavam de comparecer às passeatas, nem furavam greves, mas tudo tinha um toque singular nos protestos que realizavam. Lembro-me como se fosse hoje da cena antológica no segundo andar do edifício da Reitoria (justamente onde ficava o gabinete do Magnífico), quando uma estudante de Artes decidiu ficar nua para expressar sua revolta contra as péssimas condições materiais da Escola (até hoje vítima da falta de verbas). Lá embaixo, no saguão dos elevadores, área do pavimento térreo sem cobertura (ou seja, um enorme vão livre cujo teto era a laje do 3º piso), uma pequena multidão logo se formou para acompanhar a inusitada *manifestação*, que os colegas da jovem receberam com absoluta naturalidade, mas boa parte dos professores e técnicos, assim como os estudantes das outras unidades, apreciou com um misto de surpresa, assombro e admiração.

Sem dúvida, quem envereda pelas Artes estabelece, de algum modo, "*uma espécie de sinergia com esse sentimento transgressor e iconoclasta*" que, mesmo adormecido na virada do milênio, até hoje se respira na secular instituição. Foi essa aura que os militares buscaram dissolver ao "desterrar" a EBA para a solitária ilha do Fundão, em 1975, junto com os centros de Tecnologia e de Ciências da Saúde, privando-a de uma casa própria e iniciando o longo processo de sucateamento que, nos anos 90, em meio ao furor das medidas neoliberais adotadas por Fernando Collor de Mello e FHC, resultaria no desmonte deliberado da Escola. Com as verbas do Governo cortadas, a pindaíba era tão grande que os alunos tinham de fazer "vaquinha" para comprar a lâmpada do projetor ou promover mutirões a fim de reformar algumas salas de aula, além de ajeitar as carteiras e costurar as cortinas das janelas[49].

Não importava, todavia, se os tempos eram de vacas magras ou gordas. A *caretice*, definitivamente, não tinha vez nas Artes – e foi isso que Rosa logo descobriu ao se deparar com aquela que seria a sua segunda casa por cerca de três décadas. Desde o burlesco trote dos calouros, com direito a baile e batucada em latas vazias nos arredores do Municipal (do qual ela escapou por vestir o uniforme do Sacré-Coeur, o que a fez ser literalmente *enxotada* pelos veteranos), até as festas realizadas nos apartamentos dos colegas, tudo se revestia de tons vanguardistas e rebeldes. Com roupas originalíssimas, cabelos coloridos e um fusquinha de duas portas à disposição, ela logo se integrou às tribos iconoclastas da Escola, que assimilavam antropofagicamente a "revolução cultural e sexual" dos anos 60 em meio ao inóspito clima de repressão e moralismo que reinava no país.

Era tudo um enorme caleidoscópio: discutiam-se técnicas e movimentos artísticos; beijavam-se muitas bocas, algumas desconhecidas; e o AI-5 ainda

---

49 SILVEIRA, entrevista citada, 05/02/2019. O ex-aluno assinala que, em 2001, a verba **anual** de **manutenção** da EBA era **R$ 9.000,00**, recursos obviamente insuficientes para prover as demandas básicas da Unidade. Só para que os leitores tenham uma ideia, naquele mesmo ano, o **protótipo** de um projeto de aeromodelismo da Engenharia recebia **R$ 11.000,00** – ou seja, dois mil reais a mais que todo o orçamento de custeio da Escola!

estava bem distante da imaginação febril da moça prosa e seus pares. Aliás, ela própria padeceria a irreverência e o sarcasmo dos colegas, depois que eles souberam de sua aparição *caretíssima* na recepção oferecida pela ABL ao chanceler alemão, a que Rosa foi junto com o pai, trajando o vestido *chique* da mãe – cena flagrada pelas lentes do jornalista Ibrahim Sued, "colunista social" de **O Globo**, que publicou tudo nas páginas do jornal. No dia seguinte à cerimônia, quando entrou no corredor das salas de aula, a foto publicada na coluna do Ibrahim já fora descoberta e a "prova do crime" estava lá, em dezenas de xérox afixadas em murais, dentro das salas e até nos banheiros do pavimento.

O *mito* Rosa quase ruiu naquela manhã, mas a tinhosa criatura não deu o braço a torcer: suportou a galhofa pelo "vexame" da véspera e seguiu em frente sem perder o bom humor. Afinal de contas, o grupo cultivava um alto astral, vivendo e criando "*como se não houvesse amanhã*" – e muitos seguiriam juntos por bastante tempo, como foi o caso da dupla **Rosa & Lícia**, que atuaria nos desfiles das escolas de samba até 1987. Sempre impetuosa e destemida, a moça prosa participou, inclusive, da **I Bienal da Bahia**, expondo seu trabalho ao lado de *feras* como Rubens Gerchman e Ana Maria Maiolino – uma espécie de "batismo" artístico da personagem, sobre o qual ainda se falará mais adiante.

Na reta final, tudo aconteceu de forma vertiginosa na vida da jovem acadêmica. Apesar de dedicar-se, nos dois últimos semestres, à cadeira de **Arte Decorativa** (que lhe propiciou o convívio com Fernando Pamplona, do qual se tornaria, junto com Lícia e Maria Augusta, uma das diletas discípulas), Rosa se graduou em **Pintura**, realizando o trabalho final do curso (atual TCC) quase às vésperas do prazo oficial. Em meio ao agitado processo da *Reforma Universitária*[50] de 1968, que instituíra o "sistema de créditos" na UFRJ, ela julgara que o cumprimento da tarefa em Arte Decorativa já lhe valera o cartão verde na Escola, mas estava redondamente enganada...

---

50 Iniciativa da ditadura sob influência do acordo MEC-*USAID* (leia-se EUA), a Reforma de 1968 acabou com o regime seriado nas universidades, implantando **o sistema de créditos** (até hoje em vigor), além de substituir o sistema de cátedras pelo de departamentos, institutos e centros. Seu efeito mais drástico, no entanto, foi a desintegração das faculdades de ***Filosofia, Ciências e Letras***, um núcleo bastante ativo de resistência ao arbítrio, que ficaram isoladas em unidades autônomas (divididas, na UFRJ, entre o Centro e a Ilha do Fundão).

Circulando toda lampeira pelos corredores da *ENBA*, Rosa "caiu na real" quando a professora de Pintura a interpelou sobre a prova de conclusão do curso, que a estudante havia ignorado por completo. Depois do susto, ela soube que deveria prestar três exames: um de *pintura a óleo*, outro de *técnica mista* e, por fim, uma *defesa por escrito* da fórmula adotada na segunda avaliação. A candidata, então, não dormiu no ponto: correu até a Casa Cavalieri, na Rua S. José (bem no centro do Rio) para adquirir uma boa tela e em seguida passou pela loja Meira a fim de comprar o caríssimo papel alemão cartonado.

No dia D, ela executou a *pintura a óleo* de *meio corpo* em quatro horas e ainda teve de criar uma *têmpera com ovo*[51] (a técnica mista sorteada), algo inédito em sua vida. Para tanto, recorreu a três receitas do Prof. Edson Motta, chefe de Patrimônio e Conservação do MEC: uma com gema, outra com gema e clara e a última com ovo e aglutinante ou goma arábica. Na hora H, já com os pigmentos escolhidos e as dicas de Motta anotadas no caderno, misturou todos os ingredientes (corantes, aglutinante e o fungicida) e, por fim, tascou no papel os procedimentos adotados (como preparar a tela, como lavar o tecido para tirar a goma e esticá-lo, quantas mãos de gesso com óxido de zinco deviam ser aplicadas, etc.), sendo aprovada com louvor.

Foi assim que Rosa selou os seis anos na *ENBA* com duas habilitações distintas: a primeira, oficial, em **Pintura;** e a segunda, oficiosa, em **Arte Decorativa**. Assim, em 30 de dezembro de 1970, o diretor Thales Memória assinou o solene diploma de *Pintora* à jovem artista de 23 anos, outorgando-lhe "*os direitos e prerrogativas da lei*". Não houve grandes efemérides pelo título e até a foto dos formandos, na entrada do prédio do *Museu Nacional de Belas Artes*, só veio a ser tirada três anos depois, em 1973, com Rosa, Lícia e as colegas, todas muito elegantes, junto com o ilustre paraninfo – que não poderia ser outro exceto ele, Fernando Pamplona, o acadêmico folião da Escola.

---

51 A técnica da **têmpera** consiste na mistura dos **pigmentos** ou corantes com um **aglutinante**, o qual pode ser uma **gelatina** (extraída da cartilagem do peixe), **goma arábica** ou uma emulsão de água e gema de **ovo**. Neste caso, a solução se faz com a gema e/ou a clara, segundo a predileção do artista.

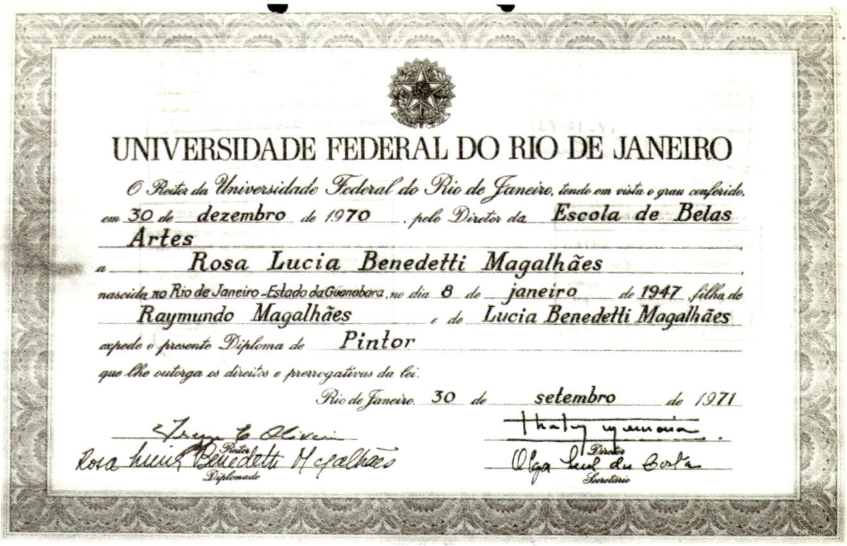

UNIVERSIDADE FEDERAL DO RIO DE JANEIRO

O Reitor da Universidade Federal do Rio de Janeiro, tendo em vista o grau conferido, em 30 de dezembro de 1970, pelo Diretor da Escola de Belas Artes a Rosa Lucia Benedetti Magalhães nascida no Rio de Janeiro - Estado da Guanabara, no dia 8 de janeiro de 1947 filha de Raymundo Magalhães e de Lucia Benedetti Magalhães expede o presente Diploma de Pintor que lhe outorga os direitos e prerrogativas da lei.

Rio de Janeiro, 30 de setembro de 1971

Reitor

Diretor

Diplomado

Secretário

Diploma de graduação da Escola de Belas Artes | Acervo Rosa Magalhães

Foto da formatura na escadaria do Museu
Nacional de Belas Artes | Acervo Rosa Magalhães

Sem perder tempo, se já não bastasse o canudo de ***Belas Artes***, ela ainda adicionou mais dois diplomas ao currículo. O primeiro lhe foi concedido pela **Faculdade de Filosofia e Educação** da antiga **UEG** (Universidade do Estado da Guanabara), depois rebatizada de **UERJ** por conta da fusão da Guanabara (unidade da Federação criada em 1960, após a transferência do Distrito Federal para Brasília) com o antigo estado do Rio de Janeiro (cuja capital, até então, era a cidade de Niterói, situada do outro lado da baía, em frente ao Rio). O segundo seria obtido na **Escola de Teatro** da então **FEFIEG** (Federação das Escolas Isoladas do Estado da Guanabara), a atual **UNIRIO**, onde ela estudou de 1970 a 1973.

4. Nos bancos universitários da UEG e da FEFIEG (ou melhor, da UERJ e da UNIRIO)

O curto período na Licenciatura em Letras da **UEG** (situada na Rua Haddock Lobo, na Tijuca, no prédio da seção masculina do Instituto Lafayette, hoje sede do colégio da Fundação Bradesco), em 1969, para realizar o curso de Didática Especial de Francês, após a conclusão do *Nancy II* na **Aliança Francesa**, não provoca tantas recordações brejeiras na uerjiana. Para início de conversa, como a licencianda devia cumprir apenas as disciplinas pedagógicas (afinal, o título da **Aliança** já era uma graduação no idioma[52]), sua passagem pela casa duraria somente um ano. Além disso, as aulas eram à noite e a certa distância de casa, com disciplinas entediantes (Sociologia da Educação, Filosofia da Educação, etc.), de sorte que a estudante se sentia um *bagaço* ao final do dia.

---

52 O *Diplôme Supérieur d'Études Françaises*, ou ***Nancy***, é outorgado pela Universidade de Nancy II, na França, mediante um programa de nível superior de língua, literatura e civilização francesas. O certificado habilita o concluinte a ministrar aulas de Francês em equivalência com a graduação básica oferecida naquela instituição.

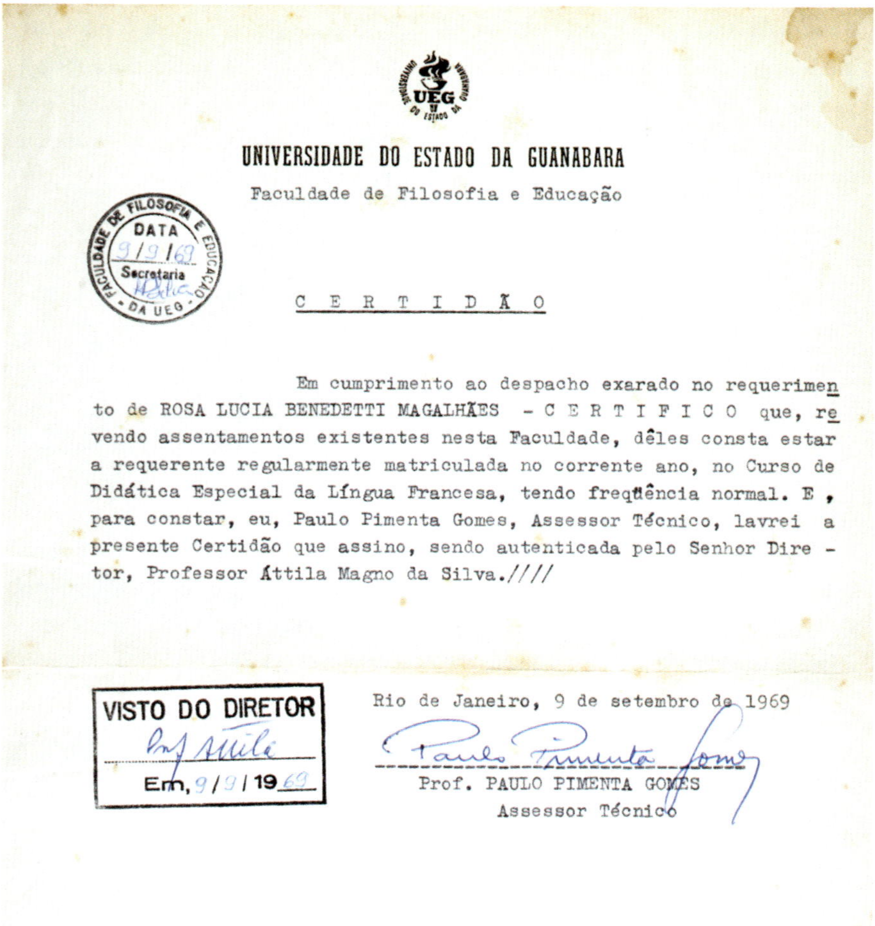

UEG

UNIVERSIDADE DO ESTADO DA GUANABARA

Faculdade de Filosofia e Educação

FACULDADE DE FILOSOFIA E EDUCAÇÃO DA UEG
DATA 9/9/69
Secretaria

C E R T I D Ã O

Em cumprimento ao despacho exarado no requerimento de ROSA LUCIA BENEDETTI MAGALHÃES - C E R T I F I C O que, revendo assentamentos existentes nesta Faculdade, dêles consta estar a requerente regularmente matriculada no corrente ano, no Curso de Didática Especial da Língua Francesa, tendo freqüência normal. E, para constar, eu, Paulo Pimenta Gomes, Assessor Técnico, lavrei a presente Certidão que assino, sendo autenticada pelo Senhor Diretor, Professor Áttila Magno da Silva.////

VISTO DO DIRETOR
Em, 9/9/1969

Rio de Janeiro, 9 de setembro de 1969

Prof. PAULO PIMENTA GOMES
Assessor Técnico

Declaração da antiga UEG (atual UERJ) | Acervo Rosa Magalhães

Para piorar, Rosa ainda precisava fazer estágio no **CAp** (o Colégio de Aplicação da UEG, situado na Rua Barão de Itapagipe, próximo à Faculdade de Filosofia e Educação), acompanhando o professor de Francês em sua turma. Ali, Rosa viveria *causos* incríveis, que só mesmo a artista é capaz de protagonizar. O mais tragicômico de todos aconteceu no dia em que ela chegou atrasada à escola e não pôde entrar em sala, porque a porta estava sem maçaneta (!). O incidente é tão surreal, que vale a pena ouvir o relato da personagem:

> *— Aí, eu fui e bati na porta, assim: Tum! Tum! Tum! Falei com o professor: "O senhor desculpa bater assim, é que eu tenho de ver a sua aula". Então, ele disse o seguinte: "Você não ia conseguir abrir mesmo. Sabe por quê? Eu pego a maçaneta e meto no meu bolso". Agora veja você: tirava a maçaneta, botava no bolso e dava aula...*

Sem dúvida, como atesta este professor da atual Licenciatura em Letras da UERJ, a vida de aluna-mestra não é nada fácil. Imagine cumprir créditos no turno da noite: era um *Deus nos acuda!* Rosa lembra que voltava de carro com uma colega de Espanhol e cruzava o Túnel Rebouças, lá pelas 23 h, morta de medo. Aberta à circulação de automóveis em outubro de 1967, a via com duas galerias era muito extensa (2,8 km) e quase vazia àquela hora. Por vezes, algum engraçadinho emparelhava o carro, para assediar a motorista e a carona, e elas ficavam ainda mais assustadas.

Sim, era bem ingrata a jornada da estagiária. Em compensação, "como não há mal que por bem não venha", depois de comer o pão que Minerva amassou para obter o título de licenciada, Rosa não tardou a exercer, em uma faculdade de grande prestígio, uma das profissões de que até hoje ela se orgulha – e seu primeiro emprego na Educação Superior: ser **professora de Francês**. Como se verá logo adiante, na seção dedicada à experiência da artista no magistério, por uma breve temporada um grupo de estudantes da Faculdade de Letras da UFRJ responderia a chamada para a Profª Rosa Lúcia Benedetti Magalhães...

Já o ingresso no curso de Teatro da **FEFIEG** ocorreria em 1970. Àquela época, a Escola ainda estava abrigada no histórico prédio da UNE, no Flamengo (bairro próximo à casa da família Benedetti Magalhães, que vivia em Copacabana). Depois, em 1980, o edifício que fora incendiado em 1964 seria demolido à força pelo governo e a Unidade se alojaria no *campus* da Urca. Para conseguir a vaga na atual UNIRIO, Rosa, já formada pela UFRJ, imaginou que pudesse fazer um pedido de transferência de uma instituição federal para a outra, mas esse trâmite não era possível na ocasião.

Por esse motivo, ela precisou prestar o famigerado exame *unificado* da Fundação CESGRANRIO, no limiar da década em que se expandiu a chamada "*indústria do vestibular*" no Rio de Janeiro. A própria carnavalesca relembra a situação:

> *— Eu pedi pra ir pra UNIRIO pra estudar Figurino. Aí, disseram que não, que eu tinha de fazer vestibular. Fiz vestibular de novo. Aí, fiz o tal unificado: A, B, C, da bolotinha que risca e não responde nada. Fiz esse também...*[53]

Rosa pensara um dia estudar Arquitetura e cogitara até fazer o 2º Grau no Colégio Pedro II para se preparar a contento, já que o curso *Científico* do Sacré-Coeur, por falta de alunas interessadas (quase todas preferiam carreiras de "Humanas"), fora extinto no ano em que ela entrou no Ensino Médio[54]. Depois, avisada pela mãe de que perderia as férias ralando para o exame de admissão, abdicou da ideia. Por tal razão, como nunca tinha visto Física e Química na vida, a candidata ficou apavorada no dia da prova, rezando para não tirar zero em nenhuma das disciplinas, o que implicaria sua eliminação do certame.

---

53 Entrevista concedida ao biógrafo por Rosa Magalhães, em sua casa, no dia 04/02/2017.

54 Por força do Decreto-Lei nº 4.244, de 9/4/1942, assinado por Getúlio Vargas, o chamado *ensino secundário* abrangia dois ciclos: o primeiro era o ***ginasial***; o segundo dividia-se em ***clássico*** e ***científico***, este voltado para as Ciências Exatas e aquele para Filosofia e Letras. Em 1971, privilegiando o caráter "*utilitário*" do ensino, a ditadura edita a Lei nº 5.692, criando dois outros níveis: o **1º grau** (reunindo o antigo *primário* e o *ginásio*) e o **2º grau**, de cunho *profissionalizante*, que extinguiu o *clássico* e o *científico*. Essa reforma caducou em 1982.

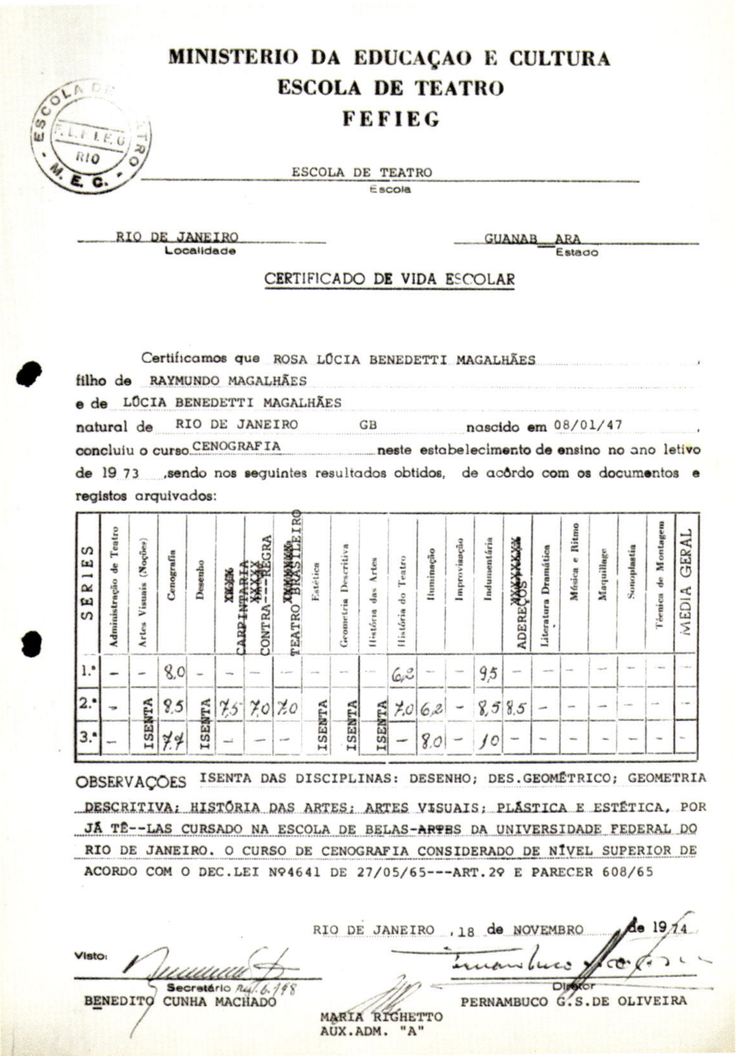

MINISTERIO DA EDUCAÇAO E CULTURA
ESCOLA DE TEATRO
FEFIEG

ESCOLA DE TEATRO
Escola

RIO DE JANEIRO — Localidade
GUANAB ARA — Estado

CERTIFICADO DE VIDA ESCOLAR

Certificamos que ROSA LÚCIA BENEDETTI MAGALHÃES, filho de RAYMUNDO MAGALHÃES e de LÚCIA BENEDETTI MAGALHÃES natural de RIO DE JANEIRO GB nascido em 08/01/47, concluiu o curso CENOGRAFIA neste estabelecimento de ensino no ano letivo de 19 73 ,sendo nos seguintes resultados obtidos, de acôrdo com os documentos e registos arquivados:

SERIES	Administração de Teatro	Artes Visuais (Noções)	Cenografia	Desenho	CARPINTARIA	CONTRA---REGRA	TEATRO BRASILEIRO	Estética	Geometria Descritiva	História das Artes	História do Teatro	Iluminação	Improvisação	Indumentária	ADEREÇOS	Literatura Dramática	Música e Ritmo	Maquillage	Sonoplastia	Técnica de Montagem	MEDIA GERAL
1.ª	–	–	8,0	–	–	–	–	–	–	–	6,2	–	–	9,5	–	–	–	–	–	–	–
2.ª	–	ISENTA	8,5	ISENTA	7,5	7,0	7,0	ISENTA	ISENTA	ISENTA	7,0	6,2	–	8,5	8,5	–	–	–	–	–	–
3.ª	–		7,7		–	–	–				–	8,0	–	10	–	–	–	–	–	–	–

OBSERVAÇÕES ISENTA DAS DISCIPLINAS: DESENHO; DES.GEOMÊTRICO; GEOMETRIA DESCRITIVA; HISTÓRIA DAS ARTES; ARTES VISUAIS; PLÁSTICA E ESTÉTICA, POR JÁ TÊ--LAS CURSADO NA ESCOLA DE BELAS-ARTES DA UNIVERSIDADE FEDERAL DO RIO DE JANEIRO. O CURSO DE CENOGRAFIA CONSIDERADO DE NÍVEL SUPERIOR DE ACORDO COM O DEC.LEI Nº4641 DE 27/05/65---ART.2º E PARECER 608/65

RIO DE JANEIRO , 18 de NOVEMBRO de 1974

Visto:
Secretário
BENEDITO CUNHA MACHADO

MARIA RIGHETTO
AUX.ADM. "A"

Diretor
PERNAMBUCO G.S.DE OLIVEIRA

Histórico da Escola de Teatro da FEFIEG | Acervo Rosa Magalhães

Pelo visto, no entanto, a destemida candidata riscou ao menos uma "bolotinha" certa nas matérias mais "sinistras", garantindo, enfim, seu passaporte para as Artes Cênicas. Dessa forma, Rosa pôde enfim ingressar na **Escola de Teatro**, cujas aulas eram no turno da noite, abreviando sua vida escolar graças à isenção concedida em diversas disciplinas (Desenho, Geometria Descritiva, História das Artes, Plástica e Estética, Artes Visuais).

A passagem pela nova casa, na qual ela iria se graduar em **Cenografia** e **Figurino,** em 1973, desperta lembranças agradáveis na moça prosa, sobretudo as lições com o Prof. **Anísio Medeiros**[55], experiente diretor de arte que começara no teatro e também abraçara a sétima arte, assinando a cenografia do filme *Macunaíma* (1969), de Joaquim Pedro de Andrade, e depois cuidando dos cenários e figurinos de *Dona Flor e seus dois maridos* (1976), outro clássico do cinema nacional. A experiência de ver por dentro como era a produção de uma obra teatral ou cinematográfica encantou Rosa, que jamais imaginara desfrutar desse privilégio quando riscou as "bolotinhas" do vestibular.

Como se verá em outro passo desta obra, a jovem figurinista logo se entusiasmaria com as lides teatrais, participando na montagem de diversas peças (entre elas, a primeira versão de *Calabar: o elogio da traição*, de Chico Buarque e Ruy Guerra[56], proibida pela Censura em 1973; e a remontagem, em 2002, de *O Grande Circo Místico*, de Chico e Edu Lobo, produção do Teatro Guaíra, de Curitiba) e de badalados espetáculos musicais (com nomes que iam do ex-*Pink Floyd* Roger Waters até o tenor José Carreras). Isso sem falar dos megaeventos públicos, como a festa dos 500 anos do Descobrimento, em 2000, além da abertura do *Pan 2007* (agraciada com o Prêmio ***Emmy***) e a

---

55 **Anísio** Araújo de **Medeiros** nasceu em Teresina (PI), em 1922, e morreu no Rio, em 2003. Formado em Arquitetura pela antiga *Universidade do Brasil*, criou relevantes trabalhos em sua área e também se destacou na cena teatral, colaborando com grupos renomados como o Teatro **Oficina** e o Teatro Ipanema, além de atuar no cinema como diretor de arte, cenógrafo e figurinista de vários filmes.

56 A peça original, montada por "Fernando Torres Produções", com custo orçado em Cr$ 300 mil, era dirigida por Fernando Peixoto, com cenários de Hélio Eichbauer, direção musical de Dori Caymmi e arranjos de Edu Lobo. No elenco, estavam Betty Faria, Tetê Medina, Hélio Ari, Lutero Luiz, Odilon Wagner e Perfeito Fortuna.

cerimônia de encerramento dos *Jogos Olímpicos Rio 2016*, ambas realizadas no estádio do Maracanã.

Com três canudos na mochila, a moça prosa enfim deixava os bancos universitários para despontar nas duas Academias que o destino lhe reservara... O duro batente da sala de aula já começara em 1970, primeiro com o Francês, depois com as Artes; e o carnaval também a esperava ali na esquina, em uma dobra do tempo, sob a batuta de Arlindo e Fernando, no Salgueiro, em 1971.

5. Ganhando o seu pão nas lides do magistério

Rosa tinha uma família estável, podia até viajar pelo mundo antes de começar a trabalhar. No entanto, voluntariosa e despachada como era, não quis saber de vida mansa e, assim que pôde, tratou de buscar seu ganha-pão nas duras lides do magistério. Uma das primeiras experiências na sala de aula se daria longe da faculdade, em um cursinho pré-vestibular da Rua 1º de Março, na altura do Arsenal de Marinha, a caminho da Praça Mauá, entre a Praça da Candelária e o Mosteiro de São Bento. De certa forma, ela parodiava sua própria trajetória de vestibulanda, pois também realizara, aparentemente a contragosto, um curso preparatório para se habilitar a uma vaga na *Escola Nacional de Belas Artes*.

A carreira docente, contudo, não seria construída na "*indústria do vestibular*" ou em escolas de Ensino Médio. Seus maiores desafios no ofício se dariam sempre nas raias da Universidade, não apenas na Escola de Belas Artes, mas também na Faculdade de Letras da UFRJ, em que, aliás, ela veio a estrear antes de se tornar professora da EBA. Como já é praxe na vida (e nos enredos) da artista, há sempre um item folhetinesco a impulsionar seus passos mais importantes – e a opção inesperada por Letras não fugiria a esse roteiro. Tudo começou na reta final da Faculdade, em 1969, quando Rosa havia terminado a última etapa dos estudos realizados na Aliança Francesa de Copacabana (um das exigências feitas pelo pai para que ela pudesse acompanhá-lo em suas viagens ao exterior), fazendo jus ao cobiçado diploma do *Nancy III*, uma autêntica licenciatura em Língua Francesa.

A jornada extra na **Aliança** havia sido bem cansativa para a estudante, que já se dividia entre a Pintura e a Arte Decorativa na *ENBA*. Certa vez, enquanto o entusiasmado professor discorria sobre as proezas de Napoleão, a aluna, sem muito interesse no tema, se pôs a desenhá-lo, caprichando nos detalhes da fisionomia e imaginando-o no antigo Egito, ladeado por uma pirâmide. Ao final da aula, o mestre aproximou-se da carteira e – *zás!* – confiscou-lhe a obra-prima, elogiando com ironia os dotes da artista. Anos depois, ao reencontrá-lo em um dia de chuva, Rosa lhe ofereceu carona, julgando que ele não se lembraria da aluna desenhista, mas ficou pasma ao ouvi-lo dizer que a reconhecera e que o desenho 'apreendido' fora emoldurado e estava pendurado em uma parede de sua casa...

Pois bem: com o valioso certificado debaixo do braço, mas sem cogitar de ensinar a língua e a cultura de Molière, Balzac e Sartre aos futuros bacharéis da cadeira, a jovem se inscreveu em um curso ministrado na *Maison de France*, sede do consulado francês no Rio, que abordava de modo inovador o processo de aquisição de um idioma estrangeiro nas duas modalidades – a oral e a escrita. Nos anos 60, os estudos linguísticos, sobretudo aqueles pautados na teoria *estruturalista* de Ferdinand de Saussure, difundiam-se rapidamente no meio acadêmico brasileiro, inclusive na UFRJ, onde o Prof. Mattoso Câmara Jr. promovia uma reformulação no ensino da disciplina. Curiosa e ousada como sempre, a moça prosa não pensou duas vezes e foi conferir a "novidade".

Ao chegar à *Maison*, Rosa se deu conta de que só havia oito pessoas inscritas no tal seminário, a maioria delas proveniente de outros estados ou até mesmo de fora do Brasil: puxando pela memória, ela lembra que uma viera do Peru, outra de Recife, uma terceira era natural da região Norte, outra de São Paulo e, ao que parece, havia ainda mais uma carioca. A atividade era tão rigorosa, que nem todos conseguiram chegar até o final: do Rio, sobrou apenas a hiperativa criatura que topava qualquer parada. Findo o treinamento, Rosa então foi escalada para ministrar aulas de Francês para os alunos de Letras da UFRJ, então sediada na Av. Chile, em frente à Catedral Metropolitana, no precário pavilhão que abrigara a Exposição Portuguesa no Rio de Janeiro.

A moça prosa era corajosa, mas não chegava a ser uma super-heroína das histórias em quadrinhos. No dia da primeira aula na Letras, suas pernas tremiam. Afinal de contas, Rosa ainda estava terminando a graduação na Escola de Belas Artes e, de repente, sem ter tempo de respirar, já era convocada para ensinar Francês na própria Universidade. Quem poderia imaginar isso? Depois das "vidas paralelas" entre o Sacré-Coeur e a *ENBA*, nem ela própria parecia acreditar no que estava prestes a ocorrer. Por isso, quando abriu a porta e se sentou diante dos alunos, mal conseguiu fazer a chamada. Na mesma hora, sobreveio-lhe um branco absoluto na cabeça e uma vontade irrefreável de vomitar, de sorte que ela saiu de sala, despejou tudo no banheiro da Faculdade, lavou o rosto na pia e, quando voltou, só pôde articular uma frase para a turma:

> *— Olha, hoje não vai ter aula porque eu estou me sentindo muito mal...*

"*Que bom se todo dia fosse assim*", deve ter pensado algum gaiato. Mas a professora recobrou a valentia e iniciou o curso, ao mesmo tempo em que terminava sua graduação na *ENBA*. Essa maratona pessoal assumia dimensões quase épicas, se lembrarmos que tudo isso acontecia nos idos de 1969, sob as brasas de 1968, "o ano que não terminou", segundo apontou, duas décadas depois, com inteira propriedade, o jornalista Zuenir Ventura. Mesmo que estivesse na flor da juventude, com 21 anos de idade, Rosa mais cedo ou mais tarde teria de optar por uma ou outra trilha no seu percurso profissional.

A primeira encruzilhada surgiu quando o Departamento de Línguas Neolatinas da Faculdade de Letras (que reunia os cursos de Espanhol, Francês e Italiano) convocou uma reunião com os professores da área para debater um tema de máxima relevância: a determinação, em caráter obrigatório, de que toda a equipe das três cadeiras deveria realizar o Mestrado para seguir trabalhando na Unidade. O anúncio, naturalmente, pegou a recém-contratada de surpresa: como conciliar os exaustivos estudos de pós-graduação em Francês com o universo febril das artes plásticas, que a seduziam cada vez mais, sobretudo depois de conhecer Pamplona e seus pares da cadeira de Arte Decorativa?

Rosa achou que era muita coisa: "*Ou você estuda uma coisa bem estudada ou você vai fazer besteira...*" Era preciso tomar uma decisão – e um convite inesperado terminou por lhe oferecer uma alternativa preciosa, que ela prontamente abraçou: logo após colar grau na *ENBA*, a recém-formada foi chamada

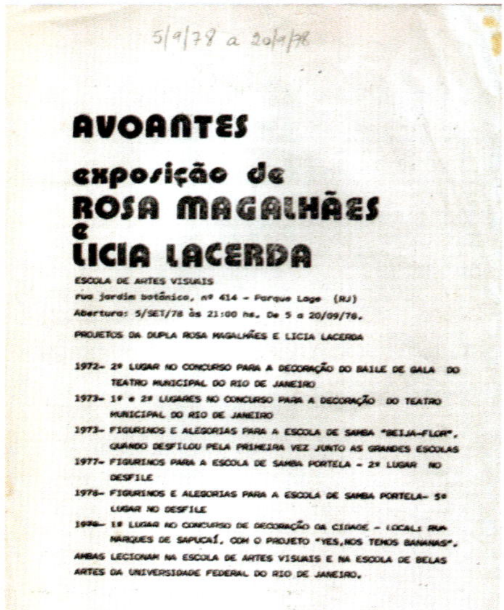

5/9/78 a 20/9/78

AVOANTES

exposição de

ROSA MAGALHÃES

e

LICIA LACERDA

ESCOLA DE ARTES VISUAIS

rua jardim botânico, nº 414 - Parque Lage (RJ)

Abertura: 5/SET/78 às 21:00 hs. De 5 a 20/09/78.

PROJETOS DA DUPLA ROSA MAGALHÃES E LICIA LACERDA

1972- 2º LUGAR NO CONCURSO PARA A DECORAÇÃO DO BAILE DE GALA DO TEATRO MUNICIPAL DO RIO DE JANEIRO

1973- 1º e 2º LUGARES NO CONCURSO PARA A DECORAÇÃO DO TEATRO MUNICIPAL DO RIO DE JANEIRO

1973- FIGURINOS E ALEGORIAS PARA A ESCOLA DE SAMBA "BEIJA-FLOR", QUANDO DESFILOU PELA PRIMEIRA VEZ JUNTO AS GRANDES ESCOLAS

1977- FIGURINOS PARA A ESCOLA DE SAMBA PORTELA - 2º LUGAR NO DESFILE

1978- FIGURINOS E ALEGORIAS PARA A ESCOLA DE SAMBA PORTELA- 5º LUGAR NO DESFILE

1978- 1º LUGAR NO CONCURSO DE DECORAÇÃO DA CIDADE - LOCAL: RUA MARQUES DE SAPUCAÍ, COM O PROJETO "YES,NOS TEMOS BANANAS".

AMBAS LECIONAM NA ESCOLA DE ARTES VISUAIS E NA ESCOLA DE BELAS ARTES DA UNIVERSIDADE FEDERAL DO RIO DE JANEIRO.

Cartaz da mostra "Avoantes", de Rosa & Lícia | Acervo Escola de Artes Visuais

Montagem da exposição "Como vai você, geração 80?" | Escola de Artes Visuais

para trabalhar no **Departamento de Artes Utilitárias** da Escola, lecionando a cadeira para os alunos da graduação. Consciente de que seguir os dois caminhos acabaria por azucrinar sua cabeça, a jovem docente não vacilou – aceitou a convocação do pessoal de Belas Artes e se despediu dos colegas de Letras.

A partir daí, muita água rolaria nos moinhos da Rosa professora, que, nos anos 70, viria a dar aulas não apenas na EBA, mas também no curso de Arquitetura das **Faculdades Integradas Bennett** (no Flamengo, Zona Sul do Rio), onde atuou na cadeira de Desenho Artístico. Também na década de 1970, ela aceitou o convite da **Escola de Artes Visuais** (EAV) do Parque Lage, uma autêntica "usina cultural" situada no bairro do Jardim Botânico (Zona Sul do Rio), em uma mansão tombada pelo IPHAN, à sombra da frondosa Mata Atlântica ao pé do morro do Corcovado.

A atual EAV (sucessora do Instituto de Belas Artes ali criado em 1966) foi fundada por **Rubens Gerchman** em 1975, reunindo desde então artistas e intelectuais de peso, como Hélio Eichbauer, Lélia Gonzalez, Marcos Flaksman, Mario Pedrosa, Paulo Herkenhoff e Sergio Santeiro, que ofereciam cursos livres e 65 oficinas para um público de quase dois mil alunos. Famosa por servir de cenário ao filme *Terra em transe*, de Glauber Rocha, em 1967, e a *Macunaíma*, de Joaquim Pedro de Andrade, em 1968, a Escola era um espaço alternativo que cultivava a liberdade de expressão e se lixava para o *academicismo* e a censura vigente no país. Tudo acontecia ali, fosse uma exposição mundial de fotografia, uma montagem da peça *O Rei da Vela* por José Celso Martinez Corrêa, ou espetáculos do projeto "*Verão a Mil*" (com Caetano, Gil, Milton Nascimento, Cazuza, Fagner & Cia.).

Rosa não só dava aulas, duas vezes, por semana, na EAV, como também desfrutava do astral do espaço: ainda hoje não lhe sai da cabeça o impacto da mostra "***Como vai você, geração 80?***", realizada em 1984, um marco das novas tendências surgidas na plástica nacional, com obras de 123 artistas de todo o Brasil, entre eles Barrão, Daniel Senise, Leda Catunda, Leonilson e Nuno Ramos. E a própria professora, antes de se aposentar, montaria uma exposição no local com os adereços e fantasias do enredo "***Sou amigo do Rei***", desfile do Salgueiro de 1990. Dava para se queixar do ofício?

Todas essas experiências – ortodoxas ou não – em sala de aula iriam aproximá-la de pessoas bastante singulares, com as quais Rosa teceu estreitos laços de amizade. Uma delas seria **Beth Filipecki**, sua "caloura" na *ENBA* (onde se formou em Artes Cênicas) e parceira do SENAI, que se destacou como iluminadora e figurinista na Rede Globo a partir de 1976. Beth iniciou sua carreira realizando estágio em iluminação no jornalismo e na novela *O Casarão*, de Lauro César Muniz. Depois, assumiu de vez a criação de figurinos na teledramaturgia da emissora, trabalhando como assistente da renomada Kalma Murtinho na novela *Espelho Mágico* (1977) e consolidando a premiada carreira em seriados (vale citar *O Tempo e o Vento*, em 1985) e diversos folhetins eletrônicos, entre eles *Renascer* (1993), *Senhora do Destino* (2004) e *Fina Estampa* (2011)[57].

Houve ainda alunos que se tornaram assistentes da artista, caso do figurinista **Mauro Leite**, até hoje a seu lado. Outros também a acompanhariam fielmente ano após ano, desfilando nas escolas por onde Rosa passou e colaborando com a orientadora no barracão, como **Samuel Abrantes**, vencedor do Prêmio Shell e do Troféu Molière de figurino teatral. Os dois a conheceram entre 1986 e 1987, em outra instituição onde ela atuou: o *Centro de Tecnologia da Indústria Química e Têxtil* do SENAI, mais conhecido pela sigla **SENAI-CETIQT**. Lá, a professora ministrava aulas de Indumentária no curso de Estilismo em Confecção Industrial, uma das duas habilitações criadas naquela década pelo SENAI em convênio com a UERJ (a segunda foi o curso de Engenharia Mecânica, com especialização têxtil), com o intuito de qualificar mão-de-obra.

Mauro e **Samuel**, ambos com menos de trinta anos, eram mais dois nomes na legião de jovens estilistas que buscavam aprimorar sua formação técnica com mestres mais tarimbados. O primeiro viera de Barra Mansa, cidade do interior do estado do Rio, oriundo de uma família associada às escolas de samba da cidade; a paixão pelo desenho e pela folia desabrochou cedo: já aos catorze anos, ele desenhava seu primeiro figurino. O segundo se apaixonou pelo carnaval com menos de oito anos, quando a mãe levou os filhos para assistir aos desfiles na Av. Rio Branco. Interessado no *métier* e ávido por uma chance de emprego na área, ele logo se tornaria "estagiário" da sua professora

---

57 Cf. "Beth Filipeck – Trajetória". **Memória Globo**. *In*: http://memoriaglobo.globo.com/perfis/talentos/beth-filipecki/trajetoria.htm. Consultado em 26/04/2019.

de Indumentária no SENAI. Vale a pena abrir um parêntese para o contato inicial de Rosa e Samuel, ouvindo o relato do próprio aprendiz:

> — *Eu já tentei me jogar no trabalho com ela me oferecendo para fazer alguma coisa. E aí ela me deu um desenho, me deu um croqui de uma caricata, de uma fantasia. E falou assim: "Você não é do fazer? Faz esse protótipo aí." Eu nem conhecia bem o termo protótipo, porque eu não trabalhava em barracão - eu desfilava. Então eu falei: "Eu faço numa boa." E aí fiz. Peguei o desenho e fiz exatamente o que estava no papel. O desenho era um croqui de uma boneca, uma caricata - trinta rapazes que ela queria vestidos de havaianas. E ainda fiz a peruca também. Aí, quando eu levei para mostrar, na sala de aula, duas semanas depois, ela falou: "Mas não era para fazer a peruca, nós temos uma equipe no barracão que faz as cabeças." E eu disse assim: "Você me deu o desenho, eu fiz tudo que está no desenho..."*[58]

Após a produtiva colaboração de Samuel no carnaval de 1987 da Estácio de Sá, ano do fabuloso enredo "*O ti-ti-ti do sapoti*", o último assinado pela dupla Rosa Magalhães e Lícia Lacerda (que, cuidando do barracão e dos filhos, se afastou por algum tempo das lides da folia), ele tornou a ser convocado para o desfile de 1988, quando a ala passou de trinta para sessenta integrantes. Depois, em 1989, derradeiro ano da carnavalesca na escola, dobrou mais uma vez, chegando a 120 pessoas. Já há alguns anos o discípulo veio a tornar-se professor da EBA, mais uma afinidade eletiva com Rosa. Quanto a Mauro, estreou de forma mais discreta, desenhando figurinos para a dupla em 1987 e colaborando com o "mutirão" de artistas que impulsionou a proposta alternativa do GRES Tradição, a escola surgida de uma profunda dissensão na família portelense. A entrada efetiva no barracão se daria apenas em 1988, participando da equipe que montou com Rosa o bem-humorado e criativo "*Um, dois, feijão com arroz*".

---

58 Entrevista concedida ao biógrafo por Samuel Abrantes, em seu ateliê, no Rio de Janeiro, em 16/07/2018.

Mauro Leite, ex-aluno e assistente de Rosa Magalhães | TV UERJ / *Acervo do Samba*

Samuel Abrantes, ex-aluno e amigo de Rosa Magalhães | TV UERJ / *Acervo do Samba*

Como se vê, com o decurso do tempo, a faina do magistério se entrelaçava mais e mais com as lides do folguedo, estabelecendo elos indissolúveis entre essas duas facetas da profissional. Ao mesmo tempo, Rosa também já iniciava sua longa e respeitável carreira na cena teatral, colaborando como cenógrafa e figurinista em diversas montagens de obras para o público adulto e o infantil, ao lado de diretores e coreógrafos do naipe de Antônio Abujamra, Domingos de Oliveira, Edson Bueno, Fábio Sabag, Fernando Peixoto, Paulo José, Deborah Colker e Rodrigo Pederneiras Na vertiginosa geometria das artes, ela era um sólido em três ou mais dimensões, sempre aberta a novas experiências e confluências.

Abraçando todos os desafios sem jamais renunciar à sala de aula, a poliédrica Rosa parecia inteiramente pronta para assumir, em regime quase integral e contínuo, a carreira de **carnavalesca**. O périplo que se abre em 1971, com o vitorioso batismo no **Salgueiro**, continuaria a todo vapor nas décadas seguintes, com passagens marcantes pelo **Império Serrano** (1982), **Estácio de Sá** (1987-89), novamente o **Salgueiro** (1990-91), **Imperatriz Leopoldinense** (1984 e 1992-2009), **Vila Isabel** (2011-13) e **Portela** (2018-20). Mas isso já é tema de outros capítulos deste ensaio biográfico, que os leitores hão de desfrutar mais adiante, ouvindo o samba de enredo da sua preferência.

O mestre e a discípula, desenho de Jorge Silveira | Foto: George Magaraia

03
DISCÍPULOS E DISCÍPULAS DE MESTRE PAMPLONA

Rosa e Lícia Lacerda nos anos 70 | Acervo Rosa Magalhães

A história já foi contada centenas de vezes, mas vale a pena repeti-la para quem ainda não a escutou. Conforme anotam os historiadores do carnaval carioca, tudo começou em fevereiro de 1959, após a passagem do GRES Acadêmicos do Salgueiro diante da cabine da comissão julgadora do desfile, ao final da Av. Rio Branco, entre as ruas Araújo Porto Alegre e Santa Luzia, no coração do Rio de Janeiro. Na opinião de muita gente conhecedora do tema, como o jornalista Sérgio Cabral, pai, o cortejo das escolas de samba já era, àquela época, a maior atração da folia carioca – e, mesmo desorganizado e confuso, atraía vários artistas e celebridades internacionais. Segundo registra o pesquisador, o evento faria jus, inclusive, a rasgados elogios do russo-francês Sacha Gordine, um produtor de cinema que viera à cidade para preparar as filmagens de *Orfeu Negro* (laureada película do diretor francês Marcel Camus[59]) e, sem titubear, declarou:

— *É o espetáculo mais lindo que os olhos humanos podem ver!*[60]

---

59 O musical ***Orfeu Negro*** (ou *Orfeu do Carnaval*, como alguns preferem chamar) foi uma coprodução ítalo-franco-brasileira, inspirada na peça *Orfeu da Conceição*, de Vinícius de Moraes, com música de Tom Jobim e Luiz Bonfá. Lançado em 1959, o filme obteve a Palma de Ouro no Festival de Cannes (França) daquele ano.

60 CABRAL, Sérgio. *As escolas de samba do Rio de Janeiro*. São Paulo: Lazuli Editora / Companhia das Letras, 2011, p. 194.

Desde o ano de 1957, por conta dos constantes tumultos ocorridos no tablado da Av. Presidente Vargas (local onde as agremiações se exibiam para o júri), o Departamento de Turismo e Certames da Prefeitura havia decidido transferir a "passarela" oficial para a **Cinelândia**, único espaço aparentemente habilitado a acolher o público colossal que afluía de todas as partes da cidade e até de outros pontos do país para prestigiar o desfile. É claro que os improvisados cordões de isolamento da pista, puxados a muque pela "ala da *força*", nem sempre conseguiam conter a multidão que abarrotava o amplo quadrilátero da Praça Floriano, até hoje palco de grandes manifestações políticas e agitados eventos culturais. Ali despontava o suntuoso Teatro Municipal do Rio de Janeiro, ladeado pela "gaiola dourada" da Câmara Municipal e o imponente prédio da Biblioteca Nacional, com o eclético Palácio Monroe (demolido em 1976 pelo poder público[61]), ex-sede do Senado Federal, ao fundo.

Além de ocupar as largas calçadas da avenida, a festiva turba ainda se espalhava pela escadaria da Biblioteca, área destinada às autoridades e à imprensa – e onde também era armado o palanque reservado aos jurados. Conforme relembra o ator Jorge Coutinho, que se aboletava nos degraus mais altos para assistir ao desfile, não bastasse a plateia lateral, "*outra corrente humana também se agrupava nas janelas dos altos edifícios de escritórios, balançando lençóis, jogando papel picado, confete e serpentina sobre os componentes, torcendo animadamente enquanto estes se exibiam*[62]". Pelo visto, o cortejo que um dia fora alvo de feroz perseguição policial chegava ao fim da década de 1950 como a maior vedete da antiga capital federal – e, ironicamente, já não eram mais os sambistas que desfilavam na via pública os seletos agraciados com os "carinhos" da Polícia Militar, mas sim os foliões que invadiam a pista para apreciar de perto a "ópera de rua" popular.

---

61 Embora tenha sido aprovado pelo Governo estadual em 1974, o tombamento do Monroe foi vetado pelo General Geisel e o edifício veio abaixo dois anos mais tarde, após uma intensa campanha promovida pelo jornal **O Globo**, com o apoio de arquitetos renomados como Lúcio Costa. Eles alegavam razões estéticas para a medida, que também seria justificada pelo pífio pretexto de "desafogar o trânsito" da área.

62 Cf. LEITÃO, L. R. *Aluísio Machado: sambista de fato, rebelde por direito*. Rio de Janeiro / São Paulo: DECULT / Expressão Popular, 2015, p. 255.

Pois seria exatamente aí, nesse sítio quase encantado do Rio, que mestre Fernando Pamplona, o homem "*que só tinha medo da Matita Pereira, da Tocandira e da Onça Pé de Boi*", testemunharia um espetáculo para lá de inovador, protagonizado pela escola que, anos mais tarde, receberia o sugestivo lema de "*nem melhor, nem pior: apenas diferente*". Presidido por Nelson de Andrade, um próspero peixeiro que pagara as dívidas do desfile de 1955 e um ano depois fora eleito para comandar a agremiação, o Salgueiro causou profunda impressão no professor ao apresentar, em 1959, o enredo ***Viagem Pitoresca e Histórica ao Brasil***, uma encenação da obra do pintor **Jean-Baptiste Debret**, talvez o mais importante nome da Missão Artística Francesa que, recebida pela corte do rei D. João VI, desembarcou no Rio de Janeiro em março de1816.

Os responsáveis pela concepção e execução do tema foram os artistas plásticos **Dirceu da Câmara Nery** e **Marie-Louise Nery**, dupla recém-iniciada nos mistérios das escolas de samba, mas com vasto conhecimento acerca da cultura brasileira. Os dois já haviam se integrado à vida cultural do Rio, criando cenários e figurinos para peças, óperas e balés encenados na antiga capital. Cenógrafo e aderecista, o pernambucano **Dirceu** trazia para o coração da República o vasto acervo cultural de um estado e uma região que eram a porta de entrada do imaginário ibérico no país. Por sua vez, a suíça **Marie-Louise**[63], a quem Rosa sempre devotou extraordinário carinho e admiração, chegara ao Brasil em 1957 com um largo aprendizado na bagagem e logo se destacou em nosso meio artístico e acadêmico, deixando sua marca em encenações de consagrados diretores, como Bárbara Heliodora, Domingos de Oliveira e Gianni Ratto.

---

63 Nascida em Berna, no dia 31/5/1924, **Marie-Louise** estudou na Escola Técnica de Ofícios (*Gewerbeschule*) e na Escola de Artes Utilitárias (*Kunstgewerbeschule*) de sua terra natal. Ao lado do companheiro Dirceu, criou cenários, figurinos e adereços para as peças infantis de Maria Clara Machado encenadas pelo grupo Tablado e assinou vários espetáculos de teatro, ópera e balé, sendo agraciada com o Prêmio Molière em 1964. Na tevê, produziu 150 bonecos para o seriado *O Sítio do Pica-pau Amarelo* (TVE/TV Globo). Ela lecionou Indumentária e Artes Plásticas na Escola de Teatro da UNIRIO e também se tornou professora assistente da EBA-UFRJ. Ver, a respeito, "Biografia de Marie Louise Nery". *In*: **Brasil: Memória das Artes. Cenário e Figurino**. FUNARTE: Portal das Artes. Cf. http://www.funarte.gov.br/brasilmemoriadasartes/acervo/cenario-e-figurino/biografia-de-marie-louise-nery/. Consultado em 26/04/2019.

A Louise coube a árdua e delicada tarefa de desenhar todas as fantasias das alas, respeitando fielmente os figurinos da época imperial (e alterando apenas as cores das roupas, pois o regulamento ditava que cada escola desfilasse com seus tons originais – no caso do Salgueiro, o branco e o vermelho). Já Dirceu Nery cuidou das alegorias e adereços, abstendo-se de construir carros alegóricos grandiosos (herança dos suntuosos desfiles das ***grandes sociedades***) e optando por confeccionar vistosos enfeites de mão empunhados pelos próprios componentes, à época uma enorme novidade.

O público ficou de boca aberta com a iniciativa da agremiação tijucana – e um entusiasmado professor, cujo talento se dividia entre a *Escola Nacional de Belas Artes* e o Teatro Municipal, também acolheu de muito bom grado a invenção dos *acadêmicos* do samba. Incumbido pelo escritor Miécio Tati (representante do Departamento de Turismo e Certames) de avaliar os quesitos de **Escultura** e **Riqueza**, Fernando Pamplona concedeu ao vice-campeão Salgueiro a única nota superior àquelas obtidas pela poderosa Portela. A escola de Madureira, que já arrebatara os títulos de 1957 e 1958, sagrou-se tricampeã em 1959 com 102,5 pontos (uma diferença de apenas 1,5 ponto para a rival, que somou 101).

Segundo relatam os cronistas da folia, o impetuoso Nelson de Andrade, admirado da calorosa aprovação do jurado à inovação estética salgueirense, decidiu convidá-lo para conceber e desenvolver o enredo do desfile de 1960. Sem sequer cogitar uma resposta negativa de Pamplona, o presidente do Salgueiro procurou-o no Teatro Municipal, local onde o cenógrafo trabalhava e havia se consagrado como um dos maiores vencedores dos concursos de decoração dos bailes carnavalescos ali promovidos. Visivelmente surpreso, o renomado profissional ouviu com atenção a proposta de Andrade, figura que o professor da *ENBA* já conhecia[64], e lhe pediu um tempo para pensar.

É óbvio que o convite mexeu com a cabeça do dinâmico e irrequieto artista, que nunca imaginara sair das coxias e oficinas do Teatro, nem das salas de Belas Artes, para dirigir o barracão de uma agremiação do

64 Segundo relata um jornalista carioca, Pamplona se lembrava da presença de Andrade em algumas rodas da cidade: "*Nelson botava banca, mas eu concordava com tudo que ele dizia. Tinha uma lábia boa, era pensante*". Cf. BRUNO, Leonardo. *Explode, coração: histórias do Salgueiro*. Rio de Janeiro: Verso Brasil Editora, 2013, p. 48-49.

carnaval carioca. Consciente da magnitude do desafio que teria pela frente, mas seduzido pela oportunidade única que o mundo do samba lhe oferecia, Fernando prometeu dar uma posição definitiva em poucos dias. O prazo estipulado iria desdobrar-se em horas intermináveis de muita reflexão e incertezas, até que Pamplona finalmente estabelecesse as condições básicas que o fariam aceitar a convocação.

1. Os "tempos modernos" e controversos da folia: Arlindo, Pamplona & Cia.

O aceno positivo veio, então, acompanhado de algumas "exigências". De antemão, o futuro *carnavalesco* cientificou o dirigente de que não trabalharia sozinho, mas sim em equipe. Nelson de Andrade deu carta branca a Pamplona, que nem pensou duas vezes: além de manter na escola o casal Dirceu e Marie-Louise Nery, ele ainda incluiu no grupo o cenógrafo e figurinista **Arlindo Rodrigues**, seu parceiro no Municipal, cuja contribuição à nova fase dos desfiles seria extraordinária, e o desenhista e aderecista **Nilton Sá**, colega da faculdade. Por outro lado, o contratado fazia uma sugestão revolucionária para o desfile de 1960: o enredo da escola não deveria render tributo a nenhum figurão da historiografia oficial, nem prestar homenagens ufanistas às "grandezas da pátria" (como fizera a tricampeã Portela em 1959 com "*Brasil, pantheon de glórias*").

Sob a destemida orientação de Pamplona, a *Academia do Samba* iria resgatar então um herói excluído dos manuais escolares: o líder negro **Zumbi dos Palmares**, ícone do quilombo que abrigou milhares de escravos rebelados na Serra da Barriga, em Alagoas, no séc. XVII, durante o antigo regime colonial. A ousadia do tema viria acompanhada de outro trunfo valioso na avenida: o notável apuro visual da escola, cujas alegorias e fantasias são concebidas e executadas com raro zelo e primor por cenógrafos e figurinistas do Teatro Municipal e da *ENBA*. Na divisão de tarefas do barracão, Pamplona se ocupou dos figurinos masculinos, Arlindo se incumbiu dos femininos e Nilton Sá desenhou os trajes africanos. O trabalho do trio haveria de encantar o público do

Arlindo Rodrigues na peça “Freud explica, explica” | Wikipédia

Fernando Pamplona no lançamento da autobiografia | Foto: Valéria del Cueto

desfile, até mesmo alguns segmentos da elite carioca, que passaram a apreciar com olhos menos preconceituosos aquela expressão de resistência cultural do povo negro da cidade.

No seio da comunidade, porém, não seria nada fácil levar à avenida a rebeldia do ***Quilombo dos Palmares***. Sérgio Cabral, pai, afirma que a equipe de Pamplona e Arlindo precisou superar com muita lábia e tenacidade a resistência de diversos componentes da escola a certas ideias "inusitadas" da dupla. Houve alguma dificuldade, por exemplo, em convencer os integrantes a desfilar fantasiados de **escravos** – exigência natural de um enredo dedicado aos negros cativos dos canaviais nordestinos que fugiam do regime desumano das fazendas em busca de liberdade e justiça social. O sonho de boa parte dos foliões, após 360 dias de sufoco e ralação em uma fábrica, um escritório, um balcão ou outro trabalho qualquer sempre mal remunerado, era sair vestido de rei, rainha, nobre ou grandes vultos da história – enfim, algum personagem que os fizesse esquecer, ao menos na breve ilusão da festa, as agruras e dissabores do ano que ficara para trás.

Outra novidade de 1960 também desagradou alguns componentes, ainda que, na hora da verdade na avenida, tenha sido bem eficaz: a substituição das pequenas lâmpadas de enfeite das fantasias por espelhos, cujo reflexo sob o brilho dos holofotes logrou um efeito visual bem mais atrativo do que aquele produzido com o auxílio da eletricidade. A mudança também eliminou um terrível desconforto para as mulheres, segundo revelou a Cabral a passista Paula da Silva Campos, a *Paula do Salgueiro*, figura marcante na avenida: para poder acender a lâmpada da fantasia, ela se via obrigada a "amarrar as pilhas entre as coxas, junto à calcinha", de sorte que, ao final da exibição, a pele estava toda esfolada[65]. Conforme se podia ver, nem toda novidade era digna de crítica – e, como cereja do bolo, coube ao Salgueiro, com nota 95, vencer pela primeira vez o desfile do I Grupo.

É bem verdade que, para conquistar o título, a agremiação tijucana contou com os 15 pontos descontados da Portela (cuja nota inicial havia sido 100) e da Mangueira (que somara 98 na soma geral) no quesito *cronometragem*,

---

65 CABRAL, obra citada, p. 201.

punição até então nunca aplicada pelos organizadores do certame. A decisão, logicamente, revoltou as duas rivais, gerando protestos veementes do tinhoso *bicheiro* Natalino José do Nascimento (o lendário *Natal da Portela*), presidente de honra da azul & branco, e de Nuno Linhares Veloso, dirigente da verde & rosa. Com o apoio irrestrito de Casemiro *Calça Larga*, sambista histórico do Salgueiro, Miécio Tati não acatou a quebra do regulamento; irrompeu, então, o alvoroço e a pancadaria, com a polícia arriando o cajado nos descontentes. No dia seguinte, todavia, após uma reunião no Departamento de Turismo, tudo acabaria em *pizza*: um "acordo de cavalheiros" proclamou como campeãs as cinco primeiras colocadas do desfile, dividindo-se assim o título entre Salgueiro, Portela, Mangueira, Unidos da Capela e Império Serrano.

A salomônica vitória na tumultuada "prorrogação" da apuração atenuou bastante a desconfiança da comunidade para com a turma do Municipal e das *Belas Artes*. Ainda assim, a tensa coexistência entre os **sambistas de raiz** e os ***carnavalescos*** continuaria a ser motivo de apreensão não só no Salgueiro, mas na maioria das demais coirmãs, desde as últimas décadas do século passado até hoje. À medida que as escolas se convertiam em uma atração *espetacular* de nossa experiência periférica de pós-modernidade (com transmissão ao vivo pela TV para todo o país e até para o exterior), a crescente hipertrofia dos itens **visuais** (os carros alegóricos monumentais, as fantasias luxuosas e pesadas, ou a própria utilização de efeitos especiais ao melhor estilo de *Hollywood*) deixaria em segundo plano o **chão** da escola, gerando graves atritos com os pioneiros da *velha guarda*.

Vale frisar que a preocupação dos *autênticos* (não apenas sambistas, mas também jornalistas e intelectuais) com a inserção de elementos alheios às raízes do **samba** (a mais pujante expressão afro-brasileira de ritmo, canto e dança) não surge com as "inovações" que os *intelectuais* do Salgueiro promovem nos anos 60 – tanto no aspecto visual, quanto no coreográfico (basta lembrar as alas ensaiadas pela bailarina Mercedes Baptista). Já nas décadas de 40/50, registram-se agudas reações à influência do **teatro de revista** sobre os figurinos e coreografias dos desfiles, assim como severas arguições ao gosto pelos carros grandiosos inspirados na fase áurea das **grandes sociedades**. Em meio às polêmicas travadas entre os grupos mais *conservadores* e os mais *liberais*, é claro que a essência dialética e ***antropofágica*** do carnaval haveria de decretar, com o tempo, quais inovações mereciam ser assimiladas e quais deveriam ser rejeitadas.

De qualquer forma, o temor dos *bambas* e dos críticos era compreensível. Afinal de contas, ainda no ocaso da I República, as ***embaixadas*** do samba haviam sido criadas como um meio de afirmação da **identidade** da população **negra** do então Distrito Federal diante de um regime e de uma sociedade extremamente hostis às manifestações da arte popular. Para organizar sua gente e abrir espaço em meio à violenta repressão sofrida pelos sambistas (a quem a Polícia tachava de 'vagabundos' e proibia de andar livremente com seus instrumentos pelas ruas da cidade), lideranças como Paulo da Portela e Elói Antero Dias, o combativo *Mano Elói*, educados nas lutas sindicais travadas pelos estivadores e arrumadores do Porto (a briosa turma da ***Resistência***[66]), estimulam, desde a década de 1920, a organização das comunidades em agremiações culturais próprias e autônomas.

Assim, seguindo os trilhos da Central rumo às estações em que se instala a legião de sem-tetos expulsa do Centro pelas reformas urbanas da *Belle Époque*, cria-se a **Estação Primeira de Mangueira**, de Cartola e Carlos Cachaça, e a **Portela**, escola nascida entre Osvaldo Cruz e Madureira, ambas contemporâneas da **Deixa Falar**, fundada em 1928 por Bide, Ismael Silva e os *bambas* do Estácio, um dos celeiros da "*Pequena África*". A ação resoluta dos *resistentes* engajados na causa do **samba** acaba por ser vitoriosa. Exibindo-se com garbo e altivez na mítica Praça XI, as escolas se impõem

---

66 O termo designa o *Sindicato dos Trabalhadores Portuários do Rio de Janeiro* (ou *Sindicato dos Arrumadores*), em alusão explícita à força física despendida pelos estivadores para transportar as cargas dos navios até os armazéns, à falta de carrinhos próprios para a tarefa, no início do século passado. O porto do Rio seria o cenário de algumas das mais relevantes greves e lutas sindicais da I República, além de servir de palco para a histórica "Revolta da Chibata" de 1919, movimento liderado por João Cândido Felisberto (o "*Almirante Negro*" cantado por João Bosco & Aldir Blanc) contra os castigos infligidos aos marujos por oficiais da Marinha brasileira. Sobre a relação da ***Resistência*** com as escolas de samba, ver o depoimento do radialista Rubem Confete ao autor (in: LEITÃO, L. R. *Aluísio Machado: sambista de fato, rebelde por direito*. Rio / S. Paulo: DECULT / Outras Expressões, 2015) e consultar ARAÚJO, Bernardo. *O Prazer da Serrinha: histórias do Império Serrano*. Rio de Janeiro: Verso Brasil Editora, 2015, p. 44-45.

na cena cultural da cidade, ainda que os negros "livres do açoite da senzala" continuassem, décadas depois, "presos na miséria da favela", como cantou a verde & rosa no centenário da Abolição[67]. E, no decurso da era Vargas, o gênero termina por ser adotado como um ícone da **identidade nacional**, ajudando a compor a "imagem" do Brasil aos olhos do mundo – um processo similar àquele que, sob o regime de Perón, fez do tango o signo maior da "alma coletiva" portenha.

Diga-se de passagem, esse processo já fora desencadeado na própria década de 1920 por artistas *modernistas* e pesquisadores atentos à nossa cultura popular, como o escritor Mário de Andrade e os pintores Cândido Portinari, Di Cavalcanti, Djanira e Tarsila do Amaral, em quem o carnaval despertava uma enorme sedução. Como anotaram os curadores da exposição ***O Rio do Samba: resistência e reinvenção***[68], para Mário, um dos inventores do imaginário moderno sobre o Brasil, "*o samba era a melhor expressão da **identidade** de uma civilização*". A opinião seria emitida após ele visitar a cidade em 1923, quando assiste ao cortejo diante do Hotel *Avenida*, na antiga Av. Central (hoje Rio Branco), e se maravilha com a pujança dos negros dançando em cadência ("*tão sublime, tão África*").

A geração *modernista* endossa a apreciação, fazendo do gênero o território mais explorado na busca de uma representação para o país, não só por estar o samba assentado na diversidade cultural do Brasil, mas também "por sustentar um processo de resistência cultural contra a violência da colonização e do capital, reinventando tradições religiosas e estéticas". Aliás, como já é praxe no sinuoso diálogo entre a **tradição** e a **modernidade**, a construção de uma nação *moderna* lastreada nos usos e costumes cultivados por sua comunidade era um expediente de enorme interesse para os governantes e os investidores da nova formação socioespacial que aqui se constitui entre

---

67 Citação reverente dos versos de "Cem anos de liberdade: realidade ou ilusão?", samba de enredo composto por Alvinho, Hélio Turco e Jurandir para o desfile de 1988 da Estação Primeira de Mangueira.

68 Mostra realizada no Museu de Arte do Rio (MAR), de 28/4/2018 a abril de 2019, sob a curadoria de Clarissa Diniz, Evandro Salles, Marcelo Campos e Nei Lopes.

as décadas de 1930 e 60, isto é, da era Getúlio até a gestão de JK. E o ***samba*** seria o grande cartão de visita desse projeto:

> *Sempre que precisavam recepcionar algum visitante ilustre, instituições e autoridades brasileiras recorriam aos líderes naturais das formações musicais cariocas: em 1929, houve uma feijoada com samba na Confeitaria Colombo, em homenagem a Josephine Baker; Paulo da Portela ciceroneou Walt Disney, em 1941, quando este quis conhecer as escolas de samba. Originário da população negra e marginalizada, o samba, em sua versão musical e quase sempre exotizada, serviria também aos poderes da nação.*[69]

Paulo da Portela e Walt Disney! Como se vê, para obter sua "carta de alforria" do poder, o samba teve de rebolar – literal e metaforicamente – um bom bocado na primeira metade do século passado. Escaldados por tal experiência, os *bambas* não ignoravam os riscos de cooptação das escolas por forças e entes que se projetavam no novo cenário socioeconômico do país, nos anos 60/80, época de célere expansão do capitalismo na América Latina, com a progressiva associação do poder público à mídia, às grandes corporações e à própria contravenção. No entanto, a lucidez e sabedoria dos pioneiros nem sempre prevaleceria: cedendo a interesses comerciais e injunções políticas alheias às suas raízes, algumas agremiações sofrem graves cisões em seu seio, perdendo sambistas renomados e até se divorciando das comunidades em que surgiram e se sustentaram.

Isso ocorreu, por exemplo, na Portela, da qual mestre Candeia se afastou em 1975, para fundar o *Grêmio Recreativo de Arte Negra e Escola de Samba Quilombo* (jamais filiado a qualquer Liga), ao lado de Wilson Moreira e Nei Lopes. Partideiro de mão cheia e crítico implacável da perda de valores originais do samba, Nei escreveu em 1977 um texto sobre o fenômeno. Ele denunciava a infiltração, sobretudo na direção das escolas, "*de gente de outra cultura, supostamente letrada, estranha ao mundo do samba*", privando o autêntico

---

69 "Samba como identidade nacional". *O Rio do Samba: resistência e reinvenção*, mostra citada.

sambista de sua autonomia e diluindo o conteúdo artístico daquela manifestação cultural. Assim, os passistas, figurinistas e sambas de enredo, "*pela repetição e pela imitação servil, muitas vezes fora da realidade do samba, vão ficando monótonos e desvalorizados*[70]".

2. A Academia do Samba saúda o povo e pede passagem na avenida

Felizmente, ao menos no caso do Salgueiro, a comissão recém-formada por Arlindo e Fernando já dera provas concretas de não ignorar a complexidade do desafio que abraçara. E, pelo visto, manteria sua posição ao longo dos anos subsequentes, concebendo e executando enredos baseados na **cultura afro-brasileira** que iriam marcar a memória dos foliões e conquistar sucessivas vitórias na avenida. De parte da agremiação, por sua vez, a pulga atrás da orelha com os artistas e intelectuais da Academia jamais significou uma recusa à contribuição dos profissionais de Belas Artes à festa que nascera e crescera nos morros cariocas – e que, lá no alto da chácara do Trapicheiro, na encosta do Morro do Sumaré, já era cultivada desde a década de 30 por uma comunidade de ex-escravos e ex-lavradores de café, liderada por *bambas* como Antenor Gargalhada e Joaquim *Calça Larga*.

Foi assim que a *Academia do Samba* tijucana, nascida da fusão, em 1953, de duas escolas do local (a Azul e Branca, de Antenor Gargalhada e Eduardo Teixeira, e a Depois Eu Digo, de Mané Macaco e Ceciliano *Peru*), arrebatou o título inédito de 1960 e a dobradinha de 1963 e 65, com a exuberante homenagem a "***Xica da Silva***" e a "***História do Carnaval Carioca – Eneida***" (para não falar do desfile inesquecível de "***Chico-Rei***", vice-campeão de 64). Em 1969, seria a vez da "***Bahia de Todos os deuses***", elo maior da conexão de nossa terra com a Mãe África, também celebrada na apoteótica "***Festa para um Rei Negro***", de 1971, cuja equipe de carnaval logrou reunir seis artistas memoráveis

---

70 LOPES, Nei. *O Samba, na realidade... Utopia da ascensão social do sambista.* Edição comemorativa de 35 anos. Rio de Janeiro: Malungo, 2012, p. 21.

da avenida: Arlindo Rodrigues, Fernando Pamplona, *Joãosinho 30*, Maria Augusta, Rosa Magalhães e Lícia Lacerda. Precisa citar mais algum desfile?

Afora a notável seleção das **artes plásticas**, cabe ressaltar que, na esfera do **ritmo** e do **canto**, a escola do morro do Salgueiro, berço de figuras como **Almir Guineto**, **Mestre Louro**, **Mestre Marcão** e **Laíla**, tampouco deixava a desejar. Sua **bateria** já impressionava em 1960, com os atabaques reunidos em cima de uma carreta tocando em louvor a Xangô, durante o refrão do samba ("*Meu maracatu é da coroa imperial* / É de Pernambuco, ele é da casa real"), para alegria do jovem Nei Lopes, que assistia ao desfile no meio da multidão e se arrepiava todo ao ouvir a saudação ao orixá da justiça, dos raios, do trovão e do fogo[71]. Por sua vez, a ala de **compositores** também reunia um time da mais alta qualidade, capaz, inclusive, de rivalizar com a turma do Império, formada por **Silas de Oliveira**, **Mano Décio da Viola**, ***Dona* Ivone Lara** e outros *bambas* da Serrinha, para muitos a maior fonte de poetas do **samba de enredo** carioca.

Só à guisa de ilustração, cite-se a dupla **Anescar Rodrigues**, o *Anescarzinho*, e **Noel Rosa de Oliveira**, autores de "*Quilombo*" e "*Chica da Silva*", dois hinos que, além de embalar os títulos de 1960 e 1965, eram uma verdadeira aula de cadência e melodia. Além da dupla antológica, o Salgueiro tinha ainda os mestres **Geraldo Babão** e **Djalma Sabiá**, coautores, em parceria com **Binha**, do sublime "*Chico Rei*" (1964), enredo que não levou, mas encantou – e que Martinho da Vila gravou no clássico LP *Samba Enredo*, de 1980.

Anescarzinho, Noel, Babão, Sabiá e Binha hoje são cantados pelo grupo paulista *Glória ao Samba*, para deleite de quem torce o nariz diante das mudanças inevitáveis do samba de enredo nas últimas décadas. O gênero continua a gerar grandes compositores (salve André Diniz, Cláudio Russo, Luiz Carlos Máximo, Manu da Cuíca & Cia.!), mas parece mimetizar a pulsação alucinada do desfile na Sapucaí, padecendo uma estranha espécie de "*taquicardia sonora*". No embate entre o presente e o passado, não há como prever o que será o amanhã – mas um sábio salgueirense diria: *nem melhor, nem pior: apenas diferente...*

---

71 Cf. BRUNO, obra citada, p. 51.

Por fim, não há como esquecer a figura ímpar de Adil de Paula, o popular ***Zuzuca***[72], de quem muito se falará logo adiante. O sambista acertou sozinho no milhar ao compor, em 1971, a trilha sonora da esfuziante "***Festa para um Rei Negro***", um marco histórico dessa expressão da arte popular que, ao lado do **partido alto** e do **samba de terreiro**, constitui uma das três matrizes do samba carioca. Com uma obra de letra curta e refrão contagiante, cujos acordes se espalharam mundo afora como uma verdadeira epidemia musical, Zuzuca levantou a avenida, mostrando que, para ganhar com autoridade um desfile, não basta só o ***visual***: o ***canto*** e a ***dança*** são absolutamente essenciais. Depois, seu refrão contagiante ("Ô-lê-lê, ô-lá-lá / *Pega no ganzê / Pega no ganzá*") invadiu os estádios de futebol do Brasil e do mundo, parodiado pelas torcidas de diversos clubes[73].

Iniciava-se, de fato, na efervescente década de 60, com o país dividido entre as "*reformas de base*" propostas pelo presidente João Goulart e as marchas da classe média "*com Deus*" contra o fantasma do 'comunismo ateu' (qualquer semelhança com os dias atuais não é mera coincidência), uma nova etapa na história dos desfiles das escolas de samba do Rio de Janeiro. Segundo o feliz epíteto de Cabral, pai, os "*tempos modernos*" da folia de Momo saudavam o público e pediam passagem na avenida, pulsando com a veia libertária dos temas de **africanidade** e **rebeldia** desenvolvidos pelo Salgueiro. Outras agremiações também promovem expressivas mudanças na estética do cortejo nessa época, mas coube à *Academia do Samba* tijucana patrocinar as maiores inovações plásticas e coreográficas da festa, não obstante as infinitas controvérsias suscitadas ano após ano.

---

72 O capixaba Adil de Paula, o ***Zuzuca***, nasceu em Cachoeiro do Itapemirim, em 14/8/1936. Além do clássico "Festa para um Rei Negro", hino campeão do Salgueiro em 1971, ele é autor de vários sambas de sucesso, como "Vem chegando a madrugada" (em parceria com Noel Rosa de Oliveira), gravado por Jair Rodrigues em 1965.

73 Segundo os registros jornalísticos, isso ocorre pela primeira vez dois dias após o desfile, no jogo Fluminense x Galícia, no Maracanã. Na Europa, o refrão foi hino do Lille (França) e do Barcelona (Espanha). E até a fanática torcida do Boca Juniors (Argentina) criou sua versão no estádio da *Bombonera*. Cf. BRUNO, *op. cit.*, p. 141-142.

Por sinal, para botar mais lenha na fogueira, até mesmo o ex-colaborador Nílton Sá, aderecista do desfile de 1960, em entrevista prestada ao **Correio da Manhã** às portas do carnaval de 1963, se disse arrependido de sua participação na equipe que havia criado o ***Quilombo dos Palmares***. Para ele, a ingerência do ***intelectual*** nos eventos da tradição popular acentuava a sua "degeneração" – e a opção dos colegas do Salgueiro ameaçava "o caráter forte que o negro imprimiu à escola de samba". Incisivo, porém nada judicioso, o entrevistado acusava os antigos pares de utilizar-se das escolas porque elas estavam em evidência – imputação que Pamplona refutaria em carta enviada à **Tribuna da Imprensa**, em 1964, quando se encontrava na Alemanha. Já no plano estético, Nílton se revelava mais um arauto da *autenticidade* do cortejo, um tema sempre em pauta a partir dos anos 60:

> *"Os ranchos, de menor interesse do público e das autoridades, figuram intocados pelos intelectuais, assim como as escolas menores. Já chega a péssima influência do teatro de revista, notadamente nos últimos anos, em seus figurinos e coreografias."*[74]

Convém aqui assinalar que o rechaço à influência do ***teatro de revista*** sobre os desfiles já era uma bandeira hasteada na década de 40, segundo apontou Maximiliano de Almeida Bastos, doutorando do Programa de Pós-Graduação do Instituto de Artes da UERJ, sob a orientação do Prof. Dr. Felipe Ferreira. Em sua tese, Bastos pesquisa as relações entre o *teatro de revista* de **Walter Pinto** (diretor adepto de um "divertimento popular sob uma concepção profissional do espetáculo", associada às montagens do *Moulin Rouge* e da *Broadway*) e as escolas de samba. Já ciente da projeção cultural das agremiações, Pinto levou a Mangueira aos palcos e criou cenários depurados na linguagem do seu gênero teatral[75].

---

74 *Apud* CABRAL, obra citada, p. 207-208.

75 As observações sobre o tópico foram feitas por Felipe Ferreira, em entrevista concedida ao biógrafo na sala do Centro de Referência do Carnaval (UERJ), em 19/09/2018.

Como se vê, a relação era uma via de "mão dupla", mas tal fato seria solenemente ignorado pelos críticos mais "puristas". De fato, o próprio Nílton Sá parecia "ignorar" que, embora em medida bem mais discreta do que ocorre a partir da década de 1960, já existia uma incipiente tradição, entre os membros, discípulos ou professores, da *Escola Nacional de Belas Artes*, de envolvimento com o carnaval, como se viu no capítulo anterior, em que, abonados por uma observação de Rosa Magalhães, aludimos à colaboração dos pintores Rodolpho Chamberlain e Rodolpho Amoedo com alguns dos **ranchos** carnavalescos que desfilavam nas primeiras décadas do século XX.

Polêmicas e diatribes à parte, o espetáculo não podia parar – e a fábrica de sonhos salgueirense prosseguia a todo vapor, com novidades não apenas na plástica, mas também no canto e na dança dos componentes. Em 1963, o espetáculo deixava a Cinelândia e vinha para a larga pista central da **Av. Presidente Vargas**, com a igreja da **Candelária** ao fundo. No novo e deslumbrante palco, a história de "***Xica da Silva***" impressionou do início ao fim, a começar pela escolha para o enredo de uma personagem feminina desconhecida do grande público: a escrava negra Francisca da Silva, a "*Chica da Silva*", que se casou com o abastado minerador João Fernandes de Oliveira e escandalizou a hipócrita sociedade do Arraial do Tijuco (atual Diamantina), situado no Vale do Jequitinhonha (MG), no séc. XVIII, vingando-se de todos aqueles que a haviam menosprezado.

Quem encarnou a voluntariosa ***Chica*** na passarela foi **Isabel Valença**, esposa de Osmar Valença, então presidente da agremiação. Ela desfilou como destaque de chão, com uma fantasia de que muitos até hoje se lembram em detalhes. Trajada a rigor, a garbosa personagem arrastava um vestido cuja cauda media sete metros de comprimento; além disso, envergava na cabeça uma pomposa peruca de 1,10 m, elegantemente adornada por várias pérolas[76]. A luxuosa indumentária de *Chica da Silva* fez tanto sucesso que, no ano seguinte, Isabel foi convidada a participar do concurso de fantasias do Teatro Municipal, logrando tornar-se a primeira mulher negra a vencer a prestigiosa competição.

---

76 Cf. MELLO, Marcelo de. "Há 50 anos, 'Chica da Silva', do Salgueiro, marcou o primeiro desfile na Presidente Vargas". *In*: **O Globo** / Rio, 06/01/2013. Cf.: https://oglobo.globo.com/rio/carnaval/ha-50-anos-xica-da-silva-do-salgueiro-marcou-primeiro-desfile-na-presidente-vargas-7205142. Consultado em 17/05/2018.

"Xica da Silva", desfile campeão de 1963 | Foto: Arquivo Gaeral da Cidade do Rio de Janeiro

Isabel Valença, a "Chica" do Salgueiro | Foto: Arquivo Geral da Cidade do Rio de Janeiro

Depois da estreia memorável em 1963, ela se tornou um ícone do desfile, saindo durante anos como o destaque maior do Salgueiro, sem nunca deixar de exibir trajes caríssimos e majestosos.

Na nova passarela, outro item marcante da *Academia* em 1963 seria a inclusão de uma *ala coreografada*, composta por doze pares de nobres devidamente caracterizados com perucas, luvas e trajes de época, dançando *polca* ao ritmo de samba. Batizado pela imprensa como a "*ala do minueto*", o grupo foi ensaiado pela célebre professora de dança Mercedes Baptista (a primeira bailarina negra do Municipal, precursora do que hoje se denomina dança *afro*). A despeito da conquista de mais um certame pelo Salgueiro, o apelo à coreografia sofreu, obviamente, severas críticas dos sambistas e jornalistas defensores do desfile mais *autêntico*, tanto pelo tom artificial da dança francesa tão popular na corte de Luís XIV, quanto pelo andamento em compasso ¾, avesso à batida sincopada do samba.

Inimigo ferrenho da 'novidade', Sérgio Cabral, pai, condenou o Salgueiro por valer-se das alas de passo marcado, "*pura imitação do que se passa nos palcos e uma deturpação da dança do samba*", sugerindo até que a escola perdesse pontos pelo 'pecado' cometido. A campanha iniciada pelo jovem jornalista encontraria eco em seu colega Sérgio Bittencourt (filho do notável instrumentista Jacob do Bandolim), que, avesso à interferência dos "eruditos" no evento popular, chegou a defender a anulação do desfile de 1965, ideia que, felizmente, não prosperou. Depois, o tinhoso colunista voltaria à carga no **Correio da Manhã**, recomendando ao Secretário de Turismo do Rio de Janeiro que incluísse o quesito de ***autenticidade*** na planilha dos jurados; e, caso a medida proposta não fosse adotada, Bittencourt ainda pedia ao público da avenida que vaiasse (!) a Portela, o Salgueiro e o Império Serrano, agremiações que "*declaradamente deturparão a legitimidade do desfile*[77]".

Ironicamente, em 1964, o número excessivo de alas coreografadas prejudicou a harmonia da escola e o Salgueiro acabou em 2º lugar, apenas um ponto atrás da Portela, a grande campeã daquele ano marcado por um golpe militar que provocaria

---

77 CABRAL, Sérgio. "Programa de hoje é o desfile das escolas". **Correio da Manhã**, 4º caderno, p. 1, Rio de Janeiro, 9/2/1964. BITTENCOURT, Sérgio. "Voltando ao tema (enquanto há tempo)". **Correio da Manhã**, 4º caderno, p. 3, Rio de Janeiro, 23/2/1965. *Apud* BRUNO, obra citada, p. 54-55.

enorme desconcerto na vida nacional. Sob a chancela de Arlindo Rodrigues, Mercedes criou uma coreografia dramática para o episódio em que Chico Rei banhava a cabeça na pia batismal a fim de retirar o pó de ouro escondido nos cabelos (na longa encenação, os componentes subiam em uma alegoria que representava a pia e ali se lavavam). Os erros e acertos do desfile devem ser consignados na conta de Arlindo (o parceiro Fernando Pamplona, autor do enredo, estava na Alemanha à época e não ajudou a desenvolver o tema), figura de personalidade própria, que sempre tratou de imprimir sua *assinatura* aos carnavais pelos quais respondeu ao longo de quase três décadas de desfiles (1960-1987).

Não por acaso, por onde passou após sair da escola tijucana, o artista deixou sua marca, criando uma identidade estética para agremiações que ainda não integravam o primeiro escalão do carnaval carioca. Em 1973, Arlindo assumiu o barracão da Mocidade Independente de Padre Miguel e paramentou com garbo e originalidade a escola até então reconhecida apenas pela bateria de Mestre André, sagrando-a campeã pela primeira vez em 1979, com o enredo "*O Descobrimento do Brasil*". Depois, carimbou os dois primeiros títulos da Imperatriz Leopoldinense – "*O que é que a baiana tem?*" (1980) e "*Só dá Lalá*" (1981) –, conferindo à escola de Ramos uma linguagem plástica e visual própria, que os carnavalescos anteriores infelizmente não conseguiram criar[78].

3. Mais uma estrela nos folguedos de Momo: João Jorge Trinta, o Joãosinho 30

Em 1965, no entanto, o Salgueiro reencontra a vitória com um enredo dedicado à própria festa, baseado no livro da escritora e jornalista **Eneida de Moraes** (*História do carnaval carioca*), um estudo sobre os folguedos carnavalescos

---

78 André Bonatte, diretor da Imperatriz, não hesita em afirmar que, ao lado de Amaury Jório (o fundador e articulador político da agremiação) e Luizinho Drummond (o contraventor "patrono" e financiador do projeto), Arlindo é um dos três pilares da escola, aquele a quem coube o mérito de "dar a cara da Imperatriz". Cf. LEITÃO, L. R. *Zé Katimba: antes de tudo um forte*. Rio / São Paulo: DECULT / Expressão Popular, 2016, p. 206.

do Rio, desde a época do violento entrudo, no séc. XIX, até a eclosão dos cordões, ranchos e blocos na *Belle Époque*, além do corso, das grandes sociedades e do fenômeno das escolas de samba na primeira metade do séc. XX. Lembre-se que aquele era o ano do IV Centenário da cidade, celebrado no dia 1º de março, em plena segunda-feira de carnaval, e todas as agremiações tinham de apresentar um enredo alusivo à data[79].

Explorando muito bem a riqueza do tema, o desfile de "***Eneida***" serviu ainda para efetivar de vez na comissão salgueirense um dos maiores nomes do carnaval brasileiro: João Jorge Trinta, que logo passaria a ser chamado pelo singelo apelido de ***Joãosinho Trinta*** (grafado com "*z*" até a década de 90)[80]. Além da estreia de João, outros fatos marcaram a conquista daquele ano, a começar pela ***comissão de frente***, segmento tradicionalmente representado pela Velha Guarda da escola, mas que o Salgueiro de 1965 preferiu compor com vinte jovens da comunidade tijucana, todos eles fantasiados de ***burrinhas***, uma referência direta ao cortejo realizado para homenagear a chegada ao Rio de Janeiro da corte do rei D. João VI, evento que alguns consideram ter sido o primeiro carnaval da cidade. As fantasias, todas elas desenhadas por João Jorge, foram confeccionadas em vime.

O grupo veio logo atrás do insólito "abre-alas": à falta do carro alegórico em que se via o trono do Rei Momo (que fora esquecido no barracão), Pamplona botou o monarca na pista com um cartaz onde se lia "*Nem melhor, nem pior:*

---

79 Somente à guisa de ilustração, o vice-campeão Império Serrano festejou o evento com "*Os Cinco Bailes da História do Rio*" (com um samba imortal de Bacalhau, Dona Ivone Lara e Silas de Oliveira) e a Portela, terceira colocada no certame, cantou "*História e Tradições do Rio Quatrocentão: Do Morro Cara de Cão à Praça Onze*"; já a Estação Primeira de Mangueira, em 4º lugar pelo júri, apresentou o "Rio através dos séculos".

80 João Clemente Jorge Trinta, mais conhecido como ***Joãosinho Trinta***, nasceu em São Luís (MA), em 1933, e morreu na sua cidade natal, aos 78 anos, em 2011. Ele mudou-se para o Rio na década de 1950, para estudar balé no Teatro Municipal. Depois, a convite de Fernando Pamplona, uniu-se à comissão do Salgueiro, onde foi escultor, figurinista e estreou como carnavalesco. Um dos maiores nomes do carnaval brasileiro, ***Joãosinho*** conquistou nove títulos no Grupo Especial das escolas de samba do Rio, sendo três pelo Salgueiro, cinco pela Beija-Flor de Nilópolis e um pela Viradouro, além de colaborar para a conquista da Vila Isabel em 2006.

apenas uma escola diferente" (a curiosa palavra de ordem dos salgueirenses), ladeado pelas irmãs Marinho, três passistas renomadas da agremiação, vestidas de Arlequim, Colombina e Pierrô. O público adorou a composição e, em vez de vaiar o Salgueiro, como os mais xiitas haviam insuflado, começou a aplaudir a história da folia contada na passarela, com direito a ***bloco de sujos***, ***bonde carnavalesco*** e um enorme dragão dourado a simbolizar as ***grandes sociedades***.

Já para representar o ***corso*** (desfile de veículos nas vias urbanas, todos de capota arriada, com os passageiros-foliões a jogar confete e serpentina sobre a multidão), a escola trouxe para a avenida um calhambeque dos anos 30, ricamente ornamentado por flores. Em cima do carro, personificando Eneida, vinha um ilustre figurante fantasiado de Pierrô: **Max Lopes**, que onze anos depois estrearia como carnavalesco na Unidos de Lucas. Outra ideia bastante simpática da *Academia do Samba* foi incluir vários casais de mestre-sala e porta-bandeira exibindo os pavilhões das agremiações coirmãs. Ao final, o enredo revivia os nostálgicos carnavais da Praça XI.

Diante de tantos artifícios criativos, os jurados mais uma vez se renderam aos *acadêmicos* do Salgueiro e lhes concederam o terceiro título no Grupo Especial, com uma expressiva vantagem de dez pontos sobre o vice-campeão – o Império Serrano. A vitória ficaria para sempre na lembrança do novato ***Joãosinho***, cuja vida tomaria um novo rumo após aquela experiência. Construir as alegorias da escola não era exatamente o plano inicial de João Clemente Jorge Trinta, que se mudara de São Luís para o Rio aspirando a ser o primeiro bailarino do corpo de baile do Teatro Municipal e precisara trabalhar de escriturário numa repartição pública até realizar o teste que lhe permitiu ingressar na prestigiosa instituição. Aprovado com louvor, o jovem pediu a todos os santos e orixás que o ajudassem a converter em realidade o sonho que trouxera na bagagem.

O destino do maranhense no novo cargo fugiu ao roteiro desejado, mas reservou-lhe um epílogo admirável. Embora o posto de estrela da companhia nunca fosse alcançado, seu empenho e talento não passaram despercebidos para muita gente boa. Uma delas seria a bailarina **Zeni Pamplona**, supervisora do exame de seleção; esposa de Fernando, ela chamou a atenção do marido para os méritos daquele rapaz baixinho, porém musculoso, que merecera elogios ao ser avaliado. Tão logo se deu conta da cultura teatral e operística de João Jorge, o veterano chamou-o para atuar nas oficinas do Municipal, onde

Joãosinho Trinta, o discípulo genial de Pamplona | Acervo Centro de Memória LIESA

Maria Augusta, outra discípula de Pamplona | Acervo Centro de Memória LIESA

ele logo se destacou e passou a assinar as montagens do teatro como aderecista, trabalhando ao lado de Arlindo Rodrigues.

A relação se tornaria ainda mais estreita depois que Pamplona, reconhecendo a versatilidade do novato no uso dos materiais e nas soluções inventivas para a escassez de recursos do teatro, convidou-o a integrar a equipe do **Salgueiro**, em que, por certo, tais virtudes seriam bastante úteis e valiosas. Na escola tijucana, ao lado de outra notável pupila dos mestres Fernando e Arlindo, a jovem **Maria Augusta** (da *Escola Nacional de Belas Artes*), João, que não possuía a formação acadêmica de Augusta, pôde lapidar o seu talento e expressar da melhor forma a sua arte, conforme recorda a amiga de barracão:

> *— João não desenhava, não sabia desenhar. Sua maneira de criar era profundamente pessoal. Ele pegava objetos, materiais, colocava tudo sobre a mesa e ia juntando, costurando, criando tipos de decoração. Era criação espontânea, não um processo acadêmico, ao contrário do meu.*[81]

Segundo observou o jornalista Renato Lemos, *Joãosinho* revelou-se um discípulo exemplar do guia e mentor, a quem deve ser creditada uma parcela considerável de seu aprendizado no ofício. Quem reconheceu o fato foi o sambista Djalma Sabiá, *bamba* maior da agremiação alvirrubra, que certa feita declarou: "*O João deve muito ao Pamplona, foi o Fernando que mostrou os caminhos que ele deveria seguir.*[82]"

E assim foi: em meio às desavenças de Fernando Pamplona e Arlindo Rodrigues com o presidente Osmar Valença (que resultaram, inclusive, no desligamento temporário de ambos da agremiação antes do desfile de 1966), João

---

81 "Maria Augusta Rodrigues: a maga criadora de carnavais inesquecíveis". Entrevista concedida pela artista a Caio Barretto Briso. **O Globo** / Rio, 15/02/2015. In: https://oglobo.globo.com/rio/carnaval/maria-augusta-rodrigues-maga-criadora-de--carnavais-inesqueciveis-15343428#ixzz5NylTSYCr Consultado em 12/8/2018.

82 LEMOS, Renato. "João Jorge e o Brilho". *In*: *Os inventores do carnaval*. Rio de Janeiro: Verso Brasil Editora, 2015, p. 144.

Jorge deixava de ser um "afilhado" do professor e se tornava uma peça fundamental na concepção e execução dos carnavais do Salgueiro. Com seu talento na criação de objetos em isopor (bolas, baldes, pranchas), ela brilharia no vitorioso desfile de 1971 e, mais tarde, ao lado de **Maria Augusta**, após a saída definitiva de Pamplona da escola, o ex-auxiliar assumiria a batuta do barracão, aquecendo os tamborins com "***Eneida, Amor e Fantasia***", em 1973, e sacudindo a cidade com o onírico enredo "***O Rei de França na Ilha da Assombração***", campeão de 1974.

Na anotação de Lemos, esse seria o "cartão de visitas do talento do carnavalesco", que se distanciava dos temas tradicionais e históricos para traçar uma nova perspectiva do espetáculo. *Joãosinho 30* não pretendia seguir a linha reta que se apresentava aos olhos do espectador: ele preferia criar "*um desfile cheio de curvas, de vaivém, de me-engana-que-eu-gosto, de conversas paralelas com o público*[83]". O gosto pela digressão e pelo devaneio torna-se uma marca registrada do bailarino, com a qual ele criaria desfiles memoráveis no GRES Beija-Flor de Nilópolis, driblando algumas cascas de banana que lhe surgiram pelo caminho, como o enredo de 1976, dedicado ao polêmico "***jogo do bicho***". Em plena ditadura, sob um regime que predicava (hipocritamente, ao melhor estilo de Brás Cubas) o decoro e a moralidade, como fazer o elogio da contravenção?

Para safar-se da arapuca, João preferiu cantar os **sonhos** que motivam as apostas no jogo ilegal. A loteria criada no século XIX pelo Barão de Drummond no antigo Zoológico de Vila Isabel (e depois "aprimorada" pelos contraventores cariocas) distribui a primeira centena de números em 25 grupos de animais (*avestruz, águia, burro...*), cada um contendo quatro cardinais (1, 2, 3 e 4 associam-se ao *avestruz*; 5, 6, 7 e 8, à *águia*; 9, 10, 11 e 12, ao *burro*; e assim por diante). Muito popular à época, apesar de oficialmente proibido pelo governo, o jogo estimulava a imaginação dos apostadores: as pessoas se empenhavam em decifrar o sentido do sonho que haviam tido durante a noite, a fim de cravar "na cabeça" o bicho vencedor nos dois sorteios do dia (o 1º realizado às 14 h e o 2º, às 18 h).

---

83 *Idem, ibidem*, p. 145.

Inspirado nessa obsessão dos cariocas, o maranhense deitou e rolou com o enredo "***Sonhar com rei dá leão***". Para tanto, contou com a preciosa contribuição do compositor e intérprete **Neguinho da Beija-Flor**, autor do samba que seria um dos grandes sucessos do carnaval daquele ano – e cujo refrão até hoje é lembrado nas boas rodas do país:

Sonhar com filharada... É o coelhinho
Com gente teimosa, na cabeça dá burrinho
E com rapaz todo enfeitado
O resultado, pessoal... É pavão ou é veado.

Como já assinalou com inteira propriedade o carnavalesco Milton Cunha, nas mãos de outro profissional, o tema original ficaria literalmente circunscrito ao "*jogo do bicho*", abordando o beabá de sua história: o Barão de Drummond, as apostas no Zoológico de Vila Isabel, etc. Já sob a batuta de *Joãosinho*, "*aquilo virou um enredo sobre sonhar*[84]". Mesmo a serviço de uma escola estigmatizada como "chapa branca", por conta das notórias relações de seu patrono (o *bicheiro* Anísio Abraão David) e dos membros dos clãs Sessim e Abraão David com o regime militar[85], além de alguns enredos para lá de ufanistas (cujo exemplo cabal é "*O Grande Decênio*", de 1975, uma exaltação chauvinista dos feitos da ditadura), João não seguiu ao pé da letra a cartilha oficial e tratou de dar asas à sua criatividade.

Devaneando entre os sonhos com a bicharada, em 1976, a história intrincada de "***Vovó e o Rei da Saturnália na Corte Egipciana***", no ano seguinte, e

84 *Apud* LEMOS, obra citada, p. 146.

85 Só para citar alguns nomes, o ex-udenista Simão Sessim (que exerceu desde 1979 até 2018 dez mandatos seguidos de deputado federal) foi eleito prefeito de Nilópolis em 1972 pela ARENA, partido oficial da ditadura, e Farid Abraão David (irmão de Anísio e presidente da escola por dezoito anos) já se elegeu três vezes para o mesmo cargo, depois de fazer carreira como deputado pelo PDS, PFL e PP. Vale também registrar o apreço que Dulce Figueiredo, mulher do General João Baptista Figueiredo (ditador-presidente de 1979 a 1985), e seu filho possuíam pela agremiação, a cujos ensaios compareciam com grande entusiasmo no limiar dos anos 80.

a mítica encenação de "***A Criação do Mundo na Tradição Nagô***", em 1978, a Beija-Flor iria faturar o primeiro tricampeonato de sua história. A partir daí, o carnavalesco se tornaria, ao lado do cantor Neguinho e do diretor de carnaval Laíla, um dos maiores ícones da nova *superescola de samba S/A* surgida na Baixada Fluminense. Os enredos mirabolantes de João, amparados por carros alegóricos faraônicos e pelo luxo fascinante dos adereços e fantasias, fariam a escola ser adorada pela população de Nilópolis, Mesquita, Nova Iguaçu, Queimados e demais municípios da região.

Joãosinho, porém, seria cada vez mais criticado pelos que preferiam cultivar as *raízes* da folia e celebrar a festa da raça na avenida, como faria a Vila Isabel de Ruça, Martinho, Macacos & Cia. com a sua "***Kizomba***" em 1988, que transformou o asfalto da Sapucaí em um terreiro sagrado de tambores e orixás afro-brasileiros. Estigmatizado desde 1979 pela controversa declaração prestada em entrevista à revista **Veja** ("*quem gosta de miséria é intelectual – pobre gosta de luxo*"), João mudaria sua pauta estético-ideológica em 1989, concebendo o enredo mais provocativo e irreverente de sua carreira: "***Ratos e urubus, larguem a minha fantasia***". O ***luxo*** e o ***lixo***, tópicos que o barroco espanhol já conjugara no século XVII, voltavam a se mesclar na ópera *de rua* carioca, com a preciosa ajuda de Viriato Ferreira, autor dos figurinos daquele ano.

Como tão bem descreveu Renato Lemos, parecia que a pista do desfile havia sido convertida "*em uma moderna usina de reciclagem em que o Carnaval entrava pelo setor 1 de um jeito e saía pela Apoteose transformado em outra coisa*". Até o consagrado sambista Paulinho da Viola, contratado para comentar o evento na TV Globo, não resistiu ao que seus sentidos captavam e sentenciou: "*Estou vendo algo criativo, surpreendente e novo. Só Joãosinho Trinta e a Beija-Flor poderiam fazer um enredo desse, uma crítica feroz e ao mesmo tempo uma autocrítica*".

O pasmo de Paulinho e do público havia sido motivado, entre outras coisas, pela estranha mescla de figuras vestidas de farrapos com alas luxuosamente fantasiadas – um bloco de sujos a invadir a corte do carnaval. Nesse e em outros ingredientes do desfile, não havia como elidir a influência do musical *Les Misérables* (adaptação da obra de Victor Hugo, com libreto de Claude-Michel Schönberg e Alain Boublil, que estreou em 1980 em Paris), grande sucesso na Europa, EUA, Argentina e Brasil, já conhecido do carnavalesco, cuja densa atmosfera ele transplantou para a avenida.

Mas o que contribuíra para a expectativa geral das arquibancadas havia sido a bizarra interdição pela Justiça, a pedido da Igreja Católica, da figura do Cristo em andrajos, cercado de mendigos, que se erguia sobre o abre-alas da escola. Depois de muito bafafá dentro e fora do barracão da Beija-Flor, João, Laíla & Cia. decidiram que a censurada estátua sairia coberta com um plástico preto, exibindo consigo uma faixa de protesto, com uma mensagem da agremiação ao Redentor: "*Mesmo proibido, olhai por nós*". Só que o clímax do espetáculo estava guardado para a avenida, quando, na metade da apresentação, alguns componentes escalaram a estátua e arrancaram o plástico e a faixa que cobriam a alegoria, para deleite e pasmo de todos que estavam na Sapucaí.

Que deliciosa ironia de Momo! Na celebração dos cem anos de nossa claudicante República, cujo título seria concedido à Imperatriz com sua louvação ufanista do evento ("*Liberdade! Liberdade! Abre as asas sobre nós*"), era a Beija-Flor que encarnava o espírito mais crítico do carnaval. E mestre Pamplona, canhoto de carteirinha e padrinho do João picaresco, gritava alucinado na cabine da TV Manchete:

> — *Entra agora, polícia, entra agora essa Justiça fajuta. Entrem no meio do povo se tiverem coragem. Impeçam se tiverem coragem. Entrem lá, que eu quero ver! Eu vou pra cadeia com o João!*[86]

4. "Hoje tem festa na aldeia": vistoso e renovado, o samba visita o gongá

Ao final da década de 60, já sob a vigência do temível AI-5, quando o país mergulha no clima sombrio dos "anos de chumbo[87]", os *bambas* do Salgueiro

---

86 *Apud* LEMOS, obra citada, p. 156-157.

87 Assinado pelo ditador-presidente Costa e Silva e seus ministros em 13/12/1968, o Ato Institucional n° 5 (AI-5) implicou o **fechamento** do Congresso, a **cassação** dos mandatos dos deputados e a **suspensão** dos direitos constitucionais, além de impor a **censura prévia** às obras artísticas e aos meios de comunicação do país.

voltam a encantar a passarela da Candelária com o enredo "***Bahia de Todos os Deuses***", outra criação da vitoriosa dupla Fernando & Arlindo, obtendo o quarto título da sua história. No desfile de 1969, o sincretismo religioso e o hibridismo cultural cruzaram a avenida em plena luz do dia (oitava escola a se exibir, a *Academia do Samba* desfilou já na manhã da segunda-feira de carnaval), rendendo homenagem aos orixás da Boa Terra, conforme proclamava o abre-alas do cortejo. O reluzente carro alegórico trazia uma estátua de Iemanjá feita de papel machê prateado, rodeada de rosas e outras prendas; toda revestida de espelhos que refletiam intensamente os raios de sol, como se fora uma cascata de luz, a escultura causou forte impacto visual nos espectadores.

Além de reiterar sua identidade plástica e ideológica com os signos da cultura afro-brasileira, a agremiação tijucana também sinalizava a radical transformação que o **samba de enredo** sofreria nos anos 70/80. Embalada pela voz vibrante e rascante de Elza Soares, ela desfiou seu tema com uma canção de tom menos solene e formal, composta pela dupla Bala e Manuel Rosa, que, sem deixar de reverenciar as atrações da mítica Bahia, empolgou os componentes e o público com sua melodia insinuante e a letra mais curta (três estrofes reunindo apenas 26 versos), cujo refrão final até hoje ecoa entre os amantes do gênero:

Nega baiana,
Tabuleiro de quindim,
Todo dia ela está
Na igreja do Bonfim, oi
Na ladeira tem, tem capoeira

Zum, zum, zum,
Zum, zum, zum,
Capoeira mata um!
[bis]

O samba de menor extensão rendeu ainda mais na passarela em face das mudanças que a equipe de carnavalescos promovera, reduzindo o número de destaques e abolindo por completo as alas de passo marcado, o que colaborou para a ótima evolução da escola. O resultado final não poderia ser outro: deu **Salgueiro** na cabeça, com **129** pontos, três a mais que a vice-campeã Mangueira (a Portela, em terceiro lugar, ficou onze pontos abaixo, com nota 118). O título também teria um sabor especial para uma jovem aluna da *ENBA* que se incumbira de desenhar o figurino do *malandro*, fantasia da comissão de frente, e também ajudara a decorar o carro do folclore – seu nome era Maria Augusta Rodrigues e sobre ela muito ainda será dito mais adiante.

Depois do vice-campeonato em 1970 com o tributo à "***Praça XI, carioca da gema***", mais uma incursão pelas matrizes africanas da cultura popular brasileira, o Salgueiro iria estourar a banca em 1971 com a antológica "***Festa para um rei negro***", enredo costurado a doze mãos por **Pamplona**, **Arlindo**, ***Joãosinho 30***, **Maria Augusta**, **Rosa Magalhães** e **Lícia Lacerda**. Sob o pretexto de contar uma visita de nobres africanos ao conde Maurício de Nassau (administrador do Recife de 1637 até 1644, no período das invasões holandesas no Brasil Colônia), a escola tornou a abordar o **hibridismo** e o **sincretismo** que marcam nossa formação sociocultural, idealizando uma festa em que reis africanos e figuras do imaginário ibérico transitavam entre o *reisado* e o *gongá*[88].

Ainda hoje, o samba e as imagens daquele desfile ecoam na memória dos velhos salgueirenses. De fato, graças à feliz conjugação dos elementos rítmicos, coreográficos e visuais, a '***festa negra***' na Candelária venceu com folga o desfile de 1971 (o **Salgueiro** somou **128** pontos em treze quesitos, deixando a Portela em 2ª lugar, com 116 no total, e o Império Serrano em 3º, com 111). Assim, já com cinco títulos em dezoito anos incompletos de fundação, a *Academia do Samba* selava de vez seu ingresso no seleto círculo das grandes campeãs da folia, grupo até então restrito à Portela, à Mangueira e ao Império.

Além de promover inovações plásticas dignas de nota, como a utilização do isopor na criação de esculturas – técnica concebida por *Joãosinho* –, o desfile daquele ano ficaria marcado nos anais do carnaval por conta do contagiante samba de enredo composto por **Zuzuca**. Ao lado de nomes como o paraibano **Zé Katimba**, da Imperatriz Leopoldinense, e de **Martinho da Vila**, destaque

---

88 O ***reisado*** é um auto de natal e uma festa popular do Dia de Reis; já o ***gongá*** (termo do idioma banto) é uma espécie de **altar** do terreiro de umbanda, o lugar consagrado onde as energias se renovam.

"O entrudo entre os escravos", gravura de Debret

Os bambas do Salgueiro, herdeiros da tradição negra | Acervo AGCRJ

na terra de Noel, o capixaba Adil de Paula iria deflagrar uma verdadeira 'revolução' no gênero que embalava os cortejos das escolas de samba do Rio. Com quatro estrofes reunidas em 24 versos, arrematadas por um refrão empolgante de apenas três versos, o samba salgueirense levantou e sacudiu a avenida, anunciando que naquela noite ninguém poderia chorar, conforme ditava o trecho final da letra:

Senhora dona-de-casa,
Traz seu filho pra cantar
Para o rei que vem de longe,
Pra poder nos visitar

Esta noite ninguém chora
E ninguém pode chorar
Que beleza
A nobreza que visita o gongá

O-lê-lê, ô-lá-lá,
Pega no ganzê
Pega no ganzá
[bis]

O estilo de **Zuzuca**, **Katimba** & Cia. acusa uma tendência surgida nas quadras das escolas, com obras mais simples e coloquiais, que não desprezam a tradição do gênero, mas buscam superar a velha fórmula laudatória dos sambas (e enredos!) de meados do século XX, que abordavam com muita pompa os temas cívicos e históricos. Os novos sambistas não renegavam os mestres do passado; para eles, o posto ocupado por **Silas de Oliveira** no panteão dos *bambas* era inabalável. Afinal, o decano do Império cunhara uma forma única de compor, valendo-se de um artifício narrativo que seria imitado durante décadas: antes de abordar o enredo propriamente dito, mestre Silas redigia, na estrofe de abertura do samba, um pequeno "prólogo" do tema a fim de dialogar com os espectadores.

Quem ouve a bela "*Aquarela Brasileira*" (1964) logo reconhece, nos seis primeiros versos da música, essa fórmula bem peculiar de "apresentação" do espetáculo à plateia:

Vejam essa maravilha de cenário
É um episódio relicário
Que o artista num sonho genial
Escolheu para este carnaval
E o asfalto como passarela
Será a tela do Brasil em forma de aquarela

Sem dúvida, havia algo de novo no ar, seduzindo os ouvidos e os olhos do público. Na música, um naipe de compositores bastante criativos e ousados iniciava um novo ciclo do **samba de enredo** no limiar dos anos 70: eles seriam os "***divisores de água***" do gênero, transformando-o sem o menor prejuízo da sua essência estética e com uma capacidade de síntese admirável, como tão bem enunciou o traquejado *Tuninho Professor* (parceiro de Zé e vencedor de doze sambas na Imperatriz[89]). Na plástica, o encontro de seis acadêmicos da folia na mesma comissão de carnaval era um prelúdio do que viria a ocorrer com o velho cortejo que transitara da Praça XI à Candelária e em breve ocuparia um novo palco na Av. Marquês de Sapucaí.

O papel do Salgueiro nesse processo de renovação do desfile foi primordial. Doze anos depois do encontro do presidente Nelson de Andrade com Fernando Pamplona, em 1959, a parceria entre os *acadêmicos* do samba e os *intelectuais* das belas artes abria espaço, nos barracões das escolas, para o novo protagonista da festa: a figura controversa e estelar do **carnavalesco**. Conforme já advertiu um pesquisador do tema, incumbido de estruturar as ideias dos enredos em traços, cores e movimentos que contarão a história por ele imaginada na avenida, esse profissional sabe, sobejamente,

---

89 Entrevista concedida ao biógrafo por Antônio Sérgio Ramos Teixeira, o ***Tuninho Professor***, em 15/1/2016, na casa do autor. *In*: LEITÃO, L. R. *Zé Katimba: antes de tudo um forte*. Rio de Janeiro / São Paulo: DECULT / Outras Expressões, 2016, p. 128.

que "*nada é aleatório, mas produz sentido em consonância com o ritmo, a dança e o samba enredo*[90]".

Contudo, os artistas forjados nos bancos universitários, até hoje o principal celeiro do carnaval carioca (basta citar os nomes de Leandro Vieira, à frente da Estação Primeira de Mangueira desde 2016, e de Jack Vasconcelos, criador do festejado desfile da Tuiuti em 2018, ambos formados na EBA), não escapam às contradições do colóquio entre a cultura letrada dos acadêmicos e a tradição oral das classes populares. Manter o tênue equilíbrio das formas e das cores com o ritmo e a coreografia herdados da Mãe-África não seria uma tarefa fácil diante da paulatina conversão do desfile em um megaevento de exportação da *indústria cultural* e dos *meios de comunicação de massa*.

Por isso, ao analisar o fenômeno das *Superescolas de Samba S/A*, alguns estudiosos da nossa cultura popular põem na conta dos **carnavalescos** os ônus pelo *gigantismo* dessa nova fase da festa – não por acaso, um dos tópicos abordados por Rosa e Lícia no carnaval campeão do Império em 1982. De nada importavam os múltiplos agentes que operavam a mudança: no balanço final, seriam eles, os *acadêmicos das artes plásticas*, os grandes responsáveis pela **hipertrofia** dos quesitos visuais do desfile – expressa, entre outros itens, nas dimensões colossais das *superalegorias* e no luxo exorbitante das fantasias e adereços que os destaques exibiam no alto dos carros alegóricos. Era justa a recriminação dos críticos ou havia outros fatores que os *puristas* não logravam (nem queriam) divisar?

5. As grandes damas da folia entram em cena: os sortilégios de Maria Augusta

A despeito da polêmica que se acirra ao final do século XX e se estende até o limiar do atual milênio, coube à folgança do "***Rei Negro***" a honra de reunir, sob o mesmo pavilhão, uma trinca admirável de grandes damas da passarela, todas elas

---

90 ABRANTES, Samuel. *Samile Cunha: transconexões, memórias e heterodoxia*. Rio de Janeiro: Rio Book's, 2014, p. 78.

egressas da secular *Escola Nacional de Belas Artes*. Embora a presença feminina já se impusesse em vários segmentos do mundo do samba (desde as admiráveis *pastoras* e *baianas* do chão da escola, até figurinistas como a suíça (depois naturalizada brasileira) Marie-Louise, cuja história no Salgueiro se iniciara em 1959), poucas mulheres colheriam tantas glórias nesse ambiente ainda bastante patriarcal quanto o trio formado por **Maria Augusta**, **Lícia Lacerda** e **Rosa Magalhães**.

No auge da juventude, as três discípulas de mestre Pamplona não podiam imaginar o destino que os deuses do carnaval lhes haviam reservado quando se juntaram à equipe de criação do barracão salgueirense. Que o diga a campista **Maria Augusta** Rodrigues[91], então com 29 anos, a aluna mais antiga do grupo de assistentes do tarimbado professor. Desde o carnaval de 1969, ela já colaborava ativamente com a dupla Fernando & Arlindo. De início, Augusta trabalhara dia e noite na decoração do salão do *Copacabana Palace*, ajudando-os a ornamentar o palco de um dos mais badalados bailes da cidade. Depois, a convite de Arlindo Rodrigues, que não escondia sua preocupação com o atraso do carnaval do Salgueiro, ela iria se dedicar integralmente aos últimos preparativos para o desfile da escola – grande campeã daquele ano com o enredo "***Bahia de Todos os Deuses***".

As duas missões lhe renderam lições inestimáveis. Ao final do baile no hotel, após dois meses de trabalheira incansável da equipe chefiada por Augusta (incumbida de confeccionar, à mão, todas as peças decorativas do evento), ela ficou desolada ao ver o cenário construído com tanto esmero ser desmontado em poucos minutos. Nessa hora, mestre Pamplona lhe tocou o ombro e recomendou serenamente à pupila que suportasse a perda, pois tudo aquilo que fora criado era de consumo imediato: eles faziam para ser destruído ou, quando muito, reaproveitado (como ocorreu em 1969, quando um caminhão levou para o Salgueiro todo o material de decoração usado no baile). Enfim,

---

91 Nascida em Campos (RJ), em 08/08/1942, **Maria Augusta** Rodrigues graduou-se na Escola de Belas Artes da UFRJ e iniciou sua carreira de carnavalesca na década de 60 no Salgueiro, onde se sagrou campeã duas vezes: em 1971 (na equipe liderada por Arlindo Rodrigues e Fernando Pamplona) e 1974 (ao lado de *Joãosinho 30*). Ela marcaria época na União da Ilha, de 1976 a 1978, com desfiles leves e bem-humorados que até hoje são evocados pelos amantes do carnaval. Depois, **Maria Augusta** tornou-se uma renomada comentarista da festa, atuando na TV Globo e na TV Manchete, além de integrar o júri do troféu *Estandarte de Ouro*, de **O Globo**.

se o reinado de Momo era bem mais efêmero que as cousas deste mundo, ele também concedia uma aula de ***antropofagia***, ao reinventar dialeticamente o *lixo* e o *luxo* da nossa sociedade.

A "***Bahia de Todos os Deuses***" não só lhe revelou que o carnaval era "a essência de sua vida", como ainda a levou a iniciar-se nos caminhos da fé – a princípio, na umbanda; depois, no candomblé. Sempre exibindo no pescoço os colares de contas que lhe servem de proteção, a filha de Xangô cuida com rara devoção de seu orixá, a quem rende homenagem toda quarta-feira. Para ela, o encontro com o rei do povo ioruba, personagem que evoca a justiça, os raios, o trovão e o fogo, não deve ser visto como um episódio inesperado em sua vida, mas sim como o desdobramento natural das inquietudes que a fascinavam desde a infância no Norte Fluminense:

> — *Sempre fui muito mística. O que será do amanhã? De onde eu vim? Eu me faço essas perguntas desde criança, quando morava na beira do Rio Paraíba do Sul, numa usina de açúcar perto de Campos.*[92]

A experiência daquele ano seria igualmente decisiva para o futuro da moça, que, desde criança, já havia se encantado com o carnaval. Segundo ela própria recorda, quando veio morar no Rio, Maria se tornou aluna interna do Colégio Metodista Bennett, localizado no Flamengo, bairro onde a avó residia. Aí, nos finais de semana, em companhia da mãe, a menina travou contato com todas as festas populares realizadas nos arredores, inclusive os folguedos de Momo, com boi pintado dançando na rua, desfiles de rancho e de caboclo, bailes infantis nos clubes e outros eventos públicos. A profusão de cores das fantasias e adereços extasiava a pequena foliã, que, mais tarde, ao abraçar a carreira de carnavalesca, reeditaria em seus desfiles aquela epifania cromática[93].

---

92 Ver, a respeito, a entrevista já citada concedida por Maria Augusta a Caio Barretto Briso. **O Globo** / Rio, 15/02/2015.

93 Maria Augusta Rodrigues, entrevista citada.

Depois do desfile de 1972, cujo enredo havia sido "***Nossa madrinha, Mangueira querida***", ainda sob a batuta de Arlindo e Fernando, o criativo professor se afasta por cinco anos do Salgueiro. Os atritos entre Pamplona e alguns diretores da escola tijucana, insatisfeitos com o tributo prestado à coirmã verde & rosa, agravaram-se após o 5º lugar obtido no concurso. Embora o insucesso fosse justificado, em boa parte, pelos problemas de harmonia na passarela, esse era o pior resultado da agremiação desde 1966. Com isso, Maria Augusta e *Joãosinho* dirigiriam o barracão juntos em 1973 e 1974, desenvolvendo dois enredos de larga repercussão: "***Eneida, Amor e Fantasia***" e "***O Rei de França na Ilha da Assombração***".

O primeiro era uma imprescindível e oportuna homenagem à jornalista paraense **Eneida de Moraes**[94], uma das maiores estudiosas dos folguedos de Momo, que havia morrido dois anos antes. Afinal, que salgueirense poderia esquecer a autora da *História do carnaval carioca*, livro que havia inspirado o vitorioso desfile de 1965? Retratando as lendas e a culinária da terra natal de Eneida, assim como a procissão do Círio de Nazaré, além de recordar as obras literárias da escritora e ressaltar sua paixão pelo carnaval, o Salgueiro conquistou o 3º lugar do júri. Embora louvável, o resultado gerou certa decepção na quadra; todavia, a inevitável frustração seria compensado pelo *Estandarte de Ouro* de melhor escola, troféu também concedido à bateria comandada por Mestre Louro e Almir Guineto e a seu diretor de carnaval, **Laíla**, que mais tarde formaria uma dupla lendária com *Joãosinho Trinta* na Beija-Flor de Nilópolis.

O segundo representava um verdadeiro delírio compartilhado por João Jorge com Maria Augusta, uma espécie de encontro crepuscular entre a realidade e a imaginação. O enredo buscava recriar as fantasias que o Rei Luís XIII de França acalentava sobre a Ilha de São Luís do Maranhão, região que serviria para abrigar o novo reino dos gauleses nas Américas. Com apenas oito anos

---

94 **Eneida** de Villas Boas Costa **de Moraes** nasceu em Belém do Pará, no dia 23/10/1904, e faleceu no Rio de Janeiro em 27/4/1971. Jornalista, escritora, militante política e pesquisadora de nossa cultura, ela publicou em 1958 o livro *História do carnaval carioca*, um clássico nos estudos sobre o tema. Homenageada pelo Salgueiro em 1973, ela também seria o enredo do GRES Paraíso da Tuiuti em 2010 ("*Eneida, o Pierrot está de volta*").

de idade, o jovem monarca ocupava-se em imaginar como seria o universo da corte nesse intrigante cenário: em seus devaneios, a sala de espelhos do palácio real se convertia em floresta, os candelabros tornavam-se palmeiras e os nobres dos salões se transfiguravam em nativos do Novo Mundo. Para arrematar, o maranhense *Joãosinho* ainda encenou as lendas que ouvira durante a infância na sua terra natal.

A parceira Maria Augusta seria imprescindível para transformar esse sonho tão feérico em um desfile vitorioso, superando os apuros financeiros que a escola enfrentava. A fim de driblar a crise, os dois apelaram para a criatividade, valendo-se de materiais bem baratos, como papel alumínio, isopor, feltro e madeira. Assim, quando pisou no asfalto da Av. Presidente Antônio Carlos, palco do desfile de 1974 (boa parte do Centro do Rio estava então ocupada com as obras do Metrô), a imaginação virou realidade e a escola tijucana conquistou seu sexto título, somando **94** pontos na apuração oficial, contra 93 das duas rivais imediatas: a Portela, 2ª colocada com "*O Mundo Melhor de Pixinguinha*", e o Império Serrano, 3º lugar com "*Dona Santa, Rainha do Maracatu*".

A bem-sucedida temporada desses dois discípulos de Pamplona na escola tijucana estava prestes a se encerrar, mas a filha de Xangô jamais esqueceria aquela figura baixa, atarracada e inquieta com quem trabalhara de 1969 a 1974. Ela até hoje frisa que, no barracão, João era quase um antípoda de Maria: carnavalesco de criação espontânea, com técnicas próprias, que preferia o empírico ao teórico, sem nenhum processo acadêmico – justamente o oposto da amiga, inclusive no comportamento pessoal. De fato, a julgar pelas palavras de Augusta, "*João era explosivo, dormia mal, comia mal*" – uma figura única, obstinada e imprevisível, em nada semelhante ao homem "*frágil e arrumado*" que aparece no filme-biografia lançado em 2014 (*Trinta*), dirigido por Paulo Machline[95].

Não obstante os títulos colhidos na *Academia do Samba*, o nome de **Maria Augusta** só ficaria imortalizado após os carnavais que ela criou na **União da Ilha do Governador**, que, ao final da década de 70, tornara-se praticamente a "segunda escola" no coração dos foliões. A agremiação azul, vermelha e branca acolheria, com total naturalidade, a proposta estética da artista, cujos desfiles

95 Maria Augusta, entrevista citada.

se ocupavam de retratar, em uma explosão de cores e alegria, a "leveza cotidiana" da vida carioca. Mesmo sem conquistar ao menos um título na Ilha (seja no grupo de acesso, em 1972 e 1973, seja no grupo especial, de 1976 a 1978), a carnavalesca marcou época na avenida, sobretudo por dois enredos de extremo bom gosto e jovialidade, até hoje lembrados pelo público: "***Domingo***" (1977) e "***O Amanhã***" (1978).

De fato, naqueles dois anos, a União da Ilha logrou conjugar, em perfeita sintonia, dois elementos vitais do cortejo: o ***visual*** e o ***musical***. Em lugar do luxo e dos colossais carros alegóricos das *superescolas*, Augusta criava fantasias leves, soltas, sem esplendores exagerados, que deixavam os componentes bem à vontade, fator essencial para o trabalho da direção de harmonia na pista. Por sua vez, os hinos escolhidos para ambos os desfiles traduziam fielmente o espírito do enredo, como atesta o maravilhoso samba de 1977 ("***Domingo***", composto por Adhemar Vinhaes, Aurinho da Ilha, Ione do Nascimento e Waldir da Vala), cuja letra descreve com boa dose de lirismo e enlevo o "*cenário de tão lindo matiz*" que era o Rio de Janeiro idealizado dos anos 70, por certo uma aquarela bem mais colorida do que a cidade tão maltratada pelos desgovernos das últimas décadas:

Vem, amor
Vem à janela ver o sol nascer
Na sutileza do amanhecer
Um lindo dia se anuncia
Veja o despertar da natureza [F55]
Olha, amor, quanta beleza
O domingo é de alegria

No Rio colorido pelo Sol
As morenas na praia
Que gingam no samba
E no meu futebol
[bis]

Veleiros que passeiam pelo mar
E as pipas vão bailando pelo ar
E no cenário de tão lindo matiz
O carioca segue o domingo feliz
Vai o sol e a lua traz no manto
Novas cores, mais encanto
A noite é maravilhosa
E o povo na boate ou gafieira
Esquece da segunda-feira
Nesta cidade formosa

Há os que vão pra mata
Pra cachoeira ou pro mar
Mas eu que sou do samba
Vou pro terreiro sambar
[bis]

Maria Augusta conta que o enredo nasceu de uma experiência pessoal: quando veio de Campos para o Rio e passou a estudar no internato do Colégio Bennett, no Flamengo, o dia mais feliz da semana era justamente o **domingo**. Liberada pela escola, ela aproveitava a folga para ir à casa dos avós, na Rua Almirante Tamandaré (situada no mesmo bairro do educandário), e passear com a mãe. A crônica da jovem campista sobre a chamada Cidade Maravilhosa calou fundo no imaginário dos cariocas, cuja autoestima andava por baixo na década de 70, após a fusão forçada do então estado da Guanabara com o antigo estado do Rio de Janeiro, em 1975, uma imposição da ditadura que abalou seriamente a economia da ex-sede do Distrito Federal.

Por sua vez, para o enredo de 1978 ("*O Amanhã*"), o compositor João Sérgio iria criar um dos mais melodiosos e cativantes sambas da avenida, eternizado por grandes intérpretes da MPB, como a *divina* Elizeth Cardoso (que o gravaria naquele mesmo ano, depois do desfile) e a baiana Simone (que incluiu a música no álbum *Delírios e Delícias*, de 1983). Afora a beleza da linha melódica elaborada pelo autor, a canção também se valia de uma letra que acenava com um futuro mais feliz para o eu-lírico, uma esperança

“Domingo” (1977), a alegria carioca de Augusta e da Ilha | Wikipédia

Lícia Lacerda, outra aprendiz do decano | Centro de Memória LIESA

subjetiva que se revestia de enorme valor simbólico ao final da década de 70. Em meio ao clamor por mudanças que começava a se espraiar pelo país (como a campanha pela *anistia* e a luta contra o arrocho salarial), *o que seria o amanhã* do poeta e de sua gente? Entre acordes de otimismo, expectativa e resignação, eis os versos do singelo poema:

A cigana leu o meu destino
Eu sonhei!
Bola de cristal
Jogo de búzios, cartomante
E eu sempre perguntei

O que será o amanhã?
Como vai ser o meu destino?
Já desfolhei o mal-me-quer
Primeiro amor de um menino

E vai chegando o amanhecer
Leio a mensagem zodiacal
E o realejo diz
Que eu serei feliz, sempre feliz

Como será o amanhã?
Responda quem puder
O que irá me acontecer?
O meu destino será
Como Deus quiser
(Como será?)
[bis]

6. As grandes damas da folia entram em cena: a hora e a vez de Lícia e Rosa

Além de coroar o trabalho de Maria e *Joãosinho*, o título de 1971 seria um vitorioso "batismo" para a dupla **Lícia Lacerda** e **Rosa Magalhães**, duas recém-graduadas da *Escola Nacional de Belas Artes* que travariam contato mais estreito com a folia pelas mãos do entusiasmado mestre de Arte Decorativa. Convidadas por Pamplona a integrar a equipe responsável pela criação dos figurinos e pela decoração dos carros alegóricos (tarefas que, invariavelmente, só eram concluídas às vésperas do carnaval ou no próprio dia do desfile), elas arregaçaram as mangas e deram conta do recado, sem decepcionar o dileto professor.

A entrada de Rosa na comissão do Salgueiro aconteceu de forma quase novelesca, motivada por uma curiosa cadeia de acontecimentos que veio a encontrá-la no lugar certo e na hora certa, entre o final de 1970 e o início de 1971. Maria Augusta, a discípula mais experiente de Pamplona, estava viajando pela Europa, numa época em que celular, *whatsapp*, *skype* e outros meios de comunicação à distância sequer existiam e a própria telefonia fixa ainda engatinhava no país. Como ninguém sabia exatamente quando Augusta chegaria ao Brasil, o precavido professor julgara melhor reforçar sua equipe, convocando outra graduada da *ENBA* para ajudar a desenhar as fantasias do desfile.

Enquanto isso, o tempo passava – e nada de Maria voltar... Insegura e assustada, a auxiliar recém-nomeada procurou Rosa, perguntando à companheira de Belas Artes se ela não gostaria de dividir a tarefa que lhe fora confiada. Ironicamente, mal nossa personagem aceitou o convite, Maria Augusta desembarcou no Rio, deixando as duas em uma sinuca de bico. Nessa hora, o "roteirista" caprichou e o problema veio a ser resolvido de forma ainda mais inesperada. Ao avisar à colega que a titular do barracão estava de volta, a futura figurinista do Salgueiro ouviu uma resposta surpreendente:

> *— Pois é, mas agora quem vai ter de sair sou eu, porque estou grávida, estou passando mal e o médico quer que eu fique de repouso.*

De duas auxiliares, então, só sobrara uma: era pegar ou largar. E foi assim que Rosa acabou se incorporando à comissão de carnaval do Salgueiro de 1971, para trabalhar ao lado de Augusta, Lícia e João no time liderado por Arlindo e Fernando. O mestre, aliás, não apostara nas jovens pupilas por acaso. Com olho aguçado para formar suas equipes de trabalho, conforme atesta a montagem do escrete pioneiro do Salgueiro em 1960, ele confiava no talento de Rosa e Lícia para ajudá-lo a preparar a "*Festa para um rei negro*". Tanto isso é verdade, que, dez anos mais tarde, em 1981, Pamplona iria indicá-las ao presidente Jamil Maruff, do Império Serrano, para assumir a execução do enredo que ele próprio concebera (o "*Bumbum Paticumbum Prugurundum*"), campeão do carnaval de 82.

Rosa, aliás, após se tornar professora da Escola de Belas Artes, gozaria sempre de grande prestígio junto ao tutor: após vencer as eleições para diretor, ele quis até convidá-la a ser sua vice na gestão da faculdade (1986-1990), prova inequívoca de confiança na aliada. A discípula, porém, abortou a ideia com rara lucidez e tirocínio, lembrando ao eleito que, assim, ele perderia um voto certo na Congregação da EBA, da qual Rosa era membro ativo desde os tempos de estudante, ao final dos anos 60. De fato, após integrar a principal instância deliberativa da Unidade no papel de representante discente, ela tomaria assento no colegiado por representar os professores auxiliares, sua categoria docente no início da carreira, e também por ocupar o cargo de chefe do Departamento de Artes Utilitárias.

É bem provável que, ao ingressar na *ENBA*, Lícia e Rosa jamais tivessem imaginado que, alguns anos depois, estariam submersas na loucura de um barracão carnavalesco. Para a filha única do acadêmico Raymundo Magalhães Jr. e da dramaturga Lucia Benedetti, em particular, o trabalho era uma experiência totalmente nova e, à primeira vista, distante da sua realidade de moça criada entre intelectuais e artistas da Zona Sul do Rio. É fato que seu pai fora um dos jurados do primeiro desfile oficial das escolas de samba, promovido em 1932 pelo diário **Mundo Sportivo**, mas a própria Rosa reconhece que sua presença no júri se deu mais por dever jornalístico do que por gosto do escritor cearense.

Espirituosa e discreta por natureza, a moça prosa da avenida, que debutava no barracão da vermelha & branca às vésperas de completar 24 anos, sempre deu a entender que não tinha pleno conhecimento da missão que a aguardava. Sua "completa ignorância" sobre o assunto seria, inclusive, confessada em um livro sobre os bastidores do carnaval:

> *[...] Na primeira reunião, todas aquelas palavras me soaram bem estranhas: tripés, destaques, carregadores de alegorias de mão, carros alegóricos e toda essa terminologia entremeada de relatos sobre Dona Beja, Chica da Silva e outros personagens dos quais eu nunca tinha ouvido falar. Afinal, eu não sabia direito nem mesmo o que era uma porta-bandeira. Eram informações aos borbotões que eu nem sabia como arquivar.*[96]

Não sabemos o quão verossímil é a "narrativa" de Rosa, uma catedrática na arte de negacear e enredar seus interlocutores – e que, aliás, sem o menor pudor, não hesitou em declarar ao biógrafo que ela e Lícia formavam uma ingênua "dupla caipira[97]" quando se iniciaram no mundo da folia. Não deixa, afinal, de ser curioso que a supercampeã dos desfiles, quando um dos pares da Comissão de Carnaval salgueirense de 1971 lhe pediu que desenhasse uma porta-estandarte, tivesse indagado:

> *— É uma dama antiga?*[98]

Na apreciação do biógrafo, todavia, nada se deu por acaso na carreira da cenógrafa e figurinista. Sua entrada precoce na *ENBA* (um episódio que, a julgar pelo relato feito no capítulo anterior, teria um quê de "casual") tampouco

---

96 MAGALHÃES, Rosa. *Fazendo carnaval* [*The making of carnival*]. Rio de Janeiro: Nova Aguilar, 1977, p. 11.

97 Entrevista concedida ao biógrafo pela carnavalesca, em sua residência, em 04/02/2017.

98 *Apud* BRUNO, obra citada, p. 62.

nos parece uma escolha imatura daquela adolescente dos anos 60 que, desde a infância, possuía no desenho, no rádio e na tevê seus maiores elos de conexão com o mundo das ideias. Se porventura desconversa ou, então, assume uma e outra vez um ar *blasé*, isso é apenas composição da personagem; no frigir dos ovos, não falta ousadia e determinação a Rosa, que jamais refugou diante dos desafios que a vida lhe apresentou.

Foi essa, aliás, a impressão colhida pelo biógrafo uma década após a estreia da artista no Salgueiro, quando este escriba ainda estudava na Faculdade de Letras da UFRJ (então instalada no pavilhão de *Eucatex* da Av. Chile, no Centro do Rio) e se deparou com as duas professoras da EBA sentadas nas arquibancadas tubulares da Av. Rio Branco, bem na esquina da Av. Almirante Barroso. A dupla estava contemplando a decoração da via, palco de diversos desfiles daquele carnaval, cujo projeto vencedor fora assinado por elas. Pelo deleite que se notava em seus rostos, pareciam duas mães a lamber a cria; contudo, notava-se igualmente o ar apreensivo de quem busca as falhas de execução do serviço, temendo algum acidente com as alegorias penduradas sobre a pista ("*Será que isso está direito?*", indagava o tempo todo Rosa ao engenheiro da firma encarregada da obra) – um sinal evidente do perfeccionismo que sempre acompanharia as artistas no futuro.

De qualquer forma, não há dúvida de que, nas lides do carnaval, Rosa e Lícia ainda eram bastante "cruas" e tinham muito a aprender com os colegas do barracão, não só com os mestres Arlindo e Fernando, mas também com a dupla João e Maria. O maranhense, por sinal, se tornaria uma figura inesquecível na vida da moça prosa, exercendo considerável influência sobre as opções estéticas da jovem artista. Nas entrevistas concedidas ao autor, havia sempre uma nota de carinho e admiração quando Rosa evocava o contato com ***Joãosinho***, a quem ela recebia em casa, à noite (único horário viável para a dublê de carnavalesca e professora), munida de uma lapiseira e uma borracha, a fim de cumprir a tarefa de desenhar os figurinos da escola, na reta final do desfile de 1971.

Entre bolos e pipocas, Rosa e João trabalharam lado a lado durante vários dias no apartamento de Copacabana. Depois, na hora de montar as alegorias, instalaram-se em Botafogo, na casa de Jordano Sodré, um apaixonado diretor salgueirense, que cedia sua garagem e o quintal para as reuniões da equipe. O improvisado "barracão[99]", infelizmente, só acolhia cinco ou seis pessoas – e olhe lá... Por conta disso, o grupo formado por Rosa, João, Lícia e mais dois ajudantes da escola, com a presença eventual de uma costureira (que cosia numa varandinha junto à sala de jantar), teve de se virar para cumprir sua missão. Já de férias na *ENBA*, em janeiro, as duas novatas passavam o dia inteiro no local; na hora do almoço, elas comiam na casa do anfitrião, junto com João ("*uma refeição bem formal, tinha até sopa na entrada*", evoca Rosa), ao passo que os auxiliares se ajeitavam em um bar da vizinhança. Às vezes, os amigos apareciam para ajudar, como a famosa passista *Paula*, que recortava flores de papel crepom com incrível agilidade.

As jornadas em Botafogo renderam histórias pitorescas, algo já corriqueiro na vida da personagem. Uma delas, contada pela artista em um debate promovido pela FINEP[100], se deu quando a novata foi escalada por João, o rei das "tarefas impossíveis", para perfurar com arame as bolas de isopor que iriam compor o colar do rei. Enquanto ele executava a missão com rara destreza e naturalidade, a *caloura* pelejava para fazer sua parte; contudo, ardilosa como sempre, ela não se deu por vencida e apelou para a "tecnologia": foi até a cozinha da casa, ligou o fogão e, *vapt-vupt*, com o metal aquecido, saiu furando uma bola atrás da outra. A "moleza" acabou quando Sodré flagrou Rosa no local e deu uma senhora bronca na 'invasora' – o trato com o grupo era que, exceto na hora da refeição, ninguém podia entrar na residência. A 'intrusa', então, saiu de fininho, mas não ficou a ver navios: no banheiro da área externa, havia um aquecedor; aí, então, foi só acender o bico de gás e finalizar o serviço, na encolha, sem ninguém saber...

---

99 O **barracão** oficial localizava-se no Pavilhão de São Cristóvão, no bairro de mesmo nome (Zona Norte do Rio), onde se alojavam todas as escolas do Grupo 1 (o atual Grupo Especial). À falta de espaço na área, o Salgueiro apelou para o improvisado "puxadinho" em Botafogo.

100 "FINEP tira o chapéu – *Joãosinho Trinta, o Rei Mendigo do Carnaval*", 9º debate da Escola de Inovação, realizado no Espaço Cultural FINEP (RJ), em 7/11/2012, com a participação de Fernando Pamplona, Rosa Magalhães, Maria Augusta, Geraldo Carneiro, Milton Cunha e Aydano André Motta, sob mediação do jornalista Fábio Fabato. Disponível em: https://www.youtube.com/watch?v=TzQw_uWbISA

É claro que Rosa jamais teria o que reclamar de Jordano. Pelo contrário: ela até se arrependeu de ter passado um *spray* dourado na porta da garagem, que era pintada de verde-escuro e, ainda, de ter perdido o dedal de prata que a mãe de Sodré lhe emprestara para terminar um chapéu – descuido compensado com a oferta à gentil senhora de um dedal quase idêntico de Lúcia Benedetti, mãe da "distraída". Finda a labuta, todo o material foi retirado da casa e levado até o barracão oficial em um caminhão; como era aberto atrás, o veículo saiu espalhando flores de papel crepom pelas ruas do bairro, para desespero da extenuada equipe do "puxadinho".

No Pavilhão de São Cristóvão, os carros alegóricos eram construídos no espaço cenotécnico, provido de serras e bancadas. Quando Rosa chegou ao local, três alegorias estavam "na madeira" – e a montagem não podia ir além de uma semana. Na hora H, tudo ficou pronto; só faltava botar o bloco – ou melhor, a escola – na rua, organizando as alas na concentração, que ficava atrás da igreja da Candelária. E assim foi: na noite do desfile, lá estava a caloura, com gente por todo lado, "numa grande e alegre confusão". Na memória de Rosa, ainda se perfila a **comissão de frente** "maquiada de branco e segurando enormes escudos de alumínio recobertos com couro de vaca", outro achado de *Joãosinho*, e a figura de *Seu* Neca, "um estivador já idoso, vestido de rei". A moça prosa, porém, não desfilou:

> *[...] Saí desabalada para uma arquibancada, querendo assistir aquilo que havia ocupado tanta gente, durante tanto tempo, nos últimos cinco meses. Finalmente, vi um desfile de Escolas de Samba.*[101]

Após o vitorioso "batismo" em 1971, uma verdadeira *aula de barracão* para a dupla (sobretudo pelas lições de criatividade e técnica de *Joãosinho*, o "mago do isopor"), elas arregaçaram as mangas e seguiram seu rumo em outras agremiações. Rosa desenhou para a **Beija-Flor** e voltou a tabelar com Lícia na

---

101 MAGALHÃES, Rosa. *Fazendo carnaval*. Rio de Janeiro: Nova Aguilar, 1977, p. 12.

Portela, criando figurinos e alegorias para os enredos de **Hiram Araújo**, o visionário diretor do **Departamento Cultural** da Imperatriz Leopoldinense[102], entre 1966 e 1969, e organizador também do setor na águia de Oswaldo Cruz na década seguinte (de 1972 a 1978).

No barracão da azul & branca, a dupla iria aprimorar seu trabalho, até galgar mais um degrau em **1978**, quando elas assinam o desfile com Hiram, elaborando as fantasias e os carros alegóricos para o tema "*Mulher à Brasileira*" – que Rosa, aliás, preferia chamar de "*A Mulher Brasileira*", a fim de evitar qualquer conotação sexista da expressão craseada. O enredo foi estimulado por um fato inédito no país: a eleição de uma mulher (a cearense Rachel de Queiroz, amiga de Raymundo Magalhães Jr.) para ocupar uma cadeira na ABL em 1977. Além da escritora, várias figuras femininas mereciam destaque do trio, entre elas Chica da Silva, Anita Garibaldi, Chiquinha Gonzaga, Tia Ciata e Anita Malfatti.

Infelizmente, a frustração pelo 5º lugar, após o brilhante vice-campeonato de 1977 (com "*A Festa da Aclamação*", alusivo à proclamação de D. João VI rei de Portugal em 1818, que ficou só um ponto abaixo da bicampeã, a Beija-Flor de Nilópolis), provocou a saída de Araújo, substituído por uma personagem a quem Rosa devotaria um apreço sem igual: o futuro amigo **Viriato Ferreira**[103], que, de 1979 a 1981, faria a Portela voar bem alto na Sapucaí.

---

102 Médico e escritor, o carioca **Hiram** da Costa **Araújo** (1929-2017) exerceu múltiplas atividades ao longo da vida. Ele dirigiu o Departamento Cultural da Imperatriz, o da Associação das Escolas de Samba do Rio (1970-72) e o da Portela (1972-78), além de ser comentarista nas rádios Globo e Tupi. Com o apoio de **Amaury Jório**, Hiram montou em Ramos um coletivo cultural que criaria sinopses de cunho mais *nacionalista*, inspiradas em clássicos de nossa literatura (*Martim Cererê* é um exemplo cabal), que ressaltavam a formação miscigenada e híbrida do país, mas sempre com um viés lúdico e democrático, sem o tom "chapa branca" de outras coirmãs.

103 O figurinista **Viriato Ferreira** nasceu em 24/4/1930, no Rio de Janeiro, onde morreu em 12/9/1992. Ele iniciou a carreira artística no teatro de revista, criando figurinos de grande impacto visual e leveza. No mundo da folia, estreou como destaque do Salgueiro. Depois, colaborou com *Joãosinho 30* na Beija-Flor e assumiu o posto de carnavalesco da Portela, para a qual criou enredos memoráveis: "*Incrível, Fantástico, Extraordinário*", (1979), "*Hoje tem marmelada*" (desfile campeão de 1980) e "*Das Maravilhas do Mar, Fez-se o Esplendor de uma Noite*" (1981). Viriato encerrou a carreira na Imperatriz, com o delirante "*O que é que a banana tem*" (1991).

Logomarca do desfile da Portela (1978) | GRES Portela

Rosa Magalhães, uma mulher brasileira | Centro de Memória LIESA

As duas voltariam a ser campeãs no **Império Serrano**, em **1982**, com o antológico "*Bumbum Paticumbum Prugurundum*", tema do próximo capítulo. Depois, trabalhariam juntas ao longo da década, segurando a peteca na **Imperatriz Leopoldinense**, em **1984** (quando o "patrono" *Luizinho* se afastou da escola e as deixou sem um mísero centavo), e encerrando a parceria em **1987**, na **Estácio de Sá**, onde criaram o esfuziante "*O ti-ti-ti do Sapoti*". A dissolução da dupla iria gerar muitos comentários e especulações na imprensa (as frenéticas "redes sociais" sequer existiam àquela época), mas, a julgar pelo depoimento da própria Lícia, nunca houve nenhuma nódoa na relação entre as duas:

> *Vivi momentos maravilhosos assinando enredos com a Rosa. Mantivemos uma parceria muito bem sucedida, nos dávamos super bem em tudo. Toda a criação era dividida. [...] Mantínhamos uma cumplicidade, respeito e profissionalismo muito grande uma pela outra, e isso nos dava prazer em criar.*[104]

Sozinha ou acompanhada, a artista chegaria ao auge de sua trajetória entre o final do séc. XX e o limiar do novo milênio, obtendo cinco títulos na **Imperatriz Leopoldinense**, onde, ao longo de uma década, travaria uma verdadeira "peleja estética" com Renato Lage, outro pupilo talentoso de Pamplona, que conquistou três carnavais pela **Mocidade Independente de Padre Miguel** nos anos 90. Nesse percurso, há de se louvar a iniciativa corajosa de quem reconheceu que poderia aprender com a festa, como o fez Rosa, que, até 1971, jamais assistira a um desfile em sua vida.

E ela colheria lições em um manancial de pródigas fontes, seja a popular, que constrói seus saberes e os transmite de uma geração a outra, ou a acadêmica, que, embora não detenha todo o conhecimento de uma sociedade, lhe abriria mundos sedutores. Um deles, que Rosa sempre faz questão de citar,

---

104 Cf.: LACERDA, Lícia. "Quero voltar a fazer carnaval". Entrevista concedida a Fábio Silva. *In*: **Galeria do Samba**. Rio de Janeiro, 14/09/2006. Disponível em: http://www.galeriadosamba.com.br/noticias/licia-lacerda-quero-voltar-fazer-carnaval/10279/. Consultado em 27/03/2019.

seriam os livros de Indumentária que Maria Augusta lhe indicou, universo que ela até então desconhecia e do qual veio a se tornar uma voraz leitora e colecionadora. Assim, a cada novo desfile nos anos seguintes, lá estaria ela a encomendar dezenas de obras aos livreiros, para compor com raro esmero os cenários e figurinos dos enlaces entre os vários mundos que seu engenho e fabulação criariam.

Meio século depois, com o debate sobre o tema ainda inconcluso, não há motivo para condenar a estreita conexão dos *acadêmicos* de Belas Artes com o **samba**. *Joãosinho*, Maria, Rosa, Lícia, Renato e todos os aprendizes dos magos Fernando e Arlindo são os elos mais sólidos de uma corrente que se forjou na metade do século XX, no encontro dos mestres-discípulos do Teatro Municipal e da *Escola Nacional de Belas Artes* com as escolas de samba cariocas para reinventar o carnaval da cidade.

O legado de mestre Pamplona e dos carnavais do Salgueiro, porém, vai muito além da esfera dos desfiles. A preocupação em valorizar tudo aquilo que a História não contava, concebendo, quase sempre em parceria com Arlindo Rodrigues, enredos libertários sobre a Mãe-África, a cultura negra no Brasil e a independência da mulher (expressa em enredos inesquecíveis como "***Xica da Silva***" e "***Dona Beja, a feiticeira de Araxá***") pode ser vista, conforme declarou a própria Rosa em uma entrevista à TV ALERJ, como "a sementinha que ajudou a erguer a estátua de Zumbi dos Palmares na Praça XI" e a forjar uma Lei Maria da Penha, algo impensável há mais de cinquenta anos[105].

É claro que há iniciativas e práticas perniciosas, ditadas pelo furor mercantil da "*sociedade espetacular*" cevada em nossa tosca experiência periférica de capitalismo. Neste ensaio, contudo, não nos ateremos às bizarrices do tripé (Rede Globo, *LIESA* e *RIOTUR*) que hoje comanda os desfiles do Grupo Especial; trataremos apenas de investigar o papel de **Rosa Magalhães** e seus pares da Academia (não só os de ontem, mas também os de hoje) nesse processo dialético e turbulento que transforma os folguedos na "*maior festa popular ao ar livre do mundo*", como gosta de dizer o radialista Miro Ribeiro, ou, segundo enuncia Jorge Silveira, "*a maior manifestação audiovisual do planeta*".

---

105 Entrevista da artista plástica e carnavalesca Rosa Magalhães à TV ALERJ (Rio de Janeiro), publicada em 14/09/2016. O programa está disponível em: https://www.youtube.com/watch?v=9u8CXlkA3ao.

Rosa e Lícia no barracão do Império Serrano em 1982 | Acervo Rachel Valença

Lícia, Rosa e Aluísio Machado festejam o título do Império | Foto: Revista **Manchete**

04

BUMBUM PATICUMBUM PRUGURUNDUM: AS METAMORFOSES DOS CORTEJOS DE MOMO

Ritmista da escola, no desfile de 1982 | Acervo Rachel Valença

A crônica dos desfiles e de suas transformações ao longo do carnaval carioca, mote do **Império Serrano** em **1982**, é uma narrativa com muitos antecedentes, que remontam à própria história do Brasil, da África e de Portugal entre o século XV e o XVI. Neste conto "para ninar gente grande" (tal qual glosou a Mangueira de Leandro Vieira em 2019), havia, antes de tudo, a empresa de expansão ultramarina portuguesa rumo às Índias, em busca de terras, escravos, riquezas e *especiarias*. Segundo cantou, em tom ufanista e solene, Luís de Camões no poema épico *Os Lusíadas*, as naus dos patrícios deixaram a "*Ocidental praia Lusitana*", contornaram a costa africana e passaram "*ainda além da Taprobana*" (antiga denominação da ilha do Ceilão, atual Sri Lanka, ao sul da Índia,), a fim de edificar "*entre gente remota*" o Novo Reino, "*que tanto sublimaram*[106]".

A exaltação grandiosa dos feitos 'heroicos' dos navegadores lusos pelo poeta não poderia, por certo, ocupar-se da contraparte perversa e dolorosa dessa *epopeia*. Para os filhos errantes da Mãe África, a incursão dos portugueses em seu continente é a crônica de uma *diáspora* que se inicia já em meados do século XV, cinquenta anos antes da chegada da frota de Cabral ao Brasil. Conforme anotou um pesquisador do tema, o tráfico de escravos negros ocorria ao longo da costa ocidental, desde o Rio Senegal (Cabo Verde e Guiné) até o rio Zaire ou Congo (São Tomé e Costa da Mina). O negócio, então, se

---

106 CAMÕES, Luís de. *Os Lusíadas*. 3ª ed. Porto: Porto Editora, s/d, p. 53, Canto Primeiro.

consumava com bastante facilidade: subjugados, o mais das vezes, por tribos africanas de maior poderio, os cativos expostos nos mercados eram trocados por mantas coloridas, capas, manilhas de latão e cavalos. Depois, eles eram conduzidos até Lisboa, o entreposto distribuidor dos "*filhados*" (sequestrados), destino de quase 150 mil escravos até o início do século XVI[107].

Em Portugal, país pioneiro do tráfico para a Europa e as "Índias de Espanha", os negros eram uma "presença silenciosa" em inúmeras atividades, seja nas lides do campo (lavoura, derrubada de matas, aterro de pântanos, etc.), seja nas tarefas urbanas (carga e descarga dos portos, serviço de bordo dos navios, comércio de artigos diversos, afazeres públicos e outros), afora as ocupações domésticas. Já era bem comum, por exemplo, ver circulando nas ruas de Lisboa as "*negras do pote*", que vendiam água, e as "*negras de canastra*", que recolhiam os dejetos domiciliares na suja e empesteada capital do reino. Por isso, viria a ser inevitável que, na tripulação das naus que viajam à Terra de Santa Cruz para mapear seu território e extrair as primeiras toras de pau-brasil, houvesse grumetes negros, inclusive um ou outro escravo do próprio dono do navio[108].

O impulso definitivo para o envio de milhares de cativos à colônia haveria de ser, decerto, a expansão da monocultura do **açúcar** a leste de Tordesilhas. Já por volta de 1545, os engenhos de cana se multiplicam, não apenas no Nordeste (sobretudo em Pernambuco e no Recôncavo baiano), mas também em Cabo Frio e no Rio de Janeiro. Os donatários das capitanias, em especial Duarte Coelho (PE) e Pero de Góis (Paraíba do Sul), se empenham em pleitear à Coroa o envio de braços negros a fim de atender a demanda pelo produto. Embora o Rei D. João III apostasse na escravização dos indígenas para prover o trabalho nos engenhos, ele teve de abdicar de seu propósito: caçados pelos invasores ou dizimados pelas epidemias trazidas pelo homem branco, os nativos eram insuficientes para satisfazer as

---

107 Ver, a respeito, TINHORÃO, José Ramos. *Os negros em Portugal: uma presença silenciosa*. Lisboa: Editorial Caminho, 1988.

108 Cf. TINHORÃO, José Ramos. *Os sons dos negros no Brasil*. São Paulo: Art Editora, 1988, p. 12.

exigências da agroempresa mercantil. Dessa forma, a metrópole assume a remessa de africanos para a colônia e, em 1550, o primeiro grupo de negros desembarca em Salvador.

O ato oficial do monarca só iria estimular o tráfico em larga escala no decurso do antigo regime colonial. Servindo a todos os ciclos de exploração deste imenso empório tropical – da lavoura (cana, algodão, tabaco e café) à mineração (ouro e pedras preciosas) –, os escravos negros se tornaram a mão de obra hegemônica em diversas regiões do país. Em realidade, a julgar pelos quatro escravos que Tomé de Sousa trouxe consigo em 1549 – e por outros tantos que, na mesma frota do Governador Geral, acompanhavam os padres jesuítas –, desde muito cedo a presença dos africanos era também imprescindível para os serviços domésticos de nobres, burocratas, burgueses e religiosos que compunham a elite europeia dos núcleos de colonização.

Sob o aval da Corte e a chancela da agroempresa colonial, ao menos três milhões de negros ingressam no Brasil entre 1550 e meados do século XIX[109]. Eram escravos de Guiné, Angola, Benim e Daomé, recolhidos nos principais entrepostos lusitanos da costa ocidental da África, entre os quais se incluíam São Jorge da Mina (em Gana), Luanda e Benguela (em Angola). Viam-se homens e mulheres das mais diversas etnias, sobretudo iorubas, jejes, hauçás, minas, bacongos e benguelas, que viajavam amontoados nos porões dos navios, sob as mais precárias condições de saúde e higiene. Mais tarde, entre 1815 e 1851, quando o Império Britânico, ocupado em criar mercados para suas manufaturas, reprimiu o tráfico negreiro nos mares do Atlântico, rotas alternativas levaram os terríveis *tumbeiros* até Moçambique, de onde também saem milhares de escravos rumo ao chamado *Novo Mundo*, com escalas na América do Sul, na América Central e no Caribe.

Em resposta ao cativeiro, os filhos da *diáspora*, entre gestas de rebelião e o culto de seus ancestrais, iriam construir uma das mais ricas experiências de **sincretismo** religioso e **hibridismo** cultural das Américas. Do Caribe ao Rio

109 Segundo dados do IBGE, só entre 1785 e 1855 desembarcam no Brasil 2.113.900 africanos. Cf.: INSTITUTO BRASILEIRO DE GEOGRAFIA E ESTATÍSTICA (IBGE). *Brasil: 500 anos de povoamento*. Rio de Janeiro, 2000. Apêndice: Estatísticas de 500 anos de povoamento, p. 223.

da Prata, a profusão de tambores e ganzás confere traços singulares à história do *Novo Mundo*. Mesmo à revelia de *ioiô* e *iaiá*, as danças, os cortejos festivos e os diversos *sons da cor*, tal como cantou a Vila Isabel em 2017, iriam se tornar, em distintos rincões, autênticos símbolos nacionais – que o digam o *reggae* jamaicano, a *salsa* cubana e a *cumbia* colombiana. No Brasil, já ao final do século XVI, segundo observou J. R. Tinhorão, os negros africanos e seus primeiros descendentes crioulos e mestiços estavam prontos para ocupar espaço na vida cultural do país "ao som ruidoso e potente" de seus *batuques*, com a exuberância das festas dos calundus, dos autos de embaixada e das coroações de reis do Congo[110].

De todas essas manifestações, não há dúvida de que o balanço sincopado do ***samba*** e o sedutor espetáculo rítmico, coreográfico e visual do **desfile** dos grêmios carnavalescos são, ainda hoje, um século depois de sua aparição na cena urbana do Rio, duas das mais notáveis expressões de resistência cultural do povo negro no país. Frutos mais tardios da longeva *diáspora*, essas criações da arte popular também representam uma crônica viva da truncada trajetória da nossa cultura e da nossa sociedade ao longo do século XX, acusando em sua sinuosa evolução e metamorfoses não apenas as tensões político-sociais do país, mas também distintas versões desse velho fantasma apelidado de ***identidade nacional***.

1. Uma onomatopeia inusitada inspira a festa na Sapucaí

Pois foi dessa matéria pródiga e instigante que se valeram **Rosa Magalhães** e **Lícia Lacerda** para desenvolver o tema da tradicional escola da Serrinha em 1982. A sugestão do enredo partira de Mestre Pamplona, mas seu título original ("***Praça XI, Candelária e Marquês de Sapecaí***"), em nada agradou a Rosa – sobretudo pelo duvidoso trocadilho feito com o sobrenome do nobre

---

110 TINHORÃO, J. R. *Os sons dos negros no Brasil*. São Paulo: Art Editora, 1988, p. 21.

“Batuque”, gravura de Rugendas | Reprodução

Ismael Silva, o criador da onomatopeia | Arquivo Nacional

que batizou a avenida onde até hoje se realizam os desfiles (***Sapecaí*** x *Sapucaí*). Por conta disso, como a própria carnavalesca tantas vezes declarou, ela preferiu adotar a expressão que conhecera por meio da pesquisadora Marília Barbosa[111], aquela sonora onomatopeia com a qual o arguto **Ismael Silva**, em entrevista concedida a Sérgio Cabral, pai, havia definido o novo tipo de samba que a *Deixa Falar* apresentava ao público em seus desfiles no limiar da década de 1930:

> *— Quando comecei, o samba não dava para os agrupamentos carnavalescos andarem nas ruas, conforme a gente vê hoje em dia. O estilo não dava para andar. Comecei a notar que havia essa coisa. O samba era assim: tan tantan tan tantan. Não dava. Como é que um bloco ia andar na rua assim? Aí, a gente começou a fazer um samba assim:*
>
> ***Bum bum paticumbumprugurundum...***
> *Nem tudo que se diz se faz*
> *Eu digo e serei capaz*
> *De não resistir*
> *Nem é bom falar*
> *Se a orgia se acabar*[112]

A imagem que Ismael empregou possui uma leitura bem clara para os *bambas* dos tambores. Mestre Gilmar e seus pares do Império explicam que ela mimetiza os três tipos de **surdos** utilizados pelas escolas: o ***bum*** inicial ecoa

---

111 **Marília Barboza** e Arthur de Oliveira são os coautores de ***Fala, Mangueira,*** obra que reconstrói a densa história dos desfiles e, a partir da qual, Pamplona esboçou o enredo de 1982. Cf.: LEITÃO, L. R. *Aluísio Machado: sambista de fato, rebelde por direito*. Rio de Janeiro / São Paulo: DECULT / Outras Expressões, 2015, p. 243.

112 Cf. CABRAL, Sérgio. *As escolas de samba do Rio de Janeiro*. São Paulo: Lazuli / Companhia Editora Nacional, 2011, p. 269 [grifos nossos]. O samba que Ismael cita (composto em parceria com Nilton Bastos, Francisco Alves e Noel Rosa) chama-se "Nem é Bom Falar" e foi originalmente gravado em junho de 1931.

do instrumento mais grave, de 26 polegadas (o *surdo de primeira* ou de ***marcação***), com os ritmistas enfileirados no meio da bateria; o outro ***bum*** ressoa do médio grave, de 22 polegadas (o de *segunda* ou ***resposta***), com os músicos alinhados nas laterais; o balanceado ***paticumbumprugurundum***, por fim, provém da peça menos grave e menor, de 18 polegadas (o *surdo de terceira* ou *rebolado*), que, com os percussionistas espalhados entre os outros dois, trata de preencher, com um suingue especial, os tempos marcados por aqueles[113]. As **três batidas**, então, seriam uma espécie de alegoria rítmica da evolução do cortejo, cuja divisão em **três fases**, conforme a descrição de Marília Barboza e Arthur Ribeiro, era a estrutura básica do enredo de 1982.

Por sua vez, a história que Rosa e Lícia encenam com o "***Bumbum Paticumbum***" constitui não apenas um valioso registro histórico, mas também uma aguda e precoce (auto)crítica que o próprio universo das escolas de samba realiza sobre a conversão das velhas *embaixadas* de Ismael, Cartola e Paulo da Portela em ***Superescolas de Samba S/A***, um tópico que se tornara pauta recorrente dos estudiosos de nossa cultura popular já na década de 1970. O imbróglio era uma complexa via de "mão dupla", ao longo da qual a própria metamorfose do folguedo incutia em seus mentores o germe da insatisfação, como observou um pesquisador do tema:

> *[...] por um lado, o espetáculo das escolas de samba entrou em processo de crescente interferência externa, profissionalização e crescimento socioeconômico; por outro, a abertura possibilitada pela "revolução" continha em si a semente da autocrítica: Pamplona, tempos depois, vociferaria contra a mercantilização e a suposta descaracterização das escolas de samba, afastando-se da Marquês de Sapucaí.*[114]

---

113 Cf. PILOMBETA, Misael. *Na batida do bum, bum, paticubumprugurundum.* Rio de Janeiro: Multifoco, 2014, p. 49-50.

114 BORA, Leonardo. *A Antropofagia de Rosa Magalhães.* Dissertação de Mestrado apresentada ao Programa de Pós-Graduação em Ciência da Literatura da Faculdade de Letras da UFRJ. Rio de Janeiro: UFRJ, 2014, p. 22.

Era hora, pois, de encenar o *libelo* do mestre na avenida. Graças à sua capacidade ímpar de conjugar o rigor e a erudição de uma historiadora com a criatividade e a magia de uma narradora de ficção, **Rosa**, em parceria com **Lícia**, a fiel amiga da EBA com a qual compartilhava outros projetos de peso na carreira, era a pessoa talhada para a missão. A dupla, de fato, já fora responsável pela decoração do baile de gala do Teatro Municipal do Rio e também vencera o concurso de ornamentação de carnaval da Avenida Rio Branco, a mais charmosa passarela da folia carioca, Embora as duas contassem pouco mais de trinta anos em 1981, sua "contratação" não ocorrera fortuitamente: ex-alunas de Pamplona, elas haviam sido indicadas pelo professor ao recém-empossado presidente Jamil Salomão Maruff, o popular *Jamil Cheiroso*, cujo objetivo inicial era fazer do laureado salgueirense o carnavalesco do **Império** em 1982.

Assumindo uma entidade que enfrentava graves dissensões internas e já padecia um jejum de quase dez anos sem título (o último fora obtido em 1972, com o vibrante enredo "***Alô, alô, taí, Carmen Miranda***", desenvolvido por Fernando Pinto), Jamil fez de tudo para contratar Fernando Pamplona. Os apelos, porém, não surtiram efeito: já meio ressabiado com a folia, o coração vermelho & branco do mestre não lhe permitia trabalhar para nenhuma rival. Dessa forma, ele recomendou ao insistente Jamil que convidasse Rosa e Lícia: caberia às jovens discípulas estruturar e desenvolver o sugestivo enredo, criando as alegorias, fantasias e adereços em plena consonância com a riqueza do tema.

A tarefa da dupla seria facilitada por mais um enlace extraordinário ocorrido em 1981: o retorno ao GRES Império Serrano do compositor **Aluísio Machado**, que estava afastado da Serrinha e tinha sido repatriado à Ala de Compositores pelo obstinado Jamil, e a chegada de **Beto Sem Braço**[115], partideiro cascudo da Vila Isabel. Convicto de que seria preciso fazer das tripas coração para serenar os ânimos na casa e enfim bordar a nona estrela no pavilhão da verde & branca,

---

115 O sambista Alcides **Aluísio Machado** nasceu em Campos (RJ), em 13/4/1939 e veio criança para o Rio, onde estudou e trabalhou como estofador e, depois, servidor do Tribunal Marítimo. Conquistou seis ***Estandartes de Ouro*** de melhor samba-enredo pelo Império Serrano e foi eleito *Cidadão Samba*, em 2014, pelos leitores do jornal **Extra**. Seu parceiro Laudenir Casemiro, de apelido **Beto Sem Braço**, nasceu em 24/5/1940, no Rio de Janeiro, onde ganhou a vida como feirante e compositor, morrendo por problemas de saúde em 15/4/1993.

a primeira providência do hábil presidente fora decretar um verdadeiro "*toque de reunir*" em Madureira. Ágil no gatilho, ele não hesitou em convocar Aluísio para a reunião de apresentação do enredo na quadra, quando este passou pelo Mercado de Peixe da Praça XV, perto do Tribunal Marítimo, local de trabalho do sambista. Beto, por sua vez, também já fora "aliciado" pelo peixeiro, seu velho conhecido das feiras-livres da cidade, para trocar a Vila pelo Império.

Ainda que os sambistas já se conhecessem desde os anos 70, balançando a roseira nas noitadas da "*Casa de Bamba*" da **Vila Isabel** (quando a escola ensaiava na modesta, porém aconchegante quadra do antigo campo do América, entre a terra de Noel e o bairro do Andaraí), foi só no último minuto da peleja que os recém-chegados selaram a parceria campeã do carnaval de 1982. Para ciência dos leitores, vale a pena reproduzir o relato de *Seu* Alcides sobre esse reencontro auspiciado por algum *anjo torto* ou orixá protetor da Serrinha:

> *— Teve eleição lá no Império, e entrou o Jamil Salomão Maruff. O* ***Cheiroso****, que antes era presidente de honra da bateria, foi candidato a presidente da escola e ganhou. Como ele tinha um* ***box*** *na Praça XV que distribuía peixe pras feiras, pras várias lojas, ele já conhecia o Beto Sem Braço. O Beto estava comigo na Vila, mas ele fazia os sambas dele e eu fazia os meus, nós não éramos parceiros.*
>
> *O* ***Cheiroso****, então, em 81, começou a arrebanhar quem estava afastado da escola, e eu fui um dos que ele chamou pra voltar pro Império. Nessa hora ele também convidou o Beto para ir para o Império, que era melhor que a Vila. O Império tinha até mais peso que a Vila, isto é, tinha mais história, mais títulos. Então o Beto, como era amigo dele de feira, foi pra escola, mas, chegando lá, não encontramos parceria, nem eu nem ele. Aí o presidente deu a sugestão: "Faz vocês dois juntos". Porque nós chegamos de "calça arriada", todos já tinham suas parcerias, entendeu?*[116]

---

116 Cf. LEITÃO, obra citada, p. 227-228.

Aluísio Machado, coautor do samba de 82 | Foto: Ernani Penido

Reunidos por obra do dirigente, **Aluísio** e **Beto** viriam a constituir uma das mais talentosas duplas de compositores da nossa arte popular, escrevendo animados sambas de terreiro (entre eles, o sucesso "Escasseia", gravado por Beth Carvalho no LP *Na Fonte*) e melodiosos sambas de enredo, como "Mãe Baiana Mãe" (1984) e o próprio "*Bumbum*". Não obstante as rusgas e ressentimentos acirrados pelo temperamento explosivo de Beto (que, mesmo desprovido de um braço por causa de uma queda de cavalo, só andava armado, assustando e até desacatando muita gente boa dentro e fora do mundo do samba), quando o jogo era à vera, os dois se entendiam às mil maravilhas, dentro ou fora das quatro linhas das quadras de ensaio, ademais das outras cinco do pentagrama musical...

É verdade que até hoje muita gente se pergunta que misteriosa *química* aproximou aqueles dois personagens à primeira vista tão opostos. Não havia segredo: embora **Aluísio** levasse uma vida mais regrada desde que se tornara funcionário do Tribunal Marítimo, no centro do Rio, ele jamais pensara em refrear o seu lado malandro e rebelde, cuja melhor tradução eram os sambas picantes (como "Artifício", que narra o tórrido caso de amor de um aprendiz de estofador com uma cliente chique de Copacabana) ou de denúncia social (vale destacar "A Humanidade", cujo refrão dispara: "*Os direitos humanos são iguais / Mas existem as classes sociais*") criados pelo campista. Por outro lado, se **Beto** fazia jus à fama de "pipa avoada", mantendo um ritmo de vida alucinado, que iria arruinar-lhe a saúde e antecipar sua passagem para o espaço sideral, ele também trabalhava duro nas feiras-livres, sem deixar a peteca cair. Tinham lá suas diferenças, sim, *pero no mucho...*

Assim, bastou ouvir a preleção das *professoras* para sentar o dedo na viola e compor um dos maiores clássicos do gênero, digno das tradições da escola dos saudosos Silas de Oliveira (mestre de Aluísio), Mano Décio da Viola e *Dona* Ivone Lara. O primeiro contato dos parceiros com as carnavalescas aconteceu no dia da apresentação oficial do enredo. Como de praxe, o presidente anunciou o tema para a *Ala de Compositores*, mas coube a Rosa e Lícia a tarefa de detalhar as sutilezas do "***Bumbum***" para os *bambas*. Na palestra, ambas deixaram bem claro que a ideia era dividir o desfile em **três etapas**, que corresponderiam aos três momentos distintos do espetáculo ao longo do século XX: ***Praça XI ou fase autêntica***, ***Candelária ou fase de interação*** e ***Marquês de Sapucaí ou Escola de Samba S/A***.

Conforme enunciava a própria sinopse da "ópera popular" que o Império Serrano levaria à avenida, a **fase autêntica** apresentava uma visão do desfile tradicional ocorrido na **Praça XI**, com as *baianas de fila* (figuras chave na harmonia), os *malandros de terno branco*, o *caramanchão* (precursor das alegorias), as *damas* e *nobres de peruca* e a famosa *cordinha* de proteção na pista. A **fase de interação**, na **Candelária**, relembra o contato de Marie Louise Nery com a festa após ser convidada a julgar a exibição dos frevos na década de 50: ela seria "*a primeira carnavalesca com formação erudita a exercer uma influência na manifestação popular espontânea*", abrindo passagem para Pamplona, Arlindo & Cia. Por fim, na **3ª fase**, "*o superdesfile com a supercampeã que naturalmente possui um supercarro repleto de supermulheres. Nem sempre há um supersamba, mas há o supergasto*[117]"...

Por outro lado, o argumento não ficaria restrito à cronologia do certame em si; o tema também abordava, com boa dose de espírito crítico e uma pontinha de nostalgia, outros aspectos da evolução do **carnaval** carioca, assunto já estudado por historiadores como Eneida e Sérgio Cabral[118]. A liberdade concedida pelas artistas no tratamento do mote não seria desdenhada por Aluísio. Audacioso e atrevido por natureza, o compositor não hesitou em desviar-se uma e outra vez do rigor da sinopse para dar um toque de picardia à obra. Foi assim que ele e Beto embutiram, na última estrofe da letra (e com direito a bis), dois versos de puro hedonismo e exaltação à festa de Momo:

Vem, meu amor, manda a tristeza embora
É carnaval, é folia, neste dia ninguém chora

A quebra de ritmo na parte final da composição era um achado precioso: após a malemolente exortação de alegria do apaixonado folião ao seu *amor*, vinha então a quadra mais incisiva do samba, que denunciava o abandono da

---

117 Cf. *Bumbum Paticumbum Prugurundum – Império Serrano 1982*. Caderno de apresentação do enredo. Rio de Janeiro: GRES Império Serrano, 1981, p. 8-9.

118 *Idem, ibidem*, p. 245.

gente bamba diante da hipertrofia visual e do gigantismo das agremiações no limiar dos anos 80. Entre o lírico e o épico, os quatro versos de denúncia da canção são o adágio de um verdadeiro "hino" que até hoje ecoa em nossa memória poética e musical:

Superescolas de Samba S/A
Superalegorias
Escondendo gente bamba
Que covardia!

Como toda obra-prima, a criação de Aluísio e Beto era irretocável de cabo a rabo. Se, por um lado, a estrofe final denuncia com rara beleza e lucidez o processo em curso na passarela (um dos motes centrais do enredo), a abertura do samba, por sua vez, reedita o artifício clássico que mestre Silas cunhara ao escrever sua "*Aquarela brasileira*". Assim, os seis primeiros versos enunciam, com um misto de pura nostalgia e reverência dos artistas-foliões à "*coroa imperial*", uma espécie de ***prólogo*** para o samba propriamente dito:

Enfeitei meu coração
De confete e serpentina
Minha mente se fez menina
Num mundo de recordação
Abracei a coroa imperial, fiz meu carnaval,
Extravasando toda a minha emoção

Quem conhece Aluísio Machado e sabe de sua profunda admiração pelo *professor* Silas não há de estranhar esse preâmbulo, uma espécie de abre-alas do tema a ser tratado pela escola. De fato, quando o inquieto Alcides, ainda garoto, iniciou seu aprendizado no gênero, ele andava para cima e para baixo com o mestre, atento a suas conversas com o fiel amigo **Walter Rosa** (renomado compositor da Portela), quando os dois *bambas* iam à gravadora *Odeon*, no centro do Rio, apresentar suas canções ao **Maestro Peruzzi**, um fã confesso das linhas melódicas de Silas. Dessa forma, cada visita ao estúdio era um curso prático de harmonia, mesclando a formação clássica do regente com a verve popular dos sambistas[119]. E o fruto de tantas lições estava ali, maduro e primoroso, no desfile de 82.

De resto, a recapitulação das três fases do cortejo também seria recheada de belos achados poéticos da dupla. Ao rememorar a gênese da festa na *imortal* **Praça XI**, onde as embaixadas de todos os grêmios se reuniam, nas primeiras décadas do século XX, para celebrar os folguedos de Momo e, ao mesmo tempo, afirmar sua identidade em busca de reconhecimento social, a letra não poderia ser mais precisa e feliz:

De uma barrica se fez uma cuíca
De outra barrica um surdo de marcação
Com reco-reco, pandeiro e tamborim
E lindas baianas o samba ficou assim

Em seguida, os autores retratam o segundo momento do evento, entre os anos 50 e 70, já na área da ***Candelária*** (ora na larga pista central da Av. Presidente Vargas, ora na Av. Rio Branco), época em que se investe na plástica do desfile com a presença (a princípio amadora, depois profissional) de talentosos quadros do Teatro Municipal e da Escola de Belas Artes. Desponta, então, a força dos elementos **visuais**, como os vistosos adereços das *burrinhas* e as gravuras do francês Debret, além das figuras das *africanas* e de Iemanjá, ícones da essência negra da *embaixada* que não para de crescer:

E passo a passo no compasso o samba cresceu
Na Candelária construiu seu apogeu
As burrinhas, que imagem, para os olhos um prazer
Pedem passagem pros moleques de Debret

---

119 Ver, a respeito, LEITÃO, obra citada, p. 143-144. Vale acrescentar que o apreço de Aluísio Machado a Silas de Oliveira também o fez acompanhar o *professor* nas suas idas às sessões espiritualistas do *Racionalismo Cristão*, em Vila Isabel, onde Silas talvez tenha cevado o caldo de cultura *filosófico* presente em vários de seus sambas.

Alegoria de Debret | Acervo Rachel Valença

Destaque de Iemanjá no desfile das campeãs | Acervo Rachel Valença

As africanas, que quadro original
Iemanjá, Iemanjá, enriquecendo o visual

Mais de três décadas e meia após o desfile, a própria Rosa Magalhães não pestaneja ao dizer que o samba de Aluísio & Beto era espetacular. Ela confessa que, por não ser uma letra fácil (a começar pelo título, com sua insólita onomatopeia), tinha lá suas dúvidas sobre o sucesso da composição na avenida, mas logo se convenceu do contrário, quando ouviu um taxista entoar os 34 versos do "hino" com o maior entusiasmo, em dezembro de 1981, dois meses antes do carnaval. Bem atenta no banco de trás do carro, sem revelar a identidade e dissimulando sua curiosidade sobre o assunto, Rosa perguntou ao motorista que música era aquela que estava tocando no rádio. Para grata surpresa da anônima passageira, o animado cidadão, sem titubear, logo respondeu:

— É o samba do Império Serrano, ***madame****, o tal do "***Bumbum***".*
Vai ser o campeão do carnaval...

Sem dúvida, o sucesso do *samba onomatopeia* queimaria a boca de muita gente, a começar pela jornalista Diana Aragão, que, ainda antes do Natal de 81, escrevera que seria "difícil" rimar o título do enredo "com alguns outros versos[120]". Na própria escolha do hino de 1982, das cerca de vinte composições inscritas para as eliminatórias, poucas lograram conjugar, com inteira harmonia, os desafios da letra e as curvas da melodia. Mesmo assim, três parcerias chegaram com méritos à grande final; os favoritos eram Aluísio & Beto e o veterano Jorge Lucas, que, ao lado do experiente sambista Roberto Ribeiro, já vencera as eliminatórias de 1977 e 1979, além de ter faturado, junto com Edson Paiva, a disputa para o desfile anterior, em 1981, quando o Império desafinou feio na avenida.

---

120 A equivocada previsão foi publicada no **Jornal do Brasil**, em 16/12/1981. *Apud* PILOMBETA, *op. cit.*, p. 39.

Na noite da grande decisão, em meio à enorme expectativa da família imperiana, os tambores ecoaram e o couro comeu no terreirão de Madureira. Ao final da festa, ganhou o samba interpretado por Quinzinho, cujo "***Bum, bum***" contagiante parecia incendiar a quadra, ainda mais quando a bateria explodia com o som retumbante e sincopado dos surdos, arrepiando a massa verde & branca. E, para alívio de Jamil e sua diretoria, dessa vez não haveria mágoas, como a dor fatal de Silas de Oliveira, em 1972, nem pancadaria generalizada, como se vira no Salgueiro em 71, ano em que o "*Pega no ganzê / Pega no ganzá*" de Zuzuca venceu o samba de *Bala*, provocando uma violenta reação da apaixonada torcida do "rival" na quadra do Clube Maxwell, no Andaraí.

Pronto! Não havia mais motivo de preocupação com o precioso quesito. Embalada pela batida da extraordinária bateria guiada pelos tambores de Ogum e sob as bênçãos de São Jorge, com seu naipe de agogôs a encantar o público da Sapucaí, a escola já sairia com quarenta pontos debaixo do braço[121]. Agora, era hora de cuidar dos outros itens (fantasias, alegorias e adereços, comissão de frente...) para poder encarar a disputa que prometia ser acirrada em 1982, a fim de desbancar a Imperatriz (bicampeã em 1980-81 com o mago Arlindo Rodrigues) e a velha rival Portela, sua vizinha de Oswaldo Cruz, que já arrebatara até então vinte títulos no grupo de elite do carnaval carioca – ao passo que o Império contava "apenas" com oito conquistas.

De resto, em relação à música, o único detalhe pitoresco que Rosa faz questão de lembrar foi o embate "gramatical" com Beto Sem Braço, por conta de um verso com um desvio crasso de **concordância verbal** na estrofe dedicada à *Praça XI*. O sambista-feirante, alheio às severas prescrições da norma *culta* da língua, optou pela sintaxe popular e cravou: "*Teus braços* ***embalou*** [sic] *o samba*". A professora da UFRJ, licenciada em Francês pela UERJ, logo se manifestou, advertindo-o sobre a discordância de **número** entre o *sujeito*

---

121 Em 1982, havia dois jurados para cada um dos **dez quesitos** do desfile: *bateria, harmonia, samba de enredo, evolução, fantasia, enredo, comissão de frente, alegorias e adereços, mestre-sala e porta-bandeira* e *conjunto*. Destes, os oito primeiros recebiam nota máxima **10** de cada julgador (podendo somar, portanto, **20 pontos**) e os dois últimos, com nota máxima **05**, perfaziam até **10 pontos** cada um. Além disso, concedia-se um bônus de **05 pontos** para os itens de *cronometragem* e *concentração*, caso estes fossem cumpridos à risca pelas escolas.

("*Teus braços*"), na 3ª pessoa do **plural**, e o verbo ("***embalou***"), na 3ª do **singular**. A oração não podia ser escrita daquele jeito: ele teria de escolher entre "*Teu braço* ***embalou*** *o samba*" ou "*Teus braços* ***embalaram*** *o samba*". O dilema teve lá seus momentos tensos, mas, pelo visto, Rosa logrou convencer Beto e o "*Paticumbum*" saiu do jeito que está, para acadêmico nenhum (nem sequer o nosso catedrático Evanildo Bechara!) botar defeito...

2. Nos bastidores do barracão, papagaios de pirata e um coronel enxerido

Até 21 de fevereiro de 1982 (data de desfile do grupo **1 A**, atual Grupo Especial), porém, muitas águas haveriam de rolar e centenas de trens da E. F. Central do Brasil ainda teriam de passar sob a velha passarela da estação de Magno (hoje batizada de *Mercadão de Madureira*), bem ao lado da quadra do Império, na Avenida Ministro Edgar Romero, antes de tudo estar pronto para a festa. O bairro de **Madureira** fervilhava naquele verão, com as lojas apinhadas de gente, em meio à loucura das compras de Natal e fim de ano, além dos preparativos para mais um carnaval, a razão de ser de boa parte dos moradores da região. Depois que o presidente JK inaugurou, em 1959, o famoso "*Mercadão*", do outro lado da linha férrea, em frente ao Morro da Serrinha, o comércio do local disparou e Madureira se tornou um dos três maiores arrecadadores de ICMS do município do Rio de Janeiro.

A "capital do subúrbio", que, em 2019, seria carinhosamente homenageada por Rosa no enredo da Portela dedicado a Clara Nunes ("***Na Madureira moderníssima, hei sempre de ouvir cantar uma Sabiá***"), era o epicentro comercial e festeiro de uma vasta área da cidade. De ônibus ou de trem, vinha gente de todos os cantos para fazer compras na terra do samba. Em suas centenas de lojas e no próprio *Mercadão*, milhares de pessoas circulavam de segunda a sábado. Eletrodomésticos, peças do vestuário adulto, roupas infantis, calçados, joias e bijuterias, artigos para festa, itens religiosos – tinha de tudo na populaíssima Madureira. Por sua vez, nas quadras lotadas das escolas, nas tórridas noites de sexta-feira e de sábado, o samba comia solto durante os últimos ensaios para o desfile, só parando quando o dia clareava. Os amantes do carnaval soltavam o bicho não só na Portela e no Império, mas também em vários blocos de embalo que arregimentavam milhares de foliões em suas vias durante os quatro (para não dizer cinco, seis...) dias dos festejos de Momo. Havia chamariz melhor para um carioca da gema?

Rosa Magalhães e **Lícia Lacerda** admiravam aquele cenário prodigioso e tinham plena consciência da responsabilidade que pesava sobre seus ombros, ao aceitar o convite de Jamil *Cheiroso* para comandar o desfile do Império em 1982. Elas sabiam que alguns traquejados imperianos, remanescentes do tempo em que a pioneira **Tia Eulália**[122] cuidava das fantasias e dava o toque final no enredo, estavam cabreiros com as "novatas", mas não se abalaram com a desconfiança dos veteranos. E tampouco se angustiaram com a fieira de desavenças internas acumuladas na última década, um rosário tão carregado que nem São Jorge, o santo protetor da escola, conseguia desfazer. De fato, nem tudo eram flores no terreirão da Serrinha desde o início dos anos 70, a despeito do belo título obtido em 1972 com o desfile dedicado a Carmen Miranda.

O primeiro episódio grave havia sido o afastamento de Silas de Oliveira da escola, depois que seu samba para o carnaval de 1972 foi derrotado na quadra. Segundo contam os familiares do compositor, Silas entendeu que o voto unânime dos seis jurados no samba de Wilson Diabo, Heitor Rocha e Maneco (de letra mais curta, com apenas duas estrofes[123] e um refrão bem popular), que resultou em **6 a 0** para os rivais, equivalia a uma **nota zero** para a sua obra[124]. Um ano antes, o Salgueiro levantara a avenida com "***Festa para um rei negro***",

---

122 **Eulália** do Nascimento, que nasceu em 12/3/1908 em Porto Novo da Cunha (MG) e morreu em 2005, no Rio de Janeiro, foi fundadora do Império Serrano e era a orgulhosa portadora da carteira nº 1 de sócia da escola.

123 Para ciência do leitor, eis os versos: "*Uma pequena notável / Cantou muitos sambas / É motivo de carnaval / Pandeiro, camisa listrada / Tornou a baiana internacional / Seu nome corria chão / Na boca de toda a gente / Que grilo é esse? / Vou embarcar nessa onda / É o Império Serrano que canta / Dando uma de Carmen Miranda*".

124 Quem colheu a impressão da família foi a pesquisadora Rachel Valença, entrevistada pelo biógrafo em 29/10/2018, em sua residência, no Rio de Janeiro

de Zuzuca, ditando uma nova fórmula para o gênero, cujas mudanças se acentuam à medida que o desfile se converte em grandioso *espetáculo*. Era difícil para o criador de sambas cadenciados e longos como "***Aquarela brasileira***", de quase quarenta versos (alcunhado, por isso, de *samba lençol*), aceitar as soluções mais fáceis de que se valiam os pares para cair no gosto do público, como o estribilho final do vencedor: "*Cai, cai, cai, cai, quem mandou escorregar / Cai, cai, cai, cai, é melhor se levantar*".

Bastante ressentido e abalado pelo suposto "vexame", Silas afastou-se do gênero e se refugiou nas boas rodas de samba, onde podia conviver com gente menos imbuída do espírito comercial dos novos tempos e do clima de acirrada competição que começava a impregnar o carnaval carioca. Era tão grande o desânimo e a mágoa, que o sambista, às vésperas de sua morte precoce, em maio de 1972, por vezes saía da linha e perdia o pudor habitual de "letrista letrado", declarando indignado aos pares: "*Tem uma canalhada dentro da escola, meu irmão*[125]". A passagem do *professor* para o espaço sideral (vítima de infarto fulminante no palco quando cantava "Cinco Bailes da História do Rio", hino do Império de 1965, escrito com *Dona* Ivone Lara e Bacalhau) não seria apenas o epitáfio de um estilo de composição de samba de enredo, mas também uma advertência simbólica sobre o futuro da *embaixada* da Serrinha, cuja comunidade parecia ter perdido o prumo e a identidade.

Em 1978, pobre e desunida, em meio a brigas com o presidente Irani Alves Ferreira, um tipo fechado e turrão, nem a presença de Fernando Pinto livrou o pessoal da Serrinha do rebaixamento. "*Isso foi carma, amiga*", declarou o carnavalesco a uma imperiana de fé mais tarde[126], lamentando o fiasco do desfile "*Oscarito, carnaval e samba: uma chanchada no asfalto*". Em 1979, já sem Fernando, a verde & branca sagrou-se vice-campeã do grupo 1 B, com o enredo "*Municipal maravilhoso, 70 anos de glória*", a cargo de Jorge Segundo, Di Menezes e Evandro de Castro Lima (famoso figurinista, 21 vezes vencedor do

---

125 Cf. *Silas de Oliveira / Mano Décio da Viola*. Nova História da Música Popular Brasileira. 2ª ed. São Paulo: Abril Cultural, 1977, p. 12.

126 A declaração foi feita a Rachel Valença, que a revelou a este biógrafo na entrevista citada, em 29/10/2018.

concurso de fantasias do Teatro Municipal) e retornou à série 1 A, em que obteve o 5º lugar em 1980, com o tema "*Império das Ilusões - Atlântida, eldorado, sonho e aventura*", desenvolvido por Evandro do Rosário, José Eugênio, Mauro Almeida e Ubiratan de Assis.

Naquele ano, porém, o mais surpreendente seria a renúncia, até hoje inexplicável, do presidente Ribamar Corrêa. Com a diretoria desnorteada, sem ninguém disposto a assumir o cargo, o Conselho Deliberativo constituiu uma "Junta" para dirigir o Império. Em meio ao caos político e à penúria material, não deu outra: em 1981, com o enredo "*Na terra do pau-brasil, nem tudo Caminha viu*", a verde & branca ficou em último lugar no certame – e, se por acaso o regulamento fosse cumprido, deveria, mais uma vez, ser rebaixada para o grupo **1 B**. Só não o foi porque, como até hoje é praxe entre os manda-chuvas da Liga, o *bicheiro* Carlinhos *Maracanã* bancou a permanência da escola na série **1 A**, decisão, aliás, que ele próprio lamentaria um ano depois, quando o Império foi campeão: "*Arrumei sarna para me coçar...*", diria o contrafeito *bicheiro* com seu carregado sotaque lusitano.

O fiasco na avenida e o vácuo no poder só poderiam atrair mais fracassos. Com a quadra às moscas e o caixa da escola vazio, a Junta 'provisória' se viu obrigada a convocar eleições para o cargo vago. Foi aí que apareceu um dos protagonistas do título de 82, o dinâmico e bonachão **Jamil *Cheiroso***. O novo presidente, cujo peculiar apelido surgira no tempo em que o jovem filho de imigrantes turcos vendia perfume de porta em porta, era um comerciante nato, que, depois de muito labutar, comprara três *boxes* de peixe no Mercado da Praça XV. Apesar da figura rude e simplória, *Cheiroso* era pessoa afetuosa e simpática, que há anos vestia a camisa do Império, tendo inclusive tocado reco-reco na bateria da escola[127]. Com o apoio de *bambas* como Mestre Fuleiro (Diretor de Harmonia), Irani dos Santos (Comissão de Carnaval), Natalino Costa (Diretor de Bateria) e Wilson das Neves (Diretor Musical), além de Jorginho do Império, Roberto Ribeiro e *Dona* Ivone Lara, ele iria tornar-se a única saída para a grave crise que se instalara no terreirão da Serrinha.

---

127 Sobre os laços de Jamil Maruff com o Império Serrano, ver PILOMBETA, obra citada, p. 25.

Se o clima na verde & branca andava para lá de tumultuado no limiar dos anos 80, a agitação também crescia na arena política, na virada de 1981 para 1982, após a "reforma partidária" da ditadura decretada, em 1979, pelo General João Figueiredo. Fustigado pela amarga derrota para a Oposição na eleição para o Senado em 1974, além do modesto resultado para a Câmara dos Deputados[128] em 1978, o Governo decidiu extinguir o sistema bipartidário de ARENA (o "*partido do sim*") e MDB (o "*partido do sim, senhor*"). A fim de manter a hegemonia no Congresso, o General Golbery do Couto e Silva, estrategista mor do regime, realinhou os quadros da famigerada ARENA sob a legenda do Partido Democrático Social (PDS), fundado em janeiro de 1980; para rematar o serviço, ainda instigou a divisão das forças oponentes, que se reagruparam até o processo eleitoral de 82 em quatro siglas.

A nova década exibiria, então, um novo leque partidário para as eleições: além do PDS, surgiam o PDT (o Partido Democrático Trabalhista de Leonel Brizola e seus antigos correligionários do PTB), o PMDB (agremiação que reuniria o MDB de Ulysses Guimarães e o PP de Tancredo Neves), o PT (partido fundado por Lula e os sindicalistas do ABC, com apoio de intelectuais e religiosos da ala mais progressista da Igreja católica) e o PTB (a velha legenda getulista, agora confiada a Ivete Vargas, mas nas mãos de ex-udenistas como a deputada Sandra Cavalcanti). Em 1982, seriam essas as siglas a participar de um pleito sem precedentes, que indicaria, com "*voto vinculado*" (ou seja, com o eleitor sendo forçado a indicar candidatos de um só partido para todos os cargos, sob pena de anular seu voto), não somente o governador, mas também o senador, o deputado federal e o estadual.

Com a votação marcada para 15 de novembro do ano seguinte, desde o final de 1981 os candidatos já andavam assanhados pelas quadras, posando de *papagaio de pirata* na cena do carnaval. No Rio de Janeiro, quem comandava a política regional era a turma do governador Chagas Freitas, um ex-udenista que migrara para o PSD e depois, com o golpe de 1964, optara pelo MDB,

---

128 Em 1974, no pleito para o **Senado** (uma vaga por estado), o *Movimento Democrático Brasileiro* (MDB) elegeu **dezesseis** candidatos, ao passo que a *Aliança Renovadora Nacional* (ARENA) só obteve **seis** cadeiras na Casa. Já em 1978, das **410** vagas em disputa para a **Câmara**, **231** foram ocupadas pela ARENA e **189** pelo MDB.

afastando-se dos *lacerdistas* alojados na ARENA. Com ampla maioria na Assembleia Legislativa fluminense, além de larga influência na opinião pública graças ao controle do jornal **O Dia**, o *chaguismo* era hegemônico no estado: em 1978, quando o MDB obteve 52 cadeiras na ALERJ e a ARENA elegeu apenas 18 deputados, só um pequeno grupo de "autênticos" da sigla não estava alinhado com o governador. E os *chaguistas* também batiam ponto no Congresso, onde o deputado federal Miro Teixeira (que assinava uma coluna em **O Dia** e seria o candidato do partido à sucessão de Chagas Freitas) se reelegera deputado federal em 1978 com mais de 536 mil votos.

Reunindo em suas agremiações milhares e milhares de componentes (e eleitores!), o mundo do samba, inevitavelmente, era um dos espaços mais cobiçados pelos políticos. No Império, figuras como o deputado estadual **Jorge Leite**, com base eleitoral na região de Jacarepaguá, eram presença constante, à caça de votos – muitos votos –, angariados à custa de pequenos "favores" e da resolução de certas medidas legais que, muitas vezes, traziam inegáveis benefícios às escolas. Leite, por exemplo, era benquisto na Serrinha, pois fora ele o responsável pela regularização da quadra da Av. Ministro Edgar Romero, um antigo mercado colado à linha do trem, cuja situação legal ficara indefinida durante anos.

Lidar com tantos *caciques* não seria uma missão simples para Rosa e Lícia, duas artistas e acadêmicas forjadas nas salas da EBA. Contudo, graças ao fecundo aprendizado com mestres Arlindo e Pamplona no barracão do Salgueiro, elas souberam driblar a torre de Babel, conseguindo, à custa de muito esforço, botar o carnaval do Império na avenida. O único problema, porém, como já relatamos em outro volume deste *Acervo*, era a sinistra presença de um coronel na linha de frente da escola, sempre contrário a qualquer ideia fora do roteiro. O militar se chamava Mauro de Almeida; ele tinha lá suas veleidades de carnavalesco e, inclusive, havia colaborado com a dupla Luís Fernandes e Ricardo Aquino no funesto desfile de 1981. Apesar de morar em Copacabana, Mauro vivia na agremiação e, naturalmente, julgava-se no direito de dar palpites sobre as ideias das novas profissionais.

Mulher de personalidade forte, Rosa, no entanto, soube driblar as investidas do coronel, quando este a procurou dizendo-se "insatisfeito" com as suas decisões, de tal sorte que o oficial enfiou o galho dentro e deixou o caminho livre para o trabalho das grandes mentoras do desfile. Com o clima desanuviado no modesto galpão da COMLURB que servia de "barracão" à escola (situado na Rua República do Líbano, bem no SAARA, área de comércio popular no Centro do Rio), só faltava então escolher o samba de enredo, tarefa a cargo da comissão julgadora composta por Rosa, Lícia e o ex-presidente Irani Ferreira. Era uma disputa acirrada, mas o trio sentiu-se à vontade na noite da grande final, proclamando vitorioso o hino que a quadra já começava a cantar – e cujas notas de lirismo, hedonismo e rebeldia em breve haveriam de encantar a Sapucaí...

3. Entre a Pedra do Sal, a Praça XI e o Estácio na "Pequena África" carioca

Definido o samba do desfile, havia muito a encenar e recriar com aquele mote, a começar pela *imortal* **Praça XI**, encravada no seio da "***Pequena África***", o vasto território de resistência onde os negros alforriados e outros tantos fugitivos se abrigavam ao desembarcar no Rio. A saga começa na década de 1870, quando os escravos que tinham combatido na Guerra do Paraguai (1864-1870), sob a promessa de alforria do Imperador, regressam ao país. Os negros recém-chegados da guerra vieram somar-se àqueles, ainda escravizados, que passaram a aportar na cidade, vendidos a preço crescente pelos senhores de engenho da Bahia e de outras áreas do Nordeste, região afetada pela perda de mercados do açúcar no comércio internacional e a expansão da lavoura cafeeira no Sudeste.

Se não bastasse a decadência da economia agroexportadora na Bahia, as festas e *batuques* do povo negro em Salvador sofriam violenta repressão da guarda do Império. Para esta, qualquer manifestação coletiva poderia ser o prenúncio de mais um motim, fosse dos negros ansiosos por sua emancipação, fosse da população livre da cidade, oprimida pelas duras condições de vida que se acirram com a ruína dos engenhos. A crise e a discriminação só tendem a estimular nos negros baianos o sonho de migração para o Rio de Janeiro, uma "miragem" que já se tornara realidade para muitos de seus pares, conforme nos revela o depoimento colhido de uma baiana secular:

Tinha na Pedra do Sal, lá na Saúde, ali que era uma casa de baianos e africanos, quando chegavam da África ou da Bahia. Da casa deles se via o navio, aí já tinha o sinal de que vinha chegando gente de lá. [...] Era uma bandeira branca, sinal de Oxalá, avisando que vinha chegando gente. A casa era no morro, era de um africano, ela chamava Tia Dadá e ele Tio Ossum, eles davam agasalho, davam tudo até a pessoa se aprumar. (...) Tinha primeira classe, era gente graúda, a baianada veio de qualquer maneira, a gente veio com a nossa roupa de pobre, e cada um juntou sua trouxa: "vamos embora para o Rio porque lá no Rio a gente vai ganhar dinheiro, lá vai ser um lugar muito bom". [...][129]

Com a valiosa contribuição das levas baianas, cresce a "*Pequena África*", cujo marco inicial era a **Pedra do Sal**, junto ao Morro da Conceição, no bairro da Saúde, bem próximo à Praça Mauá (centro do Rio). Seguindo pela Zona Portuária em direção ao Canal do Mangue, ela se estendia, por um lado, até a Cidade Nova e o **Morro do Estácio**, reduto de *bambas* do samba carioca. No sentido oposto, ocupava a faixa de terra banhada pela baía de Guanabara, serpenteando até o Morro do Castelo, mais acima da Praça XV, na altura da Rua Santa Luzia. E se espraiava ainda por trás dos morros que se erguiam nos arredores do porto, como Conceição e Providência, para além da Gamboa, da Saúde e de Santo Cristo, até alcançar a **Praça XI**, sítio onde reinavam as baianas lideradas por ***Tia Ciata***[130].

---

129 Depoimento de Carmem Teixeira da Conceição, arquivado por Corisco Filmes. *Apud* MOURA, op. cit., p. 60-61.

130 A baiana Hilária Batista de Almeida, a popular ***Tia Ciata***, nasceu em Santo Amaro da Purificação, em 1854, e morreu no Rio de Janeiro, em 1924. Respeitada mãe de santo, iniciada no candomblé em Salvador, ela veio para o Rio aos 22 anos, no auge da chamada *diáspora baiana*. Aqui, vestida com seus trajes típicos, passou a vender quitutes na Rua Sete de Setembro. Depois, casada com o funcionário público João Baptista da Silva, com quem teve catorze filhos, fixou-se na **Praça XI**, onde se tornou uma autêntica madrinha do ***samba***, acolhendo em sua casa animadas "rodas" com Donga, Sinhô, João da Baiana, Hilário Jovino e outros *bambas*.

Calcula-se que nesse território havia ao menos 40.000 negros alojados em casas de cômodos, cortiços e sobrados, exercendo várias atividades. Muitos eram trabalhadores braçais, como o grande número de estivadores e arrumadores que labutavam no porto. Esse grupo revelaria sempre uma grande unidade de ação e se preocuparia em difundir seus valores por outras áreas negras da cidade, sobretudo nos morros e subúrbios, desde a Estação Primeira de Mangueira até o bairro de Madureira, onde estimulariam as *batucadas* e ajudariam a fundar as primeiras *escolas de samba*. Entre eles, despontavam os *bambas* Elói Antero Dias, o ***Mano Elói*** (cujo nome batiza a quadra do Império), e **Paulo da Portela**, graças aos quais seriam criadas agremiações de peso na cidade, em especial a Portela e os grêmios recreativos da Serrinha.

Embora abalada pela reforma urbana de Pereira Passos em 1903-1904, a "*Pequena África*" fomentaria ao longo da *Belle Époque* o universo cultural negro no Rio de Janeiro. É claro que a remodelação do centro da capital, que exigiu a demolição de 700 prédios para a abertura da imponente Avenida Central (atual Av. Rio Branco), desde a Praça Mauá até a Cinelândia, acarretou sérios transtornos aos moradores mais humildes. Ali viviam 14.000 pessoas – em sua maioria, operários, artífices e pequenos comerciantes, que suavam para botar comida na mesa e pagar seus aluguéis. No fundo, o objetivo da elite era expulsar do sítio central da cidade e da própria Zona Portuária a "gente miúda", sob o eterno pretexto de *modernização* da paisagem urbana.

Seja na **Pedra do Sal**, na **Praça XI** ou até no **Estácio**, entre *batuques* e rodas de capoeira, a cultura negra dos despossuídos se afirmava, encontrando formas próprias de participação na grande festa do ***carnaval***, já então um folguedo irresistível do Brasil republicano. É claro que havia matizes singulares em cada área. Na **Praça XI** de Sinhô e *Tia Ciata*, os *batuques* acusavam a influência do maxixe. No **Estácio** de Ismael Silva, parceiro dileto de Noel Rosa, ouvia-se outro som, que era tocado nos blocos, como o "*Deixa Falar*", com uma batida semelhante à da marcha, marcada por instrumentos de percussão. Esse ritmo foi assimilado por vários morros cariocas, desde a Favela e a Saúde, no Centro, até o **Salgueiro**, a **Mangueira** e o **Morro dos Macacos**, em Vila Isabel, berços de três escolas de enorme expressão na cena cultural da cidade. Todavia, muita música ainda precisaria minar daquelas fontes antes que a sedutora ***batucada*** obtivesse sua carta de alforria e se convertesse em valioso artigo de consumo da *cultura de massa*.

Passistas e ritmistas: legítimos herdeiros da "Pequena África" | Acervo Rachel Valença

Com efeito, por conta da filiação afro-brasileira, a gente humilde das ***embaixadas*** padeceu, tal qual o estigmatizado **entrudo** do século XIX, uma violenta discriminação das autoridades nas primeiras décadas do novo século, em meio à onda de *higienização* que as reformas do Prefeito Pereira Passos promoviam no coração da urbe. Se o caso do povo era "com a polícia", conforme dizia Washington Luís ao final dos anos 20, não é difícil imaginar a antipatia e aversão das elites às formas de sincretismo cultural geradas em um país onde a **abolição da escravatura** fora a mais tardia de todas as Américas. A segregação era patente não apenas na esfera policial, mas no próprio Senado, onde "*Ruy barboseava, dizendo ser grosseira a música popular brasileira*[131]". Bem mais do que "má vontade" com a música e a arte do povo em geral, o regime vigente empreendia uma feroz perseguição aos sambistas, tachados de vagabundos ou malandros e proibidos de circular livremente com seus instrumentos pelas ruas do Rio de Janeiro.

De qualquer modo, o berço do samba e dos desfiles já estava de pé. Com as bênçãos de *Ciata*, desde o século XIX até hoje, sejam eles "desenxabidos" ou esfuziantes, os cortejos do povo negro seguem vivos nas ruas da cidade, encenando com humor e picardia nossa truncada história socioespacial. Fruto da resistência cultural dos netos da diáspora, o *samba* que brota nas *escolas* não nega suas raízes agrárias, mas vem a assumir feição essencialmente **urbana**. Segundo anotou Artur Ramos, o negro evadido dos engenhos, das plantações e das minas, ou aquele saído dos morros, mocambos e favelas, esquecia-se das lides rurais ou domésticas e vinha mostrar na **Praça XI** o seu inconsciente folclórico.

Naquele cenário histórico habitado por veneráveis baianas, bem no centro do Rio, junto à Avenida Presidente Vargas, sítio sagrado de celebração de folguedos, reuniam-se, conforme a expressão do ensaísta, "*velhas imagens da Mãe África transplantadas para o Brasil*[132]". Além da presença protetora das *tias*, a

---

131 Versos de "1910 – Burro na Cabeça", de Franco, Barbicha, Jangada e Dazinho, samba de enredo do GRES União da Ilha do Governador para o carnaval de 1981.

132 Cf. RAMOS, Artur. *O folclore negro no Brasil*. 2ª ed. Rio de Janeiro: Editora Casa do Estudante do Brasil, 1954.

opção pelo local poderia ser explicada por outras razões: em primeiro lugar, situada bem ao lado da estação terminal da E. F. Central do Brasil, a praça oferecia acesso fácil a quem viesse de trem dos subúrbios, como os componentes da *Vai Como Pode* e da Mangueira; afora isso, o espaço era rodeado por uma série de clubes e ranchos, como a célebre *Kananga do Japão*, o *Rancho Rosa Branca* e outros, que, durante o folguedo, desfilavam por ali.

Assim, entre 1929 e 1931, em caráter oficioso e, a partir de **1932**, de forma oficial, sob o auspício do jornal **Mundo Sportivo**, a **Praça XI** passou a acolher o orgulhoso cortejo do samba. Era justamente com esse gancho que o **Império Serrano** abriria o desfile de 82, exatamente meio século depois do certame que contou, entre os jurados, com o próprio pai de Rosa, o jornalista Raymundo Magalhães Jr. – a quem a filha, pesarosamente, haveria de prestar a derradeira homenagem na avenida, após a morte brutal do amigo e tutor, vítima de um atropelamento no Flamengo, em frente à revista **Manchete**, onde ele trabalhava, em 12 de dezembro de 1981.

4. Dos ranchos e grandes sociedades à nova "ópera de rua" do carnaval

Glosando o mote proposto por Pamplona, o carnaval de Rosa e Lícia se preocupou em traçar a trajetória da nova "ópera de rua" que se estrutura no carnaval carioca ao longo do século XX. A fórmula do cortejo que se desenhou na Praça XI e atingiu a maioridade na Candelária era uma espécie de recriação antropofágica de certos elementos dos antigos ***ranchos*** e das ***grandes sociedades***, fundadas ainda no Brasil Império, cujos luxuosos carros alegóricos reaparecem, "canabalizados", na nova expressão dos desfiles[133]. Ambos tinham surgido como uma forma mais '*civilizada*' de se brincar carnaval, uma resposta à *barbárie* do violento **entrudo** – "herança fiel e completa" da longeva e "porca" tradição lusitana em que amos e servos se besuntavam não só de água, farinha

133 Ver, a respeito, HERKENHOFF, Paulo: "Prefácio". *In*: MAGALHÃES, Rosa & NEWLANDS, Maria Luiza. *O inverso das origens*. Rio de Janeiro: Nova Terra, 2014, p. 9-10.

e fuligem, mas muita vez se serviam de outros ingredientes nada cordiais, inclusive bosta e urina[134].

Os ***ranchos*** eram "cordões mais civilizados", em que se notava a presença feminina e a preocupação em diluir a herança africana, inclusive na escolha dos nomes, como ***Flor da Lira*** e ***Rosa de Ouro*** (eternizado por Chiquinha Gonzaga na marchinha "Ô, Abre-alas"): embora os dois acusassem traços totêmicos, as flores substituíam os animais (*Recreio do Jacaré, Urso Branco*), bem mais primitivos. Instrumentos de corda (violões e cavaquinhos) e de sopro (flautas e clarinetes) compunham a orquestra, à qual se acrescia um coro, incumbido de entoar a marcha da agremiação[135]. Já a turma da fuzarca reunia-se nos ***blocos***, os grupos de mascarados com conjunto de percussão, conduzidos por um apito, cuja vocação era promover uma "sátira mordaz de nossa gente[136]".

Quanto às ***grandes sociedades***, que em 1855 eram saudadas pela imprensa como "a maior transformação do carnaval fluminense", capaz de rivalizar (!) com o de Veneza, Nice e Roma, exibiam-se com "riqueza e luxo de trajes" para um seleto público que incluía de José de Alencar ao Imperador Pedro II e as princesas. Precedendo em quase 80 anos o primeiro desfile das *escolas de samba*, os suntuosos préstitos já traziam carros alegóricos puxados por tração animal, com os mais diversos motivos, desde a figura de uma lira até a mais impiedosa sátira política. Um século depois, porém, apesar do esforço dos sócios dos clubes *Democráticos*, *Fenianos* e *Tenentes do Diabo*, o que o público via na

---

134 Ver, a respeito, CASCUDO, Luís da Câmara. *Dicionário do folclore brasileiro.* Rio de Janeiro: Ediouro, [s/d], p. 373; e DANTAS, Júlio. "O Entrudo Lisboeta no Século XVIII". Rio de Janeiro: **Gazeta de Notícias**, 21 de fevereiro de 1909; apud MORAES, Eneida de. *História do carnaval carioca.* Rio de Janeiro: Record, 1987, p. 17. O cronista diz que, na velha Lisboa de 1700, "*até os 'próprios fidalguinhos peraltas', todos com a casaca de seda a escorrer ovos, a cara empastada de sangue e lama, cobertos das maiores imundícies e dos mais sórdidos desejos, corriam as ruas debaixo da saraivada dos pós das panelas, das laranjas-de-cheiro, da farinha, dos 'esguichos', dos ovos de gema, de toda água que jorrava das rótulas estreitas e dos postigos mouriscos*".

135 Cf. ALMEIDA, Renato. *História da música brasileira.* F. Briguiet, 1942. *Apud* ENEIDA, obra citada, p. 113.

136 *Idem, ibidem*, p. 101.

terça-feira gorda de carnaval era apenas uma pálida e melancólica lembrança dos tempos imperiais.

As **escolas de samba**, por sua vez, nascem no decurso dos anos 20. Conscientes da profunda aversão e hostilidade que sua música e sua dança despertavam nas elites, **Paulo da Portela**, ***Mano Elói*** e outros líderes comunitários redobraram esforços para aglutinar sua gente em torno dos *grêmios recreativos*. Elói Antero Dias, por exemplo, ajudou a criar a **Portela**, o **Prazer da Serrinha** e o **Império Serrano**, além de subir o Morro da Mangueira para tocar samba com Cartola e o pessoal que criaria a **Estação Primeira**. Paulo Benjamin de Oliveira foi um dos pilares da Portela, participando desde a primeira hora da fundação da escola, que surgiu do *Conjunto Oswaldo Cruz*, antecessor de *Quem nos Faz é o Capricho* e da *Vai Como Pode*. Os primeiros grêmios surgem nesse circuito, entre Madureira, Oswaldo Cruz e o Estácio de mestre **Ismael Silva**, que batiza a pioneira *Deixa Falar* em 1928.

O fato é que a atuação articulada dos *bambas* "desentocaiou o samba dos morros", conforme escreveu o antropólogo Arthur Ramos: "*A Praça Onze começou a assistir àquilo que até então vivia escondido em recessos ignorados*[137]". Se os filhos de *ioiô* e *iaiá* seguiam todos empetecados para o Baile do Municipal ou desfilavam de automóvel nos luxuosos corsos das avenidas, esguichando lança-perfume e arremessando confete e serpentina nos foliões, a turma da favela descia o morro e vinha mostrar seu valor na **Praça XI**. Segundo a feliz definição de Eneida, ela era a *mãe protetora* de um novo tipo de festejo: "*o carnaval do povo, das favelas, o carnaval do morro, o carnaval do samba*[138]".

Depois, o enredo que Pamplona concebeu – e que a dupla Lícia & Rosa, tirando da cabeça o que o bolso não dava, transformou em realidade – rendia vênia à **Candelária**, onde o evento, conforme ressaltava com inteira propriedade a letra do samba escrito por Aluísio & Beto, "*construiu seu apogeu*". O Império reverenciava, com razão, a nova etapa do folguedo, que se transfigura na década de 60, adquirindo outra fisionomia plástica, musical e – por que

---

137 Cf. RAMOS, Arthur. *O Folclore Negro no Brasil.* 2ª ed. Rio de Janeiro: Livraria Editora Casa do Estudante do Brasil, 1954.

138 ENEIDA, obra citada, p. 98.

Alegoria de Joãsinho Trinta, um dos ícones
das "Superescolas de Samba S/A" | Acervo Rachel Valença

A alegria que ninguém esconde | Acervo Rachel Valença

não dizer? – sociocultural. A despeito das polêmicas travadas com os sambistas avessos às inovações dos *intelectuais*, a partir da geração de Pamplona, Arlindo e seus pares da EBA e do Teatro Municipal, ampliava-se o repertório das escolas, inclusive na seleção dos temas que a ópera popular do carnaval encenava na avenida.

Assim, enquanto as agremiações mais tradicionais ainda se curvavam às diretrizes chauvinistas do Estado Novo, abordando em tom ufanista episódios da História oficial, o **Salgueiro** optava por desenvolver motes libertários e de africanidade, encenando com pompa e ousadia a resistência do *Quilombo dos Palmares*, a desfaçatez de *Xica da Silva*, a astúcia do escravo *Chico-Rei*, o sincretismo da *Bahia de todos os deuses* e a delirante *Festa para um rei negro*. A lírica e o ritmo também mudavam: o *samba-lençol* cedia passo às letras mais curtas de Zuzuca, Zé Katimba & Cia., enquanto a batida mais cadenciada dos antigos hinos se acelerava, contagiado por refrões eletrizantes de dois ou quatro versos, como se ouve em "*Festa para um rei negro*" (Salgueiro, 1971), "*Martin Cererê*" (Imperatriz, 1972) e "*Alô, alô, taí Carmen Miranda*" (Império, 1972).

Pamplona, Arlindo e seus discípulos não só atualizavam a galeria dos enredos, mas também alçavam o **visual** a um dos três pilares do cortejo, ao lado do **canto** e da **dança**. O samba bailava entre a cruz e a espada... De um lado, a supremacia dos itens plásticos do desfile, ofuscando os elementos rítmicos e coreográficos básicos do folguedo, suscitava protestos enérgicos das vozes da *raiz*. De outro, era impossível negar a beleza da **imagem**, "*para os* ***olhos*** *um prazer*", como cantava o samba de Aluísio e Beto, louvando as formosas "*burrinhas*". E o dilema só tendia a acentuar-se, pois a figura emergente do **carnavalesco** era apenas outro signo da conversão da festa coletiva em um negócio altamente rentável, que termina por interferir no próprio jogo de poder dos velhos grêmios recreativos:

> *Até meados da década de 1960, as escolas eram dirigidas pelos sambistas, que tinham controle total sobre suas atividades. A balança entre* ***samba*** *e* ***mercado*** *começa a se alterar no momento em que as escolas vão se profissionalizando e a atividade do desfile se torna a cada ano mais lucrativa para as agremiações,*

No barracão do "primo pobre" Império, no Catumbi, poucos recursos, mas muito suor e criatividade | Acervo Rachel Valença

para a prefeitura, para a economia carioca de um modo geral e, principalmente, para a iniciante televisão.[139] *[Grifos nossos]*

Instaura-se, então, a era controversa das ***Superescolas de Samba S/A***, tópico final do enredo. A crítica precoce e perspicaz ao caráter mercantil e *espetacular* da nova versão do cortejo, convertido em produto midiático e artigo de exportação a partir dos anos 70, não perdoava o gigantismo e o luxo das entidades apadrinhadas pelos *banqueiros* do *jogo do bicho*, como a Beija-Flor, de Anísio Abraão David, e a Mocidade, de Castor de Andrade. Mas essa era somente a ponta mais visível do *iceberg*: com a chancela da mídia e do poder público, o *espetáculo* se consolida e a classe média carioca ocupa as quadras das escolas, que trocam seus "terreiros" por espaços mais amplos e confortáveis, como fez a tradicional Estação Primeira de Mangueira, inaugurando o "Palácio do Samba" em 1972[140].

Contudo, conforme adverte o historiador Roberto Moura, a partir do instante em que o desfile das escolas se converteu na maior atração da folia carioca, "*o sambista passou a viver um* ***paradoxo***": o carnaval e as agremiações assumiam enorme projeção no país e no exterior, mas a expressão do gênero musical nas quadras restringia-se quase exclusivamente à acirrada disputa do *samba de enredo*, que asfixia o *samba de terreiro* e faz os *bambas* da antiga perder espaço para os compositores recém-chegados, ávidos pela grana dos direitos autorais[141].

---

139 TROTTA, Felipe. *O samba e suas fronteiras: "pagode romântico" e "samba de raiz" nos anos 1990*. Rio de Janeiro: Editora UFRJ, 2011, p. 86.

140 Cedo ou tarde, várias agremiações seguiriam o exemplo da **Mangueira**: nos anos 80, a **União da Ilha** deixa a velha quadra do Cacuia e ergue um novo espaço na Estrada do Galeão; o **Salgueiro** converte o antigo campo do Confiança, no Andaraí, em uma quadra com tratamento acústico e sistema de ar condicionado central; a **Portela** reforma seu largo terreirão em Osvaldo Cruz e a **Mocidade Independente**, após décadas na velha quadra da Vila Vintém, inaugura em 2012 o "Maracanã do samba", de 33 mil m2, onde cabem 12 mil pessoas.

141 MOURA, Roberto M. *No princípio, era a roda*. Rio de Janeiro: Rocco, 2004, p. 163.

Era um panorama inquietante, sem dúvida. Ainda assim, não havia um tom pessimista na mensagem do Império, cujo samba, ao final, em um misto de esperança e euforia, apostava na própria vitalidade e proclamava:

> ***Bumbum paticumbum prugurundum***
> ***O nosso samba minha gente é isso aí, é isso aí...***
> ***Bumbum paticumbum prugurundum***
> ***Contagiando a Marquês de Sapucaí***

5. E a coroa imperial mais uma vez brilhou

Rio de Janeiro, 21 de fevereiro de 1982. Raiara, enfim, o dia D para as doze escolas do **Grupo 1 A** que iriam varar a noite na Sapucaí em busca do tão almejado título de campeão do carnaval. Quando os componentes do **Império** (última agremiação a desfilar) chegaram à Avenida Presidente Vargas, na tarde-noite de domingo, e viram as alegorias da **Imperatriz** estacionadas na pista (ela seria a 10ª a entrar na avenida e, por isso, estava concentrada logo à frente da rival), quase todos pensaram a mesma coisa: "*Não vai dar...*"

O temor dos imperianos era justificável. Sem dúvida, a caçulinha da Leopoldina, bicampeã de 1980-1981, viera mais uma vez disposta a encantar o público e os jurados na *Passarela do Samba*, sonhando com o inédito tricampeonato. O desafio era à vera: a julgar pelos carros, fantasias e adereços já vislumbrados na concentração, a "madrinha" humilde da Serrinha teria de arrebentar na Sapucaí para derrotar a próspera "afilhada" naquele ano. E não era para menos: sob a batuta de Arlindo Rodrigues, um dos mestres de Lícia e Rosa no Salgueiro, além da "chancela" do *bicheiro* Luiz Pacheco Drummond, a **Imperatriz** não jogava para perder, fantasiando-se com muito luxo e esplendor para exaltar as riquezas da nossa cultura com o enredo "*Onde canta o sabiá*".

A desproporção entre as duas coirmãs de fato impressionava, mas isso não queria dizer que o resultado já estava decidido. Afinal de contas, o grêmio da

Serrinha era uma trincheira da *Resistência* portuária, com figuras memoráveis a reger cada segmento da escola, como era o caso de *Seu* Natalino Costa, diretor de bateria, que se filiava à turma de *Mano Elói*. Arrumador do porto, o maestro da orquestra verde & branca, cujos tambores e agogôs até hoje enfeitiçam a Sapucaí, era um autêntico cavalheiro com os pares, mas tinha lá seus 'artifícios' para impor respeito aos ritmistas... Basta lembrar o dia em que ele, ao provar o terno do desfile, reclamou à costureira da falta de um bolso interno no paletó para guardar o revólver, seu 'argumento' maior na hora de acalmar os mais abusados:

— *Tá faltando o lugar da arma!*

Seja pela *firmeza* de pessoas do quilate de mestre Natalino, seja pelo empenho de figuras como o presidente Jamil *Cheiroso*, cujo trato afetuoso com toda a comunidade mudara por completo o astral da escola em menos de doze meses, a nação imperiana sentiu que, com a bênção dos seus orixás, havia alguma surpresa das boas reservada para a Serrinha em 1982. Por isso, quando a sirene anunciou que a hora havia chegado, com os agogôs de Ogum ecoando harmoniosamente no asfalto da avenida, todos sussurraram suas preces mais íntimas, ergueram os olhos para o céu com muita fé e seguiram em frente, sambando e cantando com rara emoção, a fim de balançar a roseira na Sapucaí.

A **Imperatriz** já tinha dado o seu recado. Desfilara em grande estilo, com o brilho e opulência que marcaram a vitoriosa passagem de Arlindo Rodrigues na escola de Ramos, de olho no tricampeonato. O maestro, porém, escorregou numa casca de banana fatal, ao descumprir uma determinação da RIOTUR, que proibia as agremiações de colocar figuras humanas (os *destaques vivos*) nos carros alegóricos, medida adotada após a morte de um componente em 1981. Segundo já corria à boca pequena na concentração, a violação do regulamento implicaria a perda de **seis pontos** no quesito *alegorias & adereços* (três pontos de cada jurado). Pelo visto, os orixás estavam fazendo a sua parte lá em riba; agora, era a vez de toda aquela gente bronzeada de Madureira mostrar seu valor no pé e no gogó.

E a Serrinha levantou poeira na pista do Marquês que "*do saçarico é freguês*". Se a turma da Leopoldina ostentara luxo e riqueza, o Império se espalhou na avenida e cativou as arquibancadas, que cantaram o samba em alta voz e se arrepiaram com a garra do "***Bumbum Paticumbum Prugurundum***". Conforme relembra uma imperiana de quatro costados, o desfile pode ter sido um pouco "tosco", mas foi para lá de "divertido", puxado, sobretudo, pelo samba de **Aluísio Machado** e **Beto Sem Braço**, hino que desde dezembro já caíra no gosto dos cariocas – e que, já em plena segunda-feira de carnaval, seria entoado a todo vapor pelo público, de pé nas arquibancadas desmontáveis da era pré-*sambódromo*, com direito ao tradicional coro de "É campeão!" ao final.

O rio verde & branco que passou por tantas vidas naquele dia 22 de fevereiro era, antes de tudo, uma corrente de pura emoção. Abrindo o cortejo, a *Comissão de Frente*, trajada com terno e chapéu nas cores da escola, exaltava os antigos carnavais da **Praça XI**. Em seguida, a "*Sinfônica*" de Mestre Natalino arrepiava a avenida com o toque de seus agogôs, enquanto Mestre Fuleiro e seus diretores cuidavam com maestria da *harmonia* e *evolução*. Na pista, Sérgio Jamelão e Mariazinha, o primeiro casal de *mestre-sala e porta-bandeira*, bailavam um sonho imperial. De resto, mesmo sem possuir os recursos materiais da coirmã da Leopoldina, as jovens carnavalescas provaram seu valor, compondo fantasias e alegorias mais simples, porém bastante fiéis e adequadas ao mote do desfile.

A ala mais sedutora era a das "*burrinhas*", um mimo estético de Lícia e Rosa. A mais polêmica, com certeza, era a das "*Superescolas*", que denunciava o gigantismo dos grêmios patrocinados pelos *banqueiros* do *jogo do bicho*. No limiar dos anos 80, isso significava uma crítica direta à **Beija-Flor** de Anísio Abraão David (campeã em 1980 e tricampeã em 1976-77-78), que, regida por *Joãosinho Trinta*, havia imposto um novo padrão estético ao desfile, com carros alegóricos colossais e destaques exuberantes, fazendo valer a máxima do maranhense, segundo a qual, "*o povo gosta de luxo, quem gosta de miséria é intelectual*".

O mais irônico ou curioso no imbróglio era que o enredo do **Império Serrano** fora concebido por Fernando Pamplona, o guru de *Joãosinho*, e executado por Lícia e Rosa, ex-parceiras do artista na vitoriosa Comissão de Carnaval do Salgueiro de 1971. A situação podia soar embaraçosa a Rosa, admiradora confessa do colega, com quem compartilhava o gosto pela fabulação engenhosa

O povo segue o Império e grita "É campeão!" | Acervo Rachel Valença

Mariazinha e Jamelão, o casal nota 10 do Império | Acervo Rachel Valença

As burrinhas do Império | Acervo Rachel Valença

(embora sem a feição *delirante* de João), mas ela nunca levou nada para o terreno pessoal – era tão somente uma fértil esgrima de ideias, formas e narrativas visuais. Distante dessa controvérsia, no entanto, a comunidade empolgava-se com um enredo que fugia às tradições "imperiais" da Serrinha, ditadas pelos desfiles dos anos 50-60, quase sempre dedicados a temas mais "nobres[142]".

Na pista da Sapucaí, o instante mais pungente do caudal de encantamento que o "***Bumbum***" desatou talvez tenha sido a passagem das duas *alas infantis*, que haviam ensaiado durante várias semanas sob o olhar atento das famílias. Rosa e Lícia reuniram as crianças mais novas, com menos de oito anos, para criar um ingrediente dramático bem sugestivo: elas vinham no interior de um **berço**, à vista da plateia, mas, na hora em que se cantavam os dois versos mais contundentes da penúltima estrofe do samba ("*Escondendo gente bamba / Que covardia!*"), o pequeno leito se fechava, simbolizando a triste ameaça que as "*Superescolas de Samba S/A*" representavam às novas gerações do samba.

O segundo grupo, reunindo crianças mais velhas e pré-adolescentes, compunha um painel humano que retratava um **dragão chinês** – um mosaico de placas coloridas que a garotada erguia durante o desfile. A invenção das carnavalescas deu trabalho à diretora da ala, sobretudo nos ensaios, pois os pais não admitiam que seus filhos ficassem nas últimas fileiras do segmento. Alguns até se intrometiam, arrastando o menino ou a menina para a primeira fila, sem se dar conta de que a mudança de lugar embaralhava totalmente o desenho do ser mitológico. Felizmente, na hora H na avenida, sem nenhum responsável por perto, tudo funcionou a contento e o *dragão oriental* ajudou o Império a abocanhar alguns décimos preciosos na planilha dos jurados.

Ah! Quanta diferença do ano anterior, quando, em meio à pobreza que reinava na agremiação, a ala infantil não dispunha de recursos sequer para comprar os cachimbos dos **sacis**, um dos personagens que Pêro Vaz de Caminha não viu na terra do pau-brasil, segundo ditava o enredo a cargo de Luís Fernandes e Ricardo Aquino. Os pitos seriam feitos à mão, na véspera do desfile, por um abnegado pai, que se recusou a ver seu filho fantasiado como

---

142 À guisa de ilustração, cite-se "*O último baile da Corte Imperial*" (1953), "*D. João VI ou Brasil Império*" (1957), "*Rio dos vice-reis*" (1962) e "*Cinco bailes na história do Rio*" (1965), do belo samba de Bacalhau, Ivone e Silas.

um saci "de araque". E nem esse esforço admirável evitou que a escola terminasse em 10º lugar no certame, só escapando do rebaixamento na Liga por conta de uma virada de mesa bancada por Carlinhos Maracanã, o *bicheiro* de plantão na Portela.

As agruras e contratempos dos últimos anos, entretanto, ficariam em suspenso no dia da apuração das notas dos jurados. Na aritmética extraoficial, o *Sabiá* da **Imperatriz** deveria somar **189 pontos**, ao passo que o ***Bumbum*** do **Império** viria dois pontos abaixo, com nota **187**. De fato, dos dez quesitos apreciados, com dois avaliadores cada, a escola de Ramos só não tirou um duplo 10.0 em *samba enredo*; já a da Serrinha perdeu um ponto em *fantasia* (10.0 e 9.0) e dois em *alegorias e adereços* (8.0 e 10.0), um desconto previsível dos julgadores, que não se renderam à concepção visual mais singela de Lícia & Rosa.

No entanto, os envelopes lacrados traziam ainda uma medida disciplinar decisiva: por desobedecer às prescrições da RIOTUR, a bicampeã de Ramos e a poderosa **Beija-Flor** eram penalizadas com a perda de **seis pontos** no quesito *alegorias e adereços* (7.0 e 7.0). Com isso, a favorita caiu para o 3º lugar na apuração, com nota **183**, perdendo, inclusive, o vice-campeonato para a **Portela**, com "*Meu Brasil brasileiro*", que amealhou **185** pontos. No frigir dos ovos, sem choro nem vela, a grande campeã de 82 era o **Império**, a *madrinha* modesta que não se intimidou com os recursos abundantes da garbosa *afilhada*.

Os fogos espocaram na Serrinha e a quadra logo se encheu de gente, celebrando o título tão esperado havia uma década. Lícia e Rosa estavam a mais de 20 km de Madureira, no barracão da agremiação, no Catumbi, bem ali nos fundos da futura Praça da Apoteose, quando o telefone tocou à procura das duas. Era o casal Rachel e Suetônio Valença, dois imperianos de fé, perguntando a elas se queriam uma carona para ir até o terreirão da Av. Edgar Romero, festejar a suada vitória com o povo do bairro. Elas aceitaram prontamente o convite e em poucos minutos o carro, vindo da Zona Sul, cruzou o túnel Santa Bárbara e as apanhou, rumando em seguida para a capital do subúrbio, onde o dia e a noite seriam curtos para dar vazão à imensa alegria por tanto tempo protelada.

Ao derrotar a grande "barbada" daquele ano, a escola de **Rosa**, **Lícia**, **Aluísio**, **Beto**, **Jamil**, ***Seu* Natalino**, **Tia Eulália**, **Mestre Fuleiro**, ***Dona* Ivone**, **Wilson**, **Mariazinha** e **Sérgio**, além das crianças e da *Velha Guarda*, das

Festa em frente à quadra da escola em Madureira | Acervo Rachel Valença

"O ti-ti-ti": sucesso de público e mídia | Revista **Manchete**

baianas e até dos *papagaios* de pirata, nos ensinava que a concepção e encenação de um desfile de carnaval é uma vigorosa obra coletiva, criada e executada por milhares de mãos, ao longo de vários meses, nas quadras e barracões das escolas de samba do Rio de Janeiro e do país. Essa produção única reúne uma legião de homens e mulheres anônimos que, em intenso mutirão, tornam realidade o enredo inspirado nos devaneios de um artista ou na grande paixão de um poeta.

Quanto aos carnavalescos, vêm e vão, como uma pétala no ar. Ao contrário do que se poderia supor, Rosa e Lícia não continuaram à frente do barracão do Império. Na hora de definir a equipe de 1983, Jamil voltou a consultar Fernando Pamplona e, após a reunião dos dois, soube-se que **Renato Lage**, outro pupilo do mestre, seria o substituto das duas campeãs no desfile seguinte. O que teria motivado uma decisão tão controversa, que muita gente boa estranhou? As línguas mais viperinas dizem que o guru teve ciúmes do êxito das discípulas; outros afirmam que foi puro ressentimento do explosivo mestre, contrariado com a mudança do título do enredo por Rosa. Não há, porém, como abonar qualquer hipótese – até porque, infelizmente, o genial Pamplona e *Cheiroso* não estão mais entre nós para revelar quaisquer detalhes acerca do imbróglio. Especulações à parte, a passagem de bastão já semelhava ser o prólogo do notável "**duelo artístico**" que Renato e a moça prosa travariam na Sapucaí ao longo dos anos 90, tópico abordado no capítulo 5 deste ensaio.

Já a nossa **Rosa**, levemente despetalada, confessou a amigos mais próximos sentir-se "abatida" pela saída do Império Serrano, resolução que se dera praticamente à revelia da artista, já que o presidente Jamil sequer a consultara sobre o tema. No entanto, sem nunca perder o bom-humor, ela reuniu os minguados caraminguás de professora (nos anos 80, o "passe" dos carnavalescos estava longe de valer a fortuna paga – ou não – pelos dirigentes a esses profissionais) e, em companhia de uma amiga, tratou de fazer uma breve viagem a Nova Iorque, a fim de espairecer. Era a primeira vez que Rosa subia em um avião após a morte estúpida do pai – e essa lembrança também ecoaria em suas caminhadas na metrópole do Norte, como um réquiem para o homem que a ajudara a se tornar uma das mulheres mais cosmopolitas e espirituosas de sua geração.

6. A chamada perdida na Imperatriz, o ti-ti-ti na Estácio e a volta ao Salgueiro

O desafio seguinte da dupla Lícia e Rosa nas lides do carnaval seria justamente no barracão da afilhada da Leopoldina, em **1984**, ano de inauguração da nova "Avenida dos Desfiles" (o popular "*Sambódromo*" ou, ainda, a "*Passarela do Samba*", como soem chamar os sambistas da antiga). Baseada em um projeto que o arquiteto Oscar Niemeyer criou a pedido de vice-governador Darcy Ribeiro, antropólogo apaixonado pela cultura popular, a obra seria concluída em menos de doze meses. Sua estrutura, composta por gigantescas peças pré-moldadas de concreto, estende-se por cerca de 700 metros ao longo da Av. Marquês de Sapucaí, entre o Catumbi e a Cidade Nova, no centro do Rio – área ocupada anteriormente por um conjunto de precárias arquibancadas tubulares, com assentos feitos de madeira, que desde 1978 eram montadas e desmontadas pelo governo de plantão.

Aquele, pelo visto, seria um desfile de gala para as agremiações da cidade. Contudo, por suprema ironia do destino, não prometia sê-lo para a **Imperatriz**, que, após o carnaval de 83, vira o 'patrono' *Luizinho* Drummond abandonar de mala e cuia a escola, carregando tudo a que tinha direito. O *banqueiro* (cujo coração, diga-se de passagem, era verde e branco, só que batia pelo Império) chefiava o *jogo do bicho* na Penha, Ramos e bairros vizinhos; ele aceitara o convite de Jorginho Teixeira, Zé Katimba e dos irmãos Horácio e Laércio Cockrat (os dois líderes da ala Ás de Copas) para dirigir a agremiação, seduzido pela possibilidade concreta de se legitimar junto às autoridades cariocas[143]. Investido no cargo de ***presidente*** de um *grêmio recreativo* (e *cultural*), *Luizinho* poderia amenizar a imagem de ***contraventor***, "que o mantinha eternamente excluído da agenda oficial dos governos, em face da ilegalidade do *jogo*", conforme ponderou o manhoso Zé Katimba.

---

143 Cf. LEITÃO, L. R. *Zé Katimba: antes de tudo um forte*. Rio de Janeiro / São Paulo: DECULT-UERJ / Expressão Popular, 2016, p. 147.

O *banqueiro* topou a parada e assumiu em 1976. Em sua primeira passagem por Ramos, a Imperatriz conquistou o bicampeonato de 1980-1981 e, como se viu, quase faturou o terceiro título em 1982. A saída, aparentemente inexplicável, em 1983, seria um banho de água fria na agremiação. Rosa conta que, ao chegar ao barracão, o cenário era desolador: até os chassis dos carros alegóricos tinham sido arrestados por *Luizinho*. O enredo de 1984 era "***Alô, mamãe!***", uma alusão à frase dita pelo deputado-cantor Agnaldo Timóteo (PDT-RJ) ao tomar posse no Congresso. Uma vez mais, era preciso tirar da cabeça o que o bolso não oferecia... E assim aconteceu: os feixes de palha usados pela Prefeitura para limpar os vazamentos de óleo nas ruas virariam o forro dos bonecos; os biquínis baratos do SAARA (área de comércio popular no centro do Rio) apareceriam revestidos de celofane para iludir a plateia. E alguns velhos *orelhões* da TELERJ, cedidos pela empresa telefônica à Imperatriz, seriam reformados para "desfilar" em grande estilo na Sapucaí.

Os artifícios da dupla não lograram classificar a escola para o *supercampeona*to de 1984 (certame extra que reuniu as três primeiras colocadas de cada dia de desfile), mais uma inovação de Darcy Ribeiro, o mentor do *Sambódromo*. Somando apenas **189** pontos, a soberana da Leopoldina terminou em quarto lugar na **segunda-feira**, muito abaixo da **Mangueira** e sua exaltação a Braguinha (campeã geral, com nota **208**), da **Mocidade** e as muambas *tropicalistas* de Manaus (vice-campeã, com **201**) e da **Beija-Flor** (3º lugar, com **193**), as três qualificadas a participar do supertorneio do dia 10 de março – novamente vencido pela **Mangueira**. Em compensação, ela superou a Vila Isabel, a Estácio de Sá e a Unidos da Ponte, ficando "no meio da tabela". No frigir dos ovos, o resultado estava longe de ser uma derrota, mas isso pouco importava: em meio à caótica situação em Ramos, **Rosa** e **Lícia** mais uma vez iam embora, sem esquentar a cadeira no barracão...

Após a chamada perdida na Leopoldina, a última conexão da dupla aconteceria em **1987**, com o GRES **Estácio de Sá**, agremiação que nascera no Morro de São Carlos, em 1955, adotando o nome de **Unidos de São Carlos** até 1983. Depois, a escola foi rebatizada em homenagem ao bairro do **Estácio**, terra de **Ismael Silva**, **Luiz Melodia** e **Gonzaguinha** – e berço da lendária escola de samba ***Deixa Falar***, fundada em 1928 naquele sítio pródigo da "*Pequena África*". Na simpática Estácio, Rosa criaria um dos carnavais mais pitorescos e sugestivos da carreira, motivada por um evento inesperado que lhe pôs no colo – e na boca – um tema de riqueza até então inimaginável: a história do ***sapoti***.

O saboroso mote lhe sobreveio durante uma viagem à Tailândia, nação do Sudeste asiático situada na península da Indochina. De clima tropical úmido, o país é cortado por diversos rios, abrigando, em parte do território, várias áreas de floresta e manguezais, que, infelizmente, têm sido devastadas pela ocupação implacável e desordenada do solo nas últimas décadas. A paisagem é bem similar àquela que se vê em certas regiões do Brasil – abstraindo-se, obviamente, a presença dos elefantes, tigres e ursos que ainda sobrevivem nas matas tailandesas, sob a ameaça de caçadores ilegais, que matam os animais por suas peles e presas, ou da própria população, que os captura e mantém em cativeiro para os mais diversos fins.

Passeando de barco pelos igarapés que se embrenham na selva em um cenário deslumbrante, Rosa notou, na ampla mesa forrada de frutas que a tripulação oferecia aos turistas, um velho conhecido de sua infância. Incrédula, ela apanhou em êxtase o singelo fruto de formato arredondado, com casca bem fina, cuja cor oscila entre castanho e marrom, revestindo a suculenta polpa amarelada, e passou a recitar o nome da maravilha: "*Um sapoti! Um sapoti!*" Uma moça da tripulação observou a cena e logo lhe replicou:

— *Sapota! Sapota!*

Desse alumbramento tailandês da viajante, surgiu "***O ti-ti-ti do Sapoti***", baseado em uma investigação que lhe revelou múltiplos usos e propriedades da espécie natural do México e da América Central, a qual se espalhou pelo norte da América do Sul e por outros cantos do planeta, como o Sudeste da Ásia. Antes que as naus ibéricas chegassem ao "*Novo Mundo*", o **sapoti** já era velho conhecido das civilizações pré-colombianas: além de servir-se d**o fruto e da madeira, elas** empregavam **o látex** do tronco para a fabricação de **chiclete**, o precursor natural da **goma de mascar**, que a civilização industrial passa a produzir em larga escala no século XX.

O estudo acurado do tema, porém, não resultou em nenhuma aula de História ou Ciências Naturais na avenida. Ao contrário: terceira escola a desfilar na noite de domingo, 1º de março (data de fundação da cidade do Rio de Janeiro), a animada **Estácio de Sá** veio livre, leve e solta, promovendo uma festa de sons, cores e perfumes na passarela. O "*ti-ti-ti*" se iniciava com o aroma de tutti-frutti borrifado na pista e atingia o clímax quando o carismático intérprete **Dominguinhos do Estácio**, outro filho do bairro, cantava o refrão do samba, fazendo vibrar as arquibancadas do *Sambódromo*:

Que ti-ti-ti é esse
Que vem da Sapucaí?
Tá que tá danado
Tá cheirando a sapoti...

O enredo já sinalizava o que seria a Rosa da **Imperatriz**, na década seguinte: ela se valia de uma exaustiva **pesquisa** acerca do mote para engendrar **fabulações** históricas sobre o ***sapoti***, contando que, depois de saboreá-lo, D. João o ofereceu a Dona Leopoldina – e a Corte inteira "*se empapuçou*", conforme glosava a letra de Darcy do Nascimento, Djalma Branco e Dominguinhos. Assim, por ordem do monarca, o delicioso fruto vindo de terras mexicanas espalhou-se pelo continente e "*até o Oriente conheceu*". Por fim, um século mais tarde, "*isso virou tutti-frutti, / tutti-multinacional, / virou goma de mascar, / roda prá lá e prá cá / na boca do pessoal*".

O mote da *goma de mascar*, aliás, serviu de pretexto à carnavalesca para acrescer inusitados elementos visuais ao desfile, desde uma curiosa ala do *chiclete* (com uma bola prestes a estourar sobre a cabeça dos componentes) até o último carro alegórico dedicado à cultura *pop* estadunidense. Quem hoje se habituou a ouvir que Rosa é uma carnavalesca essencialmente *barroca* deveria rever a alegoria repleta de personagens das histórias em quadrinhos e dos desenhos animados da TV, entre eles *He-Man*, *Super-Homem, Batman* e até as figurinhas carimbadas da *Disneylândia*, como Mickey e Pato Donald. E isso em 1987, quando Paulo Barros ainda estava se iniciando nas lides da passarela...

O simpático e cativante desfile daquela noite recebeu **219 pontos** dos jurados, em um ano de acirrada disputa pelo título na Sapucaí, com as seis melhores escolas separadas por apenas cinco pontos na classificação final. Em 1987, a campeã seria a **Mangueira** (cujo enredo era dedicado ao poeta *Carlos Drummond de Andrade*), com **224 pontos**, apenas um ponto acima da vice-campeã **Mocidade**, que encantou o público com "*Tupinicópolis*", mais uma invenção tropicalista do admirável Fernando Pinto. As duas coirmãs de Madureira, **Império** e **Portela**, dividiram o 3º lugar, obtendo nota **221**; em seguida, empatadas no 4º posto com **219** pontos, vieram a **Estácio** e a **Beija-Flor**. Esse seria o melhor resultado da agremiação, antes de arrebatar seu primeiro título em 1992, com "***Pauliceia Desvairada***", enredo a cargo de Chico Spinoza e Mário Monteiro, celebrando os 70 anos do *Modernismo* e da *Semana de Arte Moderna* de 1922, em São Paulo.

Após 1987, a parceria com **Lícia** seria desfeita e Rosa alçaria voo solo no mundo do samba. A até então inseparável amiga da EBA havia se casado cedo, no início dos anos 70 e já engravidara duas vezes. Primeiro vieram os gêmeos Eduardo e Edgar, uma surpresa para a mãe, que só soube do "bônus" quinze dias antes do parto. Algum tempo depois, nasceu Antônio, o terceiro filho. Durante os anos 70 e 80, Lícia precisou compartilhar as lides da folia com outro espetáculo ainda mais fabuloso: a arte de ser mãe. Ela saiu-se bem na empreitada, mas resolveu tirar umas férias da avenida em 1988, deixando a Estácio. O período sabático não a afastaria do folguedo, mas certamente haveria de influenciar suas futuras decisões quanto à carreira.

É claro que Lícia não resistiu ao chamado de Momo e, na década de 90, voltou a se envolver de corpo e alma nos desfiles, dividindo com alguns velhos conhecidos o barracão do **GRES Tradição**, a escola que fora fundada em 1984, em Campinho (bairro vizinho a Madureira), após desavenças da família do *bicheiro* Natal com o contraventor Carlinhos *Maracanã* (o todo-poderoso presidente da Portela desde 1972). A **Tradição** desfilara pela primeira vez em 1985: com Maria Augusta à frente da Comissão de Carnaval e um samba assinado por João Nogueira & Paulo César Pinheiro, a caçulinha faturou o título do Grupo 2B. Em 1986, com o mesmo escrete, venceu o Grupo 2A e subiu para a elite do carnaval.

Dentro do barracão, o trabalho na fase inicial da Tradição era, na verdade, uma criação coletiva, reunindo seis figurinhas carimbadas dos desfiles: **Viriato**

Ferreira, **Maria Augusta**, **Rosa Magalhães**, **Lícia Lacerda**, **Paulino Espírito Santo** e **Edmundo Braga** (os dois últimos substituíram Ferreira na **Portela** em 1982 e arrebataram o 1º lugar no desfile de domingo de 1984, ano do famoso *Supercampeonato*). Vale lembrar que coube a **Viriato**, aliás, acolher em sua ampla residência no Flamengo o grupo de dissidentes que organizou a escola, reunião à qual Rosa também compareceu – ela até hoje se orgulha de possuir a carteirinha nº 13 de membro fundador da agremiação.

Em 1987, a **Tradição** chegou ao topo dos desfiles, mas seria rebaixada duas vezes. Em 1992, ela estava no Grupo Especial, porém terminou em 14º lugar e voltou à Série A. **Lícia**, então, assumiu a direção da Comissão e, com o festivo enredo "***Não me leve a mal, hoje é carnaval***", arrebatou o troféu do Grupo de Acesso em 1993, retornando à divisão máxima do folguedo. Seriam quatro anos de dedicação total à dissidência portelense, com direito à melhor posição da escola até hoje, com o enredo "***Passarinho, Passarola, Quero Ver Voar!***", 6º lugar em 1994. Todavia, um novo rebaixamento em 1996, com o tema "***Do barril ao Brasil***" (uma elegia à cerveja), cuja execução contrariou bastante Lícia, encerrou a passagem da artista na Tradição e, de certa forma, selou o seu distanciamento do cortejo – e até do país natal, que ela depois deixaria para viver nos EUA.

Ainda na Estácio, em **1988**, Rosa desenvolveu o enredo "***O boi dá bode***", um misto de tributo ao animal mais venerado do folclore brasileiro e de farra debochada com as peripécias da política e da economia nacional, após o fiasco do *Plano Cruzado* do governo Sarney. No viés histórico, ela remontava ao boi Ápis do antigo Egito e ao Minotauro da mitologia grega, sem esquecer o "*boi voador*" de Maurício de Nassau (aquele "*171 que enganou o pessoal*", dizia o samba de Djalma Branco e Hércules Caruso), no Recife ocupado pelos holandeses, cenário recorrente dos carnavais de Rosa[144]. No terreno folclórico, louvou o "boi bumbá" do Norte e o "bumba-meu-boi" do Ceará, terra da família Magalhães, folguedos de larga tradição no imaginário nacional.

---

144 Em 1999, na Imperatriz Leopoldinense, com o enredo "***Brasil, mostra a sua cara em... Theatrum Rerum Naturalium Brasiliae***", Rosa abordou os estudos sobre a fauna e a flora do país, realizados pelos artistas e cientistas trazidos a Pernambuco por Maurício de Nassau. Em 2018, na Portela, ela traçou a rota dos judeus fugidos da Inquisição até a "Veneza tropical", de onde saíram para Nova Amsterdam, a futura *New York*.

Mas a graça do enredo atinha-se à esfera social, satirizando as medidas fracassadas do Ministro Dílson Funaro, que congelara a arroba da carne bovina a Cz$ 215,00 e, com o desabastecimento, foi caçar boi no pasto com a Polícia Federal e a PM nos idos de 1986. Eram os tempos "gloriosos" dos "*fiscais do Sarney*", de broches pregados no peito, vigiando os preços nos supermercados, mais um capítulo tragicômico da história contemporânea do Brasil. De quebra, ela ainda brincou com o fato de que "o ***boi***, quando morre, vira ***vaca***", ou seja: o consumidor acha que comprou "carne bovina", mas o que ele come no prato é só vaca ralada... Rosa não perdia a deixa para mostrar ao público que, conforme nos alertou o Paraíso do Tuiuti, em 2019, com o jocoso ***bode Ioiô*** (mais um caprino de sucesso no carnaval), a única receita capaz de redimir o país, isto é, o nosso legítimo "Salvador da Pátria" era (e ainda o é) o **bom-humor**, hoje tão em baixa no horizonte dos conterrâneos.

O ***boi*** da Estácio não voou tão alto quanto o de Nassau: no centenário da pretensa Abolição da Escravatura, o desfile rendeu apenas o 9º lugar à agremiação (o título, com inteira justiça, seria arrebatado pela Vila Isabel com a sua "***Kizomba***", um dos desfiles mais emocionantes da era *Sambódromo*). O insosso resultado se repetiria em **1989**, com "***Um, dois, feijão com arroz***", último trabalho da carnavalesca na escola. Rosa procurou, uma vez mais, valorizar um prato emblemático da culinária nacional, destacando, entre outros tópicos, a força do terceiro cereal mais popular do planeta em diversas culturas da África e do Oriente e seu "casamento" perfeito com o feijão não apenas no prato do brasileiro, mas em outros países do *Novo Mundo*. Era para ser um "*baião de dois*" muito bem temperado, "*sacudindo o carnaval*", apregoava o refrão final do samba de Bajão, Deo, Djalma Das Mercês, Gustavo, Marinho & Pereira. Mas, pelo visto, faltou *molho* no barracão e, pela segunda vez em três anos, a Estácio não conseguia vaga no festivo desfile das campeãs.

Rosa, então, despediu-se da escola, sem levar títulos, mas com grandes amigos na bagagem, entre eles o fiel assistente **Mauro Leite**, seu aluno do curso de Estilismo do SENAI-CETIQT, e o inseparável parceiro **Samuel Abrantes**, outro aprendiz do SENAI. A nova estação da artista seria o *sui generis* Salgueiro, escola na qual ela estreara, de forma vitoriosa, integrando a lendária Comissão de Carnaval montada por Arlindo Rodrigues e Fernando Pamplona. De volta ao berço, coube à moça prosa costurar o enredo "***Sou amigo do rei***", encenando as histórias do Rei Carlos Magno e seus cavaleiros, os lendários *doze pares de França* – cujas façanhas se projetaram na literatura gálica e, chegando à Península Ibérica, ainda influenciaram festejos populares como a **cavalhada**, a **congada** e a **folia de reis**, tão difundidos no Brasil desde o período colonial até o século XX.

Era um desafio e tanto para a artista, mas ela não se intimidou. O velho **Salgueiro** da Mãe-África mesclou-se a um cortejo da França feudal, reunindo, sob a mesma bandeira, "*cristãos e mouros na luta do bem e do mal*", a terra gaulesa e os sertões do "*Cariri, Pajeú e Siridó*", no Nordeste do Brasil, além da rainha Ginga (maior símbolo da resistência africana à ocupação colonial) e o nosso Zumbi. A ópera da Sapucaí era aberta por uma **comissão de frente** toda composta por cavaleiros medievais, que impressionou os jurados e arrebatou o *Estandarte de Ouro*. No abre-alas, decorado por brasões e coroas da Idade Média, erguiam-se as esculturas de quatro imponentes corcéis. Já a bateria "Furiosa" de Mestre Louro, um dos baluartes da escola tijucana, entrou vestida de **congada** e tocou como se fosse coroar o rei Congo "neste reino de Xangô", conforme frisava o samba escrito por Alaor Macedo, Arizão, Dema Chagas, Fernando Baster e Pedrinho Da Flor – ambos (música e orquestra) fazendo jus à nota máxima de todos os jurados.

A *Academia do Samba* disputaria cabeça a cabeça o título de 1990, obtendo nota **564**, apenas um ponto abaixo da campeã, a **Mocidade Independente**, que somou **565** com o empolgante enredo "***Vira, virou, a Mocidade chegou***", desenvolvido por Renato Lage, o grande 'rival' de Rosa naquela década memorável do carnaval carioca. O **Salgueiro** se igualaria à **Beija-Flor**, a qual, pelos critérios de desempate, arrebatou o 2º lugar. O bom resultado animou a carnavalesca, que em 1991 voltaria a encantar a passarela com o buliçoso tema "***Me masso se não passo pela Rua do Ouvidor***".

O novo enredo homenageava o logradouro mais charmoso da *Belle Époque* carioca, por onde desfilavam as *madames*, as *cocottes*, os jornalistas e os literatos da velha capital federal, entre eles o cronista João do Rio, seu *flâneur* nº 1, e o escritor Machado de Assis, admirador confesso da rua. Alojadas em uma fieira de sobrados, várias livrarias, joalherias e confeitarias, como a singela *Paschoal* (fundada em 1850, na esquina com a Rua Gonçalves Dias, a poucos metros da hoje centenária *Colombo*), ocupavam o corredor que se iniciava na altura da Praça XV e cruzava a Av. Rio Branco, seguindo até o Largo de São Francisco.

Para retratar esse recanto glamouroso do Rio, a carnavalesca montou um desfile de fácil compreensão, com fantasias e alegorias de cores bem

Ala "Os Palhaços da Cavalhada" – Cucurus (Salgueiro, 1990) | Desenho de Rosa Magalhães

vivas. Sua comissão de frente personificava os mestres de cerimônia do teatro francês. O carro abre-alas representava um barco, com a imagem de um dragão na proa. Livros e personagens de histórias infantis povoavam o carro alegórico dedicado às livrarias, ao passo que bolos e tortas apetitosos compunham a alegoria das confeitarias. Além disso, uma ala representava a loja de tecidos e uma coleção de vistosas joias e relógios luzia em destaque no carro das joalherias.

O desfile foi muito bem acolhido pelo público e também pela crítica, com direito a um prestigioso *Estandarte de Ouro* para o enredo concebido e desenvolvido por Rosa (a porta-bandeira Rita Freitas também recebeu o troféu). Todavia, a vitória tão sonhada, após um jejum que já durava dezesseis anos (o último título fora em 1975, com "*O segredo das minas do Rei Salomão*", outro devaneio arretado de *Joãosinho*), não sobreveio. Os jurados concederam, mais uma vez, o 1º lugar à **Mocidade Independente**, com "***Chuê, chuá, as águas vão rolar***", que somou **297** pontos, enquanto o **Salgueiro** (com nota **255,5**) obteve o vice-campeonato.

Em seu "duelo estético" com Rosa Magalhães, Renato Lage, o artesão mor da escola de Padre Miguel, abria vantagem na década, com duas taças no currículo. A moça prosa vinha beliscando sempre um lugar no pódio – e, a julgar pela progressão dos dois últimos carnavais (3º posto em 1990 e 2º lugar em 1991), a hora do título estava chegando. No entanto, ela não o conquistaria na agremiação tijucana, e sim na coirmã de Ramos, para onde se transferiu após ser demitida pela diretoria salgueirense (cujo presidente era o *bicheiro* Miro e o vice, Paulo César Mangano), a qual, segundo reza a lenda, teria alegado que a carnavalesca usava "rosa e lilás em excesso nas suas fantasias".

Sobre esse insólito desfecho da segunda passagem pelo Salgueiro, Rosa prefere desconversar, mas não desmente a versão de que os dirigentes teriam reclamado da paleta de cores da artista. Como tantos outros eventos na carreira da moça prosa, este é mais um episódio que ela recorda sem qualquer pesar, mesmo convicta de que os jurados e os próprios *cartolas* da escola cometeram uma enorme injustiça na avaliação do seu trabalho. Entretanto, 1992 já despontava ali à frente e a peleja com Lage ainda estava nos primeiros *rounds*. Deixando a Rua do Ouvidor para trás, Rosa ressurgirá na corte da **Imperatriz**, pronta para escrever uma nova página da história do carnaval – o mote que pretendemos glosar no próximo enredo deste ensaio.

Ala "Loja de Tecidos" (Salgueiro, 1991) | Desenho de Rosa Magalhães

Carro do Palácio, no desfile de 1995 | Desenho de Rosa Magalhães

05

NA CORTE DA IMPERATRIZ: A DÉCADA VITORIOSA

O brioso jegue cearense | Desenho de Rosa Magalhães

Após breve passagem pela verde & branca em 1984, a segunda temporada de Rosa Magalhães na **Imperatriz** inscreveria definitivamente o nome da carnavalesca nos anais da folia carioca. De volta à corte da Princesa, a ela caberia consolidar a presença da escola na avenida, concluindo a obra de mestre **Arlindo Rodrigues**, que, na virada dos anos 80, delineara a identidade visual da agremiação. O reencontro de Rosa com a soberana da Leopoldina seria, sem dúvida, uma das fases áureas na carreira da artista, cuja credencial de *carnavalesca* se impõe exatamente nos anos 90, em meio ao singular "*duelo estético*" travado com o colega **Renato Lage**, da Mocidade Independente de Padre Miguel[145].

Como se verá neste capítulo, foi no barracão da agremiação de Ramos que a filha do acadêmico Raymundo Magalhães Jr. e da teatróloga Lucia Benedetti, valendo-se do legado doméstico, veio a lapidar os dotes de narradora fértil e engenhosa, cujas sinopses sempre logram conjugar "*a linguagem literária complexa e o sentido teatral do enredo*[146]". Aliás, não seria nenhum exagero supor

---

145 Pesquisador atento do tema, o carnavalesco **Leonardo Bora** ressalta, em sua dissertação de Mestrado em Ciência da Literatura, que, de 1990 a 2000, **Rosa** e **Renato** – exibindo estilos inconfundíveis e, de certa forma, bem diversos – arrebatam **sete** dos onze títulos em jogo na Sapucaí. Para os interessados na apreciação do autor sobre a saudável "peleja", ver: *A Antropofagia de Rosa Magalhães*. Rio de Janeiro: UFRJ, 2014, p. 12.

146 HERKENHOFF, texto citado, p. 11.

que a herança familiar também tenha favorecido o gosto de Rosa por fábulas bastante singulares, cujo tom farsesco logra tornar-se mais verossímil graças aos achados de uma historiadora erudita, capaz de reunir farto material de pesquisa para documentar suas encenações na avenida.

Cosmopolita e popular, Rosa promove em sua "ópera de rua" ***enlaces entre dois (ou mais) mundos***. Ela fará os camelos do Saara cruzar um oceano para sucumbir no solo nordestino, a que o brioso jegue sertanejo é bem mais adaptado. E conduzirá também uma princesa austríaca ao *Novo Mundo*, onde esta ensina a um imperador novato com quantos *jeitinhos* se declara uma Independência. Na rota inversa, transportará "exóticos" nativos até o *Velho Mundo*, recontando sua exibição em Rouen para os reis de França; e terá fôlego ainda para narrar a visita de Hans Christian Andersen ao *Sítio do Pica-pau Amarelo*, uma confluência improvável entre dois mundos da ficção. De onde poderia sair tanta fabulação?

O reinado de Rosa na corte da **Imperatriz** transcorre em meio a um dos períodos mais instáveis e efervescentes da conturbada história de nosso país. Quem hoje ouve dizer que os desfiles mirabolantes e engenhosos da escola eram frutos do estilo *rocambolesco* e *neobarroco* da artista talvez não se dê conta de que ainda mais intrincado e surpreendente era o próprio *rocambole* da sociedade brasileira ao final do século XX. De fato, os anos 90 foram marcados por uma série de acontecimentos insólitos e quase surreais em todas as esferas da vida social, além de eventos *espetaculares* que até hoje habitam o imaginário coletivo nacional e alguns episódios burlescos ocorridos na própria passarela da Sapucaí.

Na arena política, o roteiro da década soava ainda mais estapafúrdio para quem já se frustrara com o pífio desfecho da campanha pelas *Diretas Já*, em 1984 (apesar de obter 298 votos, a Emenda pela eleição direta foi rejeitada na Câmara de Deputados), e a morte inesperada do recém-eleito (por via indireta) Presidente Tancredo Neves, em 1985. Por suprema ironia do destino, o cargo cairia no colo de José Sarney, velho serviçal da ditadura e autor "imortal" de *Marimbondos de Fogo*, o qual, logo se viu, ferroou o país inteiro com 1.700% de inflação. Assim, após 1989, sob as bênçãos da TV Globo, assistimos à meteórica ascensão e queda de Fernando Collor de Melo, o "*caçador de marajás*", esconjurado por *impeachment* no Congresso e achincalhado pelos "caras pintadas" nas ruas, em 1992.

Depois, padecemos o grotesco mandato-tampão de Itamar Franco e sua *República do pão de queijo*, rematado pelo "Plano Real" e o início da era Fernando

Henrique Cardoso, em 1994, com a aplicação gradual do pacote neoliberal que o *Consenso de Washington* preconizava para a América Latina, um sinistro receituário cuja adoção enfrentava forte resistência no Brasil[147]. O fim da inflação garantiu a reeleição do *tucano* em 1998, mas a maionese de *Washington* desandou e, em 2002, o PT derrotou o PSDB de FHC. Chegava ao Planalto o torneiro mecânico Lula, que, cioso da estabilidade de seu governo, escrevera a conciliatória "Carta aos Brasileiros", a fim de "acalmar" o poderoso mercado e promover, sem maiores atritos com a desconfiada burguesia, uma política de compensação social que combatesse a fome e a miséria nas urbes e grotões do país.

O que aconteceu nos anos seguintes não dá para resumir, nem explicar sequer em um folhetim, quanto mais em um parágrafo – por isso, é melhor parar por aqui... Voltemos, pois, à década de 90, mais precisamente ao ano de 1994, para lembrar que, enquanto o finado *cruzeiro* cedia vez ao valorizado *real* e FHC deixava o Ministério da Fazenda para se candidatar a presidente, o ciclotímico Brasil chorava em maio a morte do piloto Ayrton Senna, na Itália, e dois meses depois, em julho, festejava a conquista de mais uma Copa do Mundo na terra do *Tio Sam*. Numa curiosa alegoria do futebol insosso que o time do *professor* Carlos Alberto Parreira jogava, o tão sonhado *tetra* veio na loteria dos pênaltis, após 120 minutos de uma decisão sem gols, fato inédito na história do torneio.

Já na cena artística, a crônica musical daqueles tempos difusos vinha sendo escrita, desde os anos 80, por grupos de *rock* como a ***Legião Urbana***, a banda nascida em Brasília cujas canções retratavam, em versos líricos e épicos, o país do *faroeste caboclo* e da *geração Coca-Cola*. Em 1995, porém, com um tom mais farsesco e jocoso, cinco jovens de Guarulhos, na periferia de São Paulo, sacudiriam o Brasil com um coquetel embriagante de *rock*, *brega*, *heavy metal*, *sertanejo*, *forró*,

---

147 O chamado ***Consenso de Washington*** designa um conjunto de medidas formulado em 1989 por instituições financeiras reunidas na capital estadunidense, como o FMI, o Banco Mundial e o Departamento de Tesouro dos EUA. O pacote incluía dez *regras básicas*, entre elas a *redução dos gastos públicos, a privatização das estatais, a abertura comercial, o fim das restrições ao capital estrangeiro* e a *reforma tributária*. Na América Latina, a adesão ao Consenso gerou grave crise na Argentina, cobaia nº 1 da operação, que foi à bancarrota em 2002; já no Brasil, houve muita resistência ao "receituário", tanto sob Collor (1990-92), quanto sob FHC (1994-2002).

vira e muito mais, vendendo três milhões de cópias de seu único disco gravado em estúdio, um verdadeiro fenômeno do *show business* nacional. Crianças e marmanjos de todas as idades curtiriam por sete meses o bando de *chapolins colorados* batizado de ***Mamonas Assassinas***, cuja carreira seria estupidamente interrompida em março de 1996, por um acidente aéreo na Serra da Cantareira.

Brincando com os gêneros musicais, as variantes linguísticas e os códigos morais de uma sociedade cindida entre a hipocrisia oficial e a velada transgressão (com um olho na missa e outro na modelo sem calcinha sentada ao lado de Itamar Franco no camarote da Sapucaí), os *Mamonas* criaram sucessos como o *heavy-brega* com tequila "Pelados em Santos", o pornô-fado "Vira-Vira" e o ingênuo *punk-rock* "Chopis Centis". No liquidificador frenético do grupo, o que se produzia, em versão comercial pós-moderna, era a geleia geral de Bruzundanga na década de 90. Se Noel já louvara o *samba* e a *prontidão* como "Coisas Nossas", tratando de rimar a *bossa* e a *palhoça* nos anos 30 (com direito a bis de Caetano na "Tropicália" de 60), por que não cantar a *Brasília amarela* e as *Casas Bahia* em 95?

O Brasil era assim: *alucinante* e ***carnavalizado***. E Rosa, com suas antenas aguçadas em sintonia com o erudito e o popular, cuidaria de promover, desde os primeiros desfiles daquele período, a encenação fabulosa de ***enlaces entre diversos mundos***. Como se verá logo adiante, apoiados por sólida pesquisa histórica e iconográfica, seus enredos ensejam a síntese de elementos contraditórios. Convicta de que o carnaval é a "***festa dos inversos***" e avessa a qualquer juízo de valor, a moça prosa da avenida reuniu sob a mesma bandeira o *culto* e o *popular*, o *sagrado* e o *profano*, o *caminho* e o *descaminho*, abrindo alas a fecundos encontros entre o *estrangeiro* e o *nativo*, a *metrópole* e a *colônia*, o *Velho* e o *Novo Mundo*, assim como o verso & reverso indissociável da *nobreza* e da *plebe*.

Em suma, conforme enunciou um estudioso de sua obra, Rosa mistura à **erudição** das bibliotecas, base dos ***enlaces*** históricos que encena na Imperatriz, o apreço pela **cultura** de sua gente, "presente em enredos de temas mais simples". Desse modo, a voraz pesquisadora criará não apenas autênticos tratados visuais sobre a brasilidade (só à guisa de ilustração, cite-se "*Não Existe Pecado Abaixo do Equador*", "*Catarina de Médicis na Corte dos Tupinambôs e Tabajères*" e "*Brasil mostra a sua cara em... Theatrum Rerum Naturalium*

Brasiliae"), como também há de enveredar uma e outra vez por motes supostamente mais prosaicos, entre os quais se incluem a ***cachaça*** e o ***jegue***, afilhados do ***sapoti*** da Estácio[148].

Por outro lado, a atração pelo ***rocambolesco*** também bebe dessa fonte: basta mergulhar na pesquisa de um tema para descobrir que há sempre um caso desconhecido e inusitado, como ocorreu com o enredo da expedição científica no Ceará ("*Mais Vale um Jegue que me Carregue do que um Camelo que me Derrube*"). Alguns achados de Rosa sobre o episódio sequer apareceram na avenida, como a ridícula situação vivida no Nordeste pelos doutores do Instituto Histórico e Geográfico, que, quando se viram obrigados a montar no lombo dos animais de calça e casaca, passaram a andar de ceroula e camisa, mortos de calor, para pasmo da população local, que acabou acreditando que aquilo era "roupa de pesquisador".

De fato, como não ficar abismado com as *cousas* imprevistas e inverossímeis que acontecem nestas plagas, impostas pela macaquice intelectual das elites ilustradas? Rosa observa que, antes de se embrenhar pelo sertão cearense, os membros da expedição passaram dois anos em Paris, adquirindo livros para aprender o que fosse possível sobre aquela parte do Brasil. Pelas contas da traquejada professora, tamanha informação demandava ao menos quatro anos de estudo rigoroso e exaustivo, mas ninguém sabe se aquela biblioteca foi lida quando voltaram ao Rio... Para não perder a "deixa" da moça prosa, vale a pena indagar, com boa dose de sarcasmo: será que os doutores também puseram guardanapos na cabeça, à guisa de bandana, enquanto jantavam nos caros e luxuosos restaurantes da cidade-luz, como faria a turma do *playboy* Sérgio Cabral e seus cupinchas palacianos um século e meio depois[149]?

---

148 BORA, dissertação citada, p. 15.

149 Aludimos aqui ao episódio em que o ex-governador Sérgio Cabral (PMDB-RJ), em uma viagem oficial a Paris em 2009, acompanhado de políticos e empresários "amigos" (entre eles, o Secretário de Saúde Sérgio Cortes, o Secretário de Governo Wilson Carlos e Fernando Cavendish, proprietário da Delta Engenharia), posou usando guardanapos como bandana durante um jantar da comitiva – bancado, obviamente, pelos cofres públicos.

Refletindo sobre as digressões do biógrafo, a própria Rosa faz questão de frisar que a realidade soa muito mais ***rocambolesca*** que a ficção e que as histórias brasileiras, de tão inacreditáveis, parecem fábulas. Para ela, daqui a cinquenta anos, os carnavalescos vão satirizar impiedosamente a conjuntura atual e, barrocos ou pós-tudo, hão de reproduzir em suas alegorias o "baile da bandana", os assaltos aos doentes nas filas dos hospitais e outros eventos surreais destes dias tão estranhos. Para fazer jus à verdade, a julgar pelo desfile da Tuiuti em 2019, em que o ***bode Ioiô***, outro cearense tão arretado quanto o ***jegue*** da Imperatriz, tratou de desvelar o choque sociocultural em curso no Brasil de hoje, parece que esse meio século já passou voando...

1. A carnavalesca em cena, com seus cuidados e caprichos

Fiel aos preceitos acima consignados, Rosa carnavaliza os 500 anos da invenção da América, em 1992, com "***Não Existe Pecado Abaixo do Equador***", uma releitura do ensaio *Visão do Paraíso*, de Sérgio Buarque de Holanda. Da mesma forma, ela faz um nobre sisudo e ilustre curvar-se à "*lei dos contrários*", trazendo para o folguedo de Momo em 1993 o respeitável Marquês de Sapucaí, protagonista do jovial enredo "***Marquês que é Marquês do Saçarico é Freguês***", ótimo gancho para realizar uma súmula da história do carnaval desde o entrudo até o ano 2000, segundo a própria Rosa enunciou[150]. Em 1994, a mente fértil da carnavalesca recria uma "festança na França", dramatizando a visita dos reis Henrique II e Catarina de Médicis a Rouen, cujos festejos possuem, como principal atração, a apresentação de cinquenta indígenas tupinambás oriundos do Brasil. Assim, "***Catarina de Médicis na Corte dos Tupinambôs e Tabajères***" é a glosa de um mote que já havia inspirado o ensaio de Montaigne sobre os canibais e o próprio "mito do bom selvagem", do iluminista Jean-Jacques Rousseau.

---

150 MAGALHÃES, Rosa. "Na Marquês de Sapucaí: Predicado Verbal, Adjunto Circunstancial de Lugar". *In*: MAGALHÃES & NEWLANDS. *O inverso das origens*. Rio de Janeiro: Nova Terra, 2014, p. 38.

O indígena (Imperatriz, 1994) e o árabe (1995): personagens dos enlaces entre vários mundos | Desenhos de Rosa Magalhães

Contudo, o enredo mais sugestivo e pitoresco da primeira safra da década de 90 é "***Mais Vale um Jegue que me Carregue do que um Camelo que me Derrube***", de 1995, reencenação do alvoroço provocado no Ceará pela presença de catorze camelos trazidos da Argélia para servir de meio de transporte à primeira expedição científica brasileira no sertão[151]. O destaque dado ao ***jegue***, o bravo e tinhoso exemplar das alimárias nacionais, em contraponto aos animais importados da África, é um detalhe da história que só Rosa saberia explorar – e, conforme ela própria confessa, uma ideia que lhe veio da mãe, Lucia Benedetti, após sua apreciação da primeira versão da sinopse. E, ao menos na opinião dos julgadores, a parceria dos dromedários com os jumentos não tinha sido uma ideia de jerico, mas sim um feliz achado do enredo, que conquistou o bicampeonato na Sapucaí.

A moça prosa é inovadora, mas sabe que, como na maior parte das obras humanas, "*nada se cria, quase tudo se copia*". Se alguém por acaso lhe atribui um suposto pioneirismo na montagem da comissão de frente coreografada para o desfile de 1992, ela prontamente contesta tal afirmação, lembrando que *Joãosinho Trinta* já fizera isso no Salgueiro. Naquele ano, a novidade foi a precisão geométrica da comissão, por obra e arte de **Fábio de Mello**[152], coreógrafo que estudara na Holanda e se incumbiu de desenhar uma apresentação "lúdica, carnavalesca e apoteótica", em estreita consonância com o tema explorado pelo enredo ("*Não Existe Pecado Abaixo do Equador*"). De qualquer forma, Rosa confessa que sempre quer ver coisas diferentes na avenida (por vezes, até ela mesma se surpreende com o resultado final de sua concepção na

---

151 Iniciativa do imperador Pedro II, a missão foi defendida no Instituto Histórico e Geográfico Brasileiro (IHGB) pelo Visconde de Sapucaí (sim, ele mesmo, o futuro Marquês!) e empreendida por um grupo de cientistas no Nordeste do país entre 1859 e 1861.

152 Formado pelo *Conservatório de Dança de Amsterdam*, o coreógrafo carioca **Fábio de Mello** é um dos maiores vencedores do troféu *Estandarte de Ouro* na categoria Comissão de Frente, com seis prêmios pela Imperatriz e outro pela Mocidade Independente. Ele também trabalhou na Beija-Flor e na Grande Rio, além de atuar em espetáculos artísticos (*Iluminações, Quintana, Drácula e Nijinsky*, entre outros), dirigir óperas e musicais, afora as coreografias para o cinema. É ainda o fundador e diretor do *Ballet Contemporâneo do Rio de Janeiro*. Ver, a respeito, http://comissaodefrente.blogspot.com/2012/01/fabio-de-mello.html. Consulta em 16/05/2019.

hora do desfile) – e não esconde a grata satisfação pela liberdade/continuidade que teve para realizar suas experiências na Imperatriz.

Criatividade à parte, ao longo daquele tempo Rosa também passa a ser conhecida – e, em alguns casos, até estigmatizada ou antipatizada – por seu decantado perfeccionismo, isto é, pelo esmero que dedica a todos os quesitos avaliados pelos julgadores. Graças à sua competência e profissionalismo, a escola da Leopoldina arrebatou, pela diferença mínima de meio ponto, diversos títulos que as coirmãs já consideravam favas contadas, como ocorreu em 1995 com a Portela e em 1999, 2000 e 2001 com a Beija-Flor de Nilópolis (tricampeonato este que a rival considera ter sido "facilitado" pela presença de *Luizinho* Drummond, o "patrono" do grêmio, na presidência da LIESA)[153]. Para ela, existe um pouco de "romance" nessa história, porque todo mundo passa *perrengue* para botar um carnaval na rua – só que enfrenta a dor de cabeça quietinho, para não queimar o filme da escola.

A fim de desfazer mais esse "mito", a própria Rosa relata um caso ocorrido em fevereiro de 1993, a apenas quatro dias da grande disputa na Sapucaí:

> *— No desfile do "**Marquês**", numa quarta-feira antes do carnaval, a roupa da bateria ainda não estava pronta. Quando eu vi aquilo, não acreditei. O barracão teve de trabalhar dia e noite: até os ferreiros e os carpinteiros foram ajudar as costureiras a montar a fantasia. Ela só ficou pronta às 16 h do domingo, poucas horas antes de começar o desfile.*[154]

---

153 Em 1995, a escola de Madureira exibiu o enredo "*Gosto que me enrosco*", obtendo 299,5 pontos, contra 300 da Imperatriz; em 1999, 2000 e 2001, a Beija-Flor sagrou-se vice-campeã três vezes, com os temas "*Araxá, lugar alto onde primeiro se avista o sol*" (269 pontos contra 269,5 da rival), "*Brasil, um coração que pulsa forte - terra de todos ou de ninguém?*" (299 pontos contra 299,5 da campeã) e "*A saga de Agotime, Maria mineira Naê*" (299,5 contra 300 da "irrepreensível" Imperatriz).

154 Entrevista concedida ao biógrafo por Rosa Magalhães, em sua residência, no dia 17/08/2017. Em 1993, mais precisamente já na madrugada de 22 de fevereiro, a Imperatriz Leopoldinense foi a sétima escola a desfilar, fechando o primeiro dia do Grupo Especial, ou seja, o domingo de carnaval na Sapucaí.

O que nenhum crítico ou jornalista seria capaz de arguir acerca da multifacetada personagem (misto de professora, cenógrafa, artista plástica e carnavalesca) é a seriedade das pesquisas que fundamentam o conteúdo de seus enredos. Quase todas as sinopses que Rosa apresentava à diretoria e aos compositores da Imperatriz (e mais tarde continuaria a fazer para as escolas que a acolheram na década de 2010) eram fruto de anos de estudos e obstinadas investigações que, certas vezes, somente por um acaso fortuito chegavam ao fim. Foi assim com os documentos da expedição científica do IHGB no Ceará, tema do carnaval de 1995, que lhe vieram às mãos durante uma visita intempestiva à Biblioteca da UFRJ na Quinta da Boa Vista; e também com o registro do encontro de Catarina de Médicis com os indígenas brasileiros em Rouen, cujo texto essencial para a organização do enredo estava no Arquivo da Cidade, conforme lhe revelou o diretor da instituição, a quem ela conheceu acidentalmente em uma carona de táxi...

Vale aqui a ressalva de que um dos carnavais mais pitorescos e inventivos de sua carreira surgiu de maneira inversa: primeiro, o evento inesperado; depois, a pesquisa sistemática estimulada pela riqueza até então inimaginável do tema. Isso aconteceu com o ***Ti-ti-ti do sapoti*** (Estácio de Sá, 1987), em que a redescoberta da fruta em uma viagem à Tailândia despertou na artista o interesse pelo mote. Não importa a via, a Sapucaí é uma espécie de foz em que desembocam rios caudalosos que vieram acolhendo, ano após ano, os sinuosos afluentes das peregrinações de Rosa pelo mundo das ideias (consubstanciados em livros, documentos, fotos e imagens garimpados em arquivos, bibliotecas e coleções) e por distintos recantos do planeta azul, como a visita prazerosa à Áustria em 1996, que lhe permitiu conhecer elementos essenciais da formação de Carolina Josepha Leopoldina, futura Imperatriz do Brasil.

O público do desfile talvez não tenha ciência disto, mas, desde a composição das alegorias até a elaboração das fantasias, o que a artista exibe na avenida forma parte de um todo meticulosamente concebido e executado, em que se fundem os mais distintos elementos, *carnavalizados* na pista pela imaginação fecunda e dialética de Rosa Magalhães. Para definir em uma só imagem: a estética da carnavalesca na **Imperatriz** é como aquele escritório do ensaísta francês Montaigne retratado no último carro alegórico de 1994, em que os livros e a decoração renascentista são tragados pela floresta tropical, como se os devaneios do próprio escritor ganhassem vida e forma próprias, invadindo o espaço racional e ordenado da ciência.

2. Visões saçaricantes do Paraíso e de um Marquês

Após três carnavais na **Estácio de Sá** (de 1987 a 1989), onde marcou época com o aromático *Sapoti*, e mais dois pelo **Salgueiro** (1990 e 1991), em que foi vice-campeã com "***Me Masso se não Passo pela Rua do Ouvidor***", Rosa Magalhães regressa à **Imperatriz** em 1991, chamada às pressas para substituir **Viriato Ferreira**, que, por razões médicas, não pôde assumir o desfile de 1992. Rosa e Viriato sempre foram ótimos parceiros: a moça prosa não esconde, aliás, sua admiração pelo mestre, personagem raro no universo do samba e um ser de personalidade única e incomparável.

Assim, ainda que oficialmente afastado do barracão, ele não deixou de desenhar as roupas que a escola vestiria para levar ao público a visão que os viajantes europeus tiveram do chamado *Novo Mundo*. Em **1992**, a Espanha e a Europa celebravam o quinto centenário da autoproclamada "descoberta da América": o enredo intitulado "***Não Existe Pecado Abaixo do Equador***" (referência à canção quase homônima de Chico Buarque e Ruy Guerra, composta para a peça *Calabar: o elogio da traição*[155], cujos figurinos originais Rosa desenhou) era uma

---

155 Por sua vez, o próprio verso do frevo composto pela dupla nos anos de chumbo da ditadura, em 1973 ("*Não Existe Pecado do Lado de Baixo do Equador*"), é uma recriação da versão original da frase enunciada em latim no *Velho Mundo* cerca de três séculos antes: *Ultra aequinoxialem non peccari*. Segundo anota Natália Pesciotta, Chico encontrou o antigo ditado europeu no livro do seu pai, Raízes do Brasil. Na obra, Sérgio Buarque de Holanda adverte que a máxima corria pela Europa e foi registrada pelo cronista Barlaeus em 1641. Ver PESCIOTTA, Natália. "Não Existe Pecado do Lado de Baixo do Equador". *In*: **Atrás da Música**. Postado em 27/7/2014. Cf. http://atrasdamusica.tumblr.com/post/93062884100/n%C3%A3o-existe-pecado-do-lado-de-baixo-do-equador

releitura dos "*500 Anos*" de invenção do continente, inspirada na obra *Visão do Paraíso*, do historiador Sérgio Buarque de Holanda. Os navegadores europeus, impregnados de conceitos medievais do Éden, viam o paraíso no hemisfério Sul: um mundo vestido de verde, com bom clima, águas piscosas e céus repletos de aves, além de terras povoadas por diversas espécies de animais e bestas.

Por isso, os cronistas de viagem compuseram relatos ampliados e distorcidos de tudo quanto viam: aquela paisagem exuberante era o *habitat* especialmente forjado pelo Criador para Adão. Até o veterano Cristóvão Colombo, comandante da frota composta pelas naus Santa Maria, Pinta e Nina, julgou estar pisando "o paraíso terrestre" que Santo Agostinho situara no Oriente (mais precisamente na Índia). A ilusão, porém, seria desfeita na segunda incursão pelo Caribe, quando ele se dá conta de que os membros de sua tripulação deixados nas paradisíacas ilhas ao final da primeira viagem tinham sido mortos ou estavam dispersos, fugindo à perseguição dos nativos[156]. O desfecho trágico daqueles homens fez o navegador genovês repensar os mitos que ele mesmo cultivara: a partir daí, em sua imaginação, o Éden equinocial passa a ser "*um paraíso de maravilhas e monstros*[157]".

Desenvolver esse tema tão sugestivo não foi tarefa fácil para Rosa. Em 1991, o barracão da Imperatriz Leopoldinense era um verdadeiro "puxadinho" no antigo Pavilhão de São Cristóvão. A ampla área localizada no Campo de São Cristóvão abrigara grandiosas exposições (ao estilo do Rio Centro, em Jacarepaguá, onde se realiza a *Bienal do Livro*), mas fora abandonada, estando então em precárias condições de funcionamento, exposta à chuva e ao vento, além de ter vários problemas estruturais (sobretudo a parte elétrica e a hidráulica) que implicavam graves riscos de segurança às escolas instaladas no espaço. Os alagamentos eram constantes, fazendo os carros boiar como naus à deriva, e os focos de incêndio eram uma ameaça permanente às equipes de trabalho. Como escreveu certa feita a bem-humorada

---

156 NEWLANDS, Maria Luiza. "O Paraíso Americano". *In*: MAGALHÃES & NEWLANDS, *op. cit.*, p. 16-19.

157 *Idem*, *ibidem*, p. 19.

Rosa, aquilo era "*uma sucursal do inferno*[158]" – e não tardou muito para que o fogo, meses mais tarde, lambesse o Pavilhão de uma ponta a outra, convertendo os sonhos da folia em cinzas e ferros retorcidos.

Superando todas essas adversidades, a carnavalesca idealizou o desfile segundo a narrativa dos fatos, desdobrando o enredo em setores bem delineados: a **corte espanhola** (cuja ideologia de expansão ultramarina motivou a empreitada pelos mares), a **partida das naus**, a **viagem** propriamente dita, os **guardiões do Paraíso**, o casal **Adão e Eva**... Para arrematar, na volta dos navegantes, Rosa concebe um **barco** abarrotado de "dádivas" da terra pródiga, todas elas até então desconhecidas do *Velho Mundo*: **cacau**, **amendoim**, **abóbora**, **abacate**, **milho**, **tomate** e outras maravilhas da natureza tropical. De quebra, ela ainda associou as imagens exóticas do "Paraíso" ao folclore brasileiro, pondo em cena uma floresta povoada de boitatás, curupiras, sacis e sereias prodigiosas, bem ao gosto do "esplendor barroco" e do "realismo mágico" que a moça prosa cultiva em sua fabulação.

Imaginar e construir os carros que encenariam essa incursão por latitudes idílicas – e, ao mesmo tempo, tão fascinantes quanto temerárias – seria um desafio bem mais árduo do que desenhar os *croquis* dos figurinos que as costureiras teriam de aprontar, missão que Viriato, malgrado a saúde abalada, cumpriu em tempo hábil. A exigente Rosa cortou um dobrado com o ferreiro, que, segundo ela mesma comenta, não sabia usar a régua de escala[159], mas fazia obras em *shoppings* de olhos fechados. No entanto, o maior "abacaxi" de 1992 veio das mãos do sapateiro, que simplesmente não entregou os calçados das mulheres que sairiam fantasiadas de nativas na Passarela do Samba. No corre-corre do domingo, a diretoria da Imperatriz chegou até a sugerir que as integrantes viessem de bota para o asfalto da Marquês de Sapucaí, mas Rosa optou por deixá-las descalças: "*Vai sem bota mesmo!*" Afinal, elas eram indígenas e aquilo não era rodeio, nem filme de caubói.

---

158 MAGALHÃES, Rosa. "Papagaio Vira Anjo". *In*: MAGALHÃES & NEWLANDS, *op. cit.*, p. 22.

159 A **régua de escala** ou **escalímetro** é um instrumento de desenho técnico utilizado para compor objetos em escala e facilitar a leitura das medidas de desenhos representados em determinada proporção. Como se sabe, as escalas são fundamentais para que os objetos ou elementos a construir sejam desenhados com suas medidas reduzidas ou aumentadas no papel.

É claro que o rigor e o perfeccionismo da carnavalesca geravam, não poucas vezes, sonoras desavenças com os artesãos do barracão. Todavia, Rosa nunca descuidou das relações travadas com a mão de obra da escola: a costureira, o escultor, o pintor, o ferreiro, o aderecista, o chapeleiro, o carpinteiro e o laminador – são eles que dão vida às ideias engendradas pelos "arquitetos" do carnaval. Em suma, "*isso faz parte de uma conduta profissional; todo mundo tem de trabalhar com esse entendimento*[160]".

Cumprindo esse *quesito* básico, a nau da Imperatriz driblou os percalços da falta de estrutura e os imprevistos de última hora – e, ao final da "travessia", sob a batuta de Rosa e de um naipe de *bambas* da Leopoldina, obteve um honroso 3º lugar na Sapucaí, com **294,5** pontos. Ela só ficou abaixo da **Estácio de Sá** (campeã com "*Pauliceia Desvairada – 70 anos de Modernismo*", enredo de Mário Monteiro e Chico Spinoza), que somou **298,5** no total, e da **Mocidade Independente de Padre Miguel** (vice-campeã com "*Sonhar não custa nada, ou quase nada*", tema concebido por Renato Lage e Lilian Rabello), cuja nota foi **297**.

Ainda que o resultado desejado fosse o 1º lugar, a diretoria e a comunidade viram com bons olhos o retorno de **Rosa** a Ramos. Após o título estonteante de 1989, celebrando o centenário de nossa claudicante República ("*Liberdade, liberdade, abre as asas sobre nós!*"), tema idealizado por **Max Lopes**, o enredo de 1990 ("*Terra Brasilis, o que se plantou deu*"), também a cargo de Max, arrebatara apenas o 4º lugar; por sua vez, o desfile de 1991 ("*O que é que a banana tem?*"), já nas mãos encantadas de **Viriato Ferreira**, agrada ao público e à crítica, mas os julgadores lhe conferem tão somente a 3ª colocação.

Depois de tirar leite de pedra em 92, Rosa teve carta branca para seguir encenando o ***festival dos inversos*** na Passarela do Samba. E a "*festa profana dos excessos, autorizados e liberados, tanto nos trajes quanto nos costumes*[161]" seria justamente o mote explorado em **1993**, quando a plebe e a nobreza se misturam em louvor à figura histórica que batizou a pista do carnaval: "***Marquês que é Marquês, do Saçarico é Freguês***". O enredo se ocupa de retratar a evolução da folia, revisitando os vários folguedos e cortejos de rua do carnaval, desde o

---

160 Rosa Magalhães, entrevista citada, 17/8/2017.

161 NEWLANDS, *idem*, *ibidem*, p. 30.

cruento entrudo até os pomposos desfiles das grandes sociedades. Lá no *Velho Mundo*, o passeio começa pela Florença renascentista, onde os carros festivos entoavam canções que já alertavam para o significado essencial do reinado de Momo: "*Todas as coisas vêm ao contrário / Tudo o que podemos imaginar*[162]".

No Brasil, ele tem início com o violento ***entrudo***, a festa de rua trazida pelos portugueses por volta de 1640, que, ainda alheia à influência africana, não exibia música nem dança, consistindo tão somente num jogo de atirar farinhas, ovos estragados, limões de cheiro, frutas e outros itens nada saudáveis (urina e bosta, inclusive) nos foliões. Esse *introito* do que um dia se converteria na maior ópera de rua do planeta parece ter origem nos rituais pagãos de fim de inverno na Europa, que seriam também comemorados em distintos países da América, à feição das *Saturnálias* romanas.

Para aprofundar o tema, Rosa empreendeu uma pesquisa que abrangeu de Roberto DaMatta (o historiador e antropólogo autor do ensaio *Carnavais, malandros e heróis*) aos filmes do *Departamento de Imprensa e Propaganda* (DIP) do governo de Getúlio Vargas, em que há imagens preciosas dos corsos motorizados, dos desfiles das grandes sociedades e dos banhos de mar à fantasia, muito em voga no Rio nos anos 30/40. Todas as fases do **carnaval de rua** e **de salão** seriam contempladas pelo enredo, com a abertura retratando o desfile da "***Serração da Velha***", um ruidoso cortejo de rua, já com música, canto e dança, que data do século XVIII e ocorria na quarta-feira da terceira semana da Quaresma (dia de folga da penitência). Na II parte, via-se o **entrudo**, o rude folguedo ao qual Rosa confere certa graça com réplicas dos bonecos gigantescos de Olinda. Na III parte, surgiam as **grandes sociedades**, que depois vieram a ser suplantadas pelas **escolas de samba**.

As campeãs da Passarela seriam representadas por traços dos carnavalescos que marcaram época no Rio. O barroco e a Bahia identificavam **Arlindo Rodrigues**, mestre do Salgueiro e da Imperatriz; o 'delírio inigualável' de **Fernando Pinto**, *bamba* da Mocidade, explodia com índios, motos, flores e um enorme tatu; e ***Joãosinho*** **Trinta** era saudado por uma alegoria que evocava

---

162 NEWLANDS, Maria Luiza. "A Rua do Samba & O Samba da Rua". *In*: MAGALHÃES & NEWLANDS, *op. cit.*, p. 30.

"*Ratos e Urubus, Larguem a Minha Fantasia*", memorável desfile de 1989 da Beija-Flor. Na parte final, Rosa encenava o "***carnaval do futuro***" e prestava homenagem ao **Marquês**, com um carro alegórico que trazia uma réplica da arquibancada da Sapucaí, uma verdadeira proeza do ferreiro da escola.

O abnegado Viriato desenhava as peças em casa, mas as executava no barracão, na única sala com ar refrigerado do espaço. No *jogo dos inversos*, a vida e a morte possuíam papel de destaque – e a fantasia que mais impressionou Rosa foi a da própria **Morte**, simbolizada por um bate-bola com um caixão atravessado no pescoço[163]. Mal sabia ela que a "indesejada das gentes" já rondava Viriato: em julho de 1992, ainda sete meses antes do desfile, o figurinista sentiu-se mal e morreu, deixando à amiga a dura missão de terminar o trabalho que ambos haviam assumido.

Para a professora, mais importante que o vice-campeonato obtido em 1993 seriam as lições que ela tirou da experiência. Um dos fatos a lhe chamar a atenção foi a rejeição dos gresilenses à fantasia do "*carnaval do futuro*", que teve de ser doada à comunidade. Era uma roupa comum (calça, blusa, chapéu), que incluía um tubo com filó de *lycra* e armação de metal para elevar o adereço 40 cm além da cabeça – mas, ao menos no gosto da galera, aquele *futuro* não emplacou. A fantasia, por sinal, deu-lhe ainda mais trabalho porque, às vésperas do desfile, a carnavalesca descobriu que as quarenta calças e quarenta blusas do traje não estavam prontas.

Obrigada a descascar o tremendo abacaxi em cima da hora, ela valeu-se de uma costureira de fora da escola, que reuniu a família e amigos para dar conta do serviço. Grata pelo esforço descomunal da profissional, Rosa viveu uma pequena odisseia na noite da apresentação: ela saiu de casa, furou o bloqueio de acesso à pista com a ajuda de um aluno da EBA-UFRJ (que estava de serviço na Sapucaí e reconheceu a professora) e finalmente conseguiu falar com Luiz Drummond, a fim de garantir o pagamento que devia à salvadora da pátria verde & branca.

Finda a bem-sucedida jornada, ela finalmente pôde voltar para a sua residência em Copacabana e descansar, com "a boa sensação do dever cumprido[164]".

---

163 Ver MAGALHÃES, Rosa. "Na Marquês de Sapucaí: Predicado Verbal, Adjunto Circunstancial de Lugar". *In*: MAGALHÃES & NEWLANDS. *O inverso das origens*. Rio de Janeiro: Nova Terra, 2014, p. 38-39.

164 MAGALHÃES, Rosa, artigo citado. *Idem, ibidem*, p. 40-41.

De resto, até hoje lhe sobrevém a sensação de que os fantasmas dos amigos do venerável e burlesco **Marquês** estão todos lá, deleitando-se com o evento. Se ele realmente gostava de carnaval e de música, como sugerem as pesquisas sobre o histórico personagem, por que não acreditar que, ao menos nas feéricas noites do reinado efêmero de Momo, os fregueses mais nobres do saçarico queiram sobrevoar a Passarela para admirar as troças e patuscadas que os foliões do séc. XXI encenam com suas músicas, coreografias, fantasias e carros encantados?

3. A rota do bicampeonato: tupinambás na Europa e camelos no Ceará

A contagem regressiva para o título começara em 1992. Depois do 3º lugar com a visão do "Paraíso" abaixo do Equador, o *saçarico* do *Marquês* galgara uma posição acima no pódio do Grupo Especial em 1993. Para os mais supersticiosos, após o bicampeonato em 1980-1981, sob a batuta do maestro Arlindo Rodrigues, e a vitória em 1989, com Max Lopes celebrando o centenário de nossa pífia República, a hora e a vez da quarta estrela dourada no céu constelado da Leopoldina tinham chegado. Para tanto, a **imaginação** da carnavalesca seria o trunfo maior da Imperatriz, já que o "patrono" da agremiação, **Luiz Pacheco Drummond** tinha sido condenado (junto com Anísio Abraão David, Castor de Andrade, Capitão Guimarães e outros contraventores) pela juíza Denise Frossard a seis anos de prisão por extorsão, envolvimento com o *jogo do bicho* e 53 mortes[165].

Fiel à sua concepção estética, a carnavalesca propõe para **1994** um novo "***encontro entre dois mundos***", recriando com sua perspectiva *sui generis* a visita dos reis Henrique II e Catarina de Médicis à cidade de Rouen, na França, no século XVI, cujas celebrações incluem uma apresentação de dança de cinquenta indígenas brasileiros levados ao *Velho Mundo* pelos franceses. O mote era tão

165 Cf.: "Contraventores já foram condenados há 14 anos". *In*: O Globo, 13/4/2011. Consultado em 23/11/2011. Luiz Drummond seria solto por *habeas corpus* somente em 1996, três anos após a sentença da juíza.

inusitado, que mereceu até uma glosa à parte no refrão do samba composto por Alexandre da Imperatriz, Alvinho, Aranha e Marcio André:

Mon amour c'est si beau!
Esse jogo, essa dança
Tabajer, Tupinambôs

Nascia, assim, o sugestivo enredo "***Catarina de Médicis na Corte dos Tupinambôs e Tabajères***", outra fabulação de Rosa pautada nos ***enlaces*** inusitados entre o *Velho* e o *Novo Mundo*, cujos protagonistas, curiosamente, vêm a se reunir longe da terra natal. De fato, Catarina de Médicis era uma nobre italiana que se tornou rainha consorte da França de 1547 até 1559, desposando o rei Henrique II, ao passo que os "exóticos selvagens" eram índios **tupinambás**, o mais numeroso povo tupi do litoral brasileiro, com uma população estimada em cem mil pessoas.

A presença indígena em Rouen e em outras cidades portuárias da França não era incomum: por força das relações comerciais mantidas entre as duas regiões desde o início do séc. XVI, os fabricantes de tecidos e parte da sociedade mercantil francesa apoiavam o projeto de colonização do Brasil, que se dá com ocupação de alguns pontos da costa e a instalação de feitorias no Rio de Janeiro, Paraíba, Rio Grande do Norte e Maranhão (onde se institui, de 1594 a 1615, a chamada "França Equinocial")[166].

Rosa Magalhães levou anos para recolher informações sobre aquele extraordinário evento ocorrido em Rouen nos dois primeiros dias de outubro de

---

166 O antropólogo Darcy Ribeiro observa que o contato dos franceses com os indígenas gera distintos núcleos de mestiços caboclos no país. O principal deles seria o que se implantou junto aos Tamoios fluminenses, com mais de mil mamelucos reunidos ao longo dos rios que deságuam na baía de Guanabara e na Ilha do Governador, onde deveria ser fundada a "França Antártica". Outros surgem das relações com os Potiguaras, na Paraíba e no Rio Grande do Norte, e com os Caetés, em Pernambuco. Eles alcançaram certa prosperidade pelas mercadorias que induziram os índios a produzir e carrear para numerosos navios, sobretudo o pau-de-tinta; barganhavam também a pimenta-da-terra e o algodão, além de curiosidades como os loquazes papagaios. Ver, a respeito, RIBEIRO, Darcy. *O povo brasileiro: a formação e o sentido do Brasil*. São Paulo: Companhia das Letras, 1995.

1550, tão somente meio século após a "descoberta" portuguesa do Brasil. Um documento ilustrado oferecido aos reis pela municipalidade (talvez um roteiro da festa promovida na cidade normanda), com uma iluminura anônima, intitulada *Le bal des brésiliens* ("O baile dos brasileiros"), foi uma fonte preciosa de estudos. Ele revelava, entre outras coisas, que o cenário do espetáculo lá realizado buscava reproduzir o ambiente nativo dos indígenas[167].

Contudo, Rosa desejava encontrar algum registro em português do episódio – e, mais uma vez, um fortuito acaso (ou seria sincronicidade?) pôs termo à sua busca: certa noite, ao embarcar no táxi que a conduziria até sua casa ao final da gravação de um programa de tevê, um homem lhe pediu educadamente carona para deixar o local já deserto. Ela acedeu à solicitação e, assim, veio a conhecer o diretor do Arquivo da Cidade, instituição onde estava o texto narrando todo o acontecimento – e, ainda por cima, escrito na língua de Luís de Camões...[168]

A partir daí, uma leitura levou a outras e a engenhosa artista estabeleceu uma série de conexões, cujos elos essenciais seriam o filósofo francês **Michel de Montaigne** (1533-1592), autor do ensaio *Dos Canibais*, e o pensador suíço **Jean-Jacques Rousseau** (1712-1778), mentor do "*mito do bom selvagem*", além do lema da **Revolução Francesa** (1789): "*liberdade, igualdade, fraternidade*". Montaigne, cujo mordomo vivera doze anos no Brasil acompanhando a expedição de Nicolas Villegaignon ao país, era avesso à política vigente na monarquia francesa. Por isso, há quem afirme que a exaltação da "pureza original" dos costumes indígenas era mero artifício do escritor para "*pôr na boca dos canibais ideias revolucionárias que ele não podia expressar*[169]".

Interesses políticos e ideais iluministas à parte, o novo enlace proposto por Rosa retomava o mote de 1992, ou seja, a excitante crença de que, ao

---

167 NEWLANDS, Maria Luiza. "Festança na França". *In*: MAGALHÃES & NEWLANDS, *op. cit.*, p. 44.

168 MAGALHÃES, Rosa. "Ruão Versus Lião". *In*: MAGALHÃES & NEWLANDS, *op. cit.*, p. 50.

169 NEWLANDS, artigo citado, p. 48.

sul do Equador, havia terras sem quaisquer instituições sociais nem religiosas – o mundo paradisíaco da *utopia* e da *liberdade*, onde nada era proibido. Incumbida de traduzir essa experiência na avenida, Rosa concebeu um desfile em que a Av. Marquês de Sapucaí se convertia na estrada que levava os integrantes da escola até Rouen[170], com o abre-alas representando o portal do majestoso evento. O enredo era uma encenação grandiosa da festa: "*arcos do triunfo, a plateia assistindo ao espetáculo, carrosséis e dançarinos em trajes estranhos e suntuosos*[171]".

Para ilustrá-lo, havia elementos alegóricos de peso: o carrossel com dançarinos e animais selvagens, os espectadores postados diante dos indígenas que executavam sua dança e o jardim com flores gigantes. O desafio de diferenciar os **nobres** (já ataviados com roupas luxuosas) dos **tupinambás** (fantasiados com adereços típicos) só seria resolvido com a ajuda de um livro de balé, que lhe permitiu figurar os "civilizados" com saiotes armados e trajes temáticos. Ao final, uma alegoria engenhosa, a favorita da moça prosa, reproduzia a sala de trabalho de **Montaigne**, repleta de livros e objetos decorativos da época, sendo invadida por uma floresta tropical – uma metáfora da materialização do mundo imaginário do filósofo na realidade delirante do carnaval...

O surreal encontro acabaria despertando um rastilho de curiosidade e admiração não apenas no público, mas nos próprios julgadores, que concederam à Imperatriz o título de campeã do Grupo Especial em 1994. Rosa considera que o ineditismo e o pitoresco da história concorreram bastante para essa decisão, além, é claro, do esmero com que todos os quesitos foram tratados. Sem que muitos ainda se dessem conta, instaurava-se a partir daquele desfile um estilo peculiar de fazer carnaval – quem sabe até uma "tendência irresistível" que outras escolas buscariam, consciente ou inconscientemente, adotar ao longo da década de 1990. Para o bem ou para o mal, a discípula de mestre Pamplona conquistara de vez seu espaço na avenida – e o que viria dali para frente hoje já é história.

---

170 A cidade de **Rouen** situa-se na região da Normandia, ao noroeste da França, e fica a 135 km de Paris.

171 MAGALHÃES, artigo citado, p. 51.

Nobres e indígenas: uma confluência insólita no Velho Mundo | Desenhos de Rosa Magalhães

A casa de Montaigne tragada pela floresta tropical: dupla alegoria de Rosa para o mote do canibal | Desenho de Rosa Magalhães

Para selar o bicampeonato em **1995**, a cenógrafa propôs um enredo originalíssimo, dando asas à imaginação para contar um dos causos mais inusitados da história do Ceará – e cujo título já era um achado de Rosa: "***Mais vale um jegue que me carregue do que um camelo que me derrube***". O *estopim* da história seria o desembarque em Fortaleza, no dia 24 de julho de 1859, de catorze dromedários africanos vindos da Argélia, que viajaram até a capital cearense a bordo da barca francesa *Splendide*, fielmente escoltados por seus tratadores argelinos.

A comitiva foi recebida no porto pelo afamado poeta e advogado Gonçalves Dias, que se projetara em nossas letras com várias obras desde 1847, entre elas o célebre poema "Canção do Exílio", decerto o mais popular do Romantismo. O ilustre anfitrião fora nomeado relator da *I Expedição Científica Brasileira* pelo sertão nordestino, iniciativa do imperador Pedro II, membro honorário do Instituto Histórico e Geográfico Brasileiro (IHGB), missão esta que fora defendida em sessão oficial da entidade no Rio de Janeiro, em 1856, pelo Visconde de Sapucaí, o futuro Marquês que um século depois batizaria a Passarela do Samba.

A atração pelos camelos já datava de algum tempo. Ainda jovem, Rosa ouvira o pai, o acadêmico Raymundo Magalhães Jr, tecer um comentário sobre a chegada dos bichos à sua terra natal, mas sem fornecer maiores detalhes. Depois, em viagem ao Marrocos, ela pôde conhecer e montar o animal, experiência que foi do susto à emoção mais prazerosa, galopando pelas areias do Saara. Todavia, quando procurou dados sobre o curioso evento nos anais do IHGB, não encontrou nada; a pesquisa só saiu do limbo após uma visita à Biblioteca do Museu Nacional da UFRJ, na Quinta da Boa Vista (antiga residência de D. João VI, em São Cristóvão), onde estavam os registros oficiais das missões científicas realizadas pelo Instituto[172].

Como ela própria explicou em depoimento ao biógrafo, os livros sobre o tema eram muito difíceis de achar. O volume mais completo de todos só lhe chegou às mãos por uma providencial "conspiração" acadêmica, quando, por indicação da escritora Rachel de Queiroz (conterrânea e colega do pai de Rosa na Academia Brasileira de Letras), Rosa conheceu um pesquisador cearense que morava no

---

172 MAGALHÃES, Rosa. "Transportes Alternativos Não-Poluentes". *In*: MAGALHÃES & NEWLANDS, *op. cit.*, p. 68.

bairro do Flamengo, no Rio – e este, de bom grado, lhe emprestou a preciosa fonte de pesquisa, devidamente devolvida ao dono ao final da consulta[173].

Os relatos sobre a insólita expedição são um capítulo à parte na investigação. Os membros da equipe, figuras notáveis da Corte, acabaram por espantar os cearenses com seus trajes elegantes e hábitos excêntricos, sobretudo aquele escandaloso costume de tomar banho inteiramente nu. Chefiado por Guilherme Capanema, o grupo de cientistas era "galanteador e atrevido" com as mulheres, o que lhes rendeu o jocoso epíteto de "*Comissão Defloradora*". Já os dromedários assustavam o povo, fazendo as pessoas se benzer e fechar apressadas as portas das casas, com as crianças desatando a chorar.

Como anotou Maria Luiza Newlands, "*o alvoroço causado pela presença dos camelos só fez dar um colorido ainda mais pitoresco à história toda*". Os fiascos foram muitos, a começar pela viagem de Capanema e Gonçalves Dias até Baturité, a pouco mais de 100 km de Fortaleza: eles partiram nos camelos, mas, com cinco léguas de estrada, desceram e seguiram a cavalo. Por essas e outras, a Comissão veio a ser execrada pelos opositores do governo na capital do Império: era muito dinheiro para "apanhar borboletas", ironizavam os políticos mais maldosos[174].

A inusitada jornada encerrou-se em 1861, com algumas contribuições científicas nas áreas de Botânica, Etnografia, Zoologia, Astronomia e Geologia. No entanto, os seus personagens mais extravagantes desaparecem aos poucos: criados nas areias do deserto do Saara e nada afeitos ao solo pedregoso do sertão, vários camelos machucam os cascos e morrem das infecções que as feridas provocam. Há quem aponte, porém, que eles ainda viriam a participar do primeiro corso carnavalesco de Fortaleza, desfilando como uma das principais atrações da festa[175] – o que ajuda a reforçar a lenda de que, ao sul do Equador, desde tempos imemoriais, tudo há de acabar em carnaval...

---

173 Rosa Magalhães, entrevista concedida ao biógrafo na residência da artista, em 17/8/2017.

174 NEWLANDS, Maria Luiza. "Camelo Versus Jegue". *In*: MAGALHÃES & NEWLANDS, *op. cit.*, p. 62.

175 NEWLANDS, artigo citado, p. 62.

A pergunta que não queria calar era uma só: por que não se usaram jumentos na atribulada expedição? O que teria levado a caprichosa Comissão a rejeitar os serviços da briosa alimária nacional e internacional? Afinal de contas, como anotou a museóloga Maria Luiza Newlands, qualquer sertanejo reconhece a superioridade do **jegue** no transporte de cargas e pessoas em um terreno tão inóspito como o solo cearense. Será que os figurões acharam a solução fácil demais? Será que a opção pelo exótico prevaleceu sobre um animal que só tem prestígio com a gente simples do interior?

Se assim foi, por certo esqueceram que, em outras épocas e terras, a resistência, a prudência e a paciência do discreto **jumento** prestaram valiosos serviços à humanidade. Aliás, não seria exagero dizer que até Maria e Jesus se serviram do animal para chegar ao Egito, fugindo de Herodes; ou que o tenaz Napoleão Bonaparte, tal qual o pesado Sancho Pança (escudeiro de Dom Quixote na obra clássica de Cervantes), cruzou os Pirineus no lombo do valente quadrúpede[176]. A própria Lucia Benedetti, já então adoentada e recolhida ao seu quarto, preocupou-se em advertir a filha sobre os méritos da alimária cearense, recomendando que a versão nacional do *Equus africanus asinus*, não obstante o estigma que padece qualquer *burro* ou *jumento*, viesse a ser o grande protagonista da história.

Não há como negar: na vida real e na ficção, *mais vale um jegue que me carregue do que um camelo que me derrube*... Ou, como cantou o samba de Cesar Som Livre, Eduardo Medrado, João Estevam e Waltinho Honorato, eles [os dromedários] "*trouxeram o balanço do deserto, mas não é o gingado certo pra cruzar o nosso chão*". O descompasso entre o "***balanço***" do camelo e o "***gingado***" do jegue, por sinal, agradou muito à carnavalesca, que, na sessão de "tira-dúvidas" com as parcerias inscritas nas eliminatórias do hino de 1995, fez questão de elogiar o achado poético do quarteto que venceria a disputa – uma *gentileza* da artista, que acolheu com generosidade "uma obra de ilustres desconhecidos", lembra Medrado[177]. Ela também adorou os versos da **estrofe**

---

176 *Idem, ibidem.*

177 Entrevista concedida por Eduardo Medrado ao biógrafo em 13/05/2019, em uma cafeteria no centro do Rio.

O camelo, um dos protagonistas do fabuloso enredo de 1995 | Desenho de Rosa Magalhães

síntese, escrita por Estevam, uma exaltação à simples e infalível receita caseira, sempre melhor que as fórmulas importadas:

Mais vale a simplicidade
A buscar mil novidades
E criar complicação
Esquecendo o bom e o útil
Renegar o que é nosso
Gera insatisfação

Munida de tantos ingredientes fabulosos, Rosa compôs um dos melhores enredos de sua carreira. Ela estruturou o desfile em **três partes**: na primeira, os **preparativos** da expedição, com o sonho do Eldorado e a partida da comitiva; na segunda, via-se a **Argélia**, país onde se adquirem os dromedários; na terceira, destacava-se a **incursão pelo Ceará** e a homenagem ao ***jegue***. Abrindo o cortejo, vinha a **comissão de frente**, a personificar a badalada *expedição científica*, com cavaleiros luxuosamente trajados e munidos de uma sombrinha de gomos coloridos nos tons da escola (verde, branco e dourado), muito bem ensaiada por **Fábio de Mello**, um dos trunfos de Rosa em sua fase áurea na Imperatriz.

Atravessando o deserto do Saara e o sertão do Ceará, a artista fez a festa, fundindo itens decorativos (vistosas joias, pedrarias, tapetes coloridos) e peças do vestuário árabe com elementos típicos da cultura **nordestina** (rendas, fitas, bruxas de pano, mamulengos e muito mais). Na confecção das alegorias, a cenógrafa também se esmerou: reproduziu o cais do Valongo com o chafariz de Mestre Valentim, criou um Eldorado repleto de ouro & prata e desdobrou a aquisição dos camelos em dois carros, incluindo um mercado de belos tapetes. O Nordeste, em suma, era uma feira de rendas, cerâmicas e várias prendas do artesanato regional – e a própria **comissão de frente** era uma espécie de festa folclórica, adornada com flores em relevo, fuxicos, fitas e sombrinhas.

Já o protagonista do baile, o triunfante ***jegue***, entrou em cena duas vezes: no **abre-alas** e no último carro, intitulado de "***Viva o Jegue!***", em que, aliás, veio acompanhado de três ilustres cearenses: o cantor **Fagner** e os comediantes

O Brasil de D. Pedro importou até tratador de camelo | Desenho de Rosa Magalhães

Tom Cavalcante e **Renato Aragão**. Não carece de explicar a presença das *celebridades* na Sapucaí: o trio desfilou a pedido do governador do Ceará, o empresário Tasso Jeressaiti, que foi cientificado do tema pela escritora Rachel de Queiroz. Após a vitória, ele propôs à escola de Ramos realizar um minidesfile no meio do ano, em Fortaleza, para onde Rosa viajou de avião, enquanto os demais componentes penaram três dias nos ônibus pagos por Jereissati. O grupo ficou hospedado em Cumbuco, uma praia paradisíaca a 25 km da capital.

Lá, segundo nos revelou **Sidney Machado** (o veterano *Chope*, à época diretor de Harmonia da Imperatriz), Rosa fez questão de conferir *in loco* o valor do herói improvável que celebrara na avenida – convertido em protagonista por sugestão da própria mãe, após ler a sinopse preliminar do desfile surgido de uma antiga conversa da filha com Raymundo, o pai cearense apaixonado pelos *causos* da terra A carnavalesca, então, com os pés quase a roçar o chão, fez questão de andar no lombo do pequeno, mas resistente animal, para surpresa da turma de Ramos[178]. Ela, obviamente, refuta a história contada por *Chope*, dizendo, um pouco contrafeita, que passeou, sim, mas montada em um cavalo, não em um jumento...

Com *jabá* ou sem *jabá*, o título de 1995 da Imperatriz seria irrepreensível. A escola recebeu nota **10** dos julgadores em todos os quesitos, somando **300** pontos na apuração e superando por apenas meio ponto a vice-campeã **Portela**, que desfilou com o mote "*Gosto que me enrosco*", uma história do carnaval no Brasil[179]. É claro que a família portelense contestou com veemência o resultado, considerado por alguns autores "uma das maiores injustiças na história dos cortejos[180]", alegando, entre outros argumentos, que um carro alegórico da

---

178 Entrevista concedida por Sidney Machado (o "***Chope***") ao biógrafo na *Cidade do Samba*, em 27/06/2019.

179 Graças à beleza plástica do desfile e ao ótimo samba de Colombo, Gelson e Noca da Portela, a agremiação também havia arrebatado a Sapucaí, agradando a crítica e fazendo sua torcida acreditar que, onze anos depois da inesquecível vitória dos "*Contos de Areia*", em 1984, a azul & branco de Oswaldo Cruz e Madureira voltaria a exibir mais um troféu em sua quadra.

180 Ver, a respeito: BRAZ, Marcelo. *Noca – da Portela e de todos os sambas*. Rio de Janeiro / São Paulo: DECULT-UERJ / Outras Expressões, 2018, p. 398.

A cultura árabe e a nordestina se fundem nos figurinos de Rosa | Desenhos de Rosa Magalhães

rival, quebrado, não logrou entrar na Sapucaí, o que, por si só, seria suficiente para lhe tirar preciosos décimos. Um jornalista mais incisivo chegou a indagar:

> *Por que, dos cinco jurados do enredo, apenas um tirou meio ponto e os outros quatro deram a nota máxima? Como naquele ano a maior e a menor nota eram descartadas, na prática, a Imperatriz não perdeu ponto algum em enredo, mesmo não tendo apresentado uma alegoria prevista*[181].

O que os avaliadores não tinham visto era o carro que representava a compra dos camelos, que, depois de quebrar, ficou estacionado no recuo, sem prejudicar o desfile da Imperatriz. Quem estava nele era a jovem **Alessandra Cadore**, então estagiária da EBA na agremiação, que, justamente naquele ano, fazia sua estreia na Sapucaí. Ela conta que, após a pane, a pedido da direção de Harmonia, os integrantes desceram rapidamente, tratando de compor uma ala improvisada na avenida. Já o veículo pôde ser encostado graças à presença de espírito de Fernando Horta, atual presidente da Unidos da Tijuca, que, vendo o traquejado *Chope* em apuros, apontou o espaço na lateral da via e o alertou: "*Ali dá!*"

O grupo que deixou a alegoria vinha fantasiado de **diabo** – e o capeta mor era o dançarino e comediante **Jorge Lafond**, que se projetou na década de 90 na TV vivendo a personagem *Vera Verão*. Sob o comando do artista, eles 'soltaram o bicho' no asfalto e preencheram com uma alegria contagiante a lacuna deixada pelo carro. Hoje, por certo, a falta de um item da sinopse implicaria algum desconto à nota do quesito, mas, em 1995, o regulamento não previa punição para a ausência de uma alegoria – e, assim, segundo a própria carnavalesca, "*jegue e camelo escaparam ilesos*[182]"...

---

181 MELLO, Marcelo de. *Por que perdeu? Dez desfiles derrotados que fizeram história*. Rio de Janeiro: Record, 2018, p. 153.

182 MAGALHÃES, Rosa. "Transportes Alternativos Não-poluentes". *In*: MAGALHÃES & NEWLANDS, *op. cit.*, p. 70.

Luis Carlos Magalhães, histórico portelense que hoje dirige a agremiação de Paulo, Candeia e *Natal*, chegou a escrever uma crônica sobre o desfile de 95, fantasiando a vitória da águia em uma espécie de "sonho" ou "delírio" azul & branco. Ele reconhece que a rival fez um grande desfile e não feriu a norma do certame, mas gostaria muito que a sua escola, após onze anos sem título, tivesse vencido aquele carnaval: "*Se isso tivesse acontecido, o futuro da Portela teria sido outro*[183]".

Já Eduardo Medrado, coautor do samba campeão, feliz da vida com o título, diz que o *buchicho* com a coirmã ficou em segundo plano, mas ainda hoje não esquece o desabafo pra lá de preconceituoso de um ilustre portelense, que, indignado com a derrota, indagou: "*Como é que pode o samba do Noca perder para o samba do jegue?*" Para fazer justiça ao desfile da escola de Ramos, Eduardo trata de consignar sua admiração pela capacidade de Rosa em *carnavalizar* um tema histórico aparentemente áspero e árido como o próprio sertão, fazendo-o com certo "refinamento". Para Medrado, a carnavalesca jamais resvalou para o grotesco, a caricatura, ou a crítica ferrenha: "*Ela possui um olhar de artista plástica sobre o mote*", ou seja, uma glosa que só a narrativa visual é capaz de conceber[184].

Polêmicas à parte, a conquista significava ainda mais para Rosa: respaldada pelo bicampeonato em Ramos, ela agora poderia alçar voos ainda mais altos na avenida. Lá em cima, no céu radiante da Sapucaí, o fantasma solerte de Viriato Ferreira não teve dúvida: após a "aposentadoria" da experiente **Maria Augusta**[185] em 1993, despontava ali a maior personalidade feminina daquele

---

183 Entrevista concedida por Luis Carlos Magalhães à TV UERJ em 27/6/2019, no barracão da Portela, na *Cidade do Samba*. A crônica citada aparece em FABATO, Fábio; GASPARINI, Gustavo; MAGALHÃES, Luis Carlos; MELO, João Gustavo & SIMAS, Luiz Antonio. *As Matriarcas da Avenida*. Rio de Janeiro: NovaTerra, 2016.

184 Medrado, entrevista citada, 13/5/2019.

185 A campista **Maria Augusta** Rodrigues foi uma das discípulas de mestre Fernando Pamplona e de Arlindo Rodrigues no Salgueiro, cuja obra é retratada no **capítulo 3** deste volume. Seu último desfile se deu em 1993, pela Beija-Flor de Nilópolis. Depois, dedicou-se à carreira de comentarista de televisão e tornou-se julgadora do prêmio **Estandarte de Ouro**.

ofício dominado por nomes masculinos. Era uma rosa entre cravos, já com seu estilo próprio – e cuja peleja com **Renato Lage** acabava de ficar empatada, com duas vitórias da Mocidade (1990-91) e duas da Imperatriz (1994-95).

4. Uma imperatriz, uma pianista e um esplendor futurista de Rosa

Em 1996, o governo austríaco decidiu comemorar o que seria o primeiro milênio da tradicional *Casa de Habsburgo*, ou *Casa d'Áustria*, designação pela qual era conhecida a família de nobres europeus que se tornou uma das mais influentes no *Velho Mundo* desde o séc. XIII até o XX. A ela pertenceu, entre outras figuras, a arquiduquesa Carolina Josepha Leopoldina Francisca Fernanda, filha de Francisco II (imperador da Áustria e rei da Hungria e da Boêmia), a quem os brasileiros conheceriam como **Dona Maria Leopoldina de Áustria**, após seu casamento com D. Pedro de Alcântara, em 1817, cinco anos antes que o príncipe português se sagrasse Imperador do Brasil. Para alguns historiadores, a data de origem da Casa austríaca é controversa e obscura, mas o que valia era o mote dos mil anos de Império, que os políticos de Viena desejavam celebrar com pompa e circunstância.

A fim de divulgar a iniciativa e atrair a atenção do mundo, os austríacos julgaram por bem promover um concurso internacional de eventos festivos em homenagem ao seu país e à sua cultura. Sem perder tempo, já no início de 1995, antes mesmo que o ***jegue*** cearense desfilasse pela Sapucaí, o responsável pelo Departamento de Turismo da Áustria no Brasil, Sr. Peter Fürlinger, procurou a agremiação de Ramos (que, por causa da ferrovia homônima, tinha sido batizada com o nome de **Imperatriz Leopoldinense**) e sugeriu à diretoria que elegesse o tema seu enredo para o carnaval do ano seguinte. Para tanto, os austríacos ofereceram a Rosa e a outros membros da escola uma viagem luxuosa à sua terra, para que os brasileiros travassem contato com a história da *Casa de Habsburgo* e conhecessem ao vivo e em cores o cenário da dinastia milenar.

Rosa confessa que a jornada vivida na Áustria foi "a mais prazerosa" de todas as suas pesquisas. Além de apreciar obras do pintor Gustav Klimt em

Viena e passear de carruagem até Salzburgo para assistir à ópera *A Flauta Mágica*, de Mozart, encenada por um teatro de marionetes, ela e os demais convidados gravaram um programa de TV e visitaram um dos belos palácios de veraneio de Carolina Leopoldina. Depois, a comitiva viu mais um castelo da arquiduquesa na aprazível Innsbrück, ao sopé dos Alpes, cidade onde lhes serviram carne de veado e várias iguarias deliciosas, classificadas pela deslumbrada viajante como um verdadeiro "festival gastronômico[186]".

Se alguns patrocínios são, por vezes, difíceis de digerir, o banquete austríaco soou para Rosa como um presságio de que, ao contrário do que sucederia em outras ocasiões (caso do desfile bancado pela Prefeitura de Campos em 2002), a chancela oficial era mais do que válida e estimulante. Pronto, não havia mais o que discutir: o tema de **1996** na Passarela retrataria mais um "***enlace entre dois mundos***", desta vez reunindo política e história de dois países aparentemente bem distantes, mas unidos por uma mulher de "sangue azul". Surgia, assim, o mote do desfile-homenagem: "***A Imperatriz Leopoldinense Honrosamente Apresenta Leopoldina, a Imperatriz do Brasil***".

Com uma protagonista cindida entre o *Velho* e o *Novo Mundo*, o enredo teria de ser dividido em duas partes: na primeira, a Áustria; na segunda, o **Brasil**. Rosa baseou-se em dois ensaios biográficos (um sobre Carolina Josepha e outro sobre D. Pedro I) para retratar os acontecimentos históricos da época, sem esquecer os elementos geográficos e culturais singulares que marcam o encontro entre as duas culturas e os dois cenários da trama. Esse enlace se via já na **comissão de frente**, formada por **seres híbridos** – metade araras, metade violinistas. A exuberância da **natureza** brasileira era figurada em grande escala, com o **abre-alas** composto por cinco araras enormes e coloridas guirlandas de frutas tropicais. O contraponto vinha com o segundo carro, o passeio na **neve**, cujos flocos eram feitos com espuma de sabão (Rosa temeu pelo efeito do artifício, mas, felizmente, o vento não atrapalhou a "nevasca" tropical na avenida).

É claro que o casamento de **Leopoldina** e **Pedro** mereceu amplo destaque. A boda se realizou em 13 de maio de 1817, sem a presença do noivo, que só veria a esposa seis meses depois, quando esta chegou ao Rio. Ciente de que o

---

186 MAGALHÃES, Rosa. "A Escolhida". *In*: MAGALHÃES & NEWLANDS, *op. cit.*, p. 83.

Sidney Magal, um D. Pedro I bem tropical | Acervo Rosa Magalhães

Marquês de Marialva (portador do pedido oficial pela mão de Carolina à *Casa de Habsburgo*) levou, à guisa de presente, vários diamantes e um medalhão com o retrato do pretendente a Viena, Rosa construiu um carro com as pedras preciosas rodeadas por um painel de coqueiros. De quebra, ela convidou o cantor **Sidney Magal** ("*moreno e bonitão, com sua vasta cabeleira, capaz de conquistar corações*") para personificar o príncipe. No entanto, a figura mais admirada pela carnavalesca era **Dª Leopoldina**, que, já casada com o príncipe regente, iria aconselhá-lo a proclamar a "Independência" em 1822, em um momento delicado da política portuguesa[187].

A austríaca é mais uma personagem a cruzar o oceano para viver uma aventura no *Novo Mundo*, mote que a carnavalesca até hoje glosa (veja-se, no enredo da Portela de 2018, a saga dos judeus perseguidos pela Inquisição) – e que o próprio samba de Carlinhos China, Demarco, Dominguinhos do Estácio e Jurandir pontuou em 1996:

E de lá pra cá
Só céu e mar... E esperança
Do Eldorado encontrar
O paraíso... e bonança
[bis]

Conduzindo a nau da Imperatriz entre ilhas de utopia e a realidade concreta, Rosa exalta a lucidez política e o amor à terra onde Carolina Josepha passa a viver, sentimento que a tornou capaz de romper com a família na Áustria. Já Maria Luiza observa que, a partir do "Dia do Fico", Leopoldina adota o Brasil como "sua verdadeira pátria" e luta pela autonomia do país. Aliás, teria sido ela quem persuadiu José Bonifácio a aceitar o cargo de Ministro do Reino, cumprindo o papel de "homem da salvação".

Nada disso, porém, atenuaria os conflitos que lhe consumiam o espírito, fosse o **contraste** entre os dois mundos pelos quais se deslocara, fosse o embate que

---

187 Como se sabe, D. João e a família real regressam a Portugal, após a Revolução Liberal do Porto, em 1820, que exigia a recondução do Brasil ao antigo estatuto colonial. Cf. MAGALHÃES, artigo citado. *In*: MAGALHÃES & NEWLANDS, *op. cit.*, p. 83.

Montagem do carro do "homem da neve" | Acervo Rosa Magalhães

travavam em seu íntimo o amor ao marido e o desconforto provocado pelo estreito horizonte da corte inculta que a rodeava. Para maior desdita de Carolina, o fugaz conto de fadas tropical é eclipsado pela aparição da **Marquesa de Santos**, a amante dileta de Pedro, pintada como "bruxa" e "monstro sedutor". Morta aos 29 anos de complicações do oitavo parto, "muito estimada e respeitada pelo povo[188]", Dª Leopoldina subverteu totalmente o papel reservado às mulheres, em geral, e às de sua classe, em particular, naquele tempo e naquele cenário.

A reconstituição dessa história na Passarela festiva da Sapucaí foi transmitida, ao vivo, via satélite, para a Áustria, já na madrugada da terça-feira, 20 de fevereiro de 1996, quando a Imperatriz, sexta escola do segundo dia de desfiles, pisou o asfalto sagrado da Sapucaí. Embora a campeã daquele ano tenha sido a **Mocidade Independente de Padre Miguel**, que abordou a relação entre os homens e Deus com o enredo "*Criador e Criatura*", de Renato Lage, obtendo nota máxima do júri (**300** pontos), a exibição da corte de Ramos na pista seria, como de praxe, impecável (a escola sagrou-se vice-campeã, com nota final **299,5**), causando funda impressão no povo austríaco.

Por conta disso, a homenagem da **Imperatriz** a Dona Leopoldina seria considerada o melhor evento entre todas as festividades que celebraram, nos cinco continentes, o aniversário da *Casa de Habsburgo*, a milenar família da República de Österreich, que havia se integrado à União Europeia em 1995. E, para expressar sua gratidão à carnavalesca, o país europeu concedeu a Rosa uma comenda de prata. O prêmio lhe foi entregue pelo embaixador da Áustria no Brasil, Manfred Ortner, que voou de Brasília até o Rio de Janeiro para proceder a cerimônia, comemorada com um elegante jantar na Casa da Suíça.

Depois de reverenciar a jovem imperatriz cindida entre dois mundos, já era tempo de Rosa render homenagem a uma das mulheres mais notáveis da nossa cultura e da vida pública do país: **Francisca Edwiges Neves Gonzaga**, a audaciosa pianista, maestrina e compositora que o Brasil conheceu como **Chiquinha Gonzaga**. Nascida um século antes de Rosa Magalhães (que veio ao mundo em janeiro de 1947), no dia 17 de outubro de 1847, a vanguardista personagem completaria em **1997**, o ano do desfile, 150 primaveras.

---

188 Cf. NEWLANDS, Maria Luiza. "Dona Leopoldina". *In*: MAGALHÃES & NEWLANDS, op. cit., p. 78-79.

Francisca sempre foi uma personagem bastante apreciada por Rosa, que, de certa forma, herdou a ousadia e a independência da ***pioneira***, autora da primeira marchinha de carnaval com letra ("Ô, Abre Alas", de 1899) e a primeira mulher a reger uma orquestra em nosso país. Por sua obra, pelas posições que defendeu (abolicionista e republicana convicta) e pelas atitudes corajosas que assumiu ao longo da vida (seja no plano pessoal, seja no social), **Chiquinha** merecia, sem dúvida, o tributo da Imperatriz e da carnavalesca, outras duas mulheres de grande personalidade e projeção em nossa sociedade.

O título do enredo inspirou-se em dois versos da inesquecível marchinha "Ô, Abre-Alas": "***Eu Sou da Lira, Não Posso Negar***". O mote foi muito bem assimilado pelo samba assinado por Zé Katimba, *Tuninho* Professor, Amaurizão e Chopinho, cuja letra ressaltou de forma irretocável o espírito "pioneiro" e "guerreiro" de Francisca, um símbolo precoce do empoderamento feminino, justamente os traços que Rosa queria valorizar:

Piano me diz quem é
A pioneira?
Piano me diz quem é
A maxixeira?
"Rosa de ouro"
Nunca foi de brincadeira
Ah, mulher guerreira
Solta os grilhões!
"Corta Jaca", que eu quero ver
Repenica pra remexer
Tem cavaco e violão.

Filha de mãe solteira que engravidou de um militar, **Chiquinha** seria reconhecida pelo pai, que, contrariando a família, desposa a humilde herdeira de uma escrava. Educada como "sinhazinha" pelo casal, ela aprendeu a tocar piano bem cedo, casou-se com Jacinto do Amaral (um oficial da Marinha Mercante) aos dezesseis anos e teve três filhos. Depois, não suportando a reclusão que sofria no navio do esposo, nem a proibição de seguir a carreira musical, largou tudo, veio a ser renegada pelos pais, mas refugiou-se no piano e na boemia artística do Rio de Janeiro, participando de rodas de choro com o flautista Joaquim Callado. Como escreveu a biógrafa Edinha Diniz, a artista "*transformou o piano de mero ornamento em um meio de trabalho e instrumento de liberação*[189]".

Após estrear como compositora em 1877 (às vésperas de completar trinta anos), criando a polca "Atraente", ela desponta na vida noturna da capital do Império. A expansão do Rio ao final do século XIX ensejara certas melhorias urbanas (instalação de luz elétrica, circulação de bondes), oferecendo novas opções de lazer para os cariocas. Graças ao seu arrojo e talento, **Chiquinha** escreve, em 1885, a música da opereta ***A Corte na Roça*** (com libreto de Palhares Ribeiro) e ainda rege a banda da Polícia Militar, gerando até intensas querelas acadêmicas sobre a adequação do termo "*maestrina*" à personagem... A partir daí, tudo é vertiginoso na vida da pianista, que, já consagrada, compôs a marcha-rancho "Ô, Abre Alas" para o desfile do bloco **Rosa de Ouro** em 1899. Com 52 anos bem vividos, ela quebra mais um tabu, unindo-se a **João Batista Fernandes Lages**, o companheiro 36 anos mais jovem, que, para evitar preconceitos, é apresentado a todos como seu "filho adotivo".

Com João Batista, Francisca percorreu a Europa entre 1902 e 1910, regressando ao Brasil para continuar a bem-sucedida carreira na música. Em 1914, aliás, ela obtém um sucesso desconcertante em pleno Palácio do Catete, sede do governo federal, onde "*Dona Nair de Teffé / tocava Chiquinha Gonzaga / provocando um movimento musical*", conforme evocou o samba da União da Ilha de 1981 ("*1910: Burro na Cabeça*", de Barbicha, Dazinho, Franco e Jangada). Ao executar a obra da amiga ao violão, a esposa do Marechal Hermes escandalizou a imprensa e a burguesia da época: como era possível a primeira dama divulgar maxixe músicas de origem tão "vulgar" no salão mais nobre da República? O fato não passou despercebido à parceria da Ilha, que, com boa dose de humor e criatividade, cravou: "*Rui barboseava no Senado / dizendo ser grosseira / a música popular brasileira*"...

O "escândalo do maxixe" seria, sem dúvida, um dos tópicos explorados no desfile de Rosa, que, de resto, tratou de valorizar ao máximo aquela figura com

---

189 DINIZ, Edinha. *Chiquinha Gonzaga: uma história de vida*. 11ª ed. Rio de Janeiro: Rosa dos Tempos, 2005. *Apud* NEWLANDS, Maria Luiza. "Ô, Abre Alas para Chiquinha Passar". *In*: MAGALHÃES & NEWLANDS, obra citada, p. 90.

"*uma vida tão mirabolante*", merecedora de "*virar enredo de escola de samba*[190]". As aventuras, rupturas e agruras de **Chiquinha** seriam a matéria-prima do desfile de 1997. Desde a ida à Guerra do Paraguai com um violão a bordo do navio do esposo ("*quase uma blasfêmia*") e a resoluta separação após o ultimato que o marido lhe dá ("*Fico com a minha música!*", disse ela), até a união com um homem mais novo e a aparição buliçosa no Catete, o tema luzia à perfeição para a carnavalesca. De fato, pertencendo a uma das últimas gerações de moças que foram educadas com música e piano, a filha de Raymundo e Lucia sabia que o Rio de Janeiro era uma verdadeira "*Pianópolis*" naquela etapa do século XIX. Para ela, que no auge da bossa-nova sonhava em ter um violão, seria fácil encenar o destino e a reviravolta de Francisca.

Assim, se em **1993**, com o "*saçarico*" do Marquês, Rosa recapitulou a evolução da folia como um todo, em **1997** ela optou por circunscrever-se apenas à era em que Gonzaga viveu. Os elementos visuais seriam, pois, o baile de máscaras, a festa dos blocos nas ruas, a alegria das batalhas de confete e serpentina – além das referências musicais do enredo. Já na abertura do desfile, a **comissão de frente** buscava seduzir a plateia com sua fantasia branca, verde e dourada que se abria em leque, compondo um teclado circular que aludia ao piano de **Gonzaga**. Após encantar público e crítica em 1993 e 1995, o coreógrafo **Fábio de Mello** (que trabalhava com Rosa na Imperatriz desde 1992, quando apresentou os *navegantes* na abertura do desfile sobre a viagem ao *Novo Mundo*) iria arrebatar o seu terceiro troféu *Estandarte de Ouro* na agremiação.

Em 1997, a carnavalesca também iniciou sua incursão pela área dramática, com uma pequena intervenção no carro alegórico da "***censura***": tratava-se de uma encenação da invasão de soldados munidos de cassetete ao teatro onde se exibia a opereta *A Corte na Roça*, cuja atração "imoral" era o maxixe composto por **Chiquinha**. A dança do *corta-jaca* no Catete e o cordão **Rosa de Ouro** também seriam destaques, merecendo este último um setor inteiro na avenida – e com **baianas** vestidas de verde-água a ostentar uma grande flor dourada nas costas.

Com tantos recursos para brilhar, o cortejo da *Lira* de Francisca Edwiges não pôde reeditar a bela trajetória de Rosa na Imperatriz Leopoldinense nos

190 MAGALHÃES, Rosa. "Aconteceu em Pianópolis". *In*: MAGALHÃES & NEWLANDS, obra citada, p. 96.

Comissão de Frente do desfile de 1997: a pianola | Acervo Rosa Magalhães

Ala das Baianas: a "rosa de ouro" em destaque | Acervo Rosa Magalhães

cinco anos anteriores. Uma alegoria quebrada e descontos em outros quesitos deixaram a escola em 6º lugar, com **177,5** pontos na planilha dos avaliadores, bem abaixo da **Unidos do Viradouro**, a grande campeã com nota máxima **180**. Não haveria, decerto, como superar a escola de Niterói, que em 1997 arrebatou seu único título com "*Trevas! Luz! A explosão do universo*", outro enredo estonteante de *Joãosinho Trinta.*

Contudo, graças à oportuna escolha de Rosa, a agremiação de Ramos somou-se às homenagens prestadas à ***pioneira*** de 150 anos, como o musical com Rosamaria Murtinho e a minissérie de grande audiência produzida pela TV Globo. De uma forma ou de outra, eram **mulheres** a render seu tributo artístico a uma personagem ainda mais notável, que afrontou a caretice do seu tempo e azedou o leite podre de um Brasil patriarcal e misógino, que até hoje reluta em reconhecer a relevância e o papel da mulher em nossa sociedade.

Em **1998**, às portas do novo milênio, Rosa antecipou-se ao calendário e engendrou o enredo "***Quase no Ano 2000***", que pouco tinha em comum com o desfile de 1974 na Beija-Flor ("*Brasil, Ano 2000*"), o qual não escapara ao tom ufanista da escola de Nilópolis nos anos 70, com a exaltação ao "petróleo jorrando do chão" e à "estrada cortando a mata em pleno sertão", ícones do *Brasil Grande* da ditadura. O mote *futurista* de 98, aliás, também destoava dos últimos temas da artista na escola de Ramos, mas não era alheio a suas inquietudes.

Se o ultratropicalista Fernando Pinto fizera o samba viajar pelo espaço sideral em 1985 com o seu "***Ziriguidum 2001***" ("*Vou à lua, vou ao sol / Vai a nave ao som do samba / Caminhando pelo tempo / Em busca de outros bambas*"), a moça prosa não podia ficar para trás. Grande amante da ficção científica no cinema e nas letras, Rosa julgou-se igualmente no direito de navegar pelos dilemas que a humanidade enfrentava em face do avanço da ciência, em um mundo no qual os milagres tecnológicos tinham virado "rotina".

O sonho de **voar**, por exemplo, já era uma realidade desde o início do século XX. As **pesquisas genéticas** e as experiências de **clonagem** seguiam desafiando a imaginação da espécie, com a literatura e a sétima arte a questionar seus efeitos em obras como *Blade Runner* (1982), de Ridley Scott, na qual seres *replicantes* (isto é, *androides*) lutavam pelo direito a uma existência própria. Para Rosa, existia uma crença de que "*a tecnologia iria dominar completamente* *o ser humano no ano 2000*", o que nos obrigava a uma reflexão sobre as previsões tecnológicas às portas de um novo milênio[191].

Para falar dessa (pós-) modernidade "*pra lá de démodé*", a fã inveterada de cinema e HQ apelou para o herói interplanetário *Flash Gordon*, cujos quadrinhos surgiram em 1934 nos EUA, e o visual de *Metrópolis*, o filme clássico de **Fritz Lang** (grande nome do *Expressionismo* no cinema alemão) lançado em 1927, que seria o grande protagonista de um dos carros alegóricos de Rosa. Ambos inspiram os figurinos da **1ª parte** do desfile, que aludem aos operários da película alemã e ao robô-mulher idealizado por Lang, cuja obra, baseada em um romance de Thea von Harbou (coautora do roteiro), retratava uma urbe desigual e distópica situado em 2026.

Já a **comissão de frente**, mais uma vez dirigida por **Fábio de Mello**, personificou o grego Ícaro (que, segunda a mitologia, tenta fugir do labirinto de Creta com asas artificiais presas às costas com cera). O herói vinha representado como um homem alado destituído de braços, à feição de guerreiros greco-romanos que, em sua evolução, ora se convertiam em pássaros, ora se transformavam em foguetes. A coreografia da abertura ensejava ainda uma curiosa conexão com o último segmento do desfile, a **ala das baianas**, cuja fantasia estilizava o globo terrestre – um alerta para a preservação ecológica e a biodiversidade.

Outro acontecimento notável, talvez o mais impactante do século XX, era a ida do homem à Lua. Ele aparecia na segunda **alegoria**, em que se via um veículo lunar e uma figura humana sobre o satélite – signos que interagiam com a cenografia dos filmes *Men in Black* (*MIB*, 1997), de Barry Sonnenfeld, e *Star Trek* (*Jornada nas Estrelas*, 1979), de Robert Wise. Aliás, a própria **bateria** da escola desfilou com os componentes fantasiados de robôs com astros celestes a flutuar sobre a cabeça – um "efeito especial" obtido à custa de 300 varas de pescar compradas em São Paulo, ideia do escultor (e pescador!) Gilberto Saverio.

Evidentemente, apropriar-se do tema futurista postulado por Rosa não seria tarefa fácil para os integrantes da agremiação verde & branca. Que diabos

---

191 MAGALHÃES, Rosa. "Moderno, prá lá de demodê". *In*: MAGALHÃES & NEWLANDS, obra citada, p. 110.

Desfile de 1998: a comissão de frente e o sonho de Ícaro | Acervo Rosa Magalhães

Alegoria o polvo da ficção de Júlio Verne | Acervo Rosa Magalhães

a professora estava querendo com aquele enredo estapafúrdio? Até os compositores cortaram um dobrado para captar a mensagem da carnavalesca. No "tira-dúvidas" daquele desfile, em meados de 1997, a parceria de Eduardo Medrado, João Estevam, Waltinho Honorato & Cesar Som Livre suou para acertar a mão com o samba, cuja letra "*tomou pau duas vezes*" da artista. Só na terceira versão eles entenderam o espírito da "viagem sideral[192]". O esforço, porém, não lhes serviu de muita coisa, pois o hino escolhido para 98 acabou sendo o do quarteto Darcy do Nascimento, Flavinho, Guga e Preto Joia.

De sua parte, os julgadores da LIESA parecem ter compreendido um pouco mais a proposta da artista, conferindo à **Imperatriz** um total de **269,5** pontos, isto é, só meio ponto a menos que as duas campeãs (ambas com nota máxima **270**): a **Estação Primeira**, que levantou a avenida com "*Chico Buarque da Mangueira*" (um desfile histórico da verde & rosa), e a **Beija-Flor de Nilópolis**, que também balançou a roseira com "*Pará – o Mundo Místico dos Caruanas nas Águas do Patu-Anu*". De qualquer forma, para um carnaval que muitos consideram o mais árduo da era Rosa Magalhães em Ramos, com tudo atrasado e a equipe virando noites no barracão a fim de arrematar o serviço (houve até mutirão para passar cola no papel carne-seca), não havia porque reclamar...

Uma vez mais, a moça prosa cumpria seu dever e reconduzia a escola ao pódio do Grupo Especial, com um honroso e honesto 3º lugar. Enfim, se o título não chegara em 1998, quem sabe o futuro não estaria reservado para 1999, já na antessala da nova era?

5. A rota do tri: Nassau; Cabral; cana, açúcar & cachaça na batida do ganzá

A "peleja estética" entre **Rosa Magalhães** e **Renato Lage** seguia arretada às portas do III Milênio, com três títulos para a Mocidade e dois para a Imperatriz de 1990 até 1998, ou seja, cinco vitórias para a dupla em nove anos. Os comentaristas diziam que era o duelo entre a artista "*barroca*" e o "*high-tech*", mas a

---

192 MEDRADO, entrevista citada, 13/5/2019.

antinomia deve ser relativizada, até mesmo pelas declarações que ambos prestaram sobre a própria obra. O que não se podia negar é que havia claros traços distintivos entre os artistas. **Renato** preferia enredos ***temáticos*** sem minúcias históricas (tais como a *água*, os *sonhos*, os *astros* ou o *circo*), de cronologia indefinida, com tendência à abstração. Já **Rosa** privilegiava enredos ***históricos*** (o *Novo Mundo* abaixo do Equador, o enlace de *Pedro I e Leopoldina*, a vida de *Chiquinha Gonzaga*), com cronologia demarcada e densa pesquisa para embasar a narrativa visual e a verbal[193].

O jogo da Passarela iria virar exatamente a partir de **1999**, quando a moça prosa recorre ao seu baú de insólitos causos da História para nos apresentar, uma vez mais, um olhar estrangeiro sobre a exótica e cativante natureza tropical. Com "***Brasil mostra a sua cara em... Theatrum Rerum Naturalium Brasiliae***", Rosa retrocede até o século XVII, na época da ocupação holandesa em Pernambuco, sob o governo de Maurício de Nassau, para se ater à obra de um pintor que integrou a missão artística e científica apoiada pelo nobre ilustrado: **Albert Eckhout**. Acompanhando a comitiva de Nassau que desembarcou em Recife em 1637, **Albert**, então com 25 anos, chega ao Brasil junto com **Franz Post**, outro notável talento das artes dos Países Baixos.

A iconografia dos dois artistas – singulares, mas complementares – constitui um vasto painel sobre este rincão dos trópicos. Segundo apontou Newlands, **Post** seria um cronista visual das nossas paisagens – apreendidas "*primeiro com os olhos do corpo, depois com os olhos da mente*", e pintadas literalmente assim, dos dois modos[194]. Já **Eckhout** descortina essencialmente as coisas naturais, incluindo os tipos humanos: cajus, peixes, sabiás, indígenas, negros – um motivo já explorado na obra de Marcgraf, "*o homem de mil talentos*" (astrônomo, matemático, cartógrafo e naturalista), autor de um texto pioneiro sobre nossas riquezas nativas, a *Historia Naturalis Brasiliae.*

Inteiramente à vontade com o tema, cujo desdobramento exigia uma meticulosa pesquisa iconográfica, Rosa caprichou em todos os segmentos do

---

193 Ver, a respeito, BORA, dissertação citada, p. 13.

194 NEWLANDS, M. L. "Albert Eckhout, Pintor do Brasil". *In*: MAGALHÃES & NEWLANDS, obra citada, p. 116.

cortejo. Já na **comissão de frente**, outra vez a cargo de **Fábio de Mello,** a escola de Ramos dizia a que viera. Fábio criou uma embaixada da *nobreza holandesa*, que ora desenhava o mapa do Brasil na pista da Sapucaí, ora lançava ao ar vistosos rolos de tecido verde e amarelo que surpreendiam a plateia. O sugestivo "cartão de visita" era apenas um prenúncio do que estava por vir: após a evolução dos *nobres*, a Imperatriz se espraiaria pela avenida com um luxuoso e colorido mural da "*história natural*" do Brasil Colonial, com diversas alas a representar a fauna e a flora destas latitudes. Não apenas as alegorias, mas inúmeras fantasias exibiam para o público e os julgadores a notável biodiversidade de nossa terra – e até as veneráveis *baianas* da Imperatriz vieram vestidas de borboletas em 1999...

Como conjecturou o samba de Medrado, Som Livre, Estevam & Honorato (o mesmo quarteto vitorioso de 1995), "*sonhava Nassau com uma Holanda tropical*"... Assim, movido por tal desejo, teria o governador da ocupação solicitado aos pintores de sua comitiva que lhe desenhassem um retrato do que por cá se via:

Brasil, mostra a sua cara
Sua beleza em forma rara
Esse seu jeito de viver
(Quero te ver, Brasil)

Nota-se que o tema de Nassau soou bem mais maleável para os compositores, que não precisaram se esforçar tanto quanto em 95 (o desfile do ***jegue***) para criar a melodia e a letra do samba. Depois do "tira-dúvidas" com Rosa, os últimos ajustes foram feitos por Eduardo Medrado e Kleber Rodrigues (que, embora não assinasse a obra, era interlocutor habitual da parceria), que só não acataram um pedido da carnavalesca: a supressão dos versos com a rima "*-**ela***" ("***Ela***, *a Imperatriz na passar**ela** / É samba, é arte, é linda t**ela***"). Na verdade, eles relutaram, mas mantiveram a letra original, convictos de que o todo já fora aprovado pela artista. De resto, o samba se apresentava em alto astral, pontuado por expressões de campo semântico mais **positivo** (*balanço, alegria, homens felizes, joias musicais*), bem ao gosto da moça prosa, que não prezava o léxico do sofrimento.

"Frutas brasileiras", de Eckhout, pintor da nossa natureza

Guirlanda do carro abre-alas | Desenho de Rosa Magalhães

Entre girassóis e lagostas, a natureza aflora
nos figurinos da artista | Desenhos de Rosa Magalhães

Quem também deu sinal de aprovação para os autores foi **Felipe Ferreira**, diretor do Centro de Referência do Carnaval da UERJ, nome bastante respeitado na escola de Ramos e no meio acadêmico devotado ao samba. Em 1999, aliás, o professor publicaria um texto lapidar sobre a estética de Rosa Magalhães (*O marquês e o jegue*, Rio: Altos da Glória), analisando a experiência de articulação mais solta entre o "popular" e o "erudito" que ela desenvolvia no carnaval carioca. Para quem, como Felipe, já apreciava o fértil diálogo entre opostos encenado ano após ano na avenida (com o qual a artista conseguia reunir desde o *Super-Homem*[195] até *anjinhos*), o desfecho dos anos 90 não poderia ser mais animador – isso para não falar no que estava por vir em 2000...

Com a narrativa visual definida e o samba bem afinado, a **Imperatriz** surpreendeu muita gente e somou **269,5** pontos (só perdeu 0,5 no quesito *Alegorias e adereços*), conquistando o título de 1999, o sexto triunfo no Grupo Especial (e o terceiro de Rosa em Ramos). Já quem não gostou nem um pouco da vitória da verde & branca naquele ano (e nos dois subsequentes) foi a **Beija-Flor**, vice-campeã com nota total **269** (ou seja, apenas meio ponto a menos que a coirmã), cujo enredo tinha sido "*Araxá, lugar alto onde primeiro se avista o sol*". Cabe dizer que um dos ícones do samba carioca, a saudosa "madrinha" Beth Carvalho (que, em 2019, fez sua passagem para o espaço sideral), também comentou com um dos compositores do samba que a vitória não tinha sido "justa[196]".

A taça obtida logo no primeiro ano do mandato de Luiz Pacheco Drummond na LIESA deixou, por certo, muita gente de orelha em pé no mundo do samba. Após três anos preso por decisão da juíza Denise Frossard, o "patrono" da escola de Ramos voltou à verde & branca (então presidida por Wagner

---

195 Conforme já se anotou no **capítulo 4**, Rosa citou os heróis de desenhos animados & HQ na última alegoria do desfile de 1987 ("*O ti-ti-ti do sapoti*") pela Estácio de Sá, dedicada ao **chiclete** e à cultura *pop* dos EUA, em que se viam as figuras de *Mickey, Pato Donald, He-Man, Batman, Super-Homem* e outras personagens do gênero. Para quem pensa que a *Disneylândia* é um mote do século XXI na Sapucaí, vale o registro de 30 anos atrás...

196 A declaração foi feita a Eduardo Medrado, coautor de um samba do bloco "Simpatia é Quase Amor" ("No meu Rio de fevereiro") gravado pela cantora em 1998, no disco *Beth Carvalho: Pérolas do Pagode* (CD Globo Polydor 557.599-2).

Tavares Araújo) em 1996. Dois anos depois, em 1998, ele assumia a direção da Liga das Escolas do Grupo Especial (LIESA), deixando o cargo em 2001, com um inédito tricampeonato na galeria de troféus da Imperatriz. *Tudo não passava de mera coincidência, ou será que havia carne escondida debaixo do angu leopoldinense?* – insinuavam os desafetos do contraventor.

Enfim, o ano **2000** estava logo ali à frente. Para quem temia as milenares profecias dos místicos e a as previsões mais sombrias dos cientistas, não havia com que se inquietar: o mundo não acabou, Jesus Cristo não voltou e até mesmo o catastrófico "*Bug do milênio*", que prometia causar um colapso generalizado dos computadores no planeta (um grave risco para os bancos, as usinas nucleares e as instalações militares), frustrou os devaneios apocalípticos dos mais pessimistas...

Sem dar trela para os esotéricos e os alarmistas, Rosa Magalhães seguiu o caminho inverso e resolveu apostar na grande arma de redenção desta terra: a boa e velha *chacota*, *gozação* ou *zombaria*, também conhecida em nossa língua como ***bom humor***. Assim, no ano do quinto centenário do "*descobrimento do Brasil*", a carnavalesca inspirou-se em uma divertida marchinha do compositor **Lamartine Babo** (aquele mesmo ***Lalá*** a quem Arlindo Rodrigues e a Imperatriz homenagearam em 1981, com um samba sedutor de Zé Katimba, Serjão & Gibi, selando o primeiro bicampeonato da escola) para criar a sua versão bem engenhosa e debochada do controvertido fato histórico.

Conforme a própria Rosa recorda em um artigo sobre aquele desfile, tudo começou durante uma reunião realizada na Liga das Escolas de Samba (a LIESA), convocada em razão de uma solicitação das autoridades às agremiações para que participassem das festividades alusivas aos tão famigerados "*500 anos*". No encontro, as entidades puderam escolher o tema de sua preferência, evitando a coincidência de motes entre as coirmãs. Houve quem optasse por falar do próprio carnaval (caso da Grande Rio), de Dom Obá II, o príncipe do povo negro da "*Pequena África*" no século XIX (enredo da Mangueira) e até sobre a era *Getúlio Vargas*, o "pai dos pobres" no século XX (tema da Portela). A moça prosa, sem pestanejar, preferiu falar do próprio ***descobrimento*** – e tinha seus motivos para a eleição: além de ser um fato bem oportuno, ele já dera um bom caldo no Salgueiro.

Lamartine Babo, o "Lalá", inspiração para o enredo de 2000 | Fotos: Arquivo Nacional

O ponto de partida da artista seria a marchinha "História do Brasil", do irreverente ***Lalá***, em parceria com Arrelia e Altamiro Carrilho, cuja letra espirituosa e quase surreal gracejava:

Quem foi que inventou o Brasil?
Foi seu Cabral!
Foi seu Cabral!

No dia vinte e um de abril
Dois meses depois do carnaval
Depois
Ceci amou Peri
Peri beijou Ceci
Ao som...
Ao som do Guarani!

Do Guarani ao guaraná
Surgiu a feijoada
E mais tarde o Paraty

Depois
Ceci virou Iaiá
Peri virou Ioiô
De lá...
Pra cá tudo mudou!
Passou-se o tempo da vovó
Quem manda é a Severa
E o cavalo Mossoró

Inspirada pela canção, Rosa começou a pesquisa sobre o assunto, adquirindo obras de referência sobre o episódio. Como ela já observou várias vezes, comprar livros é "um dos grandes prazeres da parte inicial de construção do tema". Um título de Eduardo Bueno (A viagem do descobrimento: um olhar sobre a expedição de Cabral) lhe seria de enorme valia, advertindo-a de que havia tradutores na frota e até mesmo um **negro** no escaler de uma nau. Ou seja: "cada um dos elementos da estrutura racial básica do povo brasileiro encontrou-se naquele desembarque pela primeira vez[197]".

Outro detalhe que a leitura lhe revelou foi a ostensiva presença de burocratas na esquadra, prova de que o propósito dos portugueses era, basicamente, "***fazer negócios***" e consolidar o monopólio comercial nas "Índias". Por sua vez, Rosa também identificou nos patrícios a matriz do costume brasileiro do "*favorzinho*", inaugurado por um pedido feito por Pêro Vaz de Caminha ao Rei de Portugal em benefício de seu genro. Com todo esse material, já era possível montar o enredo do ano 2000, que seria dividido em três partes: uma dedicada às **riquezas** cobiçadas pelos lusos, outro à longa **viagem** empreendida pela frota, além de um setor associado ao **encontro com os indígenas**.

Atenta ao roteiro, Rosa construiu dois carros alegóricos para ilustrar o **comércio** com as "Índias" e a África, cujos produtos mais valiosos (as especiarias orientais, assim como o ouro, o marfim e os escravos negros) moviam a ideologia de expansão ultramarina lusitana. Em tons de dourado, rosa, vermelho e lilás (algumas das cores que a diretoria do Salgueiro execrou em 1991), o conjunto surtiu grande efeito na plateia. O público também já sofrera um forte impacto visual com a passagem do carro **abre-alas,** uma alegoria das conquistas do rei D. Manuel, o "Venturoso", e da **comissão de frente**, que encenou "os perigos do mundo desconhecido". Fazendo os bailarinos carregar um mosaico de adereços que, em certo momento da evolução, eram reunidos para formar a caravela de Cabral, o coreógrafo Fábio de Mello receberia seu quarto *Estandarte de Ouro* em 2000.

A carnavalesca ainda encontrou espaço para evocar o trabalho dos **marujos** sobre os mastros e cordas das embarcações, labor que inspira a arte acrobática circense, e não esqueceu a presença nefasta dos **ratos** nos navios, glosada pela distribuição de mil *ratinhos de espuma* para a plateia. Já a última alegoria seria dedicada ao mote central do desfile – o pitoresco *descobrimento do Brasil* "*dois meses depois do carnaval*". O ***inverso das origens*** em 2000 seria figurado pelo encontro do Rei Momo com Lamartine Babo, que saudavam a Sapucaí por meio de duas esculturas exibidas sobre o carro.

---

197 MAGALHÃES, Rosa. "Quinhentos Anos Atrás". *In*: MAGALHÃES & ROSA, obra citada, p. 132.

Da África ao "Novo Mundo": girafas, bandeiras
e indígenas | Desenhos de Rosa Magalhães

M Carnaval 2000

Os portugueses buscavam sedas na Índia; acharam alegria

Toda a imponência e força da bicampeã leopoldinense puderam ser vistas no carro *Sedas e Cores da Índia*, um dos mais ricos e criativos deste carnaval. Mais uma prova de talento da vitoriosa carnavalesca Rosa Magalhães

Carro "Sedas e cores das Índias": o "descobrimento" à moda de Rosa | Revista **Manchete** – Carnaval 2000

Os motivos da narrativa visual de Rosa seriam fielmente traduzidos pelo samba de enredo composto por Amaurizão, Chopinho, Guga, Marquinhos Lessa e *Tuninho* Professor, cujas estrofes eram bem explícitas ao enunciar os desígnios da expedição cabralina:

Terra à vista
O grito de conquista do descobridor
A ordem do rei é navegar
E monopolizar riquezas de além-mar
Partiram caravelas de Lisboa
Com o desejo de comercializar
As especiarias da Índia
E o ouro da África

A letra era simples, direta, sem muitos atavios poéticos, nem firulas estilísticas. Depois de décadas na escola, a parceria liderada pelo traquejado intérprete e compositor *Tuninho* Professor, que já compusera o belíssimo samba de "*Chiquinha Gonzaga*" em 1997, conhecia muito bem os atalhos da estrada trilhada por Rosa Magalhães. Afinal de contas, ele e a carnavalesca já tinham posto as cartas na mesa em 1984, um dos anos mais tensos da escola de Ramos – que, sem o apoio do "patrono" *Luizinho* Drummond, precisou até pedir ajuda à COMLURB a fim de obter matéria-prima para o barracão.

Em entrevista ao autor, *Tuninho* relembrou as arestas que os sambistas precisaram aparar com Rosa, sempre muito ciosa das letras escritas pelas parcerias. Ela expunha aos compositores uma sinopse bem detalhada, com indicações precisas sobre os tópicos, o que para alguns soava como uma interferência excessiva no processo de criação. Além disso, por vezes reclamava das palavras que julgava descabidas no samba, além de observar com rigor a norma gramatical. Para alguns, a carnavalesca estava se tornando quase uma "coautora" dos sambas. Temeroso de uma eventual ingerência da profissional na sua área, *Tuninho* achou por bem fazer uma ponderação à professora:

— Veja bem, então nós também queremos ter uma participação no enredo. Porque se o enredo é transformado em samba, o samba também colabora para que o enredo seja desenvolvido...[198]

Isso havia sido em 1984. Depois da rusga, os ruídos foram superados e, pelo visto, afora o rigor gramatical e ortográfico (que já lhe valera uma quebra de braço com Beto Sem Braço no Império Serrano em 1982), a convivência de Rosa com os poetas da escola se tornou bem mais distensa e serena. A própria artista preocupou-se em consignar a este biógrafo que a pretensão de interferir na obra dos compositores, ou a suposta propensão à hegemonia dos elementos visuais sobre os rítmicos e os coreográficos, nunca lhe passou pela cabeça: para ela, "*música e canto são primordiais; e o resto é acessório*[199]"

O resultado final desse equilíbrio e consonância pôde ser comprovado na quarta-feira de cinzas, quando a **Imperatriz** obteve **299,5** pontos na apuração (perdendo apenas cinco décimos no quesito *Mestre-sala e Porta-bandeira*) e faturou o bicampeonato na elite do desfile carioca, para frustração e revolta da **Beija-Flor**, novamente vice-campeã, com **299** (penalizada com 0,5 em *Mestre-sala e Porta-bandeira* e mais 0,5 em *Conjunto*). Com o triunfo, **Rosa** também desempatava a *peleja* à parte travada com **Lage** desde 1990: agora, após onze carnavais, o "placar" indicava quatro títulos para a carnavalesca de Ramos e três para o mestre de Padre Miguel. E em **2001**: voltaria a dar Imperatriz, a Mocidade daria o troco ou a Beija-Flor finalmente iria botar água no chope das rivais?

No primeiro desfile do III milênio, já que o mundo não tinha se acabado, a avenida voltou a celebrar a festa do carnaval. Convocada pela diretoria a criar um enredo sobre a **cana** e a **cachaça**, Rosa logo se deu conta de que a missão lhe demandava boa dose de criatividade. Para início de conversa, o tema nada tinha de original: além de aludir a um item básico da formação agrária

---

198 LEITÃO, L. R. *Zé Katimba: antes de tudo um forte*. Coleção *Acervo Universitário do Samba*, vol. 2. Rio de Janeiro / São Paulo: DECULT / Outras Expressões, 2016, p. 214.

199 Entrevista concedida pela carnavalesca ao autor e a Eliane Andrade em 16 de janeiro de 2015, no barracão do GRES São Clemente, na *Cidade do Samba*. *Apud* LEITÃO, obra citada, p. 215.

do país, ele já fora abordado por Fernando Pamplona no Salgueiro em 1977 ("*Do Cauim ao Efó, com moça branca, branquinha*"), com uma exaltação à provocante "*branquinha*" – aperitivo mor dos pratos da culinária nacional. Como, então, fazer de um mote tão óbvio um desfile que cativasse a Sapucaí?

As soluções encontradas por Rosa seriam a grande sacada daquele ano, a começar pelo título do enredo ("*Cana-caiana, cana roxa, cana fita, cana preta, amarela, pernambuco... Quero vê descê o suco, na pancada do ganzá*"). Ele inspirava-se nas letras das *emboladas* cantadas pelos *cambiteiros* nos engenhos do Nordeste no início do século passado, que, contratados para transportar a cana no lombo dos animais, a fim de amenizar a árdua tarefa, enumeravam em versos os vários tipos de **cana** da região. Base da estrutura agromercantil do antigo regime colonial, a monocultura do **açúcar** tem como um de seus signos mais conhecidos a **cachaça**, muito consumida pelas classes populares, em especial os lavradores e escravos dos canaviais.

Como escreveu mestre Câmara Cascudo, em *Prelúdio da Cachaça*, a aguardente de inúmeros apelidos (*água-benta, água-que-passarinho-não-bebe, arrebenta-peito, assovio-de-cobra, moça-branca* e tantos outros), gozando já de grande prestígio no século XVI, é uma bebida que "*consola, alimenta, alegra, revigora*[200]". Contudo, avessa às referências mais óbvias, a carnavalesca não desejava fazer uma apologia banal do produto, muito menos cogitava de encerrar o desfile com a alegoria de um *bar* ou coisa do tipo. A solução, então, foi homenagear **Carlos Cachaça**, um dos fundadores da Estação Primeira de Mangueira, a primeira campeã oficial do concurso das escolas de samba do Rio – que, por sinal, contava entre os julgadores com um jornalista chamado... Raymundo Magalhães Jr., o próprio pai de Rosa.

É óbvio que a ideia da artista não foi bem recebida por alguns baluartes da escola de Ramos, que, em mais de quatro décadas de desfiles, nunca tinham visto um setor inteiro da Imperatriz vestido de verde & rosa – e, ainda por cima, para homenagear uma das rivais mais famosas, aliás,

---

200 CASCUDO, Luís da Câmara. *Prelúdio da cachaça: etnologia, história e sociologia da aguardente*. B. Horizonte: Itatiaia, 1986. *Apud* NEWLANDS, M. L. "Cana-de-açúcar, Açúcar-de-cana & Cachaça-de-cana". *In*: MAGALHÃES & NEWLANDS, obra citada, p. 144.

a maior campeã do carnaval carioca. Trocar o verde, branco, dourado e prateado da casa por aquelas cores era uma heresia. E pior: fazendo um minidesfile ao final da exibição oficial, com Comissão de Frente, baianas e uma ala com doze integrantes de capa em alusão à comissão de frente da verde & rosa de 1978. Isso sem falar no último carro alegórico, em que Elymar Santos, cria da Imperatriz, personificava o próprio Carlos Cachaça na Sapucaí. Se ao menos fosse uma exaltação ao Império Serrano, a verde & branca da Serrinha, os *afilhados* não teriam do que reclamar – mas prestar um tributo à Mangueira, que nem era madrinha da caçula da Leopoldina, aí já era demais...

Com muita paciência e determinação, porém, Rosa soube driblar a resistência dos *bambas* da antiga e botou o "bloco" leopoldinense na rua. Como diria o samba de Guga, Marquinhos Lessa e *Tuninho* Professor (trio egresso da parceria campeã de 2000), "*Tem Carlos Cachaça, não leve a mal / Taí a verde e rosa em meu carnaval*". Aliás, para compor esses versos tão certeiros, que mandavam um recado para a comunidade gresilense e introduziam de forma bem "educada", mas convicta, a reverência à Estação Primeira, *Tuninho* foi acudido por Rosa. O compositor "travou" na hora de glosar o mote e confessou a hesitação à artista, que logo o acalmou: "*Relaxa, menino! Essa parte é para celebrar, é alegria...*" O "menino" captou a mensagem da professora e aí, de fato, tudo virou festa...

Na verdade, o fundador da Mangueira era apenas um dos segmentos do desfile, cujo tema central se conectava com outros carnavais recentes da artista, sobretudo o vitorioso enredo do ano anterior, dedicado ao mote do '*descobrimento do Brasil*'. Conforme ela própria escreveu, depois das *especiarias* tão cobiçadas das Índias, um item "*que virou negócio*" no antigo regime colonial entrava em cena: "*Do gengibre, cravo, canela e pimenta, passávamos ao* ***açúcar***[201]".

A remissão ao auge da monocultura de exportação a leste de Tordesilhas, em pleno século XVIII, ensejava ainda uma incursão pelo esplendor do **Barroco**, sem dúvida a maior expressão artística do Brasil Colônia. Para representá-lo, as **baianas** da agremiação saíram vestidas com **conchas** em tons

201 MAGALHÃES, Rosa. "E a Cachaça Virou Cana". *In*: MAGALHÃES & NEWLANDS, obra citada, p. 150.

A “ousadia” de Rosa: um setor para a Mangueira | Acervo Rosa Magalhães

de rosa, bege e ouro. Por sua vez, os ritmistas da **bateria** compuseram um verdadeiro **canavial** cenográfico, que, por pouco, não virou um mar de palha seca, já que as golas da fantasia, sequer costuradas até a quarta-feira anterior à folia, só ficaram prontas na tarde de domingo, véspera do desfile (ela era a quarta escola a se exibir na segunda-feira, 26 de fevereiro), após um intenso mutirão de cinco dias.

Embalada pela orquestra do *canavial*, a Imperatriz passou pela avenida em grande estilo, cantando o samba que, fazendo jus à propensão descritiva de Rosa, retratava com absoluta clareza e didatismo o mote daquele ano:

Cana-caiana,
Cultura que o árabe propagou
Apesar dos cruzados plantarem,
A cana na Europa não vingou
Mas conta a história que em Veneza
O açúcar foi pra mesa da nobreza
Virou negócio no Brasil, trazida de além-mar
E, nesta terra, o que se planta dá
Gira o engenho pra sinhô, Bahia faz girar
E, em Pernambuco, o escravo vai cantar

(Quero vê)
Quero vê descê o suco até melá
Na pancada doce do ganzá
[bis]

Pinga...
Olha a cana virando aguardente
No mercado do ouro atraente
Paraty espalhou a bebida
Pra garimpar, birita tem
Na Inconfidência foi preferida

Motivos do Brasil Colonial: a monocultura da cana (vista na ala das mucamas) e o Barroco | Desenhos de Rosa Magalhães

Pra festejar, o que é que tem?
Tem Carlos Cachaça, não leve a mal
Taí a verde e rosa em meu carnaval
(Vem provar minha cachaça)

Vem provar minha cachaça, amor ôôôô
O sabor é verde e branco
Passa a régua e dá pro santo
Que a Imperatriz chegou
[bis]

Entre a cana e a cachaça, com direito a uma carinhosa menção a Paraty, a cidade tão querida de Rosa que "espalhou a bebida" no *Caminho do Ouro* (a estrada real até Minas construída pelos escravos entre os séculos XVII e XIX), a apresentação de 2001 encantou os julgadores, que concederam nota máxima a todos os quesitos da agremiação. Com um total de **300** pontos, a **Imperatriz** sagrava-se a primeira tricampeã da Sapucaí, o que seria motivo de alegria em Ramos e aguda decepção em várias outras quadras da cidade e dos municípios vizinhos, sobretudo em Nilópolis, onde a **Beija-Flor**, com seu enredo sobre "*A saga de Agotime, Maria mineira Naê*", mais uma vez amargava o vice-campeonato, tão somente cinco décimos abaixo da rival, com **299,5** pontos.

O clima de hostilidade dos torcedores das coirmãs contra a escola da Leopoldina pôde ser constatado no sábado das campeãs, quando a Imperatriz desfilou sob vaias de boa parte do público presente. Os alvos imediatos da manifestação eram o "patrono" Luiz Pacheco Drummond, que naquele ano encerrava seu mandato de presidente da LIESA, e a própria carnavalesca Rosa Magalhães, estigmatizada pelos mais ardorosos por conta do desfile qualificado de "técnico", "acadêmico" e "impecável" – o que, segundo alguns, era uma afronta à natureza popular e espontânea do cortejo.

É claro que o "julgamento" dos 'rivais' era bastante emotivo e não se atinha aos trunfos da escola, que contava não apenas com Rosa e Pacheco, mas também com outros mestres da passarela, muitas vezes esquecidos pela mídia. Se o casal de porta-bandeira e mestre-sala – **Maria Helena & Chiquinho** – levitava com brilho na pista, enquanto a dupla de diretores de harmonia – **Ricardo Fernandes** & **Alcir Portela** – garantia a perfeição do conjunto e da evolução, havia um exército quase invisível atrás de Rosa a segurar as pontas no barracão: **Dona Sandra**, na costura; **Sérgio Faria**, nos adereços; **João Tomaz**, na laminação de fibra; **Arapuan**, na carpintaria; **Gino**, o ferreiro de plantão; **Rivelino**, na confecção dos chapéus; **Clesio Régis**, na pintura de arte; **e Gilberto**, nas esculturas.

Enfim, se a *aparência* correspondesse à *essência*, nós não precisaríamos de *ciência*, escreveu no século XIX um arguto filósofo alemão. No entanto, a discussão mais ponderada e criteriosa do tema só poderia ser travada anos mais tarde, quando os ânimos serenassem e a distância temporal permitisse uma reflexão menos apaixonada sobre o trabalho da carnavalesca e sua equipe. Rosa, por sua vez, não se abateu com a estocada dos críticos; ela só não pôde evitar uma agressão física totalmente estúpida e fortuita de um desconhecido, que lhe aplicou uma rasteira e a fez desabar na pista – para pasmo da vítima, que, para cúmulo do azar, ainda estava se recuperando de um tornozelo quebrado em 2000. O ânimo da moça não se abateu com o incidente, mas os mais desconfiados ficaram com uma pulga atrás da orelha: será que a queda na Sapucaí anunciava uma seca de títulos para a escola?

Revolucionários franceses (desfile de 2008) | Desenho de Rosa Magalhães

06
NA CORTE DA IMPERATRIZ: NOVOS ENLACES ENTRE VÁRIOS MUNDOS

Esquadra (2018) | Móbile de Roberta Paiva / Foto: George Magaraia

A primeira década de **Rosa Magalhães** na **Imperatriz Leopoldinense** é, até hoje, uma das mais vitoriosas temporadas de uma carnavalesca em uma agremiação do Grupo Especial do Rio de Janeiro. Com cinco títulos no período, a pupila de **Fernando Pamplona** e **Arlindo Rodrigues** não apenas superou a marca obtida pelos dois no lendário **Salgueiro** dos anos 60 (campeões em 1960, 63, 65 e 69), como também venceu a saudável "batalha estética" travada em 90 com **Renato Lage**, outro dileto discípulo de Pamplona, tricampeão na **Mocidade Independente** (em 1990, 1991 e 1996). De quebra, ela ainda empatou com o fabuloso par ***Joãosinho*** **Trinta**, que, durante dezessete anos na **Beija-Flor de Nilópolis**, sagrou-se vencedor de cinco desfiles (o tri de 1976-77-78, além de 1980 e 1983).

Aliás, nunca é demais lembrar que outras figuras notáveis da folia, como o genial artista pernambucano **Fernando Pinto**, registram raríssimas conquistas na carreira, não obstante o brilho incontestável de seus desfiles. Morto precocemente em 1987, aos 42 anos de idade, Pinto ganhou um único título pelo **Império Serrano** ("*Alô, alô, taí Carmen Miranda*", de 1972), onde atuou por sete anos (de 1971 a 1978), e outro pela **Mocidade** ("*Ziriguidum 2001*", de 1985), onde ele desenvolveu seis enredos, alguns absolutamente memoráveis, como "*Mamãe, eu quero Manaus*" (2º lugar em 1984) e "*Tupinicópolis*" (vice-campeão em 1986). De fato, para quem se guia pelo número de triunfos, os dois troféus de Fernando parecem valer muito pouco – mas quem disse que isso é capaz de mensurar o papel do mago *tropicalista* na história do nosso cortejo popular?

Da mesma forma, após cinco campeonatos em tão somente dez anos (1992-2001), Rosa passará mais oito carnavais (2002-2009) em Ramos sem vencer uma única vez. Isso em nada desabonará o papel da carnavalesca na história da agremiação: como já anotou um pesquisador de sua trajetória na verde & branca, a **Imperatriz** encontrou em Rosa "*a intelectualidade e o cuidado com a pesquisa apreciados desde a década de 1960*". Naquela etapa crucial de definição da identidade da escola, o ativo **Departamento Cultural** criado em 1967 por **Amaury Jório** e **Hiram Araújo**, com o apoio do presidente Oswaldo Macedo, pautou os enredos da casa, cujos frutos se viram no limiar dos anos 70 – basta lembrar "*Oropa, França e Bahia*" (1970), glosa ao *movimento modernista* de 22, e "*Martim Cererê*" (1972), releitura da obra de Cassiano Ricardo baseada nos pilares da *brasilidade*.

Durante a gestão de **Macedo** (1968-1972), fase áurea do Departamento, o *coletivo cultural* da **Imperatriz** se contrapunha à figura *individual* do **carnavalesco** (tendência em curso em escolas como o Salgueiro de Arlindo e Fernando), delineando de forma bem clara o enredo a ser apresentado aos sambistas. Ou seja: o **DC** não lhes entregava "um pacote" – uma sinopse pronta, já com palavras em **negrito** a serem incluídas na letra do hino. Era só um *libreto* didático sobre o tema, com propostas de cunho bem *nacionalista*, inspiradas em textos consagrados de nossas letras, sempre sob a ótica do *Modernismo antropofágico*. De resto, o grupo tampouco abdicava de um trabalho político-cultural, organizando um curso noturno e gratuito de **alfabetização** para adultos e, depois, em 1969, um impensável curso **ginasial intensivo** de dois anos, que oferecia até bolsas de estudo aos alunos[202].

Sem nenhum título, mas com pouquíssimos "frutos azedos[203]" de 2002 a 2009, Rosa, que não desconhecia o passado do grêmio com o qual se identificou e ao qual amoldava as sinopses que concebia, cultivou a **tradição** da escola de Ramos até o final da longa jornada na casa. Seu apego aos enredos inspirados em motes literários já era marca registrada do **DC**, que fez a **Imperatriz**

---

202 Cf. LEITÃO, L. R. *Zé Katimba: antes de tudo um forte*. Rio de Janeiro / São Paulo: DECULT / Outras Expressões, 2016, p. 105-106.

203 BORA, dissertação citada, p. 276-277.

levar para a avenida personagens do quilate de *Macunaíma* e *Martim Cererê*. E também foi reeditado por Arlindo Rodrigues (o artista que delineou a identidade visual da verde & branca e comandou o bicampeonato de 1980-81) em 1982. Com o tema "*Onde canta o sabiá*", inspirado na "Canção do Exílio", conhecido poema de Gonçalves Dias, Arlindo conectava o *Modernismo* ao *Romantismo*, duas correntes que, cada qual com seu ideário estético (uma de viés idealista e ufanista; outra crítica e iconoclasta), retomavam a discussão sobre a *brasilidade*, eterna esfinge a desafiar nossos intelectuais.

Por isso, quando conversou com o professor Felipe Ferreira, ainda na década de 90, Rosa admitiu que a **identidade** da agremiação influenciasse, inegavelmente, o trabalho do **carnavalesco**. Na entrevista concedida ao pesquisador, quando a artista elaborava o desfile de 1992 da Imperatriz ("*Não existe pecado abaixo do Equador*"), duas perguntas – e duas respostas – são suficientes para ratificar o aforismo:

> ***Felipe Ferreira*** – *Falamos também em como você se adapta às características de uma escola e da primeira vez você falou que bola o enredo e depois pensa na escola. Mas olhando os figurinos que você fez para a Imperatriz este ano, percebe-se que o enredo é a cara da Imperatriz. Isso foi uma coincidência?*
>
> ***Rosa Magalhães*** – *Quando eu pensei na ideia podia ser para qualquer uma, mas na hora de escrever já era para a Imperatriz. Na hora de desenhar, também. Então a coisa vem.*
>
> ***Felipe Ferreira*** – *Isto significa que se o enredo fosse para outra escola, você escreveria de outro modo?*
>
> ***Rosa Magalhães*** – *É, talvez.*[204]

---

204 FERREIRA, Luiz Felipe. *O marquês, o jegue, a princesa, o corta-jaca*: um estudo sobre a expressão plástica da cultura popular e da cultura erudita nas fantasias de carnaval das escolas de samba do Rio de Janeiro. Rio de Janeiro: Editora Altos da Glória, 1999.

Enfim, bem assentada na casa que a consagraria como um dos maiores nomes da folia carioca, Rosa continuou a sentir-se à vontade para escrever os diários de bordo de novas viagens entre épocas e universos distintos. Como se verá logo a seguir, a nave da artista tanto poderá singrar os mares da *antropofagia* e do *indianismo*, quanto cruzar o Atlântico com os piratas e corsários da primeira onda de globalização. E, para não perder o gosto pelos **enlaces** entre o *Velho* e o *Novo Mundo*, a artista também tratará de fabular a visita do dinamarquês Hans Christian Andersen ao *Sítio do Pica-pau Amarelo*, de Monteiro Lobato, e recontar a história de D. João VI e suas *Marias*, na qual as cortes de Maria *Louca* e de Maria Antonieta se misturam aos palácios do jovem reino do Brasil.

Na geleia geral da artista, haverá ainda espaço para o bacalhau norueguês do *velho guerreiro* Chacrinha e uma recriação da vida ímpar do líder italiano Giuseppe Garibaldi sob a ótica do escritor francês Alexandre Dumas. Mosqueteiros, mitologia nórdica, bailes nos salões de França, frevo pernambucano, bonecos gigantes do carnaval de Nice e muito mais. Os estudiosos do cortejo certamente hão de notar que várias sinopses dessa fase, sobretudo aquelas "patrocinadas" ou "encomendadas", são praticamente reinventadas por Rosa, que, com a veia "rocambolesca" de uma fabuladora nata, jamais se conformou em exaltar o óbvio ou o **trivial** postulado pelo anunciante da vez.

É assim que uma apologia à cidade de *Campos dos Goytacazes* se converte em um tratado de *antropofagia*, ou uma louvação a *Santa Catarina* acaba na *Itália* de Garibaldi. Nas asas da imaginação carnavalizante, o escritor H. C. Andersen deixa a *Dinamarca* e viaja no tempo para conhecer Emília, Narizinho, Pedrinho & Cia. no *Brasil* encantado de Lobato, assim como o bacalhau da *Noruega* migra para o palco-terreiro de *Chacrinha* e *Teresinha*. São essas artimanhas da moça prosa que buscamos relembrar neste esfuziante capítulo, para que os leitores tenham uma ideia mais precisa do que representou o reinado de **Rosa Magalhães** na corte tropical da **Imperatriz Leopoldinense**.

1. Fabulações de Rosa: tupi or not tupi, piratas & Cia. e a utopia de Breazail

Em 2002, o cobiçado tetracampeonato não veio, mas a artista concebeu um dos desfiles mais emblemáticos de sua fecunda carreira: "***Goitacazes... Tupi or not Tupi in a South American Way***". Conforme a própria Rosa anotou, era absolutamente impossível digerir aquele "*enredo CEP*[205]", cujo foco original era a cidade de **Campos dos Goytacazes**, no Norte Fluminense, a maior produtora de açúcar do estado, que vivera sua fase áurea no início do século XX, quando os fazendeiros acendiam charutos com notas de cem mil réis e as usinas açucareiras produziam toneladas de ouro doce para exportação. Mesmo que as lembranças do **melado** na mesa da sala de jantar em Copacabana ainda latejassem em sua memória, a artista iconoclasta e autônoma decretou: *Nada de chuvisco*[206]*, açúcar ou melado!*

Para pasmo da Prefeitura do município que se espraia às margens do caudaloso rio Paraíba do Sul e que responde pela maior produção petrolífera do

---

205 No jargão carnavalesco, o *enredo CEP* (ou seja, com endereço identificado) é aquele que, por iniciativa da escola ou do próprio homenageado, exalta a história e as atrações de uma cidade, um estado ou até mesmo um país. O governo do local celebrado quase sempre custeia parte das despesas do desfile, mas não são raros os casos em que a agremiação fica a ver navios, sem jamais receber a verba prometida pelo *CEP* "patrocinador".

206 Símbolo da cidade há mais de um século, o "***chuvisco***" – também denominado "*pingo de ouro*" – é um doce de origem lusitana que veio a ser apreciado após a chegada da Família Real Portuguesa ao Brasil, em 1808. Os historiadores e os jornais de Campos, como *A Cidade e Monitor Campista*, registram que sua receita teria sido entregue por uma pessoa vinda do Rio de Janeiro a Nize Teixeira de Vasconcellos, mais conhecida como a Mulata Teixeira (1897-1986), famosa doceira da terra, cujos "chuviscos" foram saboreados pelos presidentes Getúlio Vargas e JK. Ver, a respeito: "Chuvisco: de Portugal para Campos adoçando a boca do Brasil". Pesquisa orientada por Orávio de Campos Soares (Faculdade de Filosofia de Campos) e apresentada na VI Conferência Brasileira de Folkcomunicação, realizada em São João da Barra (RJ), no ano de 2003.

país[207], Rosa abdicou de vender as principais atrações naturais e econômicas de Campos em sua "encenação" sobre a cidade. É claro que ela poderia ter exaltado o pioneirismo social e cultural da urbe no século XIX, quando esta já possuía sistema de iluminação elétrica e comunicação telefônica com a capital do Império, além de acolher o terceiro jornal criado no Brasil (**O Campista**, atual **Monitor Campista**, fundado em 1834), assim como a livraria mais antiga do país (*Ao Livro Verde*, aberta em 1844). Também cabia evocar a tradição musical da agitada cidade, em cujas casas noturnas artistas locais e ilustres convidados, como **Pixinguinha** e seus *batutas*, se exibiam em grande estilo – estimulando uma geração de *bambas* do porte de Wilson Baptista, Délcio Carvalho, Aluísio Machado, Roberto Ribeiro e outros mais.

Essa, porém, não seria uma história com a tessitura típica da moça prosa. Afinal de contas, parafraseando a artista Alessandra Cadore, braço direito da carnavalesca, "*todo mundo pode falar sobre a terra da cana, mas a versão de Rosa tinha de ser diferente...*" O caminho seguido pela artista, de fato, seria bem distinto. Ela preferiu se embrenhar na história dos **goitacases**, ferozes canibais que habitavam as planícies campistas antes da ocupação lusitana, e a partir daí construir uma narrativa **visual** da ***antropofagia***, tema tão caro aos nossos antropólogos e historiadores. A pergunta que a motivou desde o início da pesquisa era bem simples: *Como era o canibalismo brasileiro*?

Para responder a questão, Rosa decidiu ler os relatos de viagem de **Hans Staden**, o mercenário alemão que passou nove meses escravo dos tupinambás em Ubatuba (SP). Hans lhe revelou aspectos desconhecidos do ritual, inclusive o fato de que o homem capturado por uma tribo só morria no dia estipulado

---

207 A bacia de Campos estende-se por uma área de 100 mil km2 desde o alto de Cabo Frio (RJ), onde termina a bacia de Santos, até o sul do Espírito Santo. Em 1977, após a descoberta do Campo de Garoupa, iniciou-se a exploração comercial do petróleo por meio de uma plataforma flutuante instalada no Campo de Enchova, que produzia então 10 mil barris diários. Excluídas as novas áreas do pré-sal, a bacia produz 80% do "ouro negro" do país, rendendo a cada ano milhões de reais em *royalties* ao estado do Rio e aos principais municípios do Norte Fluminense, como Campos e Macaé. Contudo, ainda que tenha gerado grande riqueza para a região, essa receita não pôde evitar que se acirrassem os graves problemas advindos de uma estrutura social falida e arcaica, até hoje submissa ao poder dos antigos e novos *coronéis*.

pelo pajé, podendo até casar-se e ter filhos. Na data fatal, porém, não havia escapatória: a vítima era amarrada com corda pelo abdome e morto a tacape por dois indígenas. Conforme ele conta, Hans se fingiu de fraco para escapar da morte, ciente de que os canibais devoravam o inimigo mais valente para lhe assimilar a substância – ele se convertia no petisco da tribo e de outros grupos nativos, com as melhores partes da carne reservadas para os homens da aldeia.

Inspirada por Staden, a *geleia geral antropofágica* pôs o açúcar de lado e tomou conta do tema, entrelaçando múltiplos signos de nossas letras e da plástica. O romântico **Peri**, protagonista de *O Guarani* (romance *indianista* de José de Alencar), que era goitacá, uniu-se ao *Abaporu* ("o homem que come") de **Tarsila do Amaral** (velha referência da carnavalesca, que em 2019 voltaria a citar a pintora na "*Madureira moderníssima*" de Clara Nunes). Da geração *modernista* de 22, Rosa seguiu até a década de 60, com o movimento **tropicalista** de Gilberto Gil, Caetano Veloso e a remontagem de *O Rei da Vela* (peça de Oswald de Andrade), além da releitura cinematográfica de *Macunaíma* (texto antológico de Mário de Andrade) por Joaquim Pedro de Andrade.

Para selar a vocação ***antropofágica*** do desfile, sobreveio ainda um fato trágico e fatídico: um incêndio de grandes proporções, que teria se iniciado no barracão da Viradouro[208], atingiu o galpão da Imperatriz meses antes da folia, comprometendo a estrutura dos carros alegóricos e convertendo várias esculturas em cinzas. Os estragos só seriam desfeitos às vésperas do Natal, sempre com um toque de puro *canibalismo* de Rosa, que transformou as esculturas queimadas em obras deglutidas por um imenso estômago – o *bicho-papão* com dentes (figura tema da Comissão de Frente ensaiada por **Fábio de Mello**, que mais uma vez, obteve quatro notas 10 do júri). Resiliente, ela ainda teve ânimo de reconstruir o carro da *Antropofagia* de Tarsila do Amaral, a alegoria de *O Rei da Vela* e *Macunaíma*, além da imprescindível reverência a **Carmen**

---

208 Segundo narra o carnavalesco Chico Spinosa, um cigarro aceso atirado do viaduto da Perimetral caiu entre os isopores e tambores de resina do galpão da escola de Niterói, deflagrando o fogo, que reduziu a pó quase tudo nos dois barracões e se alastrou até as dependências da Beija-Flor, onde foi contido pelos bombeiros. Cf.: SPINOSA, Chico. "Posfácio". *In*: CAMÕES, Marcelo; FABATO, F.; FARIAS, J. C.; NATAL, V.; SIMAS, L. A. *As titias da folia*. O Brilho Maduro de Escolas de Samba de Alta Idade. Rio de Janeiro: NovaTerra, 2014, p. 209.

Miranda, a "rainha das bananas", que, tantos anos depois de sua ida para outra dimensão, ainda vive no imaginário coletivo nacional (e no coração de Rosa), e ao "velho guerreiro" **Chacrinha**.

Afora as chamas no barracão, a carnavalesca e a diretoria da Imperatriz também teriam de apagar outros incêndios até o dia do desfile. O compositor Eduardo Medrado, por exemplo, lembra que o "tira-dúvidas" do desfile foi o mais tenso de todos os encontros que os sambistas tiveram com Rosa desde 1992. Revoltada com a parceria de Eduardo, que, segundo ela, teria falado "excessivamente" de Campos em seu samba, a professora foi taxativa na reunião:

— *Não quero mais que fale de Campos!*

Medrado e seus pares, que só desejavam satisfazer o mote original do carnaval de 2002, estranharam a determinação:

— *Mas como não? Campos não é o enredo do desfile?*

Não foram apenas os compositores de Ramos que reclamaram de Rosa. Os políticos campistas estrilaram ainda mais desde os primeiros sinais do "lençol" que levariam. Longe de se intimidar com a reação do grupo, a moça prosa demonstrou ter "pulso firme" e não se curvou aos interesses dos "mecenas", empreendendo um trabalho autoral inteiramente contrário às expectativas da Prefeitura, que, como era previsível, desejava que as alegorias e adereços representassem potes de *chuvisco* e poços de petróleo, os produtos de maior "atração" da cidade. Não havia como empurrar esse *kitsch* para o currículo da artista, que, do limão, fez uma limonada, criando "um dos trabalhos mais extraordinários" da carreira, segundo declarou o aderecista Sérgio Faria a um estudioso do tema[209].

---

209 Depoimento informal prestado a Leonardo Bora em evento na UERJ, em 16/7/2013. Cf. BORA, *op. cit.*, p. 219.

O “bicho-papão”: outro ícone da Rosa canibalista | Acervo Rosa Magalhães

Contudo, quando o Prefeito Arnaldo Vianna (PDT), sucessor de Anthony Garotinho (grande *cacique* do partido no município) desde 1998, se deu conta do artifício de Rosa, já ao final do desfile, o caldo entornou: como é que ele, após obter **R$ 1,8 milhão** para a Imperatriz, explicaria aquele gasto "inútil" de propaganda ao povo de Campos? Élson de Oliveira, o procurador municipal, cogitou de processar a escola pela pernada que levara, obrigando o presidente Luiz Drummond a fazer mil malabarismos "diplomáticos" para não criar um entrevero mais sério com o frustrado patrocinador, para o qual o desfile não teria cumprido o contrato firmado para divulgar a imagem da cidade[210].

Os panos quentes amenizaram a indignação do alcaide, mas Rosa nem se abalou com o bafafá. O carnaval dos ***goitacazes*** havia sido, em realidade, a senha para o "***delírio tropical***"[211] que lhe permitiu tecer variações sobre o mote da **antropofagia** e a figura do índio ao longo da nossa história, "sustentando uma visão panorâmica (e pluralista) de conceitos como *identidade nacional, indianismo, cultura & contracultura*". Dessa forma, conforme frisou Leonardo Bora (agudo pesquisador da obra da artista), ela promoveu uma espécie de **súmula** do universo temático que concebeu na **Imperatriz** de 1992 a 2001, evidenciado em tópicos como o contraste entre *nativos* e *europeus* e a atração da paisagem tropical sobre os colonizadores, além dos motivos imagéticos (*índios, bananas, jacarés, onças, borboletas*) que se entrelaçam com os desfiles anteriores[212].

---

210 A notícia foi publicada pela jornalista Débora Batista, do portal UOL, em 12/02/2002. Na matéria, o Sr. Hélio Cordeiro, Secretário de Comunicação de Campos, fazia questão de esclarecer que o dinheiro investido não saíra dos cofres públicos: "*A Prefeitura colaborou com uma parte e o restante conseguiu com um grupo de empresas, como o BANERJ e a PETROBRAS*". Cf.: http://www1.folha.uol.com.br/folha/cotidiano/ult95u45951.shtml. Acesso em 03/06/2019.

211 Reproduzida do título de uma reportagem sobre o desfile da **Imperatriz** publicada em fevereiro de 2002 na revista **Manchete** (edição nº 2.525), a expressão foi utilizada por Leonardo Bora como um epíteto do enredo de 2002 da agremiação. Cf. BORA, dissertação citada, p. 20.

212 BORA, *idem*, p. 19.

Quem parece ter compreendido muito bem a proposta da professora foi um colega de magistério, o ***Tuninho* Professor** (formado em Letras na UFRJ e até hoje dedicado às lides do ofício) e seus parceiros Guga e Marquinhos Lessa, autores do hino de 2002, cuja penúltima estrofe reunia os ingredientes da pajelança estética de Rosa:

Macunaíma com Zé Pereira
É índio, é negro, é imperador
Mais tarde, essa mistura brasileira
A Tropicália originou
Tem Iracema em Ipanema, alegria geral
Eu sou também Carmem Miranda no meu Carnaval

Assim, misturando em seu 'caldeirão tropical' o *Manifesto antropofágico* de Oswald de Andrade, o mítico ***Macunaíma*** de Mário de Andrade, a *neoantropofagia* da Tropicália e a figura emblemática de **Carmen Miranda**, entre outros signos de nossa cultura, Rosa encantou gregos e desagradou troianos, sem lograr o sonhado tetracampeonato. Em 2002, não haveria como superar o *arrastão* da **Mangueira**, que sacudiu a Sapucaí ao som de "*Brazil com Z é pra cabra da peste, Brasil com S é nação do Nordeste*", sagrando-se campeã com **399,5** pontos. Logo abaixo da Estação Primeira, viria a **Beija-Flor de Nilópolis**, com o enredo "*O Brasil dá o ar da sua graça. De Ícaro a Rubem Berta, o ímpeto de voar*", que, com nota **399,4** (apenas um décimo de diferença!), seria vice-campeã pela quarta vez seguida. Já a escola de Ramos acabaria em 3º lugar, três pontos abaixo das rivais, com nota **396,1**.

Em **2003**, ainda sob o impulso *carnavalizante* de 2002, a artista parodia outra marchinha de grande apelo popular, lançada por **Braguinha** (o *João de Barro*) no carnaval de 1947, exatamente o ano em que Rosa dava o ar de sua graça neste planeta. A letra reverenciava o "*pirata da perna-de-pau, / do olho de vidro, da cara de mau*", cuja galera não temia tufão e só tinha "*garotas na guarnição*". Bem antes de Johnny Depp personificar o trapaceiro *Jack Sparrow* na franquia cinematográfica *Piratas do Caribe*, série lançada justamente no ano do desfile, Hollywood já idealizava o tipo como um sujeito "cheio de encantos, sedutor, irresistível, geralmente bonito" (caso do ator Errol Flynn), mas sempre

A "geleia geral" tropicalista, com Macunaíma
e Carmen Miranda | Fotos: Acervo de Rosa Magalhães e **New York Sunday News**

uma figura "nada confiável". O glamouroso herói era, em suma, o inverso da *monotonia* e do *tédio* da vida burguesa – um personagem distinto do **pirata** real, geralmente pintado como um vilão pérfido e implacável[213].

A moça prosa abriu a caixa de fabulações para realizar um desfile sobre *flibusteiros, corsários, piratas & Cia*, abarcando todas as espécies do gênero – não apenas os proscritos ou clandestinos, mas também os *vilões* sancionados pelos reis com **cartas de corso** (entre eles, incluem-se *Sir* Francis Drake, *Sir* John Hawkins e Jean Bart), uma autêntica "pirataria institucionalizada" que abarrotou os cofres dos monarcas com a pilhagem "terceirizada". Aliás, ela não esqueceu tampouco as **mulheres piratas**, como Mary Read e Anne Bonny, tão ágeis e destemidas quanto os homens. Com esse olhar mais abrangente sobre o tema, Rosa pôde, então, singrar os mares da ficção e da realidade, logrando assim enunciar que "***Nem Todo Pirata Tem Perna de Pau, Olho de Vidro e Cara de Mau***"...

Se o temível Capitão Gancho usava peruca, seus pares do Atlântico vestiam uma indumentária mais simples, com calças e casacos curtos, à exceção de uma figura digna de nota: o lendário *Black Bart*, que não abdicou de sua melhor roupa no último combate que travou. No entanto, é difícil fazer prevalecer o mundo concreto no imaginário coletivo: tal qual a imagem que Braguinha consagrou em sua animada canção, o estereótipo definitivo do "pirata" seria o personagem *Long John Silver*, do romance *A ilha do tesouro*, de Robert Louis Stevenson (1883), que fixou definitivamente no ideário popular um punhado de ilhas remotas, arcas enterradas e tesouros escondidos em grutas misteriosas, abarrotadas de barricas de ouro e pedras preciosas.

Para botar o carnaval na rua em 2003, Rosa não quis contar uma história milenar, que começasse lá na Antiguidade, conforme lhe sugeria a leitura da obra francesa *Sous le pavillon noir* (em português, *Sob a bandeira negra*[214]), sua principal fonte de pesquisa. Buscando ser mais original, ela optou por focalizar a ambição por riquezas, o que a levou a abrir o desfile com uma alegoria da ***caveira***

---

213 NEWLANDS, Maria Luiza. "Umas Histórias de Piratas". *In*: MAGALHÃES & NEWLANDS, obra citada, p. 172.

214 Cf. JACQUIN, Philippe. *Sous le pavillon noir, pirates et flibustiers*. Collection Découvertes Gallimard. Paris : Gallimard, 1988.

Três bonecos de piratas da artista Penha Lima para o enredo de 2003 | Fotos: George Magaraia

E os piratas da Comissão de Frente na Sapucaí | Foto: Wigder Frota

gananciosa, coberta de joias e de ouro, que, insaciável, ainda desejava pilhar um baú repleto de pedrarias com as mãos enfeitadas por anéis e cordões de ouro. A **comissão de frente**, mais uma vez coreografada por **Fábio de Mello**, traduzindo o espírito de cobiça, era ao mesmo tempo sinistra e luxuosa, com uma fantasia magnífica, de tons escuros, coroada pelo vultoso chapéu de plumagem branca, mas com uma caveira sobre a face, cujo maxilar inferior se abria e fechava, fingindo entoar o samba para convidar a plateia a cantar e dançar[215].

A pompa e a beleza dos piratas certamente impressionaram a plateia da Sapucaí, mas os membros da vistosa comissão cruzaram a duríssimas penas os 700 m da pista, chegando completamente exaustos à Praça da Apoteose, onde alguns, sem resistir à fadiga, até desmaiaram. Não era para menos: além da máscara opressiva da caveira, que sufocava a respiração dos componentes, a roupa suntuosa que eles trajavam era de lona; e, se não bastasse o martírio da indumentária, a coreografia do grupo era intensa, exigindo de todos eles um preparo físico de triatletas esportivos durante mais de uma hora de desfile...

Mas nem tudo foi sacrifício e cansaço no carnaval dos piratas da Imperatriz. Rosa tornou a se valer de sua verve espirituosa e bem-humorada para abordar o tema, criando uma alegoria para a famosa *Terra do Nunca* do Capitão Gancho, da fada Sininho e de *Peter Pan*, o garoto que se recusou a crescer. Ela também caprichou no carro da *Pirataria S/A*, cujo personagem era o "pirata contemporâneo", que copia e vende de tudo, trazendo, em curioso contraponto ao **abre-alas**, uma caveira coberta de produtos falsos: brinquedos, CD, DVD, celulares, câmeras fotográficas, tênis, roupas esportivas, bolsas, óculos, cigarros, perfumes – sem esquecer duas vans e dois ônibus de transporte-pirata[216]... O mote, aliás, também ecoou na letra do samba composto por Darcy Nascimento, Brandãozinho da Imperatriz, Rubens Napoleão & Jorge Rita, cuja estrofe final glosou a pirataria atual:

---

215 MAGALHÃES, Rosa. "Flibusteiros, Corsários, Piratas & Co." *In*: MAGALHÃES & NEWLANDS, *op. cit.*, p. 180.

216 ROSA, *idem*, *ibidem*, p. 183.

Hoje, a coisa ficou preta
Muito preta e com razão
Pirata se queixando de pirata
De terno e gravata na televisão
Pirateando CD, até a fé
O comércio e a nação

Ao final, ainda houve espaço para o "*pirata do carnaval dos sete mares*", o porta-vez do prazer, representado pelo cantor **Elymar Santos**, figurinha carimbada da agremiação leopoldinense. Do alto da última alegoria da escola, o flibusteiro do Atlântico Sul mandava seu recado para as arquibancadas:

Mas hoje eu quero ser
Pirata do prazer
Dançando um baile com você
[bis]

Vem meu amor, vem me beijar
Hoje eu tô que tô, você tá que tá
Vem meu amor, vem me beijar
Beijo escondido pra ninguém clonar
[bis]

No ano em que **Chiquinho** e sua mãe **Maria Helena**, o consagrado casal de mestre-sala e porta bandeira do carnaval carioca, completavam duas décadas de giros graciosos na pista da Sapucaí, a **Imperatriz** obteve o 4º lugar no Grupo Especial, totalizando **395,8** pontos. A campeã veio a ser, finalmente, a **Beija-Flor**, que, com o tema "*O Povo conta a sua história: saco vazio não para em pé, a mão que faz a guerra faz a paz*", somou **399,2**; a vice-campeã seria a **Mangueira**, com nota **398,5** para o enredo "*Os dez mandamentos: o samba da paz canta a saga da liberdade*"; e o pódio se completaria com a **Grande Rio**, 3ª colocada com "*O Nosso Brasil que Vale...*", que obteve **396,5** pontos.

Em **2004**, a Imperatriz desfilaria com mais um "enredo *CEP*", agora dedicado à cidade de **Cabo Frio**, na Região dos Lagos do estado do Rio. Rosa, sempre avessa aos temas encomendados, tratou de dar seu "toque pessoal" ao mote, contando aquilo que ninguém haveria de imaginar. A solução, então, foi cantar o **pau-brasil**, produto bastante explorado naquela região fluminense durante o período colonial e objeto de cobiça dos europeus que aqui aportavam. Para condimentar a sinopse, a carnavalesca evocou a origem celta do termo "***Breazail***", título do cortejo, que significa "***vermelho***", não só nas cores bem vivas das fantasias e alegorias, com forte predominância dos tons encarnados, mas também nos elementos alegóricos, entre os quais se incluía a escultura da bruxa e seu caldeirão, exibida no carro **abre-alas**.

Nessa nova "jornada cultural", Rosa ratificava sua vocação para os **enlaces entre dois** (ou mais) **mundos**. Em outras palavras, conforme enunciou o pesquisador Leonardo Bora, essa característica – ***a síntese de universos aparentemente distintos*** – poderia ser considerada uma tônica da artista:

> *Em minha tese de doutorado, eu expando um pouco mais essa leitura e consigo mapear o universo temático de Rosa, inclusive em termos geográficos – por onde ela passeia em suas viagens. Em diálogo com autoras como Flora Süssekind, em seu ensaio "O Brasil não é longe daqui: o narrador, a viagem" (1990), eu concluo que Rosa é uma narradora do deslocamento, que se entende enquanto uma cronista de viagem – que tanto adquire material para suas narrativas nas viagens que empreende (cite-se a experiência no Marrocos, com o passeio no lombo dos camelos), como também nas viagens históricas, reais ou ficcionais, de Américo Vespúcio e dos "cronistas de Índias".*[217]

O samba vencedor daquele ano (composto por Carlos de Olaria, Guga, Jeferson Lima, Me Leva e Veneza), bastante descritivo e didático, não descuidou de registrar essa eterna peregrinação dos nautas em um mundo que, sob a

---

217 Entrevista concedida por Leonardo Bora ao autor na EBA-UFRJ, em 21/03/2019. A tese a que o autor alude é "***Brasil, Brazil, Breazail: utopias antropofágicas de Rosa Magalhães***", UFRJ, 2018.

temporalidade distinta da nova era mercantil insuflada pela burguesia, já começava a estreitar suas fronteiras. Entre celtas e fenícios, cruzando a Ásia, a Europa e o *Novo Mundo*, a Imperatriz navegava por dois hemisférios, para fazer Américo Vespúcio aportar em **Cabo Frio**, onde teve "a primazia de erguer fortaleza e feitoria" e depois partiu com a mercadoria tão valiosa, levando consigo a visão poética do "lugar mais bonito" – o chão da ***Utopia***:

Vermelho é vida
É sangue, é coração
Coloriu a história
De paixão, de vitória, de vibração
Pintou o manto dos reis
E o encanto chinês
O poder e a religião
Das minas o celta extraía
O corante breazail
Porém era o fenício quem fazia
A tinta que o mundo seduziu

Da Ásia a madeira
Deu o tom pra Europa inteira
Mas o Brasil do bom
Só em terra brasileira
[bis]

Viagem ao Novo Mundo
Deu a Vespúcio a primazia
De erguer em Cabo Frio
Fortaleza e feitoria
Depois partiu com o nosso pau-brasil
Deixando aos marinheiros poesia
Visão do infinito, lugar mais bonito
Era o chão da Utopia

Quem dera a paz e a harmonia
Ver meu país cantar feliz
Na sombra de um pau-brasil
Um samba da Imperatriz

Se o samba cumpria o seu papel, o desfile também provocou forte impacto visual, sobretudo pela ousadia de Rosa em substituir o verde, o branco, a prata e o ouro da escola por uma paleta **vermelha**, a cor do cobiçado pau-brasil. À feitiçaria cromática da artista somavam-se as "bruxas alquimistas" da **comissão de frente**, mais uma vez sob a batuta de **Fábio de Mello**, que ferviam ingredientes mágicos em seu caldeirão. Tal qual ocorrera com Campos em 2002, a cidade exaltada (**Cabo Frio**) apareceu de forma bem discreta na avenida – mas, pelo menos, seria citada por **David do Pandeiro** (intérprete que não foi à Sapucaí, demitido por Luiz Drummond às vésperas do desfile) na gravação do samba.

Em 2004, não houve maiores entreveros com as autoridades da "feitoria" de Cabo Frio, mas a magia da carnavalesca, que jamais se dispôs a ficar em terra firme numa "zona de conforto", não seria suficiente para arrebatar sua sexta estrela na corte da **Imperatriz**. Naquele ano, o título ficou com a bicampeã **Beija-Flor**, que, também com um *enredo CEP* (porém mais eficaz), dedicado a "*Manõa, Manaus, Amazônia, Terra Santa: alimenta o corpo, equilibra a alma e transmite a paz*", obteve **388,7** pontos, superando por dois décimos a vice-campeã **Unidos da Tijuca**. À soberana da Leopoldina, coube apenas um modesto 5º lugar, com nota **386,5** – a pior colocação após o tricampeonato. Ainda seria possível sonhar com a *Utopia* em terras da Leopoldina?

2. A ficção em cena: contos de Andersen e novelas de mosqueteiros

Para **2005**, Rosa e a **Imperatriz** receberam uma "encomenda" muito chique do governo da Dinamarca, subscrita pelo Ministro da Cultura do país europeu, o Sr. **Brian Mikkelsen**, e por seu par no Brasil, o cantor e compositor **Gilberto**

Gil. A artista e a escola tinham sido convidadas a montar um desfile para celebrar os **200 anos** de nascimento de **Hans Christian Andersen** (1805-1875), que os dinamarqueses e inúmeros admiradores do gênero consideram o maior autor de contos de fadas do planeta.

Àquela época, o Itamaraty buscava expandir nossos laços diplomáticos com várias nações da América Latina, África e Ásia, sem desprezar, porém, o *Velho Mundo*. Para tanto, além do papel cumprido pelo Ministério de Relações Exteriores, a cargo de Celso Amorim, figuras como Gil prestavam valiosa colaboração à política de "*soft power*[218]" do governo brasileiro. **Rosa Magalhães** estava ciente desse xadrez da diplomacia, mas isso não a incomodava. Uma vez mais, ela tinha em mãos um tema patrocinado, tal qual o "*enredo CEP*" de 2002; só que agora o 'produto' a ser divulgado não era petróleo, nem *chuvisco*, mas um aclamado autor de histórias infantis, criador de textos clássicos como "O Patinho Feio", "O Soldadinho de Chumbo", "A Pequena Sereia" e tantos outros.

O convite partiu de **Jens Olesen**, embaixador oficial do evento, que revelou na obra posteriormente publicada sobre o desfile que a escolha da **Imperatriz Leopoldinense** se dera pela imensa criatividade da escola e, em especial, por causa de Rosa, que, segundo ele, já era "*bastante respeitada e conhecida por sua reputação criativa e pela forma única de misturar cores, fantasias e desenhos em um só conceito*[219]". Por sua vez, a carnavalesca conta que ainda estava trabalhando no carnaval de 2004 ("*Breazail*"), quando recebeu o telefonema de Jens, indagando-lhe se ela estaria interessada em desenvolver o tema sobre Hans Christian. Eles marcaram um encontro na casa da artista, que aceitou a proposta e combinou com Olsen de anunciar o novo enredo somente após a folia daquele ano.

---

218 O conceito de "*soft power*", no âmbito das relações internacionais, refere-se à capacidade de um país atrair e cooptar os parceiros, sem jamais coagi-los ou pressioná-los. Para satisfazer esse propósito, em lugar de armas e bloqueios econômicos, a **cultura** assume função de peso na agenda estabelecida entre povos e governos.

219 OLESEN, Jens. *Hans Christian Andersen: Carnival 2005 – Imperatriz Leopoldinense*. Brasília / Copenhagen: MinC / Embaixada da Dinamarca no Brasil, 2005, p. 11 [tradução livre do biógrafo].

Em abril, mês ainda gélido no norte da Europa, ela e seu fiel assistente de criação **Mauro Leite** viajaram à terra natal do escritor. Era um voo com conexão em Zurique, onde os dois embarcaram em uma pequena aeronave até Copenhague. De lá, após descansar em um hotel, a dupla seguiu de trem rumo a Odense, terra natal de Andersen, uma pequena e charmosa cidade a 160 km da capital, cujos habitantes se esmeram em preservar a memória de seu pródigo filho. Ali eles foram recebidos por Jens Olsen em seu escritório no prédio da Prefeitura e, após almoçar, os três saíram para conhecer a encantadora urbe, cujos prédios evocavam a Rosa a imagem de nossas vilas coloniais. Depois, ela e Mauro foram à Fundação H. C. Andersen, onde conversaram com um especialista na obra do escritor, recebendo dele uma lista providencial com os melhores contos do autor.

Por fim, após a valiosa expedição, eles regressaram à capital, a fim de desfrutar da última etapa da viagem visitando diversos castelos e palácios, sem deixar de conhecer o lendário Elsinore, cenário de *Hamlet*, uma das obras mais célebres de Shakespeare. De volta ao Brasil, Rosa já estava apaixonada pelo enredo ajustado com os daneses; contudo, tratou de matutar um artifício para não deixar a sinopse restrita ao Reino da Dinamarca e aos contos de Andersen. A saída achada seria uma tacada de mestre da artista: com as asas da **ficção**, ela fez **Hans Christian Andersen** viajar até o Brasil, a fim de visitar o ***Sítio do Pica-pau Amarelo***, cenário mágico das histórias fascinantes de **Monteiro Lobato** (1882-1948), o mais renomado criador de obras para crianças e jovens na primeira metade do século XX – e que, aliás, também traduzira contos de Andersen para o português[220].

É óbvio que os dois não viveram a mesma época. Todavia, se Narizinho, Pedrinho, Emília e o Visconde, graças a uma pitada mágica do pó de *pirlimpimpim*, podiam deixar a roça de Dona Benta no interior de São Paulo e desembarcar na Grécia mitológica para assistir Hércules em seus doze trabalhos colossais, por que não transportar Hans Christian ao mundo encantado do *Sítio*? O próprio Lobato já acolhera em sua obra os personagens de Andersen e de outros autores, como o *Gato Félix*, *Peter Pan* e vários heróis infantis, Pois foi

220 MAGALHÃES, Rosa. "A delirious confusion of fables". *In*: OLSEN, obra citada, p. 15-16 [tradução do autor].

assim, flutuando no tempo e no espaço, que Rosa e a Imperatriz entraram na avenida, a fim de apresentar ao público brasileiro e dinamarquês uma exaltação à imaginação febril de dois mestres da ficção, cujo título só poderia ser "***Uma delirante confusão fabulística***".

Para dar seu recado em alto astral, a Imperatriz contaria ainda com um animado samba de enredo, composto por Evaldo Ruy, Jorge Artur, Jorginho, Josimar e PC, parceria que parece ter assimilado muito bem o espírito de êxtase e arrebatamento da visita que a anfitriã Dona Benta recebe encantada no *Sítio*. As duas últimas estrofes, em particular, são uma súmula fiel do expediente concebido por Rosa:

Foi Monteiro Lobato
Um mestre de fato da literatura infantil
Histórias escritas com arte
E de todas as partes contou no Brasil
O sítio não tem fronteiras
Abrindo as porteiras pra imaginação
Dona Benta recebe encantada
O povo dos contos de fadas
Numa delirante confusão

A turma do Sítio apronta
A Imperatriz faz de conta
Emília cantando assim:
Vem viajar nessa história
É só dizer pirlimpimpim
[bis]

Com 35 anos de carreira, era a primeira vez que a artista explorava temas infantis em um desfile. Não por acaso, ela estava um pouco preocupada, temendo que a ideia não vingasse na Sapucaí ou que o público não compreendesse muito bem o mote. Por isso, Rosa e a equipe decidiram contar as histórias da forma mais clara e simples possível. Para tanto, a carnavalesca apelou à

Do traço de Rosa à Passarela do Samba: H. C. Andersen
visita o Brasil | Desenho de Rosa Magalhães / Foto: Jens Olesen

técnica do teatro de bonecos, que a inspirou a encenar os personagens dançando para a plateia em meio às cortinas vermelhas. Aos poucos, todos ganharam forma: a **Pequena Sereia**, a **Rainha da Neve**, o **imperador chinês** que vivia em um castelo de porcelana e cuja vida foi salva pelo canto do **rouxinol**, o **rei** que só se importava com suas roupas e acabou **nu** diante dos súditos, o **soldadinho de chumbo** perneta apaixonado pela bela **bailarina** – figuras que até hoje seduzem crianças e adultos.

Rosa tinha plena consciência da sedução que uma boa história exerce sobre o público (tanto a "*criançada*", quanto a "*gente grande*"), mote que ela subscreveu e a amiga Newlands glosou em singelas redondilhas: "*Quando a gente fala assim / E começa: "era uma vez", / Não tem quem não se interesse, / nem quem não queira escutar. / A criançada se achega / E gente grande com estresse / Que foi menino tomem / Se aquieta, vem, sossega, / Senta ou deita, se aconchega, / Se prepara pra sonhar. / E então tudo é possível / E se pode acreditar / Quando se é bom ouvinte; / Tudo pode ser verdade / E tudo se pode inventar*[221]".

Na paleta de Rosa, as cores foram selecionadas para provocar certo impacto visual, tornando-se cada vez mais fortes e brilhantes à medida que o enredo se deslocava em direção às terras brasileiras[222]. Um vestido com mangas de um azul resplandecente e barra branca era a roupa das **baianas**, vestidas de "Rainha da Neve". A bateria, por sua vez, que personificava o conto "A roupa nova do Rei", exibia um traje bem vistoso, cujo chapéu de penacho branco era circundado por uma coroa dourada, ao passo que à vestimenta em tons de verde, vermelho e amarelo se sobrepunha uma capa branca com forro encarnado – e meias em amarelo e vermelho. Contraposta a essa profusão de cores, adornada de ouro & prata e com um esplendor de plumas bem alvas, via-se a rainha **Luiza Brunet**, que, após brilhar na Portela (1986-1994), desde 1995 evoluía à frente da orquestra de Ramos.

---

221 MAGALHÃES, Rosa. "Uma delirante confusão fabulística". *In*: SANTOS, Gilda; VELHO, Gilberto (org.). *Artifícios e artefatos: entre o literário e o antropológico*. Rio de Janeiro: 7 Letras, 2006. pp.11-18.

222 MAGALHÃES, "A delirious confusion of fables". *In*: OLSEN, obra citada, p. 17 [tradução livre do autor].

Na abertura, também prevalecia o branco deslumbrante de quinze cisnes coroados da **comissão de frente** ("*Príncipes em transformação*"), uma alusão ao conto do "Patinho Feio", sempre sob a batuta de **Fábio de Mello**, coreógrafo que, para surpresa de muitos, desta vez não seria agraciado com nota dez pelos quatro julgadores. Em seguida, no carro **abre-alas** (intitulado de "*Era uma vez*"), sob a escultura do escritor danês, refulgia o vermelho das cortinas do teatro que acolhia a corte do Reino de Fadas, cujos componentes saíam para fazer suas evoluções diante do público da Sapucaí.

Os demais elementos alegóricos punham em cena alguns dos contos mais famosos de Andersen. Em dois carros acoplados de larga extensão, reproduzia-se o sedutor quarto de brinquedos do conto "**O Soldadinho de Chumbo**", cujos guardas e bailarinas moviam-se como se fossem bonecos de corda. Já a singela história de "**O Rouxinol e o Imperador da China**" inspirava uma alegoria decorada por duzentas peças de porcelana chinesa confeccionadas com isopor e papel. No setor dedicado a **Monteiro Lobato**, não poderia faltar tampouco o carro dedicado ao ***Sítio do Pica-pau Amarelo***, para cujas personagens (em especial Narizinho, Pedrinho, Emília, o Visconde e Tia Nastácia) Rosa criou figurinos de cores bem vivas, com certa aura *caipira* típica de nossas festas juninas.

No dia do desfile, na madrugada de segunda para terça, tudo estava nos trinques. Convidado pela diretoria da Imperatriz, até **Mestre Jorjão** (o diretor de bateria que fez o samba flertar com o *funk* e o afoxé) apareceu ao lado de Mestre Beto, regendo os ritmistas de Ramos. A turma da Leopoldina prometia balançar a roseira na Sapucaí, mas só um detalhe escapou ao planejamento da escola: o atraso na apresentação da Portela, que não soube como driblar os reveses surgidos desde o sábado anterior, quando um incêndio destruiu a parte traseira do **abre-alas**. Na hora H, a alegoria cruzou a pista com a águia (símbolo maior da azul & branca) inteiramente desfigurada, já que não foi possível montar as asas da ave na concentração. E, para desdita máxima dos portelenses, o último carro, com a tradicional **Velha Guarda** portelense, não conseguiu entrar na pista. Com os portões já fechados, os baluartes desfilariam a pé – atrasados, mas ovacionados pela plateia.

Apesar da riqueza visual, que lhe rendeu nota máxima (40 pontos) em *alegorias & adereços* e *fantasias*, a **Imperatriz** perdeu preciosos décimos

Desfile de 2005 virou livro e festa na Dinamarca | Governo da Dinamarca

na avaliação de quesitos como *bateria*, *samba-enredo*, *comissão de frente* e, fato quase inédito, *mestre-sala & porta-bandeira* – sem nenhum 10 e com meio ponto de descontos, aquele seria o último desfile de **Maria Helena & Chiquinho** na agremiação, após 22 anos de sucesso da lendária dupla de dançarinos. O título de 2005 volta a ser da **Beija-Flor**, tricampeã (**399,4 pontos**) com o enredo "*O vento corta as terras dos Pampas. Em nome do Pai, do Filho e do Espírito Guarani, sete povos na fé e na dor... Sete missões de amor*"; apenas um décimo abaixo (nota **399,4**), a vice-campeã, pela segunda vez seguida, seria a **Unidos da Tijuca**, cujo enredo tinha a marca do carnavalesco Paulo Barros: "*Entrou por um lado, saiu pelo outro... e quem quiser que invente outro!*" Em 3º lugar, com **398,6** pontos, só um décimo acima da escola da Leopoldina, veio a **Grande Rio**, cujo enredo era "*Alimentar o corpo e a alma faz bem!*".

Após a frustração pelo resultado aquém de qualquer expectativa, um evento em 2005 serviria de enorme consolo a Rosa. Levando na bagagem os delicados bonecos em miniatura confeccionados pela artista Penha para a "*delirante confusão fabulística*" de Andersen & Lobato, ela viajou a Paris com o fiel assistente Mauro Leite e o amigo Felipe Ferreira a fim de participar de uma exposição na *Maison du Brésil*. O enlevo dos três na *cidade-luz* seria indescritível – e Felipe até hoje recorda a cena em que Rosa, deslumbrada, contemplou um lustre de vidro negro exposto quase "tombado" na vitrine de uma loja da *cidade-luz*. De volta ao Brasil, o namoro veio a render um sugestivo fruto estético: no carnaval seguinte, a luminária ressurgiu replicada no abre-alas da Imperatriz, cujo enredo, como se verá logo abaixo, desta vez reuniria a França, a Itália e o Brasil.

Para o desfile de **2006**, a moça prosa continuou a flertar com os gêneros literários, saindo dos contos de fada para as **novelas de capa & espada**, mais um artifício da artista a fim de contar sua história na avenida. Era para ser um enredo sobre **Santa Catarina** e a heroína **Anita Garibaldi**, que nasceu em Laguna, ao sul daquele estado. O caldeirão de Rosa, porém, incluiu a figura do revolucionário italiano **Giuseppe Garibaldi** (1807-1882), a quem Anita se uniu, e criou o tema "***Um por todos e todos por um***", inspirado na saga dos três (ou melhor, quatro) mosqueteiros escrita pelo francês

Um mundo de cores nos contos de fadas | Acervo Jens Olesen

Bonecos de Penha Lima expostos em Paris | Foto: George Magaraia

Alexandre Dumas[223], para incluir no desfile a causa do famoso general, um dos artífices da *Unificação Italiana*.

A vida e a atuação política e militar de **Garibaldi** não se restringiram à causa de unificação da sua pátria. Conhecido pela alcunha de "*herói de dois mundos*", o impetuoso defensor da bandeira republicana na Itália viria a ser um aguerrido militante das revoltas deflagradas na América do Sul, com feitos marcantes no Brasil e Uruguai. De passagem pelo Rio de Janeiro na década de 1830, Giuseppe conheceu Luigi Rossetti e se somou à **Revolução Farroupilha**, insurreição de caráter republicano que se opunha ao regime imperial e postulava a independência do Rio Grande do Sul. Lá, Garibaldi se tornou um dos líderes do movimento, participou da fatídica batalha naval de Laguna (1839) e também conheceu a mulher com quem se casaria: a admirável **Anita Garibaldi**.

Pronto! Com a aliança de **Giuseppe** e **Anita**, Rosa já tinha os ingredientes básicos para engendrar, literalmente, mais um ***enlace entre dois mundos***. O cenário de capa & espada, condimento extra do enredo, já se anunciava no garbo dos *cavaleiros* da **comissão de frente**, cujo coreógrafo **Fábio de Mello**, após a perda de dois décimos no ano anterior, se valia de um "efeito especial" para voltar a obter quatro notas **10** dos avaliadores: seus vistosos *mosqueteiros* desfilariam pela pista montados em cavalos que se deslocavam graças às rodas instaladas em sua estrutura.

Como já foi dito, o mote original do desfile era **Santa Catarina**, mas houve espaço até para **Nice**, cidade ao sul da França, quase na fronteira com a Itália (objeto histórico de disputa entre os dois países[224]). Como Garibaldi nascera ali, Rosa não perdeu a chance de invocar o líder italiano e a Corte francesa no cortejo, fazendo-a apresentar-se à frente do **abre-alas**. Ela também vislumbrou

---

223 Escrito pelo romancista francês **Alexandre Dumas** (1802-1870) e publicado originalmente pelo jornal **Le Siècle**, em 1844, a novela histórica *Os três mosqueteiros* conta as aventuras de três guardas (*Athos, Porthos* e *Aramis*) do grupamento de elite do rei Luís XIII e da rainha Ana de Áustria, ao qual se une o jovem *D'Artagnan*, em luta contra os inimigos da Coroa francesa e contra as artimanhas do ardiloso *Cardeal Richelieu*.

224 Ocupada pelo Império francês, **Nice** volta a ser um condado italiano unido ao Reino da Sardenha de 1815 (ano da queda definitiva de Napoleão Bonaparte) até 1860, quando é anexada pela França. **Garibaldi** liderou a luta de reunificação à Itália entre1860 a1871, mas a causa foi violentamente reprimida pelas forças de Paris.

a rara oportunidade de incluir os grandiosos bonecos do animado carnaval de Nice na Sapucaí, uma espécie de afago da artista brasileira à tradição popular daquele rincão cobiçado por gauleses e sardos. Além disso, houve um destaque especial ao casal **Anita** e **Giuseppe**, personificados na avenida pela atriz **Joana Balaguer** e pelo ator **Murilo Rosa**.

De resto, havia novidades dignas de nota naquele carnaval, sobretudo na **bateria**: Mestre Beto deixava o comando dos ritmistas, substituído pelo versátil **Jorjão**, enquanto a modelo Luiza Brunet, rainha do segmento desde 1995, cedia o cetro à apresentadora **Luciana Gimenez**. Por sua vez, afastada do posto de porta-bandeira, a elegante **Maria Helena** estreava como destaque à frente da ala das **baianas**.

Por fim, na escolha do samba de enredo, a escola voltava a apostar em uma parceria de experientes compositores, que, além dos nomes respeitáveis de Niltinho Tristeza e *Tuninho* Professor, contava ainda com Amaurizão e Maninho do Ponto. O quarteto fez malabarismos para enfiar todas as peças do xadrez de Rosa na letra, uma "expedição" com Dumas, Garibaldi, Europa, Brasil, Catarina, Anita e muito mais:

Meu amor!
A Imperatriz chegou agora
É Carnaval! O lema é...
Um por todos e todos por um...
Garibaldi, o nosso herói, viveu
Uma história de luta e paixão que Alexandre Dumas
Assim descreveu (e pelo mundo)
Pelo mundo navegou
Nas batalhas que travou
Liberdade foi seu ideal (de lá pra cá...)
No Brasil, quanta riqueza!
Abraçando a natureza
Ele se encantou (e foi por aí...)

Foi por aí assim...
No balanço da expedição

A santa e bela Catarina
Virou seu chão (mas vê...)
[bis]

Vê! Que momento lindo! Amor... amor
Quando viu Anita, ele se apaixonou
Amada, valente, guerreira
Com ele, na paz e na dor
Com os rebeldes lutou românticas...
De tantas aventuras, mundo afora
Viraram mitos na história popular

A alegria tomou conta da cidade
Vou me acabar
De verde e branco, cheio de felicidade
Até o sol raiar (meu amor!)
[bis]

Dessa forma, ao menos no tabuleiro de Ramos, a sorte estava lançada para mais um desfile à altura da pentacampeã. Todavia, antes de mostrar seu valor na primeira noite de desfiles na Sapucaí, em pleno domingo de carnaval (dia 26/2), uma chuva torrencial se abateu sobre a concentração na Av. Presidente Vargas, encharcando as luxuosas fantasias que vários integrantes vestiam para encenar a história escrita por Rosa. Com as roupas ensopadas e sem brilho, viu-se na pista uma pálida versão dos briosos Mosqueteiros incumbidos de narrar à plateia e aos jurados a saga de Garibaldi. E o prejuízo, obviamente, não se limitou à parte visual: tolhidos pelo peso excessivo da fantasia, muitos padeceram para atravessar a pista, prejudicando ainda mais a já complicada evolução da escola.

O resultado final na planilha dos avaliadores acendeu o sinal de alerta em Ramos. Pela primeira vez em dezoito anos, a **Imperatriz** terminava um carnaval abaixo do 6º lugar, algo inconcebível na era Rosa Magalhães. Com nota **391,9**, a agremiação ficou na 9ª posição, mais de cinco pontos abaixo do pelotão das cinco primeiras colocadas. Como todos recordam, o título de **2006** coube à **Vila Isabel**, que, com **397,6** pontos, balançou a roseira na Sapucaí com uma vibrante ode aos nossos *hermanos* latino-americanos ("*Soy loco por ti, América: A Vila canta a Latinidade*"). Favorecida pelo desconto (0,2) imposto à **Grande Rio** por exceder o tempo de desfile, a agremiação da terra de Noel derrotou a coirmã no quesito desempate (*samba*). Assim, a escola de Caxias, com o enredo "*Eldorado, o Amazonas é aqui*", terminou em 2º lugar.

As notas atribuídas aos dez quesitos parecem indicar que o desfile idealizado por Rosa e pela comissão da **Imperatriz** saiu inteiramente pelo avesso. Até hoje muitos se perguntam se o nono lugar teria sido uma colocação justa ou se houve excesso de "rigor" (para não dizer *má vontade*) de alguns jurados. De fato, em nenhum item a agremiação recebeu quatro notas **10** – e alguns não amealharam sequer um grau máximo, como o *Samba*, que descontou quase um ponto na soma total da escola, e dois quesitos sob responsabilidade direta da carnavalesca: *Alegorias & Adereços* (duas notas 9,8 e duas 9,7) e *Enredo* (três notas 9,6 e 9,7). Nem mesmo a renomada *Comissão de Frente* coreografada por Fábio de Mello (curiosamente agraciado com o quinto *Estandarte de Ouro* em 2006) tirou **10** (três notas 9,9 e 9,8), ao passo que as paradinhas da *Bateria* de Mestre Jorjão tampouco seduziram os julgadores (só uma nota 10, afora um impensável 9,6).

Tinha sido realmente o temporal o grande vilão da folia ou será que havia alguma coisa fora da cadência no reino da Leopoldina? A antipatia crescente contra a escola e a própria Rosa pelos títulos e pela fama de "técnica e impecável" estaria influenciando as notas concedidas nas cabines ou também já era hora de repensar certos elementos do desfile? Em 2006, as **comissões de frente**, por exemplo, não se limitavam mais a realizar uma simples evolução coreografada na pista: elas se valiam de elementos performáticos e dramáticos para mandar seu recado ao público, tendência que se radicalizaria na década seguinte. Mas os *mosqueteiros* de Ramos contentaram-se tão somente em repetir de forma mecânica os movimentos básicos da coreografia ensaiada. A aposta fora equivocada?

Prestes a completar 60 anos de vida, quem mais se interpelou em 2006 foi a moça prosa. Perder um ponto e meio no **enredo** soava como uma derrota pessoal para a artista. É verdade que o tema, uma "encomenda" em homenagem ao estado de Santa Catarina, não motivara nem um pouco Rosa, que não costuma se empolgar com os *enredos CEP* que lhe são confiados. Por isso, ela resolveu apelar à figura de **Garibaldi** a fim de inserir um pouco mais de ação à história. Mas esse 'gancho' da narradora não surtiu o efeito desejado: em meio à sobrecarga de informações, algumas não decodificadas de imediato, muita gente não logrou entender certas conexões, como a relação entre o herói *italiano* e sua cidade natal. Se até o *samba* daquele ano ignorou solenemente a localidade francesa, como evitar a sensação de que o tradicional carnaval de Nice caiu de paraquedas na Sapucaí?

Se não bastasse o imbróglio do enredo, ficar um ponto abaixo no quesito **alegorias & adereços** era outra decepção para Rosa, que talvez não cogitasse que, afora a paleta sombria do desfile e a inexplicável falta de energia do cortejo, havia carros bem fechados e soturnos, que não despertavam a empatia dos espectadores. Enfim, a despeito do extremo rigor dos julgadores, aquele não havia sido o carnaval mais feliz da moça prosa. Todavia, não houve sequer tempo para autocríticas: refreando o velado desconforto que começava a sentir no barracão da Imperatriz, a carnavalesca ainda encontraria meios de encenar, com boa dose de criatividade, sua leitura carnavalizante do país e da História, concebendo novos ***enlaces*** singulares entre o *Velho* e o *Novo Mundo*.

3. Entre delírios e utopias: Teresinha, João & Marias

Uma pitada de Noruega, outra de Brasil. Um aceno à mitologia nórdica, outro ao carnaval pernambucano. Criaturas metade homem, metade peixe abrindo passagem para abacaxis, bananas e bacalhaus. Cem anos do esfuziante *frevo* e o contagiante *Bacalhau do Batata* em Olinda. Rosa remexia sua arca de fabulações e buscava dar a volta por cima com um tema capaz de mover a herança *modernista* da **Imperatriz**. Valendo-se de **Chacrinha**, ícone da geleia geral *tropicalista*, o enredo de 2007 ("***Teresinhaaa, uhuhuuuu! Vocês querem bacalhau?***") era em última instância uma viagem desde o país ao norte da Europa até os trópicos abaixo do Equador, sob as bênçãos do salgado **bacalhau**.

Em 2005, tinha sido a Dinamarca. Agora, mais um país nórdico desfilaria ao sul do Equador na caravela verde & branca da Leopoldina. Não era, por certo, mera coincidência: a escolha da Noruega e de seu produto mais conhecido no Brasil também tinha o dedo de Jens Olsen, o embaixador de Andersen dois anos antes. Como sempre, Rosa se indagava de que forma ela iria atar as duas pontas do mais recente novelo – e logo se convenceu de que o *velho guerreiro* do rádio e TV era a figura talhada para adicionar ingredientes inusitados ao caldeirão de Ramos.

Nascido em Surubim (PE) nove décadas antes do desfile, em 1917, José **Abelardo Barbosa** de Medeiros saiu da terra natal rumo ao Recife, a fim de estudar Medicina, mas em 1939 acabou desembarcando de vez no Rio de Janeiro, onde iniciou sua carreira na Rádio Tupi. A partir daí, ele criou programas de grande repercussão e audiência, como a *Buzina* e a *Discoteca do Chacrinha*. Cultivando a aura de comunicador irreverente e debochado, com roupas deliberadamente escandalosas e divertidas (de vestido de noiva a fraque & cartola colorida, valia de tudo nos figurinos), o apresentador balançava a pança e comandava a massa duas vezes por semana na tela da TV, afrontando com sua estampa psicodélica a caretice e a hipocrisia do discurso oficial do regime.

Em meio ao moralismo da ditadura nos anos 60/70, a *Buzina* de Abelardo Barbosa marcou época no imaginário coletivo nacional. Se não bastasse a investida iconoclasta contra os costumes, havia também a provocação das *chacretes*, cujos maiôs apertados renderam inúmeras visitas da Censura aos bastidores das emissoras onde ele trabalhava. Isso para não falar dos jurados incomuns do programa (Aracy de Almeida, Carlos Imperial, Elke Maravilha, Rogéria e Pedro de Lara), cada qual investido de uma *persona* própria – uma galeria farsesca em que se exibia o cafajeste tosco e o tipo ranzinza e implacável, a sexualidade ambígua e a ingenuidade personificada. Afinal de contas, todos estavam ali *para confundir, não para explicar*...

Além de levar calouros para o trono ou despachá-los com sonoras buzinadas para casa, enquanto distribuía abacaxis e bacalhau ao auditório, *Chacrinha* ainda apresentava ao público artistas de diversas filiações em sua eclética *Discoteca*. Pelos palcos da TV Globo, da TV Tupi e da TV Bandeirantes, passaram desde os *tropicalistas* Caetano e Gil (que não se esqueceu de Abelardo ao compor "Aquele abraço", em 1969, um desabafo contra a prisão da dupla em 68 por força do famigerado AI-5) e a turma da *Jovem Guarda* de Roberto, Erasmo e Wanderléa, até ícones da música dita *brega* (Sidney Magal, Waldick Soriano) ou a androginia estonteante de Ney Matogrosso e o conjunto Secos & Molhados.

Com o gancho propulsor do enredo definido, o trabalho no barracão se iniciava, mas não havia novidades de peso nos bastidores da verde & branca. Depois das mudanças de 2006, a **bateria** seguia sob a batuta de Mestre Jorjão, com Luciana Gimenez de rainha. A boa notícia era a volta de **Preto Joia** ao microfone nº 1 do carro de som; o intérprete, ao lado de **Dominguinhos do Estácio**, tornara-se quase uma identidade sonora da escola de Ramos, com o timbre suave da voz e o bordão que todo carioca apaixonado por samba já conhecia: — *Ih, gente! Vamos chegando...* Joia comandara o carro de som de 1991 a 1999, período em que a verde & branca amealhou três títulos na avenida; por isso, seu regresso era motivo de alento para a família leopoldinense.

Sob os auspícios de **Chacrinha**, a Imperatriz desfilou no segundo dia do Grupo Especial, já na madrugada de segunda para terça, 20 de fevereiro. Glosando os signos híbridos do enredo, a **comissão de frente** dirigida por Fábio de Mello representou seres mitológicos de dupla natureza (metade homem, metade peixe), vestidos com fantasias providas de luz. Em seguida, fazendo jus à *persona* do protagonista, o carro **abre-alas** dedicado ao "*Velho Guerreiro, amigo do bacalhau*" destacava Abelardo a bordo de uma embarcação tropicalista, adornada de bananas e abacaxis. Já a **mitologia nórdica** era a inspiração de uma alegoria em que o gelo e o fogo se encontravam para criar as terras e os oceanos. E o **bacalhau norueguês**, a "*riqueza que Odin abençoou*", aparecia sob várias formas, inclusive a versão salgada dos bascos servida nos banquetes medievais.

É claro que a terra natal do mestre de cerimônias não seria esquecida, sobretudo no setor final do desfile, que celebrava o centenário do **frevo** e prestava um tributo às damas do **maracatu**, duas das manifestações culturais mais expressivas de Pernambuco. Além disso, não podia faltar a citação ao ***Bacalhau do Batata***, de Olinda, bloco criado em 1962 pelo garçom Isaías Pereira da Silva (de apelido *Batata*) para reunir aqueles que, por força do ofício, eram obrigados a trabalhar durante o tríduo momesco – e, por isso, só podiam sair na quarta-feira de cinzas. Aliás, para lembrar Isaías, falecido em 1993, a **ala de compositores** de Ramos desfilou vestida de garçom – e o samba de Aliomar, Merrenga, Bill Amizade, Lula Inspiração, Sobrinho e Xande também o eternizou em seu refrão final:

Taca fogo nas cinzas, não deixa apagar
Eu vou de samba afrevado no chamego arretado
Pra lá e pra cá
Já rasgou a fantasia homem da noite, mulher do dia

E o Bacalhau do Batata na bandeja pra massa
Até o dia clarear
[bis]

Os novos condimentos não surtiram efeito no caldeirão da **Imperatriz**. Com um total de **392** pontos, nota apenas um décimo superior à de 2006, a escola voltava a ocupar o 9º lugar na classificação do Grupo Especial, que reunia treze agremiações, duas das quais seriam rebaixadas. Para azedar ainda mais o caldo, a soberana de Ramos ficou mais de sete pontos abaixo da **Beija-Flor**, a grande campeã de **2007** com nota **399,3**. Na planilha dos julgadores, chamou atenção a pontuação do quesito *Harmonia*, que recebeu até uma nota **9** – algo inconcebível para a comunidade. Houve quem dissesse que o problema tinha sido o samba, que não sacudiu as arquibancadas, nem caiu no gosto da nação verde & branca – e por isso, teria sido cantado sem o menor entusiasmo pelos componentes.

Pelo visto, o reinado da moça prosa na corte da **Imperatriz** chegava ao seu final. A sólida relação de mais de quinze anos parecia ter sido abalada de vez – e o adeus à escola tornava-se a cada ano mais inevitável. De fato, a vitoriosa engrenagem dos cinco títulos da artista em Ramos, além de desgastada, começava a ser desmontada, como atesta a saída do coreógrafo Fábio de Mello da escola, substituído por Alice Arja (indicação do presidente Luiz Drummond, que sequer consultou Rosa sobre o tema). Em **2008**, a moça prosa iria até respirar aliviada com o 6º lugar de "***João e Marias***", enredo vencedor do *Estandarte de Ouro*. O prêmio causaria certa surpresa: afinal, desde 1991 a carnavalesca não o recebia (algo inconcebível para quem havia criado desfiles como o do brioso *Jegue* de 1995 ou o da *Cana-caiana* tricampeã de 2001) e, por sua vez, a execução do tema não justificaria sua inclusão na seleta galeria dos carnavais mais laureados da carnavalesca.

Contudo, apesar do "prêmio de *consolação*" (para muitos, o troféu está longe de ser um título de *reconhecimento*), ***João*** não seria a redenção da artista – e diversos fatores viriam a inviabilizar a vitória na Sapucaí. Um deles era, sem dúvida, o prazo mínimo que restou para montar o desfile, encurtado por conta da estreita colaboração da carnavalesca – e da própria **Imperatriz** – com o *PAN 2007*. A grandiosa festa de abertura do evento, concebida por Rosa, Mauro Leite e Andréa Vieira, veio a ser executada em grande parte no barracão da escola na *Cidade do Samba*. Os jogos absorveram completamente a energia da equipe e da agremiação, que só veio a trabalhar a todo vapor em dezembro daquele ano.

Ainda assim, a professora amante de História, cujos carnavais se preocupavam sempre em "acumular, sobrepor e justapor referências" de uma vida dedicada à cultura, às artes e ao ensino, tornou a promover mais um ***enlace entre vários mundos*** – que, naquele ano, seria capaz de entremear as cortes francesa, portuguesa e austríaca com os destinos da jovem nação tropical que emergia na periferia ao sul do Equador. A *Maria* de França era a ***Antonieta***, a polêmica arquiduquesa austríaca (filha de Francisco I e da imperatriz Maria Teresa de Áustria) que se casou com o Rei Luiz XVI e, após a Revolução burguesa, veio a ser julgada, condenada e guilhotinada em Paris em 1793. A *Maria* de Portugal era ***a Louca***, que, segundo cantou o samba de Carlos Kind, Di Andrade, Jorge Arthur, Josimar & Valtenci, "*não podia governar – delirava temendo a revolução e entrega o reino a João*".

Além delas, duas irmãs da Casa de Habsburgo se somaram à intriga: a *Maria* ***Luísa*** *de Áustria*, segunda esposa de Napoleão Bonaparte e rainha dos franceses de 1810 a 1814 (e por três meses em 1815); e a *Maria* ***Leopoldina*** *de Áustria*, que desposou D. Pedro I e se tornou imperatriz do Brasil – figura já exaltada em 1996 na avenida pela escola batizada em sua homenagem. Com a "congregação *mariana*" devidamente escalada, o tema de 2008 daria panos para manga após a fuga da corte lusitana para o Brasil, conforme narraram os versos do hino entoado na avenida:

Cruzaram mares
Chegaram ao Brasil
São novos ares, progresso e a transformação
Vieram as Marias, toda fidalguia, Dom João

A baiana de azulejos portugueses e a dama de companhia de D. Maria: mais um enlace entre dois mundos | Desenhos de Rosa Magalhães

O tempo passou, irão se casar
Duas Marias da mesma raiz
Luisa com Napoleão
E Leopoldina será nossa Imperatriz
Será também nome de trem
Que passa em Ramos, a nossa estação
Onde imperam Marias e Joãos

Segundo Leonardo Bora, a história do Rei **D. João VI** e das ***Marias*** que povoam a vida do soberano mereceu de Rosa uma abordagem diferenciada, sendo inscrita na mesma temática utópica que a artista já havia explorado no carnaval de 2004 com "*Breazail*" – que terminava na ilha da Utopia, de Thomas Morus, "o *não-lugar* por excelência". O próprio pesquisador trata de atar as duas pontas do tópico:

> *[O mote] também aparece em "João e Marias", quando Rosa traz o rei e sua corte (que fugiam do avanço de Napoleão contra Portugal, sobre uma baleia escamada – na verdade, uma releitura de um ser mitológico chamado Jascônio, que aparece nas navegações de São Brandão). Assim, ela dialoga novamente com uma memória utópica, citando personagens que são estudadas por Umberto Eco e outros autores da literatura inglesa que tratam de lugares imaginários. Assim, a artista tem esse cuidado de criar um sistema simbólico inclusivo, que a torna uma grande narradora, ensejando uma obra bastante coerente.*[225] [grifos nossos]

As múltiplas conexões históricas que Rosa adora estabelecer constituíam, uma vez mais, a tessitura do enredo da artista, cuja obra, com o passar das décadas, já transcendera o selo de *barroca* e havia se convertido em uma

---

225 Entrevista concedida por Leonardo Bora ao biógrafo em 21/03/2019, na Escola de Belas Artes da UFRJ.

expressão da "*pós-modernidade barroca*", conforme definiu Felipe Ferreira. Ela nunca abdicou da exuberância visual do estilo ("o acúmulo de detalhes, a exacerbação das cores e o movimento das formas"), nem do caráter emocional do espetáculo. Contudo, sua ousadia formal nada gratuita rompeu limites e logrou explorar tensões, promovendo o diálogo entre opostos, capaz de reunir "*do super-homem ao anjinho*[226]". De acordo com o professor do Instituto de Artes da UERJ:

> *A criatividade de Rosa se afirma exatamente em sua capacidade de propor outras formas de abordar temas tradicionalmente carnavalescos, abrindo o olhar do folião para novas possibilidades estéticas. Tudo isso, sem perder a malícia e a alegria características do carnaval.*[227]

Para desenhar o desfile de 2008, a carnavalesca voltou a recorrer à diversidade de materiais, cores e texturas das fantasias e alegorias que compuseram suas formas plásticas durante a longa passagem pelo barracão da escola. Para quem já usara tecidos populares na apologia ao *jegue*, em 1995, ou inventara um mar pintado em pano da largura da passarela na incursão europeia ao *Novo Mundo*, em 1992, por que não construir agora uma vistosa carruagem de cacos de azulejos portugueses (uma explícita citação à obra da artista Adriana Varejão) para emoldurar o périplo de D. João e suas *Marias*?

Ainda no plano visual, a Imperatriz se destacou pela seleção cromática dos setores, que justapôs os tons pastéis da corte de **Antonieta** às cores azul, branca e vermelha da **Revolução Francesa**, para depois vestir-se de verde e amarelo em alusão aos "novos ares" vividos por D. João no **Brasil**. Já a última parte do desfile ressaltou o verde, o branco e o ouro da própria **Imperatriz**

---

226 Entrevista prestada por Felipe Ferreira ao autor no *Centro de Referência do Carnaval* (UERJ), em 10/9/2018.

227 FERREIRA, Felipe. "Rosa Magalhães: pós-modernidade barroca". *In*: Revista da Imperatriz 2009. Rio de Janeiro: Imperatriz Leopoldinense, 2009, p. 34.

Leopoldinense, em alusão ao pavilhão da escola, incluindo a coroa imperial e as estrelas que representam os bairros da zona cortada pela linha do trem "*que passa em Ramos, a nossa estação*".

Na hora H do desfile, já na madrugada da terça-feira de carnaval, dia 5 de fevereiro, a narrativa de Rosa parece não ter cativado os julgadores, ficando bem aquém do padrão que ela atingira na década anterior. O **enredo** premiado com o *Estandarte*, por exemplo, só amealhou uma nota **10**, perdendo seis décimos no total; no quesito **fantasias**, também só houve um **10**, com três 9,9 dos demais avaliadores; e, embora recebessem duas notas **10**, as **alegorias & adereços** acarretaram a perda de quatro décimos à escola, por conta do 9,9 e 9,7 (!) dos outros dois jurados. Na soma dos três itens, a escola sofreria a dedução de **1,3** na contagem final – fato inconcebível nos desfiles dos anos 90.

Quem tampouco arrebatou as cabines de jurados foi a **comissão de frente** da nova coreógrafa contratada por Luiz Drummond: o baile de gala das *Princesas Marias* só obteve uma nota **10**, subtraindo sete décimos do somatório geral da escola, com um 9,7 e dois 9,8 na planilha. Pior ainda seria a **harmonia**, que descontou quase um ponto (0,9) do resultado. Afora o ótimo resultado do casal de **mestre-sala & porta-bandeira Marcílio Diamante** e **Verônica Lima** (três **10** e um 9,9), os dois quesitos irrepreensíveis de 2008, ambos com quatro **10**, seriam o **samba** escrito a cinco mãos (agraciado com o *Estandarte de Ouro*) e a **bateria** de **Mestre Marcone**, que estreava naquele ano, com Luiza Brunet de volta ao posto de rainha, e também arrebatou o *Estandarte* na categoria *revelação do carnaval*, reabilitando os ritmistas de Ramos, que, mesmo sob a batuta de Mestre Jorjão, tinham perdido sete décimos nos dois desfiles anteriores (2007 e 2006).

Os oitenta pontos do hino e da orquestra não compensaram as perdas dos demais itens, de sorte que a **Imperatriz** alcançou apenas **396,5** pontos, mesma nota da **Unidos da Tijuca** – que, pelo critério de desempate (ironicamente, a **comissão de frente** – agora sem Fábio de Mello), obteve o 5º lugar. Relegada à 6ª posição, a escola de Ramos teve de consolar-se com a presença no desfile das campeãs no sábado seguinte, após um jejum de dois anos da festa. Exibindo mais um enredo invulgar ("*Macapaba: Equinócio Solar, viagem fantástica ao meio do mundo*"), a **Beija-Flor** iria sagrar-se bicampeã do certame em 2008, somando **399,3** (quase três pontos a mais que a 5ª colocada), ao passo que o **Salgueiro**, com "*O Rio de Janeiro continua sendo...*", seria o vice-campeão, totalizando nota **398**.

4. Uma festa aguada de bodas de ouro

Quem visitava o barracão da Imperatriz na *Cidade do Samba*, às vésperas do desfile do **cinquentenário**, não acreditava no que via: as alegorias da escola, sempre um primor de estrutura e acabamento, pareciam mais caixas de fósforo de uma modesta escola da série B do que os graciosos carros que deveriam saudar meio século de gloriosa trajetória do grêmio recreativo fundado por Amaury Jório e outros *bambas* da Leopoldina em 06 de março de 1959. Como explicar tamanho anticlímax no baile organizado pela turma da praia de Mariangu?

Bem que Rosa tentou, mas o fantasma da crise financeira de 2008 (que, segundo o ex-presidente Luiz Inácio da Silva, sempre otimista, seria apenas uma "marola" em nossa economia) e os ruídos domésticos dos últimos anos não a ajudaram. De qualquer forma, ela procurou fazer a sua parte para cantar o bairro de **Ramos**, sede da **Imperatriz**, que seria o carro-chefe daquele ano. Ainda que o enredo "***Imperatriz... Só quer mostrar que faz samba também!***" não fosse criação sua (fator sempre adverso para a carnavalesca), ela começou a pesquisá--lo desde março, reconstituindo as origens da localidade surgida na fazenda de um militar de sobrenome Ramos, que batizaria a estação da E. F. Leopoldina ali instalada. E também se ocuparia de retratar sua intensa atividade social e cultural, como a própria Rosa declarou antes do desfile a Fabiana Sobral:

> *A história de Ramos é muito interessante. O bairro tem um passado carnavalesco e musical genial. Tinha o banho de mar à fantasia, a batalha das flores. O Beto Sem Braço, por exemplo, nasceu em Ramos. O Pixinguinha fez o hino do bairro e o Villa-Lobos ia lá namorar a mulher. Tinha o Bide, o Marçal... tanta gente.*[228]

Com essas ideias na cabeça, mas menos recursos em mãos, Rosa tratou de aquecer o motor da locomotiva, a fim de puxar os vagões da Imperatriz em

---

228 SOBRAL, Fabiana. "Um Baú de Recordações". *In*: **Revista Imperatriz Leopoldinense** 2009. Rio de Janeiro: Imperatriz Leopoldinense, 2009, p. 36.

2009. Fazendo jus ao mote, a **comissão de frente** fez referência à estação ferroviária do bairro, com um tripé que representava um *trem*. O carro **abre-alas**, uma profusão de verde & branco com alguns detalhes em tom fluorescente, sublinhava o clima de festa com as esculturas de dois altivos e simpáticos palhaços a escoltar os destaques elevados nos pedestais da frente. De resto, buscando valorizar Ramos ao melhor estilo de Noel (ou seja, sem querer "*abafar ninguém*", apenas lembrando "*que faz samba também*"), a escola exaltava a terra natal para tornar-se universal, além de recordar os oito títulos conquistados em meio século de vida.

Assim, remontando à tradição festiva do bairro, boa parte das 39 alas do desfile retratou as origens de Ramos, os carnavais da primeira metade do século XX, os banhos de mar à fantasia e a história da própria agremiação, fundada por um grupo de *bambas* da região. Afora a ambientação geográfica e sociocultural do bairro, ela também concedeu a devida atenção aos personagens chave na história da agremiação, em especial o baluarte mor da Imperatriz, o pioneiro **Amaury Jório**:

> *[...] Foi o grande sonhador dessa escola e do carnaval como está hoje. Ele imaginou a escola e fundou com seu grupo. Ele dizia que o Sambódromo tinha que existir e inventou o embrião da Liga, a Associação das Escolas de Samba. O Amaury é o grande sonhador dessa história toda.*[229]

Além da homenagem póstuma a Jório, Rosa também saudou **Arlindo Rodrigues**, um de seus mestres no Salgueiro de 1971, a quem coube o inestimável mérito de conferir identidade visual própria à **Imperatriz** e faturar os dois primeiros títulos da agremiação (1980-81). As monumentais baianas com tabuleiros repletos de quitutes apoiados na cabeça eram, obviamente, uma vênia prestada ao enredo campeão de 80, "***O que é que a Bahia tem***". A moça prosa, contudo, não se contentou em render tributo apenas ao artista mor do

---

229 SOBRAL, artigo citado, p. 36.

folguedo. No desfile de 2009, ela abriu alas para os hábeis e eficientes artesãos que atuam no barracão assegurando o êxito do carnaval, entre eles o alfaiate **Joaquim**, que costurou a roupa da comissão de frente, o chapeleiro **Rivelino**, para muitos o maior expoente da arte das plumagens no Rio de Janeiro, e o versátil aderecista **Sérgio Farias**.

O cortejo contou ainda com nomes renomados do nosso samba, cujas carreiras deitavam sólidas raízes nos terreiros da Leopoldina, como a turma do **Fundo de Quintal**, quase toda egressa do **Cacique de Ramos** ou da **Imperatriz**. A lendária roda de samba das quartas-feiras, regida por Bira Presidente, Sereno, Ubirany e seus pares debaixo da tamarineira centenária, seria eternizada em discos de **Arlindo Cruz** e **Jorge Aragão** (ex-integrantes do grupo) e pela saudosa "madrinha" **Beth Carvalho**, que em 1978 fez questão de incluir o conjunto na gravação do LP *Pé no Chão*, produzido por Rildo Hora. Quem também batia ponto no quintal lá entre Ramos e Olaria era **Zeca Pagodinho**, que adorava ouvir os acordes extraídos do banjo com braço de cavaquinho inventado pelo compositor **Almir Guineto** e a batida *sui generis* do repique de mão criado por Ubirany.

O desfile não empolgou, mas tampouco desafinou. Havia segmentos bem alegres e com fantasias singelas, como a turma dos "Pimpolhos", que faturou o *Estandarte de Ouro* de melhor **ala**. A **bateria** de Mestre Marcone também repetiu o alto desempenho de 2008, somando **39,9** pontos no quesito (três **10** e um 9,9), o que favoreceu a **evolução** da escola, que faturou nota máxima (quatro **10**, ou seja, **40** pontos). Todavia, o resultado em outros itens deixou a desejar: o **conjunto** perdeu meio ponto (**39,5** no total) e o **samba-enredo** foi reprovado pelos jurados, recebendo um único **10** e perfazendo apenas **39,3** pontos.

Na esfera visual, os julgadores viram falhas de acabamento em alguns elementos alegóricos, como o tripé alusivo ao desfile campeão de 1989 ("*Liberdade, liberdade, abre as asas sobre nós!*"), e pesaram a mão em **alegorias & adereços**, deduzindo nove décimos do quesito (que totalizou **39,1** pontos), além de só conceder uma nota **10** às fantasias (cujo total seria de **39,6**). Para o enredo, o desconto foi de apenas **0,2** (duas notas **10** e dois 9,9). Assim, as rubricas sob a alçada de Rosa voltaram a perder **1,5** ponto na Sapucaí, algo que, definitivamente, não se coadunava com o currículo da moça prosa.

Dessa forma, sem contar com qualquer cumplicidade das cabines, a cinquentenária da Leopoldina acabou em 7º lugar no certame, com nota **396,4** na pontuação final, sendo obrigada, pela terceira vez na década, a assistir pela TV ao desfile das campeãs no sábado pós-carnaval. O grande campeão de 2009 seria o **Salgueiro**, cujo "*Tambor*" de Renato Lage somou **399** pontos; e o 2º lugar caberia à insaciável **Beija-Flor**, que obteve nota geral **398** com o enredo "*No chuveiro da alegria, quem banha o corpo lava a alma na folia*".

O compositor **Zé Katimba**, que, ao lado de **Jorge Teixeira**, acompanhara ano a ano a evolução da agremiação e vivera tempos gloriosos em Ramos, mal podia crer no que seus olhos viam. Depois de tanto suor (ajudando a nivelar e cimentar o terreno da Rua Prof. Lacê para construir a quadra da verde & branca) e da imensa alegria provocada pelo primeiro bicampeonato em 1981 (com samba de Zé, Gibi e Serjão, além do toque mágico de mestre Arlindo Rodrigues), sem falar nos *anos dourados* com Rosa, como era possível uma festa tão aguada nas bodas de ouro da soberana da Leopoldina?

"*O problema não era Rosa, nem a sua equipe*", afirma Katimba uma década após o evento, quando a **Imperatriz**, sem nunca deixar de incidir nos velhos erros, ficou em 13º lugar no desfile e foi rebaixada à Série A – queda que alguns "caciques" da LIESA tentaram reverter em mais uma espúria "virada de mesa". Ele lembra que, afora o desgaste natural do grupo que trabalhou dezoito anos no mesmo barracão, havia outros fatores mais graves a corroer a entidade, sobretudo a atitude autoritária da direção e o divórcio crescente da comunidade com a escola. "*Uma árvore sem raiz não dá frutos*", alertou o sambista, que aos poucos se afastaria do berço, desgostoso por não ter voz ativa em Ramos – e por ver que, mesmo insatisfeitos, muitos componentes acatavam as decisões arbitrárias e equivocadas dos dirigentes[230].

Teixeira, membro do histórico **Departamento Cultural** da Imperatriz e um dos responsáveis (junto com Katimba e os diretores da ala Ás de Copas, os irmãos Heráclito e Laércio Cockrat de Sá, dois abonados malandros do bairro) pela ida do *bicheiro* Pacheco Drummond, patrono do bloco ***Sufoco de Olaria***, para Ramos, em 1976 (eleito para ocupar um cargo que lhe daria a legitimidade

---

230 Depoimento prestado por Zé Katimba ao biógrafo em 18/06/2019.

social até então negada a um contraventor[231]), também arrola alguns motivos para o fim do ciclo em 2009. Após ajudar o grêmio fundado pelo dinâmico presidente Amaury Jório a assumir sua **identidade plástica** sob a batuta de Arlindo e com o aporte financeiro de "*Seu* Luiz", Jorginho sabia muito bem o quanto a longa passagem de **Rosa** por aquela estação do samba contribuíra para engrandecer a escola e consolidar sua imagem na folia. De acordo com o calejado gresilense, "*a saída da carnavalesca da Imperatriz foi o epílogo de uma "época de ouro" verde e branco*[232]".

Após o adeus à Leopoldina, um anjo torto chegou a soprar no ouvido esquerdo de Rosa o desejo de abandonar de vez a avenida para cuidar apenas dos espetáculos em que, desde a década de 80, ela vinha atuando como figurinista e cenógrafa, tanto no palco do Teatro Guaíra, em Curitiba, como em várias outras salas do país. O sortilégio, entretanto, não vingou. Se ela por acaso cogitou de desistir da loucura dos barracões, o projeto logo se desfez. A moça prosa seguiria em frente, ainda cheia de gás para cumprir sua missão em diversas frentes de trabalho. Aliás, para quem porventura desconhece a participação da artista em uma ampla gama de eventos artísticos (desde a ópera e o balé, até o teatro e o cinema, além das bienais e exposições de artes plásticas), vale a pena ler com atenção o próximo capítulo – uma súmula espantosa das inúmeras atividades que Rosa empreendeu longe da Passarela do Samba ao longo de quase meio século.

---

231 Após a decretação do AI-5, em dezembro de 1968, o regime encenou uma investida contra o jogo do bicho, prendendo dezenas de contraventores, entre eles Natal da Portela e Castor de Andrade. Quatro meses depois, vários já estavam soltos e seus laços com os gabinetes e porões da ditadura cresceriam além da imaginação. Ver "Castor de Andrade: de preso a aliado dos militares". O Globo, 07/10/2013, atualizado em 8/10/2013. In: https://oglobo.globo.com/brasil/castor-de-andrade-de-preso-aliado-dos-militares-10288725.

232 Depoimento prestado por Jorge Teixeira ao biógrafo em 1º/07/2019.

Na corte da Imperatriz, Rosa fez a festa | Foto: Wigder Frota

Capa original do LP "Calabar", de 1973 | Reprodução

07

SOB AS LUZES DA RIBALTA

CONFIDENCIAL

MINISTÉRIO DO EXÉRCITO
GABINETE DO MINISTRO
CENTRO DE INFORMAÇÕES DO EXÉRCITO
- S-103 -

BSB, 22 Out 73.

P A R E C E R

"CALABAR, O ELOGIO DA TRAIÇÃO"

1. ASSUNTO

A peça teatral em epígrafe é da autoria dos subversivos CHICO BUARQUE DE HOLANDA e RUY GUERRA. Será produzida por "FERNANDO TORRES PRODUÇÕES", que, segundo noticiário da imprensa, destinou um investimento de 300 mil cruzeiros para a encenação.

É uma peça musical, com músicas de CHICO BUARQUE e letras dele e de Ruy Guerra. Além desses constam da ficha técnica:

Atores:
- BETTY FARIA
- TETÊ MEDINA
- HÉLIO ARI
- LUTERO LUIZ
- ANTÔNIO GANZAROLLI
- FLÁVIO SANTIAGO
- ODILON WAGNER
- PERFEITO FORTUNA
- DEOCLIDES GOUVEIA

Direção:
- FERNANDO PEIXOTO

Arranjos:
- EDU LOBO

Direção Musical:
- DORI CAYMI

Cenografia:
- HÉLIO EICHBAUER

Coreografia:
- SDNEK

Figurinos:
- ROSA

Assistente de direção:
- MÁRIO MASSETI.

CONFIDENCIAL

Continua...

Parecer do Centro de Informações do Exército sobre a peça "Calabar, o elogio da traição" (1973)

Quando o assessor do Ministro viu o documento confidencial[233] sobre a mesa e se inteirou do conteúdo, logo ficou de mau-humor: "*Chico Buarque, de novo...*" No Gabinete do general Orlando Geisel (irmão mais velho de Ernesto, o sucessor de Médici no Palácio do Planalto), o nome do artista era simplesmente execrado, por tanta dor de cabeça que ele já dera ao Centro de Informações do Exército (CIE). Infelizmente, como era 'obrigação' sua e do órgão monitorar as atividades "ilegais" dos *comunas* em todos os setores profissionais, sobretudo no meio artístico (no qual, segundo o próprio centro de inteligência reconhecia, o PCB estava infiltrado até a raiz, exercendo enorme influência na cena teatral, na área musical e até na TV), não lhe restava outro remédio a não ser folhear com olhos bastante atentos o parecer do CIE, em busca de algum detalhe que porventura houvesse escapado aos *arapongas* do órgão.

O oficial andava muito ressabiado com os *micos* do pessoal da Censura, que vinham expondo ao ridículo o regime desde o início da autoproclamada "*Redentora*". Não bastasse o flagrante despreparo, a turma da tesoura não tinha a menor sutileza ao lidar com os artistas. Que diferença da época do Estado Novo de Getúlio Vargas, que sabia mesclar uma dose de truculência com duas de sedução: enquanto Filinto Müller, o implacável chefe de Polícia, arriava o cajado

---

233 Trata-se do Parecer S-103 do Centro de Informações do Exército (CIE), órgão diretamente vinculado ao Gabinete do Ministro, datado de 22 de outubro de 1973, sobre a peça teatral "*Calabar, o elogio da traição*".

nos descontentes, o velho *Gegê* distribuía tapinhas nas costas dos sambistas e mandava o DIP amaciar os mais irreverentes, sugerindo pequenos 'ajustes' nas letras ditas "inadequadas" ou "ofensivas aos costumes". E o que dizer do escrete que o hábil Ministro Gustavo Capanema reunira no MEC? Com o gabinete chefiado pelo poeta Carlos Drummond de Andrade, o político logrou cooptar figuras como o maestro Heitor Villa-Lobos, o pintor Cândido Portinari, os arquitetos Lúcio Costa e Oscar Niemeyer, afora outros bardos do quilate de Manuel Bandeira e Vinícius de Moraes. Com um time desses, será que a chamada "Revolução" de 64 teria protagonizado tantas gafes vergonhosas?

O incidente mais bizarro acontecera em 1965, quando o DOPS invadiu o Teatro Municipal de São Paulo para capturar o autor de *Electra*, a milenar tragédia grega escrita no século IV a. C. Encenando a vingança de Orestes e Electra contra a própria mãe, Clitemnestra, que havia assassinado o rei Agamenon, seu esposo, para reinar absoluta com o amante Egisto, a montagem do grupo *Decisão* (baseada na versão de Sófocles e sob a direção de Antônio Abujamra) punha em discussão, transcorrido apenas um ano do golpe, dois motes para lá de melindrosos: a *legitimidade do poder* e os *excessos do autoritarismo*. Aquela desforra dos irmãos com direito a matricídio e recuperação do trono usurpado era para lá de suspeita. Por via das dúvidas, a Censura expediu ao DOPS a ordem categórica:

— *Prendam esse tal de Sófocles!*

O episódio era tão grotesco e surreal, que mereceu até citação no livro ***Febeapá 1***, de **Sérgio Porto**[234], ao lado de outras *pérolas* de nossas autoridades, como a proibição da venda de **vodca**, pelo diretor de Suprimento, em Brasília,

---

234 PRETA, Stanislaw Ponte. *Primeiro Festival de Besteiras que Assola o País – Febeapá 1*. Rio de Janeiro: Editora do Autor, 1966. O tragicômico episódio é citado por outras fontes, entre elas: *Enciclopédia Itaú Cultural* – http://enciclopedia.itaucultural.org.br/evento392314/electra; CORDEIRO, Tiago. "Porres, trapaças e censura". *In*: **Superinteressante**, 31/10/2016 – https://super.abril.com.br/historia/porres-trapacas-e-censura/.

a fim de "*combater o comunismo no país*", ou a portaria baixada pelo prefeito de Petrópolis, que, zelando pela 'moral e bons costumes', ditava normas "*para banhos de mar à fantasia*" (!) na cidade imperial, situada na região serrana do Rio... A coleção de sandices era de tal magnitude, que faria o mordaz cronista endossar a máxima do insuspeito escritor católico Alceu de Amoroso Lima (mais conhecido pelo pseudônimo *Tristão de Ataíde*). Pasmo com a burrice reinante no Brasil, Alceu declarou em uma conferência: "***A maior inflação nacional é de estupidez.***" Diante de tanta *besteira*, haveria como reverter o estigma que o grupo da tesoura atraíra para si?

O assessor sabia que a chacota tinha razão de ser. Quando os militares tomaram o poder, o Departamento de Censura herdado de Jango só possuía treze funcionários, cuja função era "*avaliar o caráter educativo da diversão pública*", como expressou um ex-censor com duas décadas de serviço[235]. À falta de quadros, o governo fez do órgão um "cabide de empregos", suprindo as vagas por meio do famoso *QI*, tão em voga naqueles tempos obscuros do "Brasil Grande". Foi assim que uma plêiade de funcionários do Departamento de Agropecuária, esposas de militares e ex-jogadores de futebol se incumbiu de apreciar o que o povo brasileiro poderia ler, ver e ouvir, segundo critérios da mais torpe ignorância, em que casos como o mandado de prisão contra Sófocles ou a proibição da obra *O vermelho e o negro*, do romancista francês Stendhal (publicada em 1830, em Paris), por causa da temerária **cor** assinalada no título, já haviam se tornado um lugar-comum.

Embora atingisse um público mais restrito que o cinema e a tevê, a criação teatral cumpria um papel chave "*para a construção de uma nova mentalidade crítica na sociedade brasileira*[236]". Segundo o crítico **Yan Michalsky**, essa natureza

---

235 Depoimento prestado por Coriolano Loyola Fagundes, que exerceu o cargo entre 1961 e 1984, a Tiago Cordeiro, no artigo citado ("Porres, trapaças e censura". **Superinteressante**, 31/10/2016).

236 Cf. FIGUEIRA, Bárbara Cristina dos Santos. "Antígona e a ditadura militar: a experiência e o diálogo cênico-trágico na montagem do Coletivo Calcanhar de Aquiles". Dissertação de mestrado apresentada ao Programa de Pós-Graduação em Literatura do Instituto de Letras da UnB. Brasília: 2017, p. 37.

oposicionista, discordante e *engajada* do chamado "*teatro nacional-popular*[237]", que fez surgir nos palcos tendências, textos e encenações bem diferentes do que se tinha visto até então, explica por que o regime o rotulou como "*um perigoso inimigo público*", perseguindo-o e reprimindo-o "com requintes de perversidade e tolice". Caluniada e posta na berlinda, a dramaturgia havia se tornado uma obsessão para o novo time da tesoura. Não por acaso, entre 1968 e 1969, nada menos de 61 peças acusadas de abordar "questões políticas" tinham sido vetadas sob os mais abusivos expedientes: mutilava-se ou proibia-se o texto, suspendia-se a montagem (às vezes, a poucas horas da estreia) ou, até mesmo, de acordo com a reação do público e da crítica, censurava-se o espetáculo já em cartaz.

Por isso, quando se deparou com o documento sigiloso no Gabinete, o assessor, por uma fração de segundo, chegou a desejar que a obra da vez fosse um disco, ou uma canção mais "insolente" que Chico não parava de compor desde meados dos anos 60. Afinal de contas, era muito mais simples censurar um e outro verso de músicas como a acintosa "Apesar de você", lançada em 1970 (no auge da repressão desatada após a edição do AI-5), que, com ou sem metáforas, mandava um recado bem claro ao regime:

Hoje você é quem manda
Falou, tá falado
Não tem discussão, não
A minha gente hoje anda
Falando de lado
E olhando pro chão, viu

Você que inventou esse estado
E inventou de inventar
Toda a escuridão
Você que inventou o pecado

---

237 Cf. MICHALSKY, Yan. *O palco amordaçado: quinze anos de censura teatral no Brasil*. Rio de Janeiro: Avenir Editora, 1979, p. 7.

Esqueceu-se de inventar
O perdão

Apesar de você
Amanhã há de ser
Outro dia...

Só para aporrinhar de vez o oficial, não era um disco, nem a letra de uma canção: o despacho do CIE ocupava-se de um ***musical*** em grande estilo, com texto de autoria dos "subversivos" **Chico Buarque** e **Ruy Guerra**, além de várias canções escritas pela dupla. O documento dizia ainda que a produção competia à firma do ator Fernando Torres, outro notório comunista, que, "segundo noticiário da imprensa", teria destinado Cr$ 300.000,00 à encenação de "*Calabar*". O assessor coçou a cabeça, imaginando a reação dos generais no Estado Maior: desde o subtítulo ("*o elogio da traição*"), tudo ali soava a uma provocação deliberada ao Exército. Onde já se viu homenagear um traidor como Domingos Fernandes Calabar, que, durante a ocupação holandesa do Recife, se aliou aos invasores e provocou duras perdas às forças portuguesas? Pior que isso, só a maldita campanha que alguns historiadores marxistas estavam promovendo contra o Duque de Caxias, patrono da Arma, tachando-o de genocida e sanguinário...

Com a paciência já no limite, o auxiliar respirou fundo e resolveu conferir os nomes que constavam da ficha técnica, para avaliar o grau de "periculosidade" dos integrantes do elenco e da equipe cênica. Entre os atores, a maioria era bem jovem, mas não devia ser vista como uma ameaça: **Betty Faria**, por exemplo, já conhecida pelas novelas da TV Globo (*Véu de Noiva*, *Pigmalião 70*, *O Bofe* e a recém-exibida *Cavalo de Aço*), era filha de militar e não atuava em nenhuma organização clandestina. Quanto aos mais velhos, tampouco deixavam o CIE de orelha em pé: o gaúcho **Hélio Ary** trabalhava no cinema, com algumas comédias ligeiras no currículo (*O Homem Nu* e *As Duas Faces da Moeda*), e seu conterrâneo **Lutero Luiz** despontava nas telas em 1973 como um dos personagens de *Vai Trabalhar, Vagabundo!*, o divertido filme de estreia do diretor Hugo Carvana.

Os elementos mais perniciosos, por certo, não deviam estar no palco, mas sim nos bastidores... A "célula subversiva" certamente incluía a dupla de autores, composta por **Chico** e o moçambicano **Ruy Guerra**, figurinha carimbada da repressão, com um histórico nada confiável: após deixar a terra natal, estudara Cinema em Paris, em 1952, e viera para o Brasil em 1958, onde se projetou ao rodar *Os Cafajestes* (1962) e *Os Fuzis* (1964). Os dois filmes estavam na lista negra da "Redentora": um exibira o primeiro nu frontal do cinema nacional, um "escândalo" na pele de Norma Benguell; outro incomodava pelo enredo, cujo móvel era o envio de um grupo de soldados ao Nordeste para evitar que a população miserável e faminta saqueasse os armazéns da região. Para piorar tudo, justamente em 1964, por conta da primorosa direção de *Os Fuzis*, Ruy tinha sido agraciado com o troféu *Urso de Prata* no Festival de Berlim, o que conferia ao cineasta inegável prestígio no cenário internacional, mais um ingrediente indigesto para os militares.

Quais eram, então, os outros *subversivos* aliados a Chico e Ruy para desmoralizar a história oficial do país? Com uma ficha digna de nota, o diretor **Fernando Peixoto** devia liderar o "coletivo": afinal, além de trabalhar no grupo *Oficina* até 1968 e de escrever sobre a vida e a obra de dois ícones da literatura socialista (o alemão Bertolt Brecht e o russo Vladimir Maiakovski), Fernando era membro ativo do **PCB**, integrando, inclusive, a direção do partido. Alguém tinha dúvida do que o elemento andava tramando com aquela história de "*Calabar, o elogio da traição*"?

Além de Peixoto, o *front* musical, com **Edu Lobo** encarregado dos arranjos e **Dori Caymmi** na direção, também deixava o oficial cabreiro, sobretudo Edu, que já se associara a Augusto Boal e Gianfrancesco Guarnieri na montagem de *Arena Conta Zumbi*, um tributo à luta do povo negro contra a escravidão (e mais uma obra de péssima lembrança para o CIE). Depois de musicar a explosiva peça, ele vencera dois festivais de TV, com "Arrastão" (1965), em parceria com Vinícius de Moraes, e "Ponteio" (1967), a vibrante canção escrita com Capinam, cujo refrão ("*Quem me dera agora eu tivesse a viola pra cantar*") era entoado pela plateia com o entusiasmo de um gol. Estava tudo claro ou precisava pôr legenda?

Se já não bastasse tanta gente cabulosa, constava ainda na listagem o nome de **Hélio Eichbauer**, cuja "folha corrida" era bem mais extensa do que a de Edu Lobo. Só à guisa de aperitivo, o indivíduo estudara com o cenógrafo tcheco Josef Svoboda em Praga, na "Cortina de Ferro", entre 1962 e 1966. Não satisfeito, Hélio foi atuar em Cuba, no Teatro Studio Havana, em 1967. De quebra, no mesmo ano, assinou a cenografia de *O Rei da Vela*, montagem iconoclasta do texto escrito por Oswald de Andrade em 1933, que o grupo *Oficina* encenaria sob a direção de José Celso Martinez Corrêa. Faltava mais alguém?

Após repassar o rol de atores, diretor, arranjador, diretor musical e cenógrafo, o auxiliar do Ministro tratou de checar os créditos de coreografia e figurinos e logo se deu conta de que havia algo estranho ali... Entre desconfiado e apreensivo, ele se perguntou por que os dois itens apareciam com um só nome, sem qualquer sobrenome. Quem era aquele tal de **Sdnek**, que soava como um codinome russo? E aquela misteriosa "**Rosa**": seria mesmo uma mulher ou era apenas o "nome de guerra" de algum provocador, em memória de Rosa Luxemburgo (a dirigente marxista assassinada pelo governo alemão em 1919), umas das figuras mais cultuadas pela esquerda brasileira?

À falta de respostas, o oficial julgou que o assunto tinha de ser elucidado e cogitou de recomendar ao CIE que apurasse prontamente a real identidade da dupla. Ele poderia estar enganado, mas a ausência de sobrenome era sinal de que, por baixo daquele angu, havia carne. Quem sabe essa ***Rosa*** era uma dublê de *artista* e *guerrilheira* que, por óbvias razões de segurança, não podia deixar pistas para a repressão? Ou, então, a filha de um figurão da ditadura, que não desejava causar constrangimento ao pai com sua inclusão no elenco de subversivos? O auxiliar, porém, jamais desvendaria o enigma: com a interdição definitiva de *Calabar* por seis anos[238], o assunto esfriou e a suspeita pôde escapar ilesa da investigação do CIE, imaginando que jamais voltaria a pisar no palco de qualquer teatro.

E os leitores: já descobriram quem era a ***Rosa** vermelha* de 23 de outubro de 1973? Sim, era ela, a filha de Lucia e Raymundo, que viera a se unir ao projeto a convite de Hélio Eichbauer, de modo quase casual. O cenógrafo

---

238 Em 1973, saiu apenas o **LP**, logo retirado das lojas pela ditadura, com as canções originais da peça, em cuja capa se lia o nome *Calabar* pichado em um muro. O disco seria relançado pela *Philips* com o nome trocado para ***Chico Canta***, inscrito em letras vazadas no alto da nova capa, que exibia apenas o rosto do cantor, de bigode e boné quadriculado. A Censura mutilou versos de várias canções (vale citar "Bárbara" e "Fado Tropical") e proibiu as letras de "Ana de Amsterdam" e "Vence na Vida quem Diz Sim", gravadas com arranjo instrumental.

precisava de uma assistente para desenhar a indumentária do Recife de Maurício de Nassau, desde as vestes das tropas militares até as roupas dos nobres holandeses, além das bandeiras e brasões. Alguém lhe recomendou que fosse à *ENBA*, onde um amigo da Escola sugeriu a Hélio o nome de Rosa. Procurada por ele, a moça prosa logo aceitou o encargo; depois, conversando com o pai, viu que a tarefa não era nada simples: onde encontrar imagens dos figurinos solicitados?

Graças à intercessão do acadêmico, a filha passou então três dias na seção de obras raras da Biblioteca Nacional, consultando o livro de Gaspar Barléu sobre os feitos do Conde no Brasil. Sob o olhar severo da bibliotecária, que, com as mãos protegidas por luvas, lhe virava uma a uma as folhas do *Rerum per octennium in Brasilia*[239], Rosa copiou a lápis as gravuras de Frans Post e várias das 56 ilustrações contidas na preciosidade impressa em 1647 em Amsterdã. Ao final, dispôs tudo em aquarelas, para alumbramento de Eichbauer, que, de imediato, promoveu a assistente a figurinista titular da equipe. E foi assim que a carreira da jovem profissional das artes cênicas finalmente teve início...

1. Atrás das cortinas e sob as luzes da ribalta, entre Rio, Curitiba e Manaus

Para quem imaginou, lá nos idos de 1973, que a vida sob as luzes da ribalta já se encerrara na primeira montagem, o roteiro escrito ao longo de tantas décadas viria a ser bem diferente. É possível que as musas da Grécia mitológica, compadecidas da decepção e amargura de Rosa com a proibição de *Calabar*, tenham decidido iluminar a trilha da herdeira da dramaturga Lucia e do jornalista Raymundo, que, desde os verdes anos, gozou do privilégio de conviver

---

239 Registra-se, no século XX, uma edição brasileira da obra: BARLÉU, Gaspar. *História dos feitos recentemente praticados durante oito anos no Brasil e noutras partes sob o governo do ilustríssimo João Maurício Conde de Nassau*. Rio de Janeiro: Serviço Gráfico do Ministério da Educação, 1940. Tradução de Cláudio Brandão.

– tanto em casa, quanto nos teatros da metrópole – com atores, autores e diretores de importantes companhias do Rio e São Paulo.

As zelosas guias das artes e das ciências[240] guardavam boas lembranças da moça prosa, sobretudo dos tempos em que, de mãos dadas com os pais, a futura artista (às vezes acompanhada dos primos Eleanora e Aloysio) passou a ter cadeira cativa nas plateias e balcões das salas da cidade. Ao final das funções, depois de impressionar-se com o que vira e ouvira no palco, Rosa visitava os camarins de figuras únicas do ofício, como **Paulo Autran** e **Bibi Ferreira**. Assim, em sendo ela já bem conhecida de Melpômene, Tália e Terpsícore, não foi penoso para as musas conceder à protegida uma nova oportunidade de exercer sua paixão pela arte dos figurinos e da cenografia.

E a pupila não desperdiçou a segunda chance. No ano seguinte à censura da obra de Chico & Ruy, lá estava ela ao lado do diretor **Fernando Peixoto** e do cenógrafo **Hélio Eichbauer**, desenhando os figurinos da peça ***A torre em concurso***, encenada no Rio de Janeiro. Como gato escaldado tem medo de água fria, Peixoto optou por montar uma comédia burlesca em três atos do escritor romântico Joaquim Manuel de Macedo (mesmo autor de *A moreninha*), evitando, quem sabe, novos dissabores com o CIE.

O texto, porém, não era nada "inocente": as trapaças de Crespim e Pascoal (dois charlatões que, de olho no dinheiro público, se fazem passar por engenheiros ingleses e se candidatam a construir a torre da igreja de um acanhado vilarejo do interior) se revestiam de deliberado tom satírico. *Qualquer semelhança não era mera coincidência*: numa crítica bem-humorada à política do Brasil Império, Macedo zombava das brigas entre partidos, das eleições manipuladas e das terríveis *maracutaias* já tão comuns por aqui no século XIX. A Censura, porém, deu colher de chá e Rosa, enfim, pôde estrear nos palcos do país.

---

240 Reza o mito que, após a vitória dos deuses do Olimpo contra os titãs (os seis filhos de Urano), Zeus dormiu dez noites com Mnemónise, a deusa da memória, gerando então nove **musas**. Entre elas, estão **Melpômene** (a guardiã da tragédia, que, além da máscara, exibe grinalda e clava), **Tália** (a protetora da comédia, de máscara e coroa de hera ou bastão) e **Terpsícore** (a madrinha da dança, vista ao lado de uma lira e uma palheta).

Aliás, por conta do novo trabalho com Peixoto, a figurinista integrou o programa de intercâmbio do Serviço Nacional de Teatro (SNT) e acabou desembarcando no Paraná, onde colaboraria com a Fundação Teatro Guaíra, de Curitiba. A partir daí, desde a década de 1970 até o início do século XXI, seriam dezenas de montagens com a sua assinatura no Brasil e no exterior. Nesse largo período, Rosa ocupou-se com diversos autores, diretores e coreógrafos, todos de inegável talento e criatividade. Ela deu vida a textos do jovem trio de dramaturgos Chico, Ruy e Edu, e a clássicos dos imortais Shakespeare e Nelson Rodrigues, sob a batuta de mestres do proscênio, como Antônio Abujamra, Edson Bueno e o próprio Fernando Peixoto, ou de magos dos movimentos, dos quais Rodrigo Pederneiras (bailarino e coreógrafo do grupo *Corpo*) é um ícone de menção obrigatória.

Boa parte da produção de Rosa se dividiu entre o Rio de Janeiro e Curitiba. Embora nunca tenha abandonado a residência na terra natal (primeiro, no apartamento dos pais, na Rua Mascarenhas de Moraes; depois, na aconchegante casa onde até hoje vive, também em Copacabana), a artista reservou largo tempo de sua vida profissional às atividades na capital paranaense, vivendo o pingue-pongue da ponte aérea em vários finais de semana. No Guaíra, Rosa ajudou a montar uma série de espetáculos desde os anos 80 até o limiar do século XXI. Ela trabalhou a maior parte do tempo com o pessoal do ***Grupo Delírio***[241], criando cenários e figurinos para dezenas de peças nacionais e estrangeiras, como ***A Falecida***, de Nelson Rodrigues, ou a premiada ***New York***, de Will Eisner (que lhe valeu o troféu *Gralha Azul* em 1991), além de sucessos do teatro infantil, entre os quais cabe citar o divertido ***Pluft, o fantasminha***, de Maria Clara Machado.

---

241 A companhia foi criada em 1982, em Curitiba, por **Edson Bueno** (ator e diretor), **Áldice Lopes** (figurinista, ator e produtor) e outros jovens atores do **CPT** (*Curso Permanente de Teatro*) da Fundação Teatro Guaíra. Eles assinaram mais de cinquenta encenações, sempre sob uma perspectiva bastante singular, conforme o próprio coletivo expressou: "*O* ***Grupo Delírio*** *Cia. de Teatro nasceu do desejo de fazer arte que transformasse o público por meio da palavra, da ação e do pensamento dos maiores escritores, dramaturgos e pensadores mundiais.*"

Cenografia de "New York por Will Eisner", do traço à montagem |Acervo do Grupo Delírio (Curitiba/PR)

"Pluft, o fantasminha": figurinos e cenografia de Rosa | Acervo do Grupo Delírio

O trabalho com a equipe do ***Delírio*** merece um parêntese especial no inventário da carreira de Rosa. A fértil relação da coreógrafa/figurinista com os dois mentores do grupo (**Edson Bueno** e **Áldice Lopes**) seria decisiva para a concepção estética da companhia:

> *Particularmente, nas décadas de 80/90 a Rosa Magalhães foi fundamental no desenvolvimento do estilo de teatro que fazemos. Meu primeiro trabalho profissional já teve a Rosa Magalhães como cenógrafa e figurinista e foi uma colaboradora por décadas. Durante muito tempo eu não conseguia imaginar um trabalho meu que não tivesse a arte da Rosa como guia. Ela, na prática, me ensinou a função da cenografia. Foi, além de companheira de arte, uma professora importantíssima.*[242]

Edson conheceu Rosa por conta de seu trabalho em *Disse adeus às ilusões e foi embora para Hollywood*, peça da qual ele era apenas "*um mero espectador impressionado*". Os dois atuariam juntos pela primeira vez no espetáculo *Uma visita para Frieda*, de Martin Walser, em 1989. A partir daí, a parceria renderia momentos de rara criatividade e enlevo, como na montagem de *Equus*, de Peter Schaffer, em 1995, em que a obsessão e esmero da cenógrafa voltariam a surpreender o diretor-admirador:

> *Quando encenamos* ***Equus****, de Peter Shaffer, ela pediu cabeças de aço como máscaras para os atores que interpretavam cavalos. Conseguimos que um grande escultor de Curitiba (Ricardo Todd, já falecido) fizesse as cabeças, que eram lindas. Quando Rosa as viu, achou-as muito perfeitas, pouco teatrais. E eu presenciei a grande Rosa Magalhães, sentada no chão do teatro, adereçando*

---

242 Depoimento enviado por Edson Bueno e Áldice Lopes ao biógrafo, por correio eletrônico, em 02/07/2019.

as cabeças com as próprias mãos, num trabalho de horas. Até que ficassem com seu estilo barroco e teatral.[243]

O diretor não se cansaria de encantar-se com as opções da profissional. Quando o grupo montou ***Psicose: a comédia***, do próprio Edson Bueno, no CCBB do Rio de Janeiro, o cenário, todo composto e adereçado em papel, "*era uma obra-prima de criação*", que só poderia ser concebido por uma "*pesquisadora obsessiva e detalhista ao extremo*". Afora isso, anota Edson, ela nunca deixou de ser contemporânea, justamente porque "*usa o passado como matéria-prima para se comunicar com o presente*". Atento a tais critérios, Bueno nos aponta as principais encenações da companhia com a contribuição de Rosa:

- 1989 - ***Uma Visita para Frieda*** | Uma comédia de Martin Walser | Direção Edson Bueno | Cenografia e figurinos Rosa Magalhães | Produção Áldice Lopes | Realização Grupo Delírio Cia de Teatro

- 1990 – ***New York por Will Eisner*** | Direção, adaptação e pesquisa | Edson Bueno | Cenografia e figurinos Rosa Magalhães | Realização Centro Cultural Teatro Guaíra | Prêmio Especial *Governador do Estado do Paraná* (1991) para Rosa Magalhães pela Cenografia

- 1991 - ***Pluft o Fantasminha*** | Texto Maria Clara Machado | Direção Edson Bueno | Cenografia e figurinos Rosa Magalhães | Direção de Produção Regina Vogue | Realização Grupo DKV

- 1992 – PAIXÃO E MORTE SEGUNDO NELSON RODRIGUES: ***A Falecida*** e ***O Beijo no Asfalto*** | Texto Nelson Rodrigues | Direção Edson Bueno | Cenografia Rosa Magalhães | Realização | Centro Cultural Teatro Guaíra

- 1992 – ***Caim*** | Livre adaptação de Edson Bueno para a obra homônima de

---

243 Edson Bueno, depoimento citado.

Lord Byron | Direção Edson Bueno | Cenografia Rosa Magalhães | Realização Papa Brazilis Produções Artísticas

- 1993 – ***Paisagem de Meninos*** | Impressões Teatrais do livro *Curitiba de Nós*, de Poty Lazzarotto e Valencio Xavier | Direção Edson Bueno | Cenografia e figurinos Rosa Magalhães | Realização Centro Cultural Teatro Guaíra

- 1995 – ***Equus*** | Texto Peter Schaffer | Direção Edson Bueno | Cenografia e figurinos Rosa Magalhães | Realização Grupo delírio Cia de Teatro e Chico Nogueira Produções

- 1995 – ***Psicose: A Comédia*** | Texto e direção Edson Bueno | Cenografia e figurinos Rosa Magalhães | Realização Centro Cultural Banco do Brasil RJ

A infatigável artista colaborou ainda na produção de **balés** para todas as idades. Admiradora confessa do gênero, além de criar, em 1988, os cenários para a ***Dança da meia-lua*** (obra de Chico Buarque e Edu Lobo, com coreografia de Rodrigo Pederneiras) e assinar, em 2002, os figurinos e cenários da inesquecível remontagem de ***O Grande Circo Místico*** (obra-prima de **Chico & Edu**, com coreografia de Luis Arrieta), Rosa ainda seria, em 1989, a figurinista e cenógrafa do balé infantil ***Flicts***, baseado no livro de **Ziraldo** (com coreografia de Jurandir Silva e direção artística de Carlos Trincheiras). O gosto pela dança levou-a também a compor, fora do Guaíra, os figurinos do ***Ballet Quintana***, dedicado ao poeta gaúcho **Mario Quintana**, com coreografia de Fábio de Mello, espetáculo encenado no Rio de Janeiro, no Teatro Villa-Lobos, a poucas quadras da casa de nossa biografada.

Seja no Rio, em Curitiba ou até fora do Brasil, Rosa sempre atuou com diretores de inegável talento, cujo carisma talvez tenha concorrido para o êxito da profissional. Já em 1986, ela veio a ser agraciada com o prêmio ***Mambembe*** de melhor figurinista, por seu trabalho na peça ***A irresistível aventura***, no Teatro Arena Rio, cuja direção coube ao dramaturgo e cineasta **Domingos de Oliveira**. Em 1991, ela mereceu uma indicação ao prêmio *Molière*, pelos figurinos concebidos para ***Um certo Hamlet***, texto encenado por **Antônio Abujamra** no Teatro Dulcina, no Rio de Janeiro. Abujamra,

"O Grande Circo Místico" (2002) | Acervo do Grupo Delírio

Cartaz de "Flicts" (1989) | Acervo do Grupo Delírio

por sinal, seria outro parceiro constante da moça prosa: também em 1991, ao lado do diretor, ela colabora com os cenários e figurinos das remontagens de ***Phaedra***, de **Jean Racine**, e de ***A Serpente***, de **Nelson Rodrigues**, ambas apresentadas no palco do Dulcina.

Em seu vasto currículo, nota-se igualmente a atração da artista por textos clássicos da literatura universal. Só para ilustrar, coube a ela compor os cenários de ***A irresistível aventura do Cavaleiro Andante***, produção inspirada na obra de **Miguel de Cervantes**, sob a direção de Hugo Mengarelli, outra realização do Teatro Guaíra, em Curitiba. E seria Rosa também a cenógrafa em ***Caim***, peça inspirada em **Lord Byron** e dirigida por Edson Bueno no palco paranaense. Por fim, não há como esquecer **Shakespeare**, uma presença recorrente em sua carreira, que em 2012 faria a moça prosa voltar à Inglaterra como figurinista de ***Two roses for Richard III***. Coprodução da Companhia Bufomecânica e *The Royal Shakespeare Company*, sob a direção de Cláudio Baltar e Fábio Ferreira, o espetáculo teatral, musical, circense e visual inspirava-se na peça *Ricardo III* e sua estreia aconteceria no *Courtyard Theater*, em Stratford-upon-Avon.

O gosto pelos espetáculos de grande expressão também se estende à área musical, sobretudo a lírica. Em 1993, Rosa integra a equipe artística do ***Concerto em Curitiba***, criando o cenário para a apresentação do tenor catalão **José Carreras**, uma das vozes mais reverenciadas de nosso tempo (ao lado do italiano Luciano Pavarotti e do espanhol Plácido Domingo). O espetáculo se realizou na *Pedreira Paulo Leminsky*, amplo espaço ao ar livre cujo nome homenageava o poeta curitibano falecido em 1989. Abraçando com enorme entusiasmo a ópera, ela também cria, em 1994, os cenários e figurinos de ***Carmen***, de **Georges Bizet**, em montagem sob a direção de Nelson Portella, no *Metropolitan* (Rio de Janeiro), cujo palco, não exatamente destinado a esse tipo de evento, obrigou Rosa e sua equipe a intrincados malabarismos para a execução do projeto concebido.

Uma década depois, caberia a ela ainda assinar os figurinos de ***Ça Ira*** ("*Assim será*", em tradução livre do francês), ópera escrita pelo músico e cantor inglês **Roger Waters** (ex-líder da banda inglesa de *rock* progressivo *Pink Floyd*), sob a direção de André Heller, exibida no Teatro Municipal de São Paulo em 2013. A obra estreara no Brasil cinco anos antes, em 2008, com a presença do autor, em Manaus, durante o *XII Festival Amazonas de Ópera*, evento realizado

Cartaz do "Concerto em Curitiba", com José Carreras (1993)

Libreto de "Carmen", no Metropolitan (1994)

no histórico Teatro Amazonas (inaugurado em 1896, no auge do ciclo da borracha), com o qual Rosa viria a colaborar em diversas ocasiões.

Em ***Ça Ira***, Roger valia-se dos ideais libertários da Revolução Francesa ("*liberté, egalité, fraternité*") para compor uma trama de tom onírico e revolucionário, cujo narrador é um intelectual que acompanha a revolta popular em Paris de dentro de uma biblioteca. Em outro cenário, em clima de completa alucinação, como se fora um manicômio, estão os personagens insanos, sedentos de liberdade, que vestem roupas brancas, com figurinos pautados nos malucos "beleza" do Bispo do Rosário. Os opressores são enfermeiros, com estampa militar em vermelho, cujas vozes (de sopranos, tenores e barítonos) se misturam em sincronia, tecendo o coro da peça. O belo contraste cromático atenua, com um triz de poesia, o clima sufocante da trama (uma obsessão de Waters desde os tempos do *Floyd*).

No mesmo ano da encenação de ***Ça Ira*** em São Paulo, Rosa também assinaria a cenografia e os figurinos das ***Aventuras da raposa astuta***, ópera infantil em três atos do tcheco **Leos Janácek**, apresentada no *XVII Festival Amazonas de Ópera*, com a participação da Companhia de Dança do Amazonas, sob a regência de Marcelo de Jesus e direção cênica de William Pereira. Em 2012, ela já trabalhara em duas atrações do *XVI Festival*: ***Lulu***, do músico austríaco **Alban Berg**, cujo libreto se inspira nas peças *Erdgeist* (1895), de Frank Wedekind, e *Die Büchse der Pandora* (*A caixa de Pandora*, em tradução literal do alemão, de 1903), do próprio Berg, com direção de Gustavo Tambascio; e a ópera italiana ***I Puritani***, criação de **Vincenzo Bellini**, sob a direção cênica de William Pereira.

Lulu é uma obra *sui generis*, cuja versão brasileira se reveste de novos elementos cênicos. No palco, o diretor transpõe a história originalmente ambientada nos EUA, França e Inglaterra para o Brasil dos anos 1930, com a protagonista vivenciando uma trama de violência e exploração sexual entre o Rio de Janeiro, Petrópolis (RJ) e Manaus, onde ela padecerá o final trágico refugiada em uma palafita. Desde o prólogo, toda a ação transcorre no período do carnaval: o mestre de cerimônias do circo apresenta os diversos animais de sua companhia, fechando o cortejo com *Lulu*, que é carregada até o palco e exibida como uma cobra. Os bichos são bailarinos da Companhia de Dança do Amazonas, que, vestidos com fantasias desenhadas por Rosa, vão misturar-se aos foliões.

Roger Waters e o elenco de "Ça Ira" na estreia da ópera no Teatro Municipal de SP (2013) | pinkfloydz.com

Criando cenários e figurinos para obras de Berg, Bellini, Janácek, Waters e Bizet, Rosa já poderia se considerar realizada na esfera musical. Entretanto, uma circunstância singular a incomodava: os libretos a que insuflara vida nos palcos eram todos de autores estrangeiros. Após duas décadas de espetáculos tão esmerados na cena lírica, não estava na hora de abrir as cortinas para a prata da casa? A resposta viria em 2015, com a remontagem de uma obra concebida a quatro mãos por um compositor e uma escritora que já haviam deixado este planeta, mas continuavam bem vivos no coração da artista.

2. Depois de Roger Waters, Bellini e Berg, a vez de Villa-Lobos e Lucia Benedetti

Em meio a tantos eventos de tamanha expressão, pode parecer descabido dizer que a nova versão de ***A Menina das Nuvens***, a "aventura musical em três atos" composta por **Heitor Villa-Lobos** na década de 1950, pudesse mobilizar de forma tão intensa nossa personagem. Mas não havia o que estranhar: o libreto da ópera que estreou no Teatro Municipal do Rio em 29 de novembro de 1960 era uma adaptação do drama infantil escrito por **Lucia Benedetti**, a mãe de Rosa Magalhães. Como todos sabem, Villa-Lobos era um admirador da teatróloga, à qual já tinha revelado, segundo anotou Bruno Furlanetto, "havia vários anos, o seu desejo em musicar uma peça de sua autoria[244]".

Velha amiga do regente, de quem o casal Lucia e Raymundo tinha sido vizinho antes do nascimento de Rosa, em um hotel residencial do Centro do Rio, a autora atendeu ao pedido do maestro em 1952, entregando-lhe o texto original, cuja primeira encenação ocorrera em 1950. A estreia da peça se dera no já desaparecido Teatro Fênix, situado na esquina da Av. Almirante Barroso com a Rua México, no centro da velha capital federal. Segundo Lucia, a *menina* era uma personagem simbólica, que representava os desafios enfrentados por

---

244 FURLANETTO, Bruno. "Heitor Villa-Lobos". *In*: *A Menina das Nuvens*. Roteiro da ópera. Rio de Janeiro: Theatro Municipal, 2015.

qualquer artista, assim como "aqueles que cultivam as coisas do espírito", para conseguir se integrar em uma sociedade fria e cética.

Sempre atarefado, o músico começou a escrever a ópera em 1957, no apartamento em que vivia a duas quadras do Teatro Municipal, no edifício situado na esquina da Rua México com a Rua Araújo Porto Alegre, em cima da Casa Itahy. Por força dos inúmeros compromissos profissionais, ele só pôde concluir a tarefa em 18 de abril de 1958, durante estada em Paris, mas não veio a presenciar o espetáculo encenado em 1960, pois morreu em 17 de novembro de 1959, aos 72 anos de idade. A abertura da temporada se deu em 29 de novembro de 1960, um ano depois da passagem de Villa-Lobos, sob a direção de cena de **Gianni Ratto**, coreografia de **Eugenia Feodorova**, regência de **Edoardo De Guarnieri** e participação de Aracy Bellas Campos como soprano.

Após essa extraordinária montagem, porém, a instituição admite que não soube cuidar da ***Menina*** "e ela desapareceu"[245]. Escondida durante décadas, a ópera só ressurgiu em Belo Horizonte (MG), em 2009, graças ao esforço do maestro **Roberto Duarte**, que realizou uma rigorosa revisão na partitura de orquestra, e do diretor **William Pereira**[246], os dois responsáveis pela premiada produção do Palácio das Artes. O convite foi feito por Lúcia Camargo, diretora artística da instituição. Em 2015, seria essa a dupla incumbida de dar vida à "aventura musical em três atos", contando com a valiosa colaboração de Rosa Magalhães, criadora dos cenários e figurinos, de Pedro Pederneiras, encarregado da iluminação, e Tíndaro Silvano, coreógrafo da nova montagem. Além destes, não poderiam faltar o Coro e a Orquestra Sinfônica do Municipal, tampouco os alunos e as alunas da Escola Estadual de Dança Maria Olenewa, o celeiro juvenil da instituição.

Crianças e adultos dividiriam o palco da prestigiosa sala para viver as desventuras de uma moça de quinze anos, que na infância, enquanto

---

245 CARDOSO, André. "A Menina das Nuvens". *In*: *A Menina das Nuvens*, roteiro citado.

246 Nascido em São Paulo, em 1962, **William Pereira** é diretor, cenógrafo e figurinista. Ele já montou várias óperas, como *Madame Butterfly*, de Puccini (1999), e *As bodas de Fígaro*, de Mozart (2000), além de peças teatrais, entre elas *Senhorita Júlia*, de Strindberg (1990) e *A casa de Bernarda Alba*, de Garcia Lorca (1998).

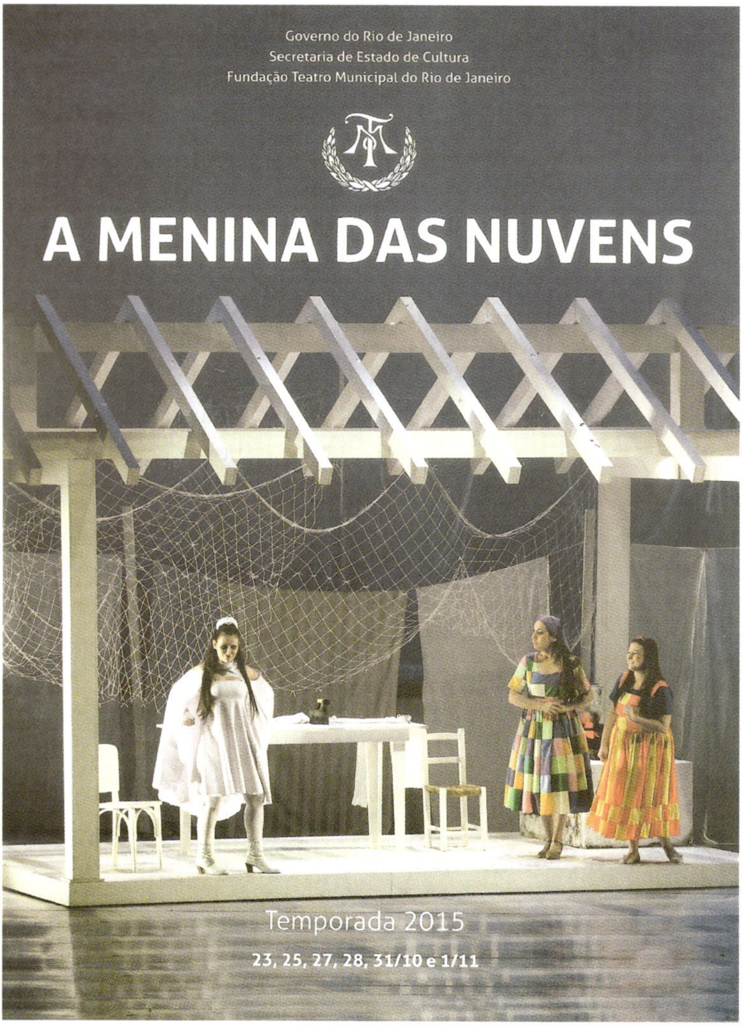

Libreto de “A Menina das Nuvens” (2015)

passeava pelo campo e seus pais trabalhavam, fora transportada por um pássaro branco para o céu. Cansada de carregá-la, a ave a abandonou em uma nuvem, de onde a Menina foi levada para o Castelo do Tempo – o senhor do firmamento e dos ventos. No **I Ato**, ela surge ao lado de seus companheiros: as nuvens, as estrelas, o Arco-íris (seu mestre de Pintura), a Rosa dos Ventos, a Lua (sua professora de costura), Corisco (encarregado de recolher em uma sacola, na Terra, todas as vozes e ruídos) e o travesso Vento Variável, que lhe ensinou a arte de bailar. Apesar da agradável companhia, a saudade bate mais forte e ela volta ao lugar onde nasceu.

O **II Ato** abre-se numa cabana humilde de uma praia solitária, onde vive a família da jovem: o pai pescador (ausente na hora de seu regresso), a mãe e Anita, a irmã. Quando a Menina aparece, confusa e abatida pela turbulenta viagem com o amigo Tufão, as duas não a reconhecem. Logo depois, sabe-se que a Rainha da terra, sempre ávida de impostos e tributos, exige de cada súdito um presente para o casamento do Príncipe, seu filho. Como elas nada possuem, devem ser presas pelo Soldadinho de Chumbo; a Menina, porém, evita o pior, propondo-se a tecer uma toalha de raios de luar, como oferenda ao noivo. A Rainha aceita a sugestão, mas manda o Soldado espioná-la, a fim de descobrir o segredo da tecelã.

No **III Ato**, com o apoio de Vento Variável e Corisco, que descem do Castelo para assisti-la, afastando e amedrontando a Rainha e o Soldado, a Menina finalmente consegue fazer a toalha, com a ajuda da própria Lua, que lhe oferece os cabelos para tecer a prenda e ainda promete trazer à cabana o Príncipe, que não ama a Princesa que deveria desposar. O final não causa surpresa: o nobre vai pessoalmente receber seu presente, conhece a jovem e apaixona-se por ela, pedindo-a em casamento. A Rainha, após a lição que os emissários do Castelo lhe deram, aceita a decisão e acolhe a família da nora na Corte, ao lado do casal.

O empenho de **Rosa** pela realização do espetáculo seria amplo, geral e irrestrito. Ela se dedicou tanto à montagem, que mal lhe sobrou tempo para acompanhar o barracão do GRES Dragões da Real, em São Paulo, onde, em 2015, respondera pelo enredo "***Um museu de grandes novidades***" – dividindo ainda o escasso tempo de que dispunha com o carnaval da São Clemente, a escola carioca em que apresentara uma bela e comovida homenagem ao mestre

As caixas de vozes e ruídos no Castelo do Tempo e os soldados da Rainha | Libreto oficial / Fotos: Paulo Lacerda

Fernando Pamplona. Quem se ocupou do carnaval 2016 em Sampa foi uma comissão de seis carnavalescos, entre os quais se incluía Jorge Silveira, o jovem auxiliar da artista que também era cria da EBA.

O esforço, no entanto, valeu a pena. Os cenários e figurinos desenhados por Rosa reeditam, em larga medida, o contraste entre tons alvos e rubros que ela havia explorado em 2013 em *Ça Ira*: os principais ambientes (as nuvens, o Castelo do Tempo e a modesta habitação da família) com predomínio absoluto do branco e as figuras opressivas (desta vez, os "soldadinhos de chumbo") com túnica escarlate, calça azul-escura de listra lateral vermelha e o chapelão de 45 cm na cabeça (uma óbvia referência à guarda real britânica). Já a *Menina* trajava branco do cabelo aos pés, desde o prendedor do rabo de cavalo até as meias e as botas, além do vestido, da capa e das luvas ¾. O efeito visual para a plateia era sedutor e atestava o carinho que a artista devotara àquela singela criação de sua mãe.

Sem dúvida, para quem já trabalhara com textos de Shakespeare, Will Eisner, Lord Byron, Miguel de Cervantes, Nelson Rodrigues e Chico Buarque, compor os figurinos de uma "aventura musical" inspirada em um singelo conto infantil não seria, aparentemente, um desafio de tanta responsabilidade. Ledo engano, já que a autora da peça era uma figura única na vida de Rosa: mais do que uma talentosa dramaturga, **Lucia Benedetti** havia sido durante meio século sua amiga e guardiã, o exemplo e a inspiração. Por isso, o esforço e o zelo dedicado à *Menina* era o maior tributo que ela poderia prestar à memória da mãe.

3. O grande circo místico da arte

Quase trinta anos depois da frustrada estreia de *Calabar*, Rosa reencontraria **Chico Buarque** em circunstâncias muito mais fagueiras e auspiciosas, graças à nova montagem de ***O Grande Circo Místico*** pelo corpo de baile do Teatro Guaíra, em 2002. A censura brutal dos "anos de chumbo" tinha sido virtualmente extinta havia algum tempo, com a aprovação no Congresso da "*Constituição Cidadã*" de 1988, e nossa precária e acanhada ***democracia*** finalmente respirava sem a ajuda de aparelhos – um quadro mais alvissareiro, que muito contribuía para reanimar e incrementar a agenda cultural do país.

A versão original do musical estreara em **1983**, sendo exibida por dois anos em vários palcos do Brasil e do exterior, com direito a apresentações para milhares de pessoas no *Maracanãzinho* (RJ) e no *Coliseu dos Recreios*, em Lisboa. No Rio, a própria Rosa foi uma das mais deslumbradas espectadoras do ***Circo***, ao qual ela assistiu na arquibancada do ginásio, reclamando dos ambulantes que passavam a toda hora vendendo cachorro-quente e refrigerante. O roteiro de **Naum Alves de Sousa**[247], baseado em um poema de **Jorge de Lima** ("A túnica inconsútil[248]", de 1938), recriava a história de amor entre o filho do aristocrata Frederico Knieps (médico da imperatriz Teresa de Áustria) e a equilibrista Agnes, cuja união funda a dinastia do *Grande Circo Knieps*.

Com coreografias de **Carlos Trincheiras** e canções de **Chico Buarque** e **Edu Lobo**, o espetáculo era um deleite para os sentidos e o *logos*, mesclando balé, circo, música, ópera, teatro e poesia. Por onde passou, o ***Circo*** cativou públicos de todas as idades, que saíam do espetáculo com as fantasias, os cenários e os versos latejando nos olhos e ouvidos. De fato, quem não se lembra da lírica "Beatriz" (*Será que é uma estrela / Será que é mentira / Será que é comédia / Será que é divina / A vida da atriz*), na voz de Milton Nascimento, e da graciosa "Ciranda da Bailarina" (que não tinha pereba, nem piolho ou remela), cantada por um coro infantil?

Convidada pela equipe do Teatro Guaíra a participar do projeto, Rosa não relutou um segundo sequer. A Fundação confiara a direção artística da remontagem ao coreógrafo **Luis Arrieta** e delegou a ela uma tarefa de enorme responsabilidade: criar os cenários e os figurinos do ***Circo***, cuja lona deveria sobrevoar sete capitais brasileiras: Curitiba (sede do Teatro), São Paulo, Rio, Recife, Salvador, Brasília e Belo Horizonte. Para a artista, que já trabalhara uma

---

247 O dramaturgo, cenógrafo, figurinista e diretor **Naum Alves de Sousa** nasceu em 1º/6/1942, em Pirajuí (SP) e morreu em 09/04/2016, em São Paulo. Premiado pela cenografia e figurinos da peça ***Macunaíma*** (Troféu *Mambembe*, APCA e SNT em 1978), ele também já escrevera e dirigira dois textos aclamados antes de *O Grande Circo Místico*: ***No natal a gente vem te buscar*** (Prêmio Molière, 1979) e ***A aurora da minha vida*** (1981).

248 Cf. LIMA, Jorge de. *Poesia completa*. Rio de Janeiro: Nova Aguilar, 1977.

vez no Guaíra com uma obra de Chico e Edu (o balé *Dança da meia-lua*, recriação poética da lenda do joão-de-barro, com coreografia de Rodrigo Pederneira, espetáculo também apresentado no *Paladium*, em São Paulo, e no Teatro João Caetano, no Rio de Janeiro), a oportunidade era imperdível.

A missão da moça prosa, diga-se de imediato, foi muito bem cumprida. Com a ajuda de seus fiéis colaboradores de outras empreitadas, Rosa compôs uma paisagem de sonho, com figurinos de cores etéreas, que ajudavam os bailarinos a executar seus malabarismos como se a música não parasse de exortar: *Uma pirueta, duas piruetas... Bravo, bravo!* Os animais do circo eram igualmente sedutores: a escultora Andréa Vieira, que integrou a equipe de 2002, não esquece até hoje a reação da plateia quando o simpático elefantinho que ela criara entrava no *picadeiro*: "era aquele *Oh!* de encantamento...[249]"

Um dos momentos mágicos da turnê se deu na terra de **Chico**, **Edu** e **Rosa**, onde o Balé Guaíra ergueu sua tenda no palco do Teatro Odylo Costa, filho, o popular ***Teatrão*** da UERJ[250]. Quem vivenciou desde os camarins até a plateia aquela verdadeira epifania foi Alba Ribeiro, ex-diretora da Divisão de Teatros da casa, que já testemunhara a primeira "função" do ***Circo*** em 1983. A pedido do autor, ela evocou a experiência única dos dois encontros com a *trupe*. No primeiro, no *Maracanãzinho*, aos 19 anos de idade, quando cursava Literatura na Universidade, a jovem encantou-se com a magia do evento, enlevada pela trilha luxuosa de Edu Lobo e Chico Buarque. Dezenove anos depois, em **2002**, soube com surpresa que a companhia presentearia a UERJ com a mesma encenação. Dessa vez, porém, havia outro luxo: cenografia e figurino de Rosa Magalhães, a respeitada e talentosa artista da dramaturgia do carnaval carioca. É a própria Alba quem descreve sua sensação:

---

249 Entrevista prestada por Andréa Vieira ao biógrafo, na Cidade do Samba (Rio de Janeiro), em 27/03/2019.

250 A apresentação no teatro do *campus* Maracanã da UERJ ocorreu em dois finais de semana de junho e julho de 2002: o primeiro, de quinta-feira, dia 27/6, a domingo, dia 30/6; o segundo, de quinta, 04/07, a sábado, 06/7. O preço dos ingressos na plateia custou R$ 20,00 (vinte reais), sendo assegurada a meia-entrada para os estudantes, como é praxe nos eventos promovidos pela UERJ.

"O Grande Circo Místico" (2002) | Cartaz do espetáculo exibido na UERJ

A experiência foi da mesma intensidade. O espetáculo era muito sedutor, ora com os palhaços, símbolo máximo dos circos, "brotando" no palco pelo elevador do proscênio num dia, ora vindo por dentro da plateia, em outra apresentação, incorporando pela atuação, cenografia e figurinos o espírito burlesco, doce e mágico do ambiente circense - onde a realidade, às vezes dura e violenta, da história de várias gerações de uma família do circo condensa a representação da vida, no que tem de divina, poética e ao mesmo tempo trágica.

[...]

Assistir no Teatro Odylo Costa, filho novamente à exibição, com uma atmosfera cênica diferenciada do Maracanãzinho, mas tão impactante quanto, foi com certeza um momento em que a arte transcendente se fez presente, como se as tragédias pessoais encenadas fossem libertas de qualquer nexo temporal. Por isso, o espetáculo provocou o imaginário de quem assistiu e se maravilhou com a eterna inexorabilidade do circo da vida, repleto de contradições e ao mesmo tempo impregnado de esperanças.[251]

A encenação de um texto de **Chico Buarque** e **Edu Lobo** no palco da UERJ revestia-se de um valor afetivo especial, por ser realizada em um teatro batizado com o nome de um amigo da família Holanda: o poeta **Odylo Costa, filho**. O escritor maranhense era admirador confesso do filho do casal Sérgio Buarque & Maria Amélia e guardava em sua biblioteca, com muito orgulho, um exemplar autografado por Chico e Paulo Pontes da 4ª edição da tragédia *Gota d´água*[252], lançada em 1976, cuja encenação (dirigida por Gianni Ratto,

---

251 Depoimento escrito prestado por Alba Valéria Ribeiro Pinto ao biógrafo em 03/04/2019.

252 BUARQUE, Chico & PONTES, Paulo. *Gota d'água*. 4ª ed. Rio de Janeiro: Civilização Brasileira, 1976. A obra é uma adaptação de *Medeia*, de Eurípides, já esboçada por Oduvaldo Vianna Filho, e se ambienta em um conjunto residencial do Rio. A dedicatória aparece logo na primeira folha em branco do livro, em que se lê: "*Para Odylo Costa, filho, com o abraço do Chico Buarque e Paulo Pontes. Rio, 22/11/76*".

com a saudosa Bibi Ferreira e Roberto Bonfim nos papéis de Joana e Jasão) causara grande impacto na plateia carioca.

Por isso, a ida de **Chico** e **Edu Lobo** a uma das sessões no *Teatrão* não seria mero cumprimento de protocolo para os autores. É verdade que o público se extasiou com a aparição da dupla na UERJ, mas os artistas também se emocionaram muito naquela noite, não somente pelos aplausos calorosos recebidos da plateia, mas, sobretudo, pelo prazer inexcedível de desfrutar as reações de quase mil espectadores deslumbrados com tudo aquilo que viam e ouviam: cenários, figurinos, coreografias, canções e, claro, o *elefantinho* mágico concebido pela escultora Andréa Vieira...

4. Entre bienais e exposições do Velho e do Novo Mundo

À produtiva carreira de cenógrafa e figurinista associa-se ainda a obra da pintora e desenhista **Rosa Magalhães**, cujos trabalhos têm sido expostos em prestigiosas mostras de artes plásticas no Brasil e no exterior, para surpresa daqueles que só acompanham a trajetória midiática da *carnavalesca*. Conforme registra uma discreta matéria publicada na imprensa carioca, a entrada de Rosa no seleto circuito das exposições aconteceu na **I Bienal da Bahia**, realizada em 1966, quando ela ainda cursava o segundo ano da *Escola Nacional de Belas Artes*. Sua presença no histórico evento soa até inverossímil hoje, sobretudo pelos *medalhões* que participaram da grande mostra no Convento do Carmo, em Salvador – mas o causo é verídico e merece ser contado nesta seção de nossa biografia.

Em meio às incertezas sobre o futuro das artes sob o novo regime instaurado no Brasil, a realização de uma bienal no Nordeste era um sopro de vida para a nossa plástica, ampliando sua cartografia para além do poderoso eixo Rio–São Paulo. Ela abria espaço a uma nova geração de artistas *modernos*, acolhendo figuras renomadas do Sudeste do país (caso do escultor Frans Krajcberg e do pintor Rubens Gerchman) e artistas nordestinos de enorme expressão, como o gravador e pintor paraibano João Câmara e o músico suíço Walter Smetak, radicado em Salvador desde 1957. Além destes, também exibiriam suas obras no restaurado Convento do Carmo vários expoentes da arte baiana, entre eles o pintor, gravador e ilustrador Calasans Neto, o desenhista e ilustrador Emanoel Araújo, o fotógrafo e desenhista Mario Cravo Neto, além do escultor e sacerdote afro-brasileiro *Mestre Didi* (Deoscóredes Maximiliano dos Santos).

E como é que a impávida Rosa abriu passagem nessa galeria de artistas de origem tão variada e de diversas correntes estéticas, cujos grandes laureados seriam nada mais, nada menos que **Hélio Oiticica**, **Lygia Clark**, **Rubem Valentim** e **Rubens Gerchman**? Bem, é claro que o anúncio da *I Bienal* provocou grande rebuliço na *ENBA*, sem qualquer distinção acadêmica: calouros e veteranos, mestres e artistas traquejados, todos ficaram sabendo do evento e alguns não pensaram duas vezes: inscreveram um ou mais trabalhos na seletiva carioca, esperando que ao menos um viesse a ser escolhido pelos curadores. "Abusada" como sempre, a novata também tinha uma obra de seu agrado e decidiu arriscar, mas faltava montar o quadro para inscrevê-la na triagem oficial. Como fazer?

Privada dos dotes de carpinteira ou vidraceira, Rosa suou para finalizar o serviço. Depois de comprar a madeira, as garras e o vidro, ela tentou, inutilmente, ajustar a tela à estrutura. Foi preciso apelar a Gustavo, um colega de turma mais adestrado no ofício, para concluir a delicada tarefa. Enquanto eles se ocupavam da missão em uma sala da Escola, o pintor **Abelardo Zaluar**[253], professor da *ENBA*, viu-os em ação e quis saber o que os dois estavam fazendo. Ao ser informado da pretensão de Rosa, o mestre, em um tom mais "realista" que desdenhoso, tão somente comentou:

> *— Está muito cedo pra isso...*

---

253 O pintor, desenhista, gravador e professor **Abelardo Zaluar** nasceu em Niterói (RJ), em 21/03/1924 e morreu no Rio de Janeiro, em 12/12/1987. Após cursar a *ENBA* de 1944 a 1948, participou de vários salões de arte no país e lecionou na Escola de Belas Artes, recebendo ao final da carreira o título de **professor emérito** da Universidade Federal do Rio de Janeiro (UFRJ).

O que poderia ser uma ducha de água fria não desanimou os novatos. Mal Abelardo deixou o local, Rosa e o colega se entreolharam e o diligente Gustavo ponderou:

— *Agora que já começamos, vamos terminar esse serviço...*

Dito e feito. Com o apoio providencial do amigo, Rosa finalmente conseguiu armar o quadro e entregar sua obra à comissão responsável pela escolha dos trabalhos cariocas da Bienal. O resultado saiu alguns dias depois – e somente três membros da *ENBA* foram selecionados: o presidente do diretório acadêmico, o próprio Prof. Abelardo Zaluar e ela, *Rosa Lima Magalhães*, cujo nome, embora grafado de forma incorreta, aparecia no jornal ao lado de artistas já conceituados da plástica na década de 60, como Ana Bella Geiger, Ana Maria Maiolino, Ivan Freitas e o emblemático Rubens Gerchman, que, com cinco trabalhos aprovados, seria um dos vencedores da mostra competitiva.

A participação na inédita exposição baiana também despertou a curiosidade de alguns órgãos de imprensa sobre a moça prosa. O primeiro a entrevistá-la seria a revista **O Cruzeiro**, carro-chefe dos *Diários Associados* de Assis Chateaubriand, que disputava a preferência do público com a **Manchete**, sua maior concorrente. Em 1967, ela publicou uma matéria sobre Rosa, assinada por Marina Lina, com uma foto de página inteira em que se via a artista pintando uma tela francamente inspirada nas obras do pintor e escultor catalão Joan Miró. A jornalista anotava que "*um mundo de vivas cores e de imagens abstratas surgia em cada um de seus quadros*" e ainda traçava um perfil da jovem com aqueles clichês próprios das colunas sociais:

> *Rosa Lúcia costuma dizer, pura e simplesmente, que é como qualquer moça de vinte anos: gosta de ler, de ir à praia, de teatro, de balé, de automóvel, de fazer bolo, de ir ao cinema. [...]*[254]

---

254 "Rosa Lúcia chega à Pintura". Texto de Marina Lina; foto de Baratta. Rio de Janeiro: **O Cruzeiro**, 1967.

ROSA LÚCIA CHEGA À PINTURA

Rosa Lúcia, que aos 14 anos pintava os primeiros quadros a óleo, encontra na pintura a fórmula para expressar sua arte.

"Rosa Lúcia chega à pintura", matéria sobre a jovem artista de vinte anos | Revista **O Cruzeiro** (1967)

Após a estreia precoce no badalado circuito das artes plásticas aos dezenove anos, na I Bienal da Bahia, Rosa só voltaria a desfrutar de tamanho privilégio duas décadas e meia depois, em 1991. Nesse ano, por mero capricho do destino ou pura sincronicidade junguiana, a artista foi convidada a participar de dois consagrados eventos internacionais: a **Bienal de São Paulo**, na capital paulista; e a **Quadrienal de Praga**, na República Tcheca. A todos eles, a pintora e desenhista compareceria com obras representativas de seu diálogo criativo com o folguedo popular, sobretudo pela admiração que ela angariava pouco a pouco graças ao talento e esmero na criação de cenários, figurinos e adereços para as escolas de samba do Rio de Janeiro.

Em realidade, a dupla jornada de 1991 já fora deflagrada no ano anterior, quando Rosa organizou, na **Escola de Artes Visuais do Parque Lage** (instituição da qual ela era professora desde a década de 70), uma exposição retrospectiva dos elementos plásticos do desfile de 1990 do Salgueiro: "***Sou amigo do rei***". A discípula de Arlindo e Pamplona fez a escola guardiã da Mãe-África mesclar-se a um cortejo da França feudal, reunindo, sob a mesma bandeira, "*cristãos e mouros na luta do bem e do mal*", a terra gaulesa e os sertões do "*Cariri, Pajeú e Siridó*", no Nordeste do Brasil, além da rainha Ginga (maior símbolo da resistência africana à ocupação colonial) e de Zumbi, o líder do Quilombo dos Palmares. Como já se frisou acima, o tema havia sido tão bem explorado que valeu à carnavalesca o segundo troféu *Estandarte de Ouro* da carreira.

A competência de Rosa em elaborar narrativas visuais de grande comunicação e eficácia, amparada por uma sólida pesquisa acadêmica e uma fabulação "rocambolesca", fruto da veia literária e dramática que a artista cultivou desde a infância, aos poucos veio a ser reconhecida além das fronteiras nacionais. Atentos não só às obras criadas sob as técnicas mais convencionais da pintura, da gravura e do desenho, mas também às criações artesanais e inventivas da nossa arte popular desconhecidas do *Velho Mundo*, os curadores das mostras ampliaram em larga escala, ao final do século, o repertório exposto ao público, sem subscrever a secular atração do *outro* pelos signos do "exótico" e da "cor local".

Imbuída desse espírito, Rosa instalou mais um "parangolé" salgueirense em outro evento de enorme relevância: a ***21ª Bienal de São Paulo***, cuja curadoria geral coube a João Cândido Galvão, assistido pelas curadoras adjuntas Ana Helena Curti e Gloria Cristina Motta. Idealizada pelo empresário Francisco

Matarazzo e sua esposa Yolanda Penteado em 1951, a exposição paulistana ocupa lugar de destaque no cenário internacional das artes plásticas, ao lado da própria ***Bienal de Veneza*** e da conceituada mostra ***Documenta*** de Kassel (Alemanha) – e constitui, decerto, a de maior projeção no hemisfério Sul. Em 1991, a *Bienal* paulista ocupou todos os espaços do Pavilhão concebido por Oscar Niemeyer (com projeto estrutural do engenheiro e professor Joaquim Cardozo), no Parque do Ibirapuera, inaugurado em 1954, em comemoração ao IV Centenário da capital paulista.

Segundo consta do catálogo das obras em exposição, a 21ª edição do prestigioso evento acolheu o trabalho de Rosa intitulado "*Figurinos e alegorias para Grêmio Recreativo Escola de Samba Acadêmicos do Salgueiro* (1991)[255]". Como o próprio nome já explicita, a obra pautava-se no enredo do desfile vice-campeão do Grupo Especial do carnaval carioca daquele ano: "***Me masso se não passo pela Rua do Ouvidor***", laureado com o troféu *Estandarte de Ouro* pelo jornal **O Globo**. Para ser mais exato, tratava-se do carro alegórico que retratava uma **relojoaria** da charmosa via da *Belle Époque* do Rio de Janeiro, o qual veio a ser inteiramente montado em São Paulo, sob a supervisão da própria carnavalesca.

De índole reservada, a artista não revela qualquer traço de vaidade ou afetação ao recapitular sua participação nas duas bienais. Ainda assim, mais de duas décadas após a estreia na *I Bienal da Bahia*, não deixa de ser digno de nota o seu reencontro, no Pavilhão do Ibirapuera, com alguns dos mais representativos artistas plásticos brasileiros, em especial o carioca **Rubens Gerchman**, cujo painel *Clorofila* (1991) ocupou uma sala do andar térreo. Por uma singela afinidade alfabética, Rosa e Rubens aparecem juntos na mesma página do catálogo, ao lado do pintor pernambucano **Romero de Andrade Lima** (sobrinho e afilhado de mestre Ariano Suassuana), ilustrando de forma bastante sugestiva a diversidade e vigor de nossa produção estética no limiar da década de 90, um momento tão evanescente e truncado da cultura e da vida pública nacional.

Por ocasião da ***49ª Bienal de Veneza***, realizada dez anos depois, entre 7 de junho e 4 de setembro de 2001, uma iniciativa, em particular, pretendia

---

255 Cf. *21ª Bienal de São Paulo (1991) – Catálogo*. São Paulo: Bienal São Paulo, 1991, p. 96-97.

Catálogo da 21ª Bienal de São Paulo (1991) | Reprodução

apresentar a pesquisa artística brasileira contemporânea aos visitantes da cidade por meio de quatro mostras em distintos espaços da urbe. Era o Projeto *Brasil Connects Venice*, idealizado e dirigido por **Germano Celant**, célebre crítico de arte que, nas décadas de 60 e 70, se tornara o maior cronista do movimento *Arte Povera* na Itália. Para tanto, o curador reuniu algumas soluções dadas por nossa produção estética, "*vinculando-as ao contexto da complexa e articulada cultura visual do país, composta por múltiplos enxertos e camadas*[256]".

Pautado nessa pluralidade, Celant apresentou um amplo corte transversal da arte ao sul do Equador, que se distendia desde a antiga era colonial até o presente, do Barroco Negro ao Contemporâneo – uma leitura ambiciosa da história de nossa fecunda criação estética. **Rosa** participou da representação brasileira ao lado de artistas como **Ernesto Neto**, **Miguel do Rio Branco**, **Tunga** e **Vic Muniz**, expondo um trabalho inspirado no desfile da **Imperatriz Leopoldinense** de 2001, cujo tema era a **cana** e a **cachaça**. Assim, a fabulação tropical da artista sobre a *cana-caiana*, a *cana-roxa*, a *cana-fita* e outras espécies afins germinou prenhe de cores no ***Palazzo Fortuny***[257], um dos quatro pontos ocupados pelo projeto em Veneza.

Os laços estreitos e indissolúveis com o cortejo seriam sempre a força motriz das obras que a artista tem exibido nos salões do país, em especial no Museu de Arte do Rio (MAR), que, com apenas seis anos de existência, já contou com a contribuição de Rosa em três exposições. A primeira, realizada entre 12 de julho de 2016 a 26 de junho de 2017, possui um lugar reservado no coração da carnavalesca, por prestar uma homenagem a "***Leopoldina, princesa da Independência, das artes e das ciências***". Concebida por Luis Carlos Antonelli,

---

256 Catálogo do projeto "*Brasil Connects Venice*", organizado pela Associação *Brasil Connects* e a Fundação *Musei Civici Venezia*. 49ª Bienal de Veneza, 1991. Disponível em: http://fortuny.visitmuve.it/it/mostre/archivio-mostre/brasil-connects-venice-49%C2%B0-biennale-darte/2001/06/5771/progetto-17/. Página consultada em 10/04/2019 (com tradução livre deste autor).

257 Antiga propriedade da família Fortuny, doada à Comuna da cidade em 1956, após a morte de Mariano Fortuny y Madrazo, o Palácio é um dos mais imponentes edifícios da cidade, construído no século XV de acordo com o típico estilo arquitetônico veneziano. Na era atual, ele só fica aberto durante as exposições aí realizadas.

Paulo Herkenhoff e Solange Godoy (com curadoria adjunta de Pieter Tjabbes), a mostra se propôs a rediscutir o papel de Maria Leopoldina de Áustria, esposa de D. Pedro I, na cena pública e na cultura brasileira. Rosa cedeu para o evento os croquis da figura retratada pelo desfile da Imperatriz Leopoldinense em 1996 (***A Imperatriz Leopoldinense Honrosamente Apresenta Leopoldina, a Imperatriz do Brasil***).

A segunda, ocorrida de abril de 2018 a abril de 2019, veio a ser "***O Rio do Samba: resistência e reinvenção***", cuja curadoria coube a Nei Lopes, Evandro Salles, Clarissa Diniz e Marcelo Campos (diretor do Departamento Cultural da UERJ). A mostra delineou um percurso pela história social do ***samba*** (patrimônio imaterial brasileiro), da diáspora africana à atualidade da arte do povo negro do Rio de Janeiro e do Brasil. Segundo os curadores, a perspectiva da resistência e da reinvenção cultural atravessa a exposição, que apresenta a potência do ***samba*** como fenômeno social e estético. Rosa colaborou, uma vez mais, com croquis dos seus desfiles para as escolas de samba da cidade.

Por fim, outros desenhos da artista para os desfiles das escolas de samba cariocas seriam exibidos em uma mostra *sui generis*, organizada em "curadoria colaborativa[258]" por um coletivo de funcionárias do Museu: "***Mulheres na Coleção MAR***". Aberta ao público de novembro de 2018 até junho de 2019, a exposição reuniu obras de mais de 150 mulheres históricas e contemporâneas, como as brasileiras Abigail de Andrade, Leila Danziger, Neide Sá, Tarsila do Amaral e Tomie Ohtake, além de várias estrangeiras, entre elas a turca Güler Ates, a estadunidense Jenny Holzer e a francesa Louise Bourgeois.

---

258 Trinta mulheres de diversos setores do MAR (agentes de segurança, auxiliares administrativas e de serviços gerais, advogadas, gestoras, jornalistas, museólogas, produtoras, programadoras visuais e recepcionistas) se reuniram durante meses e trocaram experiências, debatendo sobre "o universo feminino e a respeito das múltiplas representações da mulher na arte, nos espaços culturais, na família e na sociedade". Com orientação da equipe de conteúdo, a exposição foi dividida em seis núcleos significativos: *Retrato/Representação, Corpo Político, Geografias Transversais, Cidade e Paisagem, Abstração* e *Poéticas*.

5. Da Bahia até Nova Iorque

Estávamos às vésperas do terceiro milênio, no tão decantado ano 2000. Quase duas décadas depois, em 2018, Rosa encenaria na avenida um dos mais belos desfiles da Portela, cujos personagens eram seres desgarrados que se deslocavam entre o *Velho* e o *Novo Mundo*: "*De repente de lá pra cá e dirrepente de cá pra lá*". O enredo reescrevia a saga dos judeus que fugiram da feroz Inquisição na Península Ibérica e aportaram no Recife em meados do século XVII, ali se abrigando sob a proteção do conde Maurício de Nassau, governador das terras ocupadas pelos holandeses em Pernambuco, cuja administração se deu sob um regime de franca tolerância religiosa. Depois, com a retomada da região pelos portugueses, os refugiados empreenderam nova diáspora rumo à Holanda, ao Caribe e à promissora Nova Amsterdã, que, posteriormente, sob o domínio inglês, iria ser rebatizada como *New York* (ou Nova Iorque, na grafia portuguesa).

Nômade e perseguido havia sido também o avô de Rosa, o cearense Raymundo Magalhães, que recebera sete facadas de um desafeto político na terra natal e precisara sair às pressas do vilarejo de Ubajara, lá na serra do Ibiapaba, para não perder a própria vida. O tinhoso jornalista tomou o rumo da antiga capital federal e, no caminho, deixou o filho dileto em Campos, para que ele estudasse e pudesse se iniciar na mesma carreira do pai. Andarilhos e polêmicos, outros membros do clã iriam se instalar na Bahia, onde fariam carreira na política estadual e nacional, como o governador Juracy Magalhães (UDN), pai do senador Jutahy Magalhães (UDN/ARENA/PMDB) e avô do deputado estadual e federal de Jutahy Júnior (ARENA/PMDB/PSDB).

Curiosamente, havia sido na Boa Terra que Rosa participara, ainda nos tempos de estudante da *ENBA*, da primeira bienal da carreira, odisseia já relatada neste capítulo. E seria agora, em 2000, que ela estrearia na direção de um megaevento público: o desfile de celebração dos *500 Anos de Descobrimento* (termo contestado por diversos historiadores modernos) *do Brasil*, realizado em Salvador, cidade que muito se orgulha de ser o único lugar em que houve luta campal renhida para expulsar os portugueses e consolidar a independência do país (feito cujo marco é o dia 2 de julho de 1823, data até hoje festejada pela população baiana).

O convite a Rosa não era surpresa. Naquela época, a carnavalesca havia atingido o auge da carreira, após obter quatro títulos na Imperatriz Leopoldinense (1994-95 e 1999-2000), desenvolvendo enredos criativos e impecáveis, sobre temas que promoviam um enlace da cultura brasileira com distintas referências de outras regiões do mundo. Na dobradinha dos dois últimos folguedos, aliás, a artista se credenciara como uma autêntica "cronista" do país, abordando aspectos singulares das relações dos estrangeiros com a nossa terra nos enredos "***Brasil mostra sua cara em... Theatrum Rerum Naturalium Brasiliae***", de 1999, e "***Quem descobriu o Brasil foi seu Cabral, no dia 22 de abril, dois meses depois do carnaval***", do próprio ano 2000.

No primeiro desfile, Rosa revisitou a obra do pintor holandês **Albert Eckhout**, um dos membros da missão artística que Nassau acolheu no Recife em 1637. Eckhout se destacaria por pintar as "coisas naturais" do país (cajus, sabiás e outras espécies da flora e da fauna) e seus tipos humanos (indígenas e negros africanos, em especial). Já em 2000, a carnavalesca recriou o histórico desembarque dos navegadores lusitanos no sul da Bahia com o mesmo tom burlesco e jocoso da canção de Lamartine Babo, frisando o encontro das três matrizes da *brasilidade* (o indígena, o branco e o negro) inspirada em Eduardo Bueno (*O Descobrimento do Brasil*) e Sérgio Buarque de Holanda (*Visão do Paraíso*).

O sucesso da moça prosa no carnaval carioca propagara-se de tal modo país afora, que, quando cogitaram de realizar um desfile sobre os "*500 anos*", a assessoria do Prefeito Antônio Imbassahy e a do governador César Borges (ambos do PFL) já tinham um nome a indicar: *Rosa Magalhães*. Era o talento e o currículo da artista que justificavam o convite, mas outro dado circunstancial e jamais invocado por ela abonava a opção: quando soube que Raymundo Magalhães Jr., pai de Rosa, era parente de outro político baiano afamado (o senador Jutahy Magalhães), até o *cacique* mor da política regional, o influente empresário Antônio Carlos Magalhães (DEM), então presidente do Senado Federal, abonou a escolha.

Rosa sabia quão polêmicos eram os festejos do dito "*descobrimento*", que as nações indígenas e os movimentos sociais da região contestavam com veemência. Os protestos marcariam a solenidade oficial realizada na praia de Coroa Vermelha, entre Santa Cruz de Calábria e Porto Seguro (sítio onde fez pouso a esquadra de Pedro Álvares Cabral), com a presença do presidente FHC e do mandatário português Jorge Sampaio. Ao se aproximar do local, centenas de índios, estudantes e militantes do MST e do movimento negro foram reprimidos pelas forças policiais, com um saldo de sete feridos e 140 pessoas detidas.

Além do lamentável episódio, outro fiasco seria o lançamento ao mar da réplica da nau capitânia (guia da frota lusitana composta por dez naus, três caravelas e uma naveta de mantimentos). Logo depois de zarpar, a embarcação encheu-se de água e começou a adernar, sendo rebocada às pressas para se evitar o pior. O fato, obviamente, não passaria despercebido a certos órgãos de imprensa, que registraram o "naufrágio" com suas lentes. O vexame foi tão grande, que FHC demitiu o ministro da Cultura, organizador do evento[259].

Ciente das querelas, a artista convidada organizou um desfile com ênfase nos três elementos formadores da nossa estrutura racial e no caráter híbrido/sincrético da cultura brasileira. Na releitura do processo de formação social do país, Rosa, como quase todos os artistas modernos, preferia o tom nativista e tropicalista a qualquer discurso ufanista ou chauvinista. É claro que o espírito que impregnara o desfile da Imperatriz Leopoldinense na Sapucaí ecoava sobre aquela versão baiana do fato histórico, que reuniu mais de quatro mil pessoas e se estruturou de forma similar a um cortejo das escolas de samba cariocas, com oito carros alegóricos marcando as principais passagens do enredo, todos eles criados e executados na própria capital baiana.

Esse verdadeiro "vestibular" em Salvador terminaria por levá-la muito mais longe. Selecionada para dirigir a cerimônia de abertura da 15ª edição dos *Jogos Pan-americanos* (o ***Pan 2007***), Rosa embarcaria em uma premiada viagem da Bahia a Nova Iorque, com direito a uma intensa jornada no Maracanã, onde ela apresentou às três Américas e ao mundo um amplo painel histórico, artístico, cultural e folclórico do Brasil. Até então, os megaeventos esportivos eram uma realidade desconhecida para a artista, que, segundo ela própria revelou, já tinha visto espetáculos de abertura e encerramento de Jogos Olímpicos, "*mas nunca os de Jogos Pan-Americanos*[260]".

---

259 Cf. "Protesto marca 500 anos do descobrimento". Memorial da Democracia, 22 de abril de 2000. *In*: http://memorialdademocracia.com.br/card/protesto-marca-500-anos-do-descobrimento. Acesso: 6/5/2019.

260 MAGALHÃES, Rosa. *E vai rolar a festa*. Rio de Janeiro: Novaterra Editora, 2018, p. 11.

Tudo começou com um telefonema para a sua casa e um convite do escritório de produção da festa. Rosa deveria comparecer ao local para uma entrevista, levando um projeto em que o Rio de Janeiro figurasse como a grande vedete do evento. Ocupada com o barracão da Imperatriz, ela optou por sumariar as ideias enunciadas em *Fazendo Carnaval* (uma espécie de manual da folia lançado em 1977) e em sua obra sobre o desfile na Bahia. Um mês depois, a artista e o programador visual Luiz Stein eram indicados para a missão, cujo passo inicial seria um curso intensivo sobre o protocolo das cerimônias esportivas. Cumprida a exigência, Rosa e a equipe de criação (leia-se: **Mauro Leite** e **Andréa Vieira**) teriam dois meses para apresentar o conceito geral da festa a **Scott Givens**, presidente da empresa estadunidense *FiveCurrents*, produtora do espetáculo de abertura do *Pan 2007*.

Segundo relatou a escultora Andréa Vieira, mesmo dispondo de parcos recursos para a empreitada, o trio responsável pela concepção plástica do evento atuou sempre em perfeita sintonia, instituindo apenas uma divisão básica de funções entre os assistentes: **Mauro** se encarregaria dos figurinos e **Andréa**, da cenografia[261]. Por isso, quando Givens regressou ao Brasil, já havia um consenso sobre o que deveria ser mostrado ao público televisivo: "*A festa seria a representação de um dia completo, desde as primeiras horas até o fim da noite*". Nesse percurso, o ponto de partida seria o ***sol***, coadjuvado pelo ***carnaval*** e pela presença de uma grande **bateria** de escola de samba[262].

O produtor ficou apreensivo com as pretensões da equipe, mas Rosa, convicta da nossa capacidade em organizar festas populares, convidou-o a conhecer o ***Festival do Boi***, em Parintins (AM). Lá, a turma do *Caprichoso*, o boi azul, e a associação do *Garantido*, o boi encarnado, duelam desde 1966 no *Bumbódromo* da cidade – uma arena a céu aberto com o formato de uma cabeça bovina estilizada, com capacidade para 35 mil pessoas. Depois de assistir à festividade regional, Scott confessou que ficara bastante impressionado e que só sentira tamanha emoção quando presenciou a exibição de uma ópera no deserto do Saara.

---

261 Entrevista concedida por Andréa Vieira ao biógrafo na Cidade do Samba, em 26/03/2019.

262 MAGALHÃES, obra citada, p. 17.

De Parintins até o Maracanã: o boi deu trabalho,
mas entrou | Fotos: acervo de Rosa Magalhães

Rosa, por sua vez, bem mais curiosa e imaginativa, aproveitou a viagem para bater perna pelas ruas de Parintins e logo se deparou com um vendedor muito habilidoso, que fabricava peças de madeira da fauna amazônica. A artista se apaixonou por um jacaré todo articulado, que abria a boca, mexia os olhos e abanava a cauda. Pronto: uma imensa réplica do réptil, com mais de 30 m de comprimento e uma bocarra assustadora, seria uma das principais atrações da abertura do *Pan*. De resto, a sequência do evento já estava definida:

- *Primeiro, descendo pelas escadas de acesso das arquibancadas, vinha a superbateria com centenas de componentes, que, vestidos com túnica indígena, entrariam no gramado – essa era a senha para o início de uma jornada completa em plagas tropicais.*

- *Depois, com a luz ainda incerta no lusco-fusco da madrugada e os bichos se agitando no berçário da natureza, o Sol se levantava para alimentar as plantas e animais.*

- *O mar também assumia novas cores, com os barcos cruzando a cena tal qual uma tela de Pancetti e a praia enchendo-se de vida, com banhistas, vendedores de bolas e cata-ventos, bicicletas e o desenho modernista do calçadão de Copacabana.*

- *Por fim, caindo a noite, era hora de dormir e ouvir acalantos (entre eles, o "Boi da cara preta"), emoldurando os temores da infância (com o "Bicho Papão" a espreitar nas sombras da memória coletiva).*

- *Para espantar o medo, alegravam-se as noitadas com as divertidas festanças populares: frevos, folias, maracatus, reisados e o paradisíaco carnaval.*

- *O fim da longa trajetória seria prenunciado pela execução da célebre marchinha "Cidade Maravilhosa", composta por André Filho para o carnaval de 1935, que desde a década de 1960 se converteu no "hino oficial" do Rio.*

Como Rosa sempre gosta de lembrar, toda vez que uma banda tocava a canção, "sabia-se que o baile iria terminar"...

Pois bem: o roteiro estava traçado, mas era preciso executar o que fora planejado com base no orçamento disponível, obviamente aquém das necessidades do projeto. Como na maioria das iniciativas desta era dita *globalizada*, cada item básico da infraestrutura era produzido em um local: o palco, no interior de São Paulo; os figurinos e adereços, na *Cidade do Samba* (mais precisamente, no barracão da **Imperatriz**); os acessórios, quase todos, vinham do SAARA (área de comércio popular no centro do Rio); e a deslumbrante pira, a grande atração dos Jogos, da Austrália, a mais de 15 mil km do Brasil.

De resto, ralou-se muito para que os gigantescos elementos cenográficos ficassem prontos em tempo hábil – e sem qualquer falha de montagem, nem risco de pane no dia D. O colossal jacaré de 30 m teria de passar pelo túnel de acesso ao gramado sem as quatro patas, que eram acopladas logo em seguida. Houve um teste preliminar de madrugada e o réptil, deslocado da *Cidade do Samba* até o Maracanã, provou que rastejar no palco da festa não seria problema para a alegoria. A cadeira gigante de 8 m de altura onde **Adriana Calcanhoto**, acompanhada do violão, cantava uma canção de ninar tampouco fez falseta: graças a um mecanismo criado pelo cenógrafo **Sérgio Marimba**, as pernas se encolhiam e a peça cruzava o corredor com "apenas" 4,5 m. Por fim, os bois das festas noturnas foram cuidadosamente transportados até o estádio, numa viagem de mais de cinco horas – com o sexto bovino detido pela PM, por falta da nota fiscal já emitida para o Comitê dos Jogos[263].

Para confeccionar os trajes dos figurantes, foi preciso instalar um ateliê de ritmo industrial no barracão da Imperatriz, além de uma seção mais modesta no Maracanã, a cargo do meticuloso David Profeta. Ele seria o grande responsável por organizar o guarda-roupa impecável do *Pan*, ajustando os trajes de mais de quatro mil integrantes da festa. Tinha-se, ainda, de providenciar

---

263 *Idem, ibidem*, p. 40-41.

O jacaré colossal articulado: uma ideia inspirada nos artesões da Amazônia | Fotos: acervo de Rosa Magalhães

alimentação para toda essa mão de obra. A fim de cuidar da hercúlea tarefa, Rosa contou com a valiosa colaboração de Célia Domingues, presidente da *Associação de Mulheres Empreendedoras do Brasil* (AMEBRAS), entidade dedicada à qualificação dos trabalhadores do carnaval por meio de cursos e oficinas de formação profissional oferecidos no *Armazém do Samba* (situado no *Barracão Cultural* da Cidade do Samba). Coube a ela checar todos os contratos e encargos do pessoal da linha de produção.

Chegou, enfim, o dia 13 de julho de 2007, data de abertura dos *Jogos*. Como o lugar que lhe fora reservado veio a ser ocupado pela Orquestra Sinfônica Brasileira, Rosa sentou em um degrau da escadaria de acesso ao lado da grade divisória de dois setores da plateia, matando a fome com um enorme sanduíche e um copo de refrigerante que um admirador de sua obra lhe ofertou generosamente ao vê-la tão cansada e – por certo – com jeito de quem não comia há horas. Quando as luzes do estádio começaram a se apagar, anunciando o início do espetáculo, ela ainda parecia temer pelo êxito da folgança, mas não teria motivo algum para se assustar até o final da cerimônia.

A única surpresa talvez tenha sido a vaia que parte do público dirigiu ao Presidente Luiz Inácio da Silva (PT), quando sua presença foi anunciada pelo locutor da festa. Nem Lula, nem os mais simpáticos ao chefe do Executivo esperavam, por certo, essa atitude da plateia. Os petistas, por sinal, até hoje garantem que tudo foi orquestrado pelo Prefeito César Maia (DEM), um oposicionista ferrenho do governo: o político teria distribuído ingressos a suas bases, orientando-as a apupar o desafeto. Rosa nem teve tempo de dar atenção ao bafafá: seus olhos e ouvidos estavam inteiramente voltados para os quadros artísticos que ela, Mauro e Andréa haviam concebido. Será que tudo sairia bem?

O evento foi aberto com a execução, à capela, do Hino Nacional Brasileiro pela cantora **Elza Soares** (justo e merecido enredo da Mocidade Independente de Padre Miguel em 2020). Logo em seguida, os ritmistas de várias escolas de samba da cidade entraram em cena, tocando a música-tema dos *Jogos*, "Viva Essa Energia", interpretada por **Ana Costa** e **Arnaldo Antunes** (coautor da canção, junto com Liminha). Depois, os atletas de todas as delegações desfilaram pela pista do estádio, cabendo, como já é praxe, ao grande anfitrião da competição (isto é, ao Brasil) encerrar o alegre cortejo.

O ateliê improvisado na área externa do estádio | Acervo Rosa Magalhães

Pautada pelo mote da **energia**, cuja fonte propulsora seria o ***sol***, a sessão artística estruturou-se a partir de três elementos de rara potência: o astro-rei, as águas e os seres humanos. Inspirados pela música, mais de quatro mil voluntários cumpriram a sua parte, encenando no Maracanã o **dia** carioca idealizado por Rosa e seus assistentes. Os recursos visuais do trio eram simples, mas bem eficientes: via-se, por exemplo, o desenho ondulado em preto e branco do calçadão de Copacabana nas imensas bandeiras desfraldadas por vários jovens no gramado. E os veleiros de Pancetti também singravam o mar cenográfico que emoldurava a paisagem de mais uma jornada solar no Rio de Janeiro, bordejando o palco onde os cantores e bailarinos se exibiam.

Já mais serena e descansada, após devorar o sanduíche que o generoso espectador lhe oferecera, o alívio da discreta diretora seria ainda maior ao ver que, salvo um ou outro detalhe quase imperceptível aos olhos do público, tudo aquilo que se idealizara estava se tornando realidade na noite mágica do estádio. Ela evitaria comentar ou avaliar o roteiro geral do espetáculo, mas não havia como dissimular sua satisfação com certos "achados" da encenação, como a descomunal cadeira de oito metros de altura sobre a qual uma "diminuta" **Adriana Calcanhoto** executou seu belo número musical. A trilha sonora do evento, aliás, sob a direção de **Alê Siqueira**, era um trunfo à parte de Rosa, que, além de Adriana, contou com o talento de Arnaldo Antunes, Ana Costa e do grupo pernambucano **Cordel do Fogo Encantado**.

Aos poucos, a festa ia chegando ao fim. É claro que Rosa ainda teria de ouvir os discursos das autoridades do COB e da ODEPA, os juramentos dos atletas e árbitros, além da "Oração pela Paz", recitada pelo cantor **Chico César**, acompanhado pelos bailarinos da companhia de **Deborah Colker**. Por fim, a chama olímpica concluiu seu roteiro e cruzou os últimos metros do gramado nas mãos do atleta Joaquim Cruz (medalha de ouro em Los Angeles, em 1984), que acendeu a pira, uma alegoria metálica do sol que, depois de acionada, girava sobre o seu eixo central. No último ato, **Daniela Mercury** cantou um *pot-pourri* das canções de **Ary Barroso**, para deleite da moça prosa, a quem o cantor mineiro "paparicava" nas tertúlias da Av. Atlântica, tocando ao violão para a menina Rosa a canção dolente de Caymmi.

Uma vez mais, a filha de Raymundo e Lucia saía de cena com a sensação do dever cumprido. Haviam lhe confiado a criação e execução da cerimônia

O barquinho de Pancetti singrou o mar cenográfico | Fotos: acervo de Rosa Magalhães

E rolou a primeira festa no palco do Maracanã
(PAN 2007) | Fotos: acervo Rosa Magalhães

artística de abertura e Rosa não desapontou os organizadores, tampouco a plateia. A solenidade e o próprio *Pan* seriam marcados por episódios nada cordiais, como as ofensas de torcedores – e até de comentaristas televisivos – mais exaltados aos atletas estrangeiros (sobretudo nas provas de ginástica artística e de judô, quando o brasileiro Flávio Canto foi eliminado). Contudo, ao menos no quesito de produção da festa, não houve motivo para vexames; ao contrário: a cerimônia recebeu calorosos elogios da mídia e dos especialistas, obtendo nove prêmios internacionais, inclusive o *Emmy* 2008 de melhor figurino[264]. Rosa recebeu-o da *NATAS* (sigla em inglês da *Academia Nacional de Artes e Ciências Televisivas*), em Hollywood, e fez questão de compartilhá-lo com sua equipe de criação: Andréa Vieira e Mauro Leite.

6. E rolou mais uma festa...

Testada e aprovada no *Pan 2007*, Rosa teria uma tarefa ainda mais árdua nos *Jogos Rio 2016*, cujo convite lhe havia sido feito antes do Natal de 2015. Ela até hoje se pergunta por que aceitou a proposta do diretor geral de criação **Abel Gomes** e do italiano **Marco Balich**, produtor executivo do evento. Em meio à grave crise do país, a artista sabia que o novo projeto enfrentaria sérios problemas logísticos e financeiros. Todavia, por mais uma dádiva das musas que nunca lhe faltavam, ao final tudo acabou dando certo para a moça prosa. De fato, para quem acompanhou desde o início a árdua tarefa de concepção e montagem da festa de encerramento da **Olimpíada**, realizada na noite de 21 de agosto, no estádio do Maracanã, em meio a fortes chuvas que a fizeram temer pelo desfecho da solenidade, era bem provável que alguma coisa falhasse no decorrer da festividade. Ou, então, que o próprio espetáculo se convertesse

---

264 Concedido por *The National Academy of Television, Arts and Science* (NATAS), sediada em Hollywood (Los Angeles, USA), o *Emmy* é considerado o mais prestigioso prêmio conferido a programas e profissionais de televisão, sendo equivalente ao *Oscar*, no cinema, e ao *Grammy*, na música. O troféu é a estatueta de uma figura feminina com **asas** (símbolo da musa das artes) a sustentar um **átomo** (que representa a televisão).

Mauro Leite, Rosa Magalhães e Andréa Vieira: o trio de criação do PAN e dos Jogos Rio 2016 | Acervo Rosa Magalhães

O prêmio "Emmy" pelo PAN 2007 | Foto: George Magaraia

em um tremendo fracasso aos olhos dos espectadores de todo o planeta – uma hipótese que ela logo tratou de esconjurar...

A responsabilidade assumida por Rosa era extraordinária, quem sabe até o maior desafio que ela enfrentava ao longo de quase meio século de carreira artística – e já às vésperas de completar setenta anos de vida. A experiente carnavalesca sabia muito bem que, desde o século passado, os chamados *Jogos Olímpicos da era moderna*, cuja primeira edição ocorrera na Grécia em 1896, eram o palco de complexas disputas simbólicas e reais no xadrez geopolítico internacional. Como ignorar, por exemplo, o impacto das vitórias de Jesse Owens (o velocista negro nascido no Alabama, no sudeste dos EUA – ironicamente, uma região de violento passado escravista e absurda intolerância racial), na Olimpíada de Berlim, em 1936? Ao arrebatar quatro medalhas de ouro diante do *Führer*, derrotando os atletas alemães, até então favoritos nas provas, Jesse e seus companheiros abalaram o mito da supremacia ariana professado pelo III Reich de Adolf Hitler.

A partir daí, o ideal olímpico acalentado pelo Barão Pierre de Coubertin, traduzido alegoricamente nos cinco anéis entrelaçados que sugerem o congraçamento dos povos dos cinco continentes, nunca mais seria o mesmo. Em 1972, em especial, um episódio extremo mancharia com o sangue dos atletas a Olimpíada de Munique: em retaliação às ações militares israelenses contra os países árabes, acirradas desde a "Guerra dos Seis Dias", em 1967, o grupo Setembro Negro sequestrou e matou onze membros da delegação de Israel (no atentado, morreram também cinco integrantes do comando e um policial alemão). De lá para cá, nunca mais houve trégua entre os árabes e os israelitas, como atesta o ataque de Síria e Egito a Israel já em 1973 (a chamada "Guerra do *Yom Kippur*") e a contínua ofensiva do regime de Tel Aviv contra os palestinos na Faixa de Gaza e na Cisjordânia.

Já em 1980, em Moscou, ainda sob o clima tenso da *Guerra Fria* travada entre EUA e URSS, a XXII Olimpíada era boicotada pelos Estados Unidos e as potências ocidentais (só 80 países prestigiaram o evento, o menor número desde os Jogos de Melbourne, em 1956). Os russos deram o troco na solenidade de encerramento, fazendo o ursinho Misha verter uma lágrima comovida nas arquibancadas do Estádio Olímpico – uma mensagem direta dos soviéticos ao público estrangeiro, a fim de demonstrar que, apesar do estigma de frios e desumanos, os comunistas, afinal, não comiam criancinhas... Naquela época, temeu-se pelo fim dos Jogos, já que em 1984 a URSS e seus aliados do bloco socialista tampouco compareceram à 23ª edição da era moderna, cuja cidade-sede era Los Angeles, uma das maiores metrópoles estadunidenses.

Mesmo com a queda do Muro de Berlim em 1990 e a aparente dispersão do "perigo vermelho", novas batalhas geopolíticas e mercantis afetariam os eventos olímpicos ao final do século XX e no limiar do novo milênio. Preterida por Tio Sam como país-sede da edição centenária dos Jogos, em 1996 (a primazia coube à cidade de Atlanta, na Geórgia, estado da região sul dos EUA), a Grécia gastaria todos os seus mirrados dracmas e euros para receber a XXVII Olimpíada, em *Atenas 2004* – e tão cedo não teria como reequilibrar as finanças, cada vez mais debilitadas após a adesão à *Zona do Euro* em 2002 e a grave crise financeira de 2008-2011. A situação grega, aliás, gerou acirrados debates no *Velho Mundo* sobre o poder da União Europeia e do *euro*, que, com o colapso global de 2008, se revelaria uma nefasta opção para países de economia mais frágil, como Grécia, Espanha e Portugal.

Dinheiro não faltaria à China, em 2008, para promover a 29ª edição do evento, em Pequim, a sede cujo cartão-postal era o vistoso estádio "*Ninho do Pássaro*". Valendo-se dos Jogos para reafirmar seu vertiginoso crescimento no xadrez econômico da era neoliberal, o governo chinês investiu mais de US$ 42 bilhões na infraestrutura dos Jogos, dos quais, por sinal, a nação asiática seria a grande vencedora (conquistando 51 medalhas de ouro contra 36 dos EUA), fato inédito na era moderna da competição. O recado estava dado: após três décadas de célere expansão econômica (com média de 10% de crescimento anual do PIB) impulsionada pelas reformas de Deng Xiaoping (secretário do PC chinês entre 1978 e 1992), o país mudava sua face – e o cartão de visitas do regime era justamente a Olimpíada e sua projeção no quadro de medalhas.

Em 2012, a vitoriana Inglaterra faria as honras da casa em Londres, anfitriã da XXXI Olimpíada. Àquela altura, todos já sabiam que, quatro anos mais tarde, em 2016, pela primeira vez na história, o *Novo Mundo* ao sul do Equador abrigaria uma edição da festa. Irrigado pela alta das chamadas *commodities*[265]

---

265 A tradução mais simples do termo inglês é "***mercadorias***". Ele se aplica a produtos de baixo valor agregado, artigos comerciais ou bens que não sofrem maior transformação antes de sua venda para o mercado externo. São itens **agrícolas** (soja, café, laranja, etc.), **minerais** (petróleo, ouro, ferro, etc.) e até **ambientais** (madeira e água). No séc. XXI, as ***commodities*** têm superado os itens industrializados na pauta de exportações do Brasil.

Festa de encerramento dos Jogos Olímpicos Rio 2016, no estádio do Maracanã (Rio de Janeiro), uma criação de Rosa Magalhães, Mauro Duarte e Andréa Vieira | Foto: Luciano Belford

A homenagem à arte das rendeiras nordestinas, com projeção de imagens no gramado do estádio, uma criação de Batman Zavareze | Foto: Luciano Belford

no mercado global, o Brasil vivia um surto transitório de expansão na década inicial do século XXI, sonhando, uma vez mais, em se tornar o "país do futuro" que o escritor austríaco Stefan Zweig, exilado em nossa terra para fugir à perseguição dos nazistas, profetizara no famoso ensaio de 1941. Alternando fases de euforia e depressão desde o fim dos "*anos dourados*", na década de 1950, a população acalentava no peito a esperança de que agora era para valer...

Nessa maré de bonança, o governo apostou alto e candidatou-se a sediar os dois eventos máximos do esporte global: a **Copa do Mundo** de 2014 e os **Jogos Olímpicos** de 2016, cuja cidade-sede seria o Rio de Janeiro. Sem fugir à praxe dos países que promovem eventos de tal dimensão, nossos governantes, insuflados pelos ventos de prosperidade do comércio mundial (ainda aquecido pelas demandas de matéria-prima da China e dos "tigres asiáticos"), aliaram-se aos *cartolas* da CBF e do COB, jogando todas as fichas nos congressos deliberativos da FIFA e do COI. Ao final, apesar de fortes suspeitas de suborno, garantiu-se a realização de ambas as competições no maior país da América Latina.

Poucos anos depois, com a economia mundial em refluxo e a conjuntura nacional e internacional de ponta-cabeça, o país era sacudido por ruidosas manifestações à direita e à esquerda. O polêmico *impeachment* da presidente Dilma Roussef e as sucessivas denúncias de improbidade e corrupção do governador Sérgio Cabral e da alta cúpula do PMDB-RJ compunham o novo cenário nacional e regional. As torneiras do dinheiro fácil estavam fechadas e a crise política, administrativa e financeira (tanto em Brasília, quanto no estado do Rio de Janeiro) atingia proporções assustadoras. Carecendo de recursos para organizar a badalada cerimônia olímpica, como a moça prosa lidaria com esse enredo tão adverso?

Bem, driblar a escassez de verbas e as tormentas do poder não eram exatamente uma novidade para qualquer carnavalesco(a), particularmente Rosa, que, ao lado de Lícia Lacerda, já fora campeã no Império Serrano em 1982 dispondo apenas da garra da família imperiana, de uma sinopse deveras original e fértil fabulação. Dois anos mais tarde, aliás, ela também evitaria a queda da Imperatriz Leopoldinense, depois que o *patrono* Luizinho Drummond saiu da escola de Ramos em 1983, levando consigo até os chassis dos carros alegóricos guardados no barracão. E agora, em 2016, o que ela deveria fazer para impedir um terrível fiasco de nossa gente bronzeada aos olhos do mundo?

As soluções, naturalmente, teriam de ser "domésticas". Se a Prefeitura da Cidade e o Comitê Olímpico Brasileiro (COB) não lhe ofereciam um espaço amplo e bem equipado para confeccionar as fantasias, os adereços e os elementos alegóricos da festa, Rosa não se apertava, apelando para uma saída análoga à do *Pan 2007*, quando ela montou seu QG no galpão da Imperatriz, na Cidade do Samba, onde estão abrigadas as doze (por vezes, treze ou até catorze) escolas de samba do Grupo Especial dos desfiles da Sapucaí. Pronto! Em 2016, a "fábrica de sonhos" dos Jogos tornaria a ser instalada naquele reduto estratégico da zona portuária da cidade, mais exatamente, no barracão do **GRES São Clemente**, a casa em que ela própria trabalhava desde meados de 2014.

Gozando da confiança do presidente Renato Almeida Gomes, Rosa conseguiu que a diretoria da simpática agremiação de Botafogo lhe cedesse as instalações até agosto, o mês de realização dos Jogos. Assim, depois de prestar homenagem a mestre Pamplona na passarela da Sapucaí em 2015 e de cantar "mais de mil palhaços no salão" no desfile que acontecera ao final de fevereiro, a carnavalesca se incumbiria então, no primeiro semestre de 2016, de uma sinopse absolutamente inédita em sua vida: pintar, no palco do Maracanã, um retrato do Brasil histórico e contemporâneo para centenas de milhões de espectadores do mundo inteiro.

Tinha tudo para dar errado – só que não. A fim de evitar *surpresas*, a prudente Rosa adotou algumas medidas providenciais, a começar pela composição da própria equipe, em que atuavam vários profissionais que já haviam trabalhado ao seu lado no *Pan 2007*. Entre eles, estavam o produtor técnico **James Lee**, o diretor musical **Alê Siqueira** e o coreógrafo **Bryn Walters**, além dos fiéis parceiros de criação **Andréa Vieira** e **Mauro Leite**. Na retaguarda, a assistente **Alessandra Cadore**, a produtora **Jacqueline Barros** e a dinâmica **Célia Domingues**, da AMEBRAS, sua valiosa parceira nas tarefas prosaicas do dia a dia.

Com o time bem escalado, a segunda providência seria delinear o fio condutor do espetáculo, que deveria diferenciar-se da cerimônia de abertura, dirigida por **Andrucha Waddington**, **Daniela Thomas** e **Fernando Meirelles**, cuja personagem central havia sido a própria sede do evento – o **Rio de Janeiro**. Agora, sem esquecer a urbe anfitriã, era hora de falar do país que abrigara os Jogos: o **Brasil**. Para tanto, Rosa optou por reafirmar o conceito do *Fazer*, a fim de recontar a história da nossa arte e cultura por meio de expressões criativas dos artistas nacionais. Nesse périplo, o ponto de partida eram as **pinturas rupestres** e as assinaturas ancestrais dos primeiros habitantes da Serra da Capivara, no Piauí (as mãos espalmadas com tinta há quase doze mil anos nas cavernas de mais de 730 sítios arqueológicos), ao passo que a estação final abordava a era moderna, homenageando a obra de **Burle Marx** e o **carnaval**.

Sem saber qual seria o orçamento disponível, a ambiciosa Rosa incluiu ainda no projeto alguns itens de grande efeito, como o voo de dois *pterossauros* sobre o público do estádio, com direito a silvos agudos e selvagens da sonoplastia. Contudo, o corte de 50% das verbas destinadas à festividade (sugadas pelo "buraco negro" das três reformas do Maracanã e pela "farra das empreiteiras" contratadas para construir o parque olímpico) deixou a artista a ver navios. Com o orçamento mutilado, Rosa teve de substituir diversos elementos cênicos propostos (não só os dois seres alados pré-históricos, mas também os anéis olímpicos, o bondinho do Pão de Açúcar e o Cristo Redentor, entre outros) por coreografias de figuras humanas e projeções no gramado do Maracanã.

Para tanto, ela valeu-se da ajuda inestimável do artista gráfico **Batman Zavareze**, que, à falta de cabos de aço e com menos de dois meses para trabalhar, utilizou projetores de máxima potência para transformar as aves jurássicas e outros bichos da fauna nativa (tatus, jacarés, capivaras) em sombras animadas que deslizavam sobre o gramado[266]. Com uma equipe menor do que a do *Pan 2007*, mas a mesma dotação orçamentária da década anterior, não havia como cumprir o cronograma original, nem sequer executar todos os pontos do projeto. Os contratempos, porém, não paravam por aí... Em seu relato sobre a estressante maratona, a própria Rosa nos descreve esse calvário:

> *A verba era limitada, não tínhamos recursos para efeitos com elementos voadores por conta dos custos e, mais grave, não teríamos o Maracanã para ensaios, sendo que, além disso tudo, as montagens só aconteceriam depois de um jogo de futebol que*

---

266 Cf. MAGALHÃES, Rosa. *E vai rolar a festa*. Rio de Janeiro: Novaterra Editora, 2018, p. 64. Segundo anota a autora, salvou-se também o "grito estridente" do *pterossauro*.

Bonecos de cangaceiros e a rendeira cearense inspiram o visual dos Jogos | Desenhos de Rosa Magalhães

aconteceria na véspera, à tarde [Brasil x Alemanha, decisão do torneio masculino]. O gramado só seria liberado depois das 10 h da noite. Quando recebemos essa notícia, ficamos seriamente preocupados. Tínhamos de montar tudo em menos de 24 horas até as 3 h da tarde do dia seguinte: piso, plateia, o local onde ficariam alojados os atletas e, pior – sem ensaio geral com as luzes e projeções. Abel [Gomes] fez de tudo tentando trocar o jogo para outro estádio, mas ninguém se comoveu com nossas súplicas. E assim foi realizada a festa de encerramento, no dia previsto e sem um minuto de atraso.[267]

Como os leitores decerto já se deram conta, não era apenas na área financeira que Rosa e os pares padeciam sérios obstáculos. Era preciso também driblar a má-vontade e o amadorismo das autoridades, que, habituadas ao improviso e à desfaçatez, não davam a mínima para os pedidos do grupo. Até mesmo os ensaios, que não podiam ser realizados no Maracanã, vieram a ocorrer do outro lado da linha férrea, junto à Quinta da Boa Vista, em um terreno cheio de entulho das obras anteriores que, depois de aterrado, veio a ser cimentado nas mesmas dimensões do gramado do estádio.

Elegante e reservada, Rosa também evita comentar o estorvo que lhe causou o teste com a alegoria montada para a festa, que talvez não conseguisse passar sã e salva pela rampa que dá acesso ao gramado da arena (aquela por onde entram as ambulâncias de plantão em dias de jogo). O problema já começa pelas restrições impostas pelas autoridades públicas ao cortejo: só é possível rodar com o carro alegórico pela cidade de madrugada, sob os olhos atentos da Companhia de Trânsito, da Guarda Municipal, dos Bombeiros e da PM, com direito a batedores, interdição de vias e eventuais contratempos pelo caminho.

E foi assim que aconteceu. Escoltada por um batalhão de guardas municipais e policiais, a superalegoria deixou o pavilhão da Gamboa de madrugada e rumou para o Maracanã, devagar e sempre, como sói ocorrer no carnaval

---

267 MAGALHÃES, obra citada, p. 78.

carioca, quando seu destino é o *Sambódromo*, mais próximo da *Cidade do Samba*. Chegando ao estádio, a prova de fogo: passar pela rampa sem sofrer danos – outra experiência já conhecida da carnavalesca nos desfiles em que os carros alegóricos devem passar sob o viaduto São Sebastião, na Av. Presidente Vargas, antes de dobrar à esquerda em direção à pista da Av. Marquês de Sapucaí. Felizmente, tudo correu às mil maravilhas, ainda que fosse necessário desmontar as abas laterais da alegoria para que ela transpusesse o vão de entrada sem qualquer dano.

Pronto: não havia mais o que fazer, a não ser esperar o domingo da festa e cruzar os dedos para que nada falhasse na noite crucial. Veio então o dia 21 de agosto de 2016, com um cenário meteorológico nada auspicioso para a equipe... Chovia a cântaros no Rio desde cedo, o que logo provocou transtornos previsíveis na "*cidade maravilhosa*", vítima contumaz de alagamentos, queda de árvores, falta de energia (inclusive em alguns setores do estádio). A chuva cairia até o início da cerimônia, embora em menor intensidade, com a temperatura baixando para 18°, o que, mesmo em pleno inverno, costuma incomodar o carioca, sempre avesso ao frio. Mas as musas não abandonaram Rosa – e, enquanto os ambulantes faziam a sua *festa* nas portas do estádio, vendendo capas de plástico para o público, o espetáculo, enfim, começou, em clima de enorme ansiedade e comoção.

Primeiro apareceu o aviador Santos Dumont, criador do *14-Bis*, com seu chapéu inconfundível, a anunciar um sobrevoo do Maracanã ao som delicioso de um *chorinho*. Em seguida, as projeções do mago Zavareze no gramado iniciaram a contagem regressiva, que culminou com uma bela queima de fogos na cobertura da arena. A partir daí, a releitura de Rosa da nossa arte e de seus expoentes ocuparia o gramado, entremeada por alguns itens obrigatórios (e, por vezes, nada sedutores) do protocolo, como os discursos dos figurões e clipes musicais com artistas estrangeiros. Vale a pena recapitular o roteiro daquela noite deveras especial:

- *Abrindo a folgança, bailarinos com uma fantasia estilizada da arara **Blu** (protagonista do filme **Rio**), compuseram imagens emblemáticas da cidade no palco (o Cristo Redentor, os Arcos da Lapa, o Pão de Açúcar com o bondinho em movimento), ao som de sucessos da MPB interpretados* *pelo grupo de percussão* ***Barbatuques*** *– fechando a apresentação com o desenho dos anéis olímpicos no piso.*

- *No segundo número, o compositor* ***Martinho da Vila*** *(parceiro de Rosa na terra de Noel), acompanhado das três filhas e de uma neta, interpretou, com raro enlevo e a bonomia que lhe é peculiar, "****Carinhoso****" (choro de* ***Pixinguinha****, com letra de* ***João de Barro****), um dos maiores clássicos da nossa música popular.*

- *O terceiro momento seria um dos pontos altos da festa: 27 crianças vestidas de branco postaram-se no centro do Maracanã, durante a execução do hino nacional brasileiro por um conjunto de percussionistas; elas personificavam as estrelas da nossa bandeira, que representam todas as unidades da Federação (26 estados e o Distrito Federal).*

- *Ato contínuo, o projetor voltou a entrar em cena para emoldurar com imagens tropicais a aparição de* ***Carmen Miranda*** *(na pele da cantora* ***Roberta Sá****, com um exuberante cocar de frutas), personagem tão querida de Rosa e um dos ícones do Brasil aos olhos do mundo – uma senha para a entrada das 207 delegações presentes à XXXI Olimpíada.*

- *Já com uma hora de cerimônia, a história da nossa arte e seus expoentes veio a ser contada, mediante a projeção no telão gigante do campo das mãos espalmadas com tinta dos primeiros habitantes da Serra da Capivara, um verdadeiro marco zero da produção artística de nossa gente.*

- *Em sensível reverência à cultura dos pioneiros desta terra, a magia tomou conta da cena, com os tambores indígenas a secundar um coro de crianças guaranis que entoavam cânticos para* ***Yamandu*** *(originalmente, Nhanderuvuçu), o deus supremo da mitologia de seu povo – o criador do cosmo e a grande energia que sempre existiu, existe e existirá.*

- *Outra passagem inesquecível da noite seria aberta com a voz grave de* ***Arnaldo Antunes*** *a recitar seu poema "Saudades", introito para as mulheres rendeiras do Ceará, trajadas como baianas do carnaval: enquanto as artesãs bordavam uma imensa toalha branca no telão, o público se encantava com o clássico "****Mulher Rendeira****" (de* ***Zé do Norte****).*

Cabe aqui um parêntese para lembrar que o tributo às rendeiras do Ceará era também uma vênia à terra natal de seu pai, cuja cultura ela aprendera a admirar desde cedo. Aliás, não era a primeira vez que Rosa recorria aos elementos artesanais da cultura nordestina, como as rendas e as fitas, que no carnaval da Imperatriz, em 1995, se fundiram a peças do vestuário árabe para contar a surreal história dos dromedários argelinos que desembarcaram em Fortaleza, em meados do século XIX, para servir à expedição científica patrocinada pelo Imperador D. Pedro II, mas vieram a ser substituídos pelo valente jegue sertanejo e terminaram seus dias de efêmera glória desfilando na folia cearense.

- *A atração seguinte seria uma bela coreografia do* ***Grupo Corpo****, dirigido por* ***Rodrigo Pederneiras*** *(outro parceiro dos balés com presença de Rosa), cujos bailarinos, vestidos com malhas vermelhas e amarelas (além de dois solistas com calças negras de bolinhas brancas) dançaram ao som de um irresistível xaxado eletrônico.*

- *A toada nordestina seguiu com a entrada em cena da obra de* ***Mestre Vitalino****, artesão mor de Caruaru, cujos bonecos de barro, com olhos salientes de tinta branca, dançaram no piso do Maracanã ao som de "****Asa Branca****" (o clássico de* ***Humberto Teixeira*** *e* ***Luiz Gonzaga****) e dos ritmos envolventes do Nordeste brasileiro.*

- *O "Rei do Baião" cedeu vez a outro gênio de nossa música, o maestro* ***Heitor Villa-Lobos****, cuja comovente "****Bachiana Brasileira nº 5****" foi a trilha sonora do vídeo exibido com algumas das melhores imagens das competições realizadas ao longo dos dezenove dias da Olimpíada recém-encerrada.*

- *O balanço da MPB voltou logo após a cerimônia de premiação da Maratona masculina (vencida pelo queniano Eliud Kipchoge), com a entrada no palco do pernambucano* **Lenine**, *que interpretou a canção "***Jack Soul Brasileiro***", uma explícita reverência a* **Jackson do Pandeiro**, *o paraibano que fez a ema gemer no tronco da jurema.*

Tudo que é bom sempre tem um intervalo para o patrocinador. O belo espetáculo plástico, rítmico e coreográfico abriu espaço, então, para a execução do hino nacional da Grécia, a grande criadora dos Jogos na Antiguidade, e a saudação do Prefeito Eduardo Paes e Thomas Bach (presidente do COI) à governadora de Tókio, a Srª Yuriko Koike. Projetou-se, a seguir, uma vistosa bandeira da terra do sol nascente no telão e procedeu-se à exibição do vídeo oficial do Comitê Olímpico japonês, apresentando a sede da XXXII Olimpíada – a *Tóquio 2020*. O "porta-voz" do anúncio seria o popular *Mario Bros.*, o "*Super Mario*", protagonista do jogo eletrônico lançado pela empresa *Nintendo* em 1985, que "perfurou" a Terra do Japão até o Rio para despontar no centro do campo do Maracanã.

- *Após os discursos finais dos presidentes do COI e do COB, a arte do paisagista* **Burle Marx** *tornou a encher de cores e vida o tablado, ao som de mais uma linda canção da nossa MPB ("***Chovendo na roseira***", de* **Tom Jobim***), enquanto o elenco no piso, com figurinos inspirados nas espécies da flora tropical, compunha um jardim digno da obra de Marx.*

- *A última peça musical coube à cantora* **Mariene de Castro**, *que, bem junto à refulgente pira que estava prestes a se apagar, interpretou, sob uma chuva cenográfica, os versos de "***Pelo tempo que durar***" (de* **Adriana Calcanhoto** e **Marisa Monte***), arrematada com uma singela queima de fogos, a prenunciar o final – bem festivo – dos Jogos.*

- *O carnaval, enfim, tomava conta do gramado, ocupado pelo "***Cordão da Bola Preta***" e por centenas de componentes das escolas de samba do Rio*

*– cinquenta baianas, duzentos passistas, casais de mestre-sala e porta-bandeira, intérpretes e ritmistas das principais agremiações, que executaram a icônica marchinha "**Cidade Maravilhosa**" e clássicos do samba enredo carioca, entre eles a "**Aquarela Brasileira**", de mestre **Silas de Oliveira**.*

- *Por fim, o tão esperado carro alegórico cruzou a rampa do estádio e desfilou na pista improvisada daquela noite, com as doze rainhas das escolas do Grupo Especial postadas ao lado de duas altivas araras, além de dois destaques luxuosíssimos, cujos esplendores se sobressaíam no conjunto da alegoria.*

É claro que praticamente todos os atletas caíram na gandaia, com direito, inclusive, a um animado "trenzinho" da delegação estadunidense, que esqueceu o decoro da turma do *Mayflower* e soltou o bicho no Maracanã. Por alguns minutos, a apoteose deixava a Av. Marquês de Sapucaí e se instalava no monumental Estádio Mário Filho, para alegria total do público e, óbvio, satisfação da artista Rosa Magalhães e equipe, responsáveis por aquela esfuziante efeméride.

Sim, tal qual ocorrera ao final do desfile de 2015 da São Clemente, dedicado ao mago Fernando Pamplona, a carnavalesca voltava a sentir aquele inefável sentimento do dever cumprido, convicta de que valera a pena tanto sacrifício. Exausta, ela e os assistentes só saíram do estádio à uma hora da manhã, depois de conferir os últimos detalhes da maratona. Rosa, porém, ainda precisou voltar ao Maracanã para resolver um imbróglio com os organizadores do evento, que haviam proibido os intérpretes dos sambas de levar para casa o traje de gala da cerimônia – uma promessa da carnavalesca a todos eles, já que as roupas haviam sido confeccionadas sob encomenda, com as medidas exatas de cada um.

E lá foi a moça prosa descascar mais um abacaxi, que nem ao menos tinha o sabor e a cor daqueles exibidos por Carmen Miranda. No fundo, o episódio era mais uma alegoria dos nossos "administradores", que, assim como os cartolas esportivos da terrinha, fazem valer a máxima de que, dentro das quatro linhas, somos brilhantes – mas, na sede do clube (e nos palácios dos governos ou nos bastidores de muitas empresas), ainda somos todos filhotes de Brás Cubas e Macunaíma.

Pepino resolvido (Rosa fez valer sua palavra e convenceu a organização a liberar a roupa dos sambistas), finalmente ela pôde dormir o sono dos justos. Em 2016, não houve *Emmy*, nem qualquer outro troféu de maior repercussão, salvo uma e outra homenagem que lhe foi prestada por entidades cariocas (como aquela feita pela LIESA à carnavalesca e à empresária Célia Domingues na *Cidade do Samba*), mas é inegável que o evento dirigido pela artista correspondeu plenamente às expectativas da plateia presente ao Maracanã e dos telespectadores. É provável que tão cedo não vejamos outro evento esportivo (e outra festa) de tamanha expressão em solo brasileiro. Mas o que se logrou contemplar naquele domingo chuvoso de agosto nunca se esquecerá na vida de nossas retinas tão fatigadas.

Em um país cindido por disputas políticas e ideológicas travadas em clima de *Fla-Flu*, Rosa exibiu ao mundo o melhor de nossa arte e cultura, reafirmando o talento de uma gente bronzeada de raro valor. Das pinturas rupestres da Serra da Capivara à apoteose triunfal do carnaval, o Brasil e o Rio desfilaram com belas imagens, coreografias e cantos no palco do Maracanã. Martinho da Vila e as estrelas mirins, Pixinguinha, Carmen Miranda, as crianças guaranis, as rendeiras cearenses, os bonecos de barro de Mestre Vitalino, Luiz Gonzaga & Humberto Teixeira, Villa-Lobos, Jackson do Pandeiro, Burle Marx, Tom Jobim, o samba de enredo carioca e Silas de Oliveira: o coquetel de despedida estava nos trinques ou carecia de mais alguma coisa?

Rosas artesanais oferecidas por Samuel Abrantes à artista
em 2017 | Foto: George Magaraia

08
NO CORAÇÃO DE UMA ROSA

Rosas em detalhe | Foto: George Magaraia

Ciosa de suas pétalas, Rosa se fecha em copas ao ser indagada sobre os meandros da vida afetiva. Eloquente e detalhista no relato de vários eventos marcantes da história pessoal e da trajetória profissional, como as viagens realizadas a quatro continentes em companhia do pai e a produção de alguns dos espetáculos mais criativos da carreira, ela se revela uma pessoa bastante reservada, para não dizer lacônica e esquiva, no trato das lides amorosas. Nas conversas com o biógrafo, a artista só se permitiu maiores expansões ao evocar seu primeiro namoro, no início do curso colegial, reconstituindo com uma mescla de humor e nostalgia a figura do rapaz barbudo de calça *jeans* que escandalizava as freiras do Sacré-Coeur na porta do colégio quando ia buscá-la para passear.

Rosa mostra-se bem discreta até mesmo quando rememora o ambiente doméstico na infância e adolescência. Ao descrever a mãe, por exemplo, embora não deixe de traçar um perfil mais agudo e complexo de Lucia Benedetti (ora muito séria e compenetrada, sempre dedicada às obras que escrevia, ora de espírito mais irreverente e brincalhão, inclusive pregando peças nos amigos do marido), a impressão que prevalece é a de um lar bem espartano, em que o trabalho e o estudo reinavam soberanos no cotidiano da família. O zelo da dramaturga com a educação da filha, em especial, contribuiu bastante para essa imagem de austeridade e rigor que talvez emoldure o cotidiano da menina – que o diga a insistência de Lucia em fazer Rosa aprender piano, instrumento que estava longe de ser uma paixão para a jovem, mas era considerado um requisito essencial em sua formação.

No entanto, segundo o testemunho prestado por Maria Luiza Newlands (convidada assídua dos jantares preparados pela "tia" Benedetti no apartamento de Copacabana), a relação entre a amiga e os pais, além de estreita e carinhosa, era um espetáculo teatral diário encenado com muita graça e bom humor. Rosa, Lucia e Raymundo se divertiam à vera juntos, sobretudo na hora das refeições, quando implicavam um com o outro à mesa... Mãe e filha, em especial, gostavam de provocar o acadêmico, tachando-o de guloso e contando em voz alta quantos pedaços de carne ele ingeria; o pai não se fazia de rogado e também entrava no jogo, assumindo o papel de pobre vítima da crueldade feminina, com aquele ar de homem injustiçado e magoado digno de um ator de *vaudeville*[268].

Quem pôde desfrutar as escaramuças farsescas do trio e admirar a cumplicidade entre as duas Benedetti, como o fez Maria Luiza, não hesita em afirmar que o senso de humor de Rosa é, por certo, uma das maiores heranças de Lucia para a filha. E Ângela Kahn, outra fiel amiga dos tempos de infância, reitera essa opinião, lembrando um incidente ocorrido no Hospital Pró-Cardíaco, em Botafogo, onde a mãe, já bem debilitada pelos graves problemas de coração, foi internada para pôr um marca-passo:

> *A toda hora uma funcionária aparecia no quarto, indagando se ela estava bem. Já enfastiada com aquilo, Lucia replicou: "Minha filha, eu preciso de 1 m à direita, 1 m à esquerda e 1 m pra frente. O resto está muito bom!" A resposta desconcertou a moça, que não sabia o que escrever na prancheta...*[269]

---

268 NEWLANDS, entrevista citada, 13/03/2018.

269 Entrevista concedida por Ângela Kahn, em sua residência, ao biógrafo em 02/07/2019.

Rosa entre os pais, em visita a Brasília,
no início dos anos 60 | Acervo Aloysio Benedetti

Raymundo Magalhães e amigos reunidos no Rio | Foto: Acervo ABL

Por uma falseta do destino, um trágico acontecimento iria interromper, de maneira brutal e abrupta, essa deliciosa intimidade cultivada pelo trio folgazão: a perda inesperada e dolorosa de Raymundo, que morreu atropelado no dia 12 de dezembro de 1981, aos 74 anos de idade. O episódio, de fato, mais parecia um pesadelo: ao atravessar a Rua do Russel (entre o bairro da Glória e do Flamengo), bem em frente ao edifício da extinta Rede Manchete, o velho jornalista foi colhido por um carro em alta velocidade, dirigido por um médico, que ignorou a sinalização da área e matou o indefeso pedestre. A moça prosa, quando soube, ficou indignada e iniciou uma longa cruzada em busca de justiça: ela queria levar o motorista ao banco dos réus a qualquer custo, mas, como em tantos outros casos similares, a leniente legislação de trânsito da época não favoreceu a causa da filha.

Sem a presença do dinâmico e incansável acadêmico, o lar da Rua Mascarenhas de Moraes nunca mais seria o mesmo. As duas mulheres sentiriam demais a falta do único vértice masculino do triângulo: Rosa, mais jovem e já ocupada com as lides do carnaval de 1982 no Império Serrano, acusou bastante o golpe, mas conseguiu reerguer-se a tempo de arrematar, junto com a amiga Lícia Lacerda, o vitorioso desfile do *Bumbum Paticumbum Prugurundum* na avenida. Lucia, porém, jamais superaria a morte do marido: ela optou por reduzir a agenda social e passou a levar uma vida mais retraída no apartamento repleto de lembranças do companheiro tão amado.

A dramaturga contava então 67 anos de idade e só morreria quase dezessete anos mais tarde, em 1998. No entanto, embora ainda fosse trilhar uma longa estrada no planeta, o doído episódio sugou-lhe as energias, fazendo com que, pouco a pouco, sua saúde ficasse mais debilitada. Dessa forma, a mãe de Rosa passaria a maior parte do tempo recolhida à cama, assistida pela filha e pelas empregadas (e, já na etapa final da vida, sob os cuidados de uma enfermeira particular). Além disso, segundo o testemunho do sobrinho-primo Aloysio Benedetti, ela também se dedicaria, com maior ardor, ao credo católico, uma das vias que encontrou para mitigar a perda angustiante.

Ainda assim, como era uma pessoa bastante inteligente e arguta, que gostava de questionar tudo que lhe chegasse aos ouvidos, a clausura voluntária e o fervor religioso não lograram privá-la do interesse pelo trabalho de Rosa, que ela continuaria a apreciar com seu espírito agudo e perspicaz.

Conforme recorda Mauro Leite, colaborador de Rosa Magalhães desde os idos de 1986-87 (época em que a carnavalesca criou para o GRES Estácio de Sá, mais uma vez com Lícia Lacerda, o delirante enredo "*Ti-ti-ti no Sapoti*"), era muito comum ver Lucia dando pitacos nas sinopses que Rosa se acostumara a ler para a mãe[270].

Aliás, como foi dito no **Cap. 5**, graças ao saudável hábito mantido por mãe e filha, esta ouviria, ao final de 1994, o oportuno conselho para que fizesse do brioso ***jegue*** nordestino o grande protagonista do desfile da Imperatriz, relegando a segundo plano os *dromedários* africanos, decerto uma escolha decisiva para o título daquele ano. Baseada em uma anedota histórica ocorrida no Ceará em meados do século XIX, a pitoresca trama de "*Mais vale um jegue que me carregue do que um camelo que me derrube*" pode ser considerada a última homenagem de Rosa e Lucia a **Raymundo**, ilustre filho da terra de Iracema e Alencar. Dessa forma, nutridas pela confiança recíproca e por sua fértil imaginação, as duas Benedetti, mesmo abatidas e pesarosas, faziam jus à força e à coragem das mulheres do clã – um talismã precioso que a moça prosa até hoje carrega consigo.

1. Entre as bênçãos da avó Leocádia e a cumplicidade da prima Eleanora

Além da mãe e do pai, há figuras familiares que a moça prosa da avenida guarda no coração com enorme ternura – e cuja perda, por certo, foi sentida com um travo amargo de dor e frustração. Não deve ter sido nada fácil aceitar a morte precoce dos avós maternos, no início dos anos 60, quando a neta tão querida ainda era uma adolescente sonhadora e inquieta, trocando confidências com a prima **Eleanora** (a *Lola*) no quintal encantado da casa de Niterói.

---

270 Entrevista concedida por Mauro Leite ao biógrafo, em 19 de maio de 2018, na residência do profissional.

Como aceitar a perda do querido avô **Domingos**, que compensava a rotina do trabalho no escritório de uma empresa naval com sua dupla arte de músico e alfaiate? E o quanto lhe custou suportar a passagem de **Leocádia**, a avó dedicada e incansável, que a fez tomar gosto pela costura e pelas novelas de rádio? Aliás, como esquecer aquele toco de madeira sobre o qual a ativa modista havia modelado, envolto em um punhado de panos, um manequim talhado com suas medidas, que lhe servia para desenhar e provar graciosos vestidos costurados para si própria e também para as netas?

As cálidas lembranças dos serões com a costureira Leocádia, que Rosa guarda até hoje com as mesmas cores da infância, foram vertidas para o papel de forma bem delicada e comovida, quando ela redigiu o Prefácio da obra *Itinerários da criação: abismo; dobra e figurino*, de Samuel Abrantes. Eis o que a neta derramou no coração de tinta e celulose:

> *Quando eu era pequena, depois do jantar, na casa da minha avó, todas as mulheres se reuniam em torno de um pedaço de tecido branco, cada qual com sua agulha, bordando flores ao redor da bainha. Minha função era ficar embaixo daquela tenda, empurrando as agulhas que faziam o miolo amarelinho, de volta para a superfície. Era a hora de contar as novidades, troca de receitas. Acabei herdando a toalha que me trouxe essas recordações...*[271]

Dói lembrar que, nos últimos anos de vida, Leocádia tenha sofrido um bocado com o câncer na língua, provavelmente adquirido pelo hábito arraigado de mascar fumo nos serões noturnos, quando cosia e ouvia rádio sentada à máquina de costura. Com o avanço do tumor, foi preciso cortar a parte mais afetada do órgão e isso lhe provocou uma enorme dificuldade para falar – um castigo cruel para aquela mulher tão comunicativa e prestativa, que irradiava

271 MAGALHÃES, Rosa. "Prefácio". *In*: ABRANTES, Samuel. *Itinerários da criação: abismo; dobra e figurino*. Rio de Janeiro: Boaz, 1917.

energia e simpatia ao seu redor. O mal tinha, sem dúvida, um quê de ironia, abatendo-se sobre uma pessoa que sempre abraçara a fé cristã, de acordo com os próprios preceitos. Segundo recorda o neto **Aloysio**, irmão de Eleanora, Leocádia havia professado sem alarde a doutrina espírita durante boa parte da vida, mas depois abandonou o livro de Kardec para adotar um novo credo, convertendo-se às *Testemunhas de Jeová*.

A opção pela congregação criada pelo Pastor Charles Russel nos EUA ao final do século XIX, que defendia uma severa moralidade sexual e medidas controversas como a recusa a transfusões de sangue, causou certo pasmo nos parentes, mas tinha lá suas explicações. Afinal, a avó não era a única pessoa em Niterói a acolher com bons olhos os grupos de missionários que percorriam diariamente as ruas da cidade, batendo de porta em porta para oferecer aos moradores exemplares do jornal *A Sentinela*, publicação com a qual eles difundiam sua interpretação particular da Bíblia. A nova fé de Leocádia, porém, jamais alteraria a aura mágica que ela exibia para os netos: era apenas um traço singular da personagem, que habitaria para sempre o nicho mais elevado do altar dos Benedetti.

Rosa cultiva até hoje essas sementes de enlevo e arrebatamento que a matriarca legou para a família. Durante vários anos após a morte da avó, desde a década de 70 até o final do século, ela e a mãe nunca deixaram de participar dos almoços de Natal em Niterói, para deleite dos primos Aloysio e Eleanora, que nutriam imenso carinho pelas duas. Quem se recorda alegremente desses animados encontros natalinos é o desenhista industrial **Vitório Benedetti**, filho de *Lola* e bisneto de Leocádia, que evoca com prazer a imagem da casa apinhada de gente e a visita mais do que especial das duas "familiares ilustres", um "*acontecimento nada trivial que enriquecia a notoriedade da data*". Tal qual seu tio Aloysio, Vitório, desde pequeno fascinado pelos automóveis, também não se esquece de que Rosa e Lucia sempre vinham em carros muito "chiques", que lhe enchiam os olhos.

A artista plástica conservou dentro de si, também, o espírito de solidariedade e coesão do clã. Nas fotos recolhidas com o primo Aloysio, há registros preciosos do espírito de união e harmonia da dinâmica família de origem italiana, como a imagem da **primeira comunhão** de Rosa, em que se vê a numerosa parentela, incluindo os avós maternos, os pais, os tios e primos de Rosa rodeando a pequena princesa. Sentada em uma namoradeira de palhinha com a roupa da cerimônia (um volumoso vestido branco, com véu da mesma cor), ladeada por uma amiga

Rosa (à esquerda) e a mãe, ao lado da querida prima Lola e a tia Nilza, com o primo Aloysio agachado | Acervo Aloysio Benedetti

Visita a Goiás: no carro de boi, o tio Paulo e os primos Aloysio, Lola e Vânia; montada a cavalo, Rosa | Acervo Aloysio Benedetti

e a inseparável prima *Lola*, a menina, cujos olhos acusam certa inquietude com a solenidade do momento, chama a atenção pelas duas tranças bem compridas, ambas rematadas nas pontas por um airoso laço de fita.

Uma imagem bucólica e pitoresca é a do carro de boi no sítio do tio Paulo, irmão de Lucia, que foi morar em Goiás com a esposa Mirthes na época da construção de Brasília. Pode-se dizer que a 'caravana' ao Planalto Central no início dos anos 60 foi uma aventura épica da trupe, que viajou em dois carros, com Aloysio pai, Lucia e Raymundo revezando-se ao volante, acompanhados de tia Nilza, *Lola*, Aloysio e Rosa. Eles partiram de Petrópolis, onde ficava a casa de veraneio dos pais de Rosa, saindo do antigo mirante Belvedere e cruzando Minas Gerais, onde dormiram em Belo Horizonte e em Paracatu, a pouco mais de 200 km da nova capital federal. Lá, hospedaram-se no famoso *Hotel Nacional* e seguiram para Goiânia, destino do comboio. O registro fotográfico no cenário rural é digno de nota: em cima da carroça, estão tio Paulo, Aloysio, a irmã *Lola* e a prima Vânia; já do lado direito desponta Rosa, fazendo pose montada em um cavalo.

Em outra foto, observa-se o núcleo mais íntimo da moça prosa, em que ela aparece ao lado da mãe, da prima *Lola* e da tia Nilza, além do primo Aloysio. Seis anos mais novo, o menino aparece agachado à frente das quatro, sentindo-se talvez deslocado naquele clube de *Luluzinhas*... Afora o carinho pelos avós, a identidade de Rosa com a ala italiana, de fato, deve muito à sua afinidade com a prima Eleanora, cuja relação com Rosa transcendia as raias de uma simples amizade, revestindo-se de um clima de cumplicidade que se tornava mais que evidente para quem as visse juntas. Conforme nos confidenciou o próprio Vitório Benedetti, observador privilegiado da convivência entre as duas primas, a familiaridade entre elas se evidenciava em vários aspectos:

> *Trejeitos, feitio do rosto, do corpo, jeito de rir eram semelhantes, fazendo-as quase irmãs*[272].

---

272 Depoimento de Vitório Benedetti ao biógrafo, prestado por correio eletrônico em 25/01/2018. O jovem pôde conviver com a tia-prima Lucia ao longo de duas décadas, até 1998, ano em que a mãe de Rosa faleceu.

A prima Lola e Rosa, na festa de 70 anos | Acervo Aloysio Benedetti

Rosa, Vitório e Katrin, na festa de casamento
do sobrinho-primo | Acervo pessoal de Vitório Benedetti

Nascido em 1978, já na quarta geração do clã, Vitório cresceu ouvindo as histórias de juventude da dupla, em especial o relato da viagem que as primas fizeram à Europa em 1965, acompanhando o jornalista Raymundo Magalhães em uma jornada de trabalho. Ele confessa que o álbum de fotos do périplo pelo continente delineou sua visão do que era o *Velho Mundo* e, em especial, a Itália de seus antepassados: "*Veneza pode ser resumida a uma foto dos três na Praça São Marcos, em meio a pombos que voam e pousam em suas mãos*[273]". Assim, mesmo que nos anos de maturidade os desígnios da vida tenham tornado menos comum o contato entre elas (Rosa dedicada à sua arte e Eleanora ocupada com o árduo ofício de psicóloga, que ela exerceu a vida inteira), a magia nunca se perdeu: quando os reencontros aconteciam, eram sempre muito afetuosos e marcantes.

A família, enfim, sempre foi uma das pétalas mais sensíveis de **Rosa**, que, apesar dos inúmeros afazeres de professora, carnavalesca e artista plástica, jamais descuidou de suas raízes, reeditando, ao seu estilo, outra virtude aprendida com a mãe e a avó: o gosto em ver todos os Benedetti reunidos. Uma singela recordação do sobrinho-primo Vitório, aliás, bastaria para ilustrar esse traço "matriarcal" de uma mulher tão independente e cosmopolita: o almoço organizado por Rosa em Copacabana para apresentar ao garoto um membro sempre citado pela família, mas que ele, até então, nunca lograra ver.

O ilustre, porém desconhecido personagem era Francisco Benedetti, a quem todos os parentes chamavam carinhosamente de ***Chichilo***. Ao saber da curiosidade do filho, Eleanora comentou o fato com a prima e esta, prontamente, resolveu promover o festivo encontro em sua residência. O almoço, como era de se prever, acabou sendo um acontecimento memorável na vida do menino, que, anos depois, ainda o descreve como "um dia mágico" em que ele ouviu muitas histórias saborosas e finalmente conheceu uma figura singular do ramo genealógico italiano.

---

273 Vitório Benedetti, depoimento citado, 25/01/2018.

2. Os parceiros da Academia e do samba

Mais além do escudo protetor da família, Rosa Magalhães trataria de constituir um segundo círculo de amizades com alguns pares seletos da *Academia* e do carnaval. É claro que o destino não a pouparia de perdas preciosas e precoces nesse reduto, dolorosa sina que já a fustigava desde a morte do pai. Todavia, na balança afetiva da moça prosa, o saldo é ainda hoje bastante positivo, mesmo que nem todos os parceiros de meio século de Escola de Belas Artes e de desfiles estejam ao seu lado no limiar de 2020.

O primeiro nome a ser lembrado, não resta dúvida, é o de **Fernando Pamplona**. O saudoso mestre, decano de todos os demiurgos da ópera popular da Sapucaí, ocupa lugar à parte no coração de Rosa. A extensão do carinho e admiração da discípula pelo mestre pôde ser avaliada em 2015, quando a pupila lhe rendeu o maior de todos os tributos, maravilhando a passarela com enredo intitulado "*A Incrível História do Homem Que Só Tinha Medo da Matinta Pereira, da Tocandira e da Onça Pé de Boi*", do GRES São Clemente. Conforme cantou o samba da briosa agremiação de Botafogo, a festa era dedicada ao "*gênio maior da avenida*", o artista idealista que "*fez o desfile ganhar outra dimensão*", mas, desde a passagem em 2013, "*segue o astro rei lá no infinito*[274]".

Segundo se relatou no **Cap. 2** deste ensaio, Rosa travou contato com Fernando lá pelos idos de 1969, quando, já na reta final da *Escola Nacional de Belas Artes*, optou por cursar a cadeira de **Arte Decorativa**, deixando em segundo plano as aulas de Pintura. A atração da veterana não era gratuita: o departamento que abrigava professores como o pintor **Campofiorito** e o próprio **Pamplona** era o único que permitia a ida de seus alunos aos barracões das escolas de samba, convertidos já àquela época em "campos de estágio" dos formandos em Artes. O espírito rebelde e curioso de Rosa adorou a 'novidade': ainda que no diploma emitido em 1971 viesse a constar tão somente o grau de *Pintora*, o coração e a mente da jovem artista flertavam abertamente com as lides dos folguedos de Momo.

---

274 Trechos do samba de Diego Estrela, Hugo Bruno, Leozinho Nunes, Ronni Costa, Victor Alves & W. Machado.

Depois, como igualmente se registrou aqui e em diversas outras fontes, a irrequieta aluna, graças a uma série de fortuitas circunstâncias, acabou por substituir uma colega de curso na lendária *comissão de carnaval* do **Salgueiro**, quase às vésperas do carnaval de 1971, abrindo uma nova janela em seu horizonte profissional. O epicentro desse pequeno abalo sísmico na vida da recém-formada Rosa (que logo se dividiria entre os afazeres do magistério, as criações artísticas para o mundo dos espetáculos e o intenso trabalho nos barracões da folia) havia sido, obviamente, o onipresente **Pamplona**.

Ao redor daquele dínamo de 220 v que, ao lado de **Arlindo Rodrigues**, formara no Teatro Municipal a dupla de "acadêmicos" mais fecundos da década de 60, arregimentara-se, ano após ano, um grupo talentoso de jovens, cujo "rito de passagem" seria a "*Festa para um Rei Negro*", desfile campeão de 1971. Era tudo ainda muito improvisado e – ao menos nos relatos que Rosa costuma fazer sobre o tema – revestido de certa aura romântica na primeira fase do pacto firmado entre o samba e a *Academia*. O idealismo, porém, em breve cederia passo à *profissionalização*, sobretudo quando os "banqueiros" do *jogo do bicho* se dão conta de que os grêmios carnavalescos poderiam ser uma espécie de *salvo-conduto* para sua admissão formal nos palácios de governo do Rio de Janeiro.

Abra-se o parêntese: nos anos 70, para livrar-se da pecha de *contraventor* e safar-se da repressão oficial em meio ao violento processo de disputa de pontos de aposta na cidade, a cúpula do *bicho* "adotou" algumas escolas, entre elas a **Beija-Flor de Nilópolis** (sob a tutela da família Abrahão David), a **Imperatriz Leopoldinense** (presidida por Luiz Pacheco Drummond a partir de 1976), a **Mocidade Independente de Padre Miguel** (base de Castor de Andrade) e o próprio **Salgueiro** (cujos "patronos" nos anos 80-90 são Miro Garcia e o filho Maninho). Ressabiado com a presença dos *bicheiros* no samba e farto das desavenças com os dirigentes, Pamplona afasta-se aos poucos do meio, assinando seu último enredo na escola tijucana em 1978, com quatro títulos e três vice-campeonatos ao fim de doze desfiles na entidade, marca invejável no currículo de qualquer *carnavalesco*.

Cumprindo a promessa de não trair a bandeira do coração, ele nunca mais assumiu qualquer barracão, salvo a homenagem feita ao velho amigo **Sérgio Cabral (pai)**, no **GRES Em Cima da Hora**, em 1997. Nesse ínterim, conforme se viu no **Cap. 3**, com a comissão salgueirense desfeita após a "*Festa*" de 1971, seus pupilos e pupilas seguem caminhos próprios, primeiro em dupla (com *Joãosinho* & Maria Augusta no Salgueiro e Rosa & Lícia Lacerda ao lado de Hiram Araújo na Portela) e mais tarde em voo solo. Ainda assim, o mestre não se furtou a tutelar os passos das crias: ele indica ao presidente Jamil Maruff os nomes de Lícia e Rosa para comandar o **Império Serrano**, em 1982, com o fantástico "*Bumbum*"; e também sugere a Jamil contratar Renato Lage para sucedê-las no cargo.

Alguns creem que esse episódio pode ter provocado mágoa ou ressentimento nas duas pupilas, já que a parceria conquistou o título na Sapucaí, após dez anos de jejum da escola da Serrinha. Como já se disse no **Cap. 4**, há quem afirme que Pamplona não teria gostado da alteração do título original do enredo ("*Praça Onze, Candelária e Marquês de Sapecaí*"), substituído pela onomatopeia famosa de Ismael Silva (o "*bumbum*" da turma do Estácio) por iniciativa de Rosa. Esta, porém, jamais se queixou publicamente da arbitrária "sucessão" articulada pelo ex-professor – apenas confidenciou a uma assistente, anos mais tarde, que se sentiu bastante "abatida" pelo *bilhete azul* que Jamil *Cheiroso* lhes deu.

A verdade é que seria difícil estremecer um companheirismo e intimidade de tanto tempo. Aliás, boa parte daqueles que conviveram com Rosa entre os anos 70 e 80 veem em Pamplona uma espécie de *conselheiro* e *tutor* na carreira da pupila, estimulando-a a seguir, sem travas, o caminho que, em última instância, seu próprio talento já havia traçado. O berço e a sólida formação acadêmica contribuíam para o êxito da moça prosa, mas era preciso um interlocutor à altura daquele potencial criativo em franca expansão, para que o *fazer* eclodisse sem travas nem indecisões.

E a amizade, de fato, não se esboroou: quando se reuniam em algum evento e eram flagrados pelas lentes de amigos ou jornalistas, os dois exibiam sempre um sorriso franco e radiante – traço, aliás, estilizado na brejeira caricatura que o artista Jorge Silveira fez da dupla. Além disso, Rosa nunca deixou de apoiar o amigo e colega docente dentro da EBA-UFRJ: três anos depois do disse-me-disse no grêmio da Serrinha, lá estava a moça prosa de "cabo eleitoral" da vitoriosa candidatura de Pamplona à Direção da Unidade.

Finda a eleição, ela seguiu em estreita sintonia política com o incansável Fernando, subscrevendo as medidas por ele propostas durante os quatro anos de mandato (1986-1990). Revelando-se uma hábil articuladora, ela

Rosa e Pamplona: amigos até o fim | Foto: Valéria del Cueto / carnevalerio.com

Rosa, Fábio Fabato e Zeni no almoço de 90 anos | TV UERJ e *Acervo do Samba*

recusou o cargo de vice-diretora na chapa do amigo, mantendo assento na Congregação da EBA como representante de sua categoria docente, evitando com isso que ele perdesse um voto na instância. Como se diria na política da terra, a moça prosa era, literalmente, o quadro responsável pela montagem da "base aliada" do diretor eleito.

Quem jamais duvidou da afinidade entre os dois na folia e na vida acadêmica é a viúva do salgueirense, a atriz e bailarina **Zeni Pamplona**, que, em maio de 2019, pouco antes de celebrar 90 anos, participou de um almoço festivo em casa de Rosa, acompanhada do jornalista Fábio Fabato, admirador confesso da personagem. Exibindo a delicadeza e a serenidade que lhe são peculiares, ela sentou-se perto da velha amiga, com quem trocou bons dedos de prosa, além de beber e petiscar de forma bem discreta. Todos se alegraram bastante com a presença luminosa de Zeni naquela tarde, que lhes ensejou recordações agradáveis de Pamplona – deixando para trás a nota aziaga de setembro de 2013, quando, aos 87 anos, fustigado por um câncer tenaz, lá em Copacabana, na residência onde o casal vivia, ele fez a passagem para outra dimensão.

E, para atar de vez as duas pontas do longo novelo, coube a Rosa, em julho de 2019, a gentileza de convidar a doce Zeni para outro almoço, bem mais reservado, em que se celebraram os 90 anos da atriz. Na ocasião, a discípula de Pamplona ofertou à amiga um presente bem singelo, trazido diretamente da Amazônia: um chaveiro com a réplica da formiga *Tocandira*, que muitos consideram o inseto de picada mais dolorosa no mundo. Na infância do marido lá no Acre, era a tinhosa formiga, a onça pé de boi e a Matinta Pereira que lhe tiravam o sono de noite; mas, depois, não houve mais nenhum bicho brabo capaz de assustar o destemido Pamplona nos enredos e desenredos desta nossa Bruzundanga.

No depoimento escrito especialmente para esta obra, Zeni evocou aquela "geração de ouro" do Salgueiro e não hesitou em compor, de forma bastante sintética e espontânea um perfil de cada discípulo e discípula de Fernando, o saudoso mestre do grupo:

> *[...] Falar de Joãosinho Trinta é repetir tudo que já foi dito e provado por ele mesmo pelas obras que fez. João era um gênio. Pena que tenha partido tão cedo.*

Não posso deixar de mencionar a equipe feminina. Três personalidades distintas, cada uma com o seu estilo, mas igualmente talentosas. Maria Augusta, divertidíssima com seus colares e guias. Lícia Lacerda, sempre disposta e prestativa. E Rosa Magalhães tinha sempre um caso engraçado para contar. Era uma usina de criatividade. Fernando sabia bem administrar esse trio.[275]

***

Além do professor, quem compartilhou intensamente vários projetos com Rosa desde os tempos da *Escola Nacional de Belas Artes*, na Av. Rio Branco, foi uma jovem de porte altivo e olhos bem vivazes, que aparece na foto oficial da formatura logo atrás da amiga, na escadaria de entrada do secular edifício onde hoje se abriga o MNBA. Sim, ela é **Lícia Lacerda**, a diligente parceira com a qual a moça prosa compartilhou projetos de decoração festiva dos clubes e avenidas da cidade, assim como exaustivas temporadas nos barracões das escolas cariocas – em especial, o **Salgueiro** de 1971, a **Beija-Flor** de 1974, a **Portela** de 1977-78, o **Império Serrano** de 1982, a **Estácio de Sá** de 1987 e a **Tradição** ao final da década de 80.

Desde o tempo da UFRJ e ao longo de toda a década de 70, **Lícia** e **Rosa** eram unha e carne, seguindo trilhas praticamente idênticas na vida acadêmica e profissional. Depois de concluir a graduação na ***Escola Nacional de Belas Artes***, em 1970, lá estavam as duas na **Escola de Teatro** da antiga FEFIERJ (atual UNIRIO), realizando o curso de Cenografia, finalizado em 73. À mesma época, participaram também de dois concursos de decoração do Teatro Municipal – RJ, obtendo a 2ª colocação em 1972 e arrebatando o 1º e o 2º lugar em 1973. Se Rosa ministrava cursos livres na **Escola de Artes Visuais** do Parque Lage, Lícia não fazia por menos, assumindo a disciplina de Forma e Cor na badalada instituição. E, ao lado de Ligia Parasoli, ainda em 1973, assinaram os trabalhos premiados no concurso de decoração da revista **Manchete**.

---

275 PAMPLONA, Zeni. "Algumas Palavras". Texto de apresentação do presente volume.

Ligia Parasoli, Lícia e Rosa, vencedoras do concurso de decoração da Revista Manchete (1973) | Acervo **Manchete**

Rosa (4ª a partir da esquerda, em pé) e Lícia (logo atrás, à direita), em 1973, na foto oficial da formatura | Foto: acervo EBA

Crias da EBA, onde se aproximaram graças às aulas de Arte Decorativa do mestre Pamplona, ambas assumiram também o posto de professora na instituição, ainda que não lecionassem a mesma disciplina (Rosa era de Artes Utilitárias; Lícia respondia pela cadeira de Moda e Planejamento Visual). E, após a intensa experiência no barracão-garagem do **Salgueiro** em 1970-71, três anos depois estariam de volta às lides da folia, preparando figurinos e alegorias para o desfile de 1974 da **Beija-Flor** ("*Brasil Ano 2000*"). Além disso, antes de se juntarem a **Hiram Araújo** para desenvolver o enredo de 1977 da **Portela** ("*Festa da Aclamação*"), Lícia e Rosa prestaram um serviço "extra" à folia, produzindo ilustrações inspiradas nos sambas-enredos de 1976 para a revista **Rio, Samba, Carnaval**.

A sintonia era tão estreita, que muitos pensavam que as duas eram irmãs, apesar de certos traços fisionômicos relativamente distintos. Rosa possuía cabelos mais escuros, ao passo que os de Lícia exibiam um tom mais claro de castanho; aquela apresentava um sorriso um pouco comedido, enquanto esta se mostrava quase radiante, sobretudo quando era fotografada. No astral e na indumentária, por sua vez, as diferenças eram bem sutis: no dia a dia, ambas gostavam de blusas decotadas, de alças, que deixavam à mostra as marcas dos biquínis, mas havia detalhes que podiam variar. Os colares, por exemplo, sugeriam estilos diversos: Lícia gostava de usar cordões "alternativos" caindo sobre o busto; Rosa optava por gargantilhas discretas, em geral de contas miúdas, cingindo o pescoço.

E na formatura, embora ambas apareçam sorridentes e com um figurino bastante moderno, sobretudo se comparadas à maioria da turma, o contraste se acentua levemente. Na foto em que dezoito formandas estão perfiladas na escadaria do *Museu Nacional de Belas Artes*, junto com o ilustre paraninfo Fernando Pamplona, a moça prosa está com um vestido longo, elegante e com cinto, trazendo no pescoço uma gargantilha; e a amiga inseparável veste blusa branca de alças na parte superior e não apenas um, mas dois colares sobrepostos.

É claro que as duas não eram irmãs siamesas e assumiam compromissos próprios, sem nenhum melindre entre si. Rosa, por exemplo, dava aulas no curso de Arquitetura da Bennett e seria roteirista da antiga TV Educativa – RJ (hoje TV Brasil), entre 1976 e 77. E, conforme já se recapitulou em detalhes no **Cap. 7**, em 1973 ela iniciou a fértil carreira na área teatral, compondo os figurinos da peça *Calabar*, de Chico Buarque & Ruy Guerra. Na verdade, como o espetáculo foi arbitrariamente vetado pela Censura antes da estreia, seu batismo no ofício ocorreu apenas um ano mais tarde, em 1974, no Teatro Gláucio Gil, como figurinista do musical *A Torre em Concurso*, obra de Joaquim Manuel de Macedo dirigida por Fernando Peixoto.

Se Rosa abria passagem na cena teatral, atualizando ao seu jeito a herança da mãe dramaturga, Lícia, por sua vez, envolvia-se com a música erudita, assinando em 1974 os cenários e figurinos do *Auto São João Batista*, apresentado no Salão Leopoldo Miguez (na Escola de Música da UFRJ). Era um *pingue-pongue* interessante o currículo das "irmãs", com tantas incursões pelos palcos dos teatros e salas de concerto: afinal, as duas iriam se consagrar de fato na ópera popular do carnaval, a partir de 1977, voando com a águia azul & branca de Madureira e Oswaldo Cruz (e Rosa, de quebra, ainda achando tempo para montar os figurinos do bloco **Vai Se Quiser**, lá no festivo bairro do Engenho de Dentro).

A explosão da dupla, como se relatou mais atrás, ocorreu em 1981, na preparação do enredo "*Bumbum Paticumbum Prugurundum*", grande campeão de 1982. A euforia das amigas está emblematicamente retratada na foto em que elas ensaiam uma coreografia farsesca com um pandeiro, sorrindo alegremente para as câmeras. Elas deixam o **Império Serrano** após a vitória e voltam a trabalhar juntas em 1984, na **Imperatriz**, com o enredo "*Alô, mamãe!*", operando milagres para botar o carnaval na rua após a saída do intempestivo *Luizinho* Drummond, "patrono" da escola. A despedida viria em 1987, com o simpático e bem-sucedido "*Ti-ti-ti do Sapoti*", na **Estácio de Sá**.

Distintas razões podem ter contribuído para o fim da parceria naquela ocasião. Afora o desgaste quase "natural" e inevitável de uma longa relação profissional de mais de dezesseis anos, algo absolutamente raro no horizonte cada dia mais *líquido* da "sociedade espetacular" contemporânea, as duas seguiriam roteiros pessoais diferentes. **Lícia** casou e teve três filhos, opção que lhe demandava uma boa cota de tempo e energia anímica; **Rosa** continuava solteira e sem pensar em ser mãe, dando atenção cada vez maior às atividades artísticas (peças teatrais, mostras, balés) e ao absorvente universo das escolas de samba.

A dissolução da dobradinha, no entanto, em nada afetaria o carinho e a amizade existente entre ambas, tampouco sua resoluta adesão a novos projetos, como a montagem de uma alentada *comissão de carnaval* na recém-fundada **Tradição**. Surgida de um racha da Portela, em 1984, a escola pretendia erguer-se sobre novas bases, opondo-se à gestão do controverso *bicheiro* Carlinhos Maracanã na águia azul & branca. E para tanto, como já foi dito, além da substituição da *Ala de Compositores* por uma dupla "peso-pesado" de sambistas (João Nogueira e Paulo César Pinheiro), uma das novidades era o coletivo de *bambas* formado por Maria Augusta, Rosa, Lícia, Paulino, Edmundo e mestre Viriato.

No barracão da escola de Campinho, a dupla tabelou pela última vez nas quatro linhas da folia. Rosa saiu do projeto antes de **Lícia**, que chegou a assumir o posto de *carnavalesca* titular entre 1993 e 1996. No último ano, a artista deixou o cargo a poucas semanas do desfile, indignada com a banalização estética do enredo "*Do barril ao Brasil*", uma história da cerveja que a escola resolveu rechear de "*biquínis e sungas*", convertendo os componentes em meros fetiches sexuais. Ela sabia que seria execrada pela saída precipitada, mas não se arrependeu da decisão, segundo declarou em 2006, já dez anos longe dos barracões, quando revelou os motivos do seu afastamento:

> *Depois fui pra Tradição, onde cheguei a fazer trabalhos legais, como o enredo que fala do sonho do homem voar, que eles vão reeditar ano que vem. Coloquei a Tradição no Desfile das Campeãs. No carnaval de 1996, no enredo sobre a história da cerveja, que é o melhor enredo que criei até hoje, deixei a escola faltando um mês para o desfile. Sabia que podia me "queimar", mas deixei. Transformaram todo o meu projeto de carnaval em biquínis e sungas com 'pluminhas', achei aquilo uma covardia.*[276]

Em 2007, dois enredos de Lícia foram reeditados na passarela: "*O ti-ti-ti do sapoti*", da Estácio de Sá (concebido a quatro mãos com Rosa em 1987), e

---

276 SILVA, Fábio. "Lícia Lacerda: Quero voltar a fazer carnaval". *In*: **Galeria do Samba**, 14/09/2006.

"*Passarinho, passarola, quero ver voar*", da Tradição. Conforme atesta a entrevista concedida à **Galeria do Samba** ao final de 2006, o evento motivou-lhe uma reflexão sobre a carreira e sobre o desejo de "voltar a fazer carnaval". Contudo, o tópico mais sensível da matéria é a evocação dos "*anos dourados*" vividos ao lado de Rosa:

> *No carnaval fui do céu ao inferno. Vivi momentos maravilhosos assinando enredos com a Rosa. Mantivemos uma parceria muito bem-sucedida, nos dávamos super bem em tudo. Toda a criação era dividida. Conquistamos em nosso primeiro carnaval o título para o Império Serrano com o enredo "Bumbum Paticumbum Prugurumdum" (1982). Depois fomos para a Imperatriz, onde fizemos o "Alô, mamãe" (1984). Em 1987, a Estácio com "O ti-ti-ti do Sapoti". Mantínhamos uma cumplicidade, respeito e profissionalismo muito grande uma pela outra, e isso nos dava prazer em criar.*[277]

Transcorrida mais de uma década após a entrevista concedida por Lícia, a pretensão de tornar a comandar um desfile na Sapucaí não se concretizou. Na verdade, a artista, de alguns anos para cá, acabou por distanciar-se não só da *Cidade do Samba*, mas do próprio país, indo morar em Austin, no Texas (EUA), em outubro de 2017. De qualquer forma, no início da década, ela ainda podia matar as saudades de Rosa na escola onde a amiga estivesse trabalhando. Isso aconteceu, por exemplo, na virada de 2012 para 2013, quando Lícia apareceu no barracão da Vila Isabel na **Cidade do Samba** – e o registro fotográfico do encontro diz muito da *aura* daquela "visita".

De fato, a imagem divulgada à época nas redes sociais fala por si só. A alegria e satisfação de Rosa por rever a velha parceira superavam em muito o cansaço e a tensão da reta final de mais um carnaval. Lícia, por sua vez, que desde 1996 não sabia o que era a pressão tresloucada de um desfile, também sorria radiante, "livre, leve e solta", fazendo jus à aura de "descolada" com uma bandana azul na

---

277 SILVA, reportagem citada, *idem*, *ibidem*.

cabeça e óculos escuros metálicos com lentes no mesmo tom da faixa. Após a mudança para o Texas, porém, suas visitas à cidade natal e aos barracões são mais espaçadas, em geral uma única vez ao ano – uma lacuna que Rosa e os outros amigos que a peregrina deixou por aqui lamentam profundamente.

***

Viriato Ferreira é outra figura marcante na vida de Rosa, com o qual ela logrou estabelecer uma rara cumplicidade. Há motivos de sobra para que a bem-humorada artista admirasse tanto o amigo – um personagem absolutamente idiossincrático, que era ao mesmo tempo trivial e requintado, elegante e despojado, algo talvez inconcebível para um ser humano nascido em berço de ouro. É com prazer que a cenógrafa relembra seus dias ao lado do dublê de figurinista e carnavalesco, a quem o dinheiro farto jamais roubou a simplicidade. O pai, Humberto Ferreira, tinha sido dono de frigorífico e, ao morrer, deixou uma fortuna para a família – se o filho quisesse, viveria só de renda, conforme Rosa faz questão de frisar:

> *— Ele só foi trabalhar por causa do plano Collor, porque bloquearam o dinheiro dele todo e Viriato não tinha como viver. Ele possuía um duplex, no mesmo edifício onde morava o Maninho do Salgueiro – o apartamento dele era o dobro do imóvel do Maninho*[278]*. E o pai ainda mandou instalar um elevador exclusivo do 10º para o 11º andar, que era o da cobertura de Viriato, só para a mãe poder visitar o filho lá em cima, sem subir a*

---

278 Waldomiro Paes Garcia, o "**Maninho**", era filho do contraventor Waldemir Garcia, o "**Miro**", patrono do Salgueiro nos anos 80/90 e membro da cúpula do *jogo do bicho* no Rio de Janeiro e em outros estados do país. Maninho, que operava mais de mil bancas do *bicho* e sete mil máquinas de caça-níqueis na cidade, foi morto a tiros em setembro de 2004, em meio à "guerra" travada pelos grupos que disputavam o controle dos jogos.

escada. Além disso, tinha casa de campo em Petrópolis, aquelas coisas gigantescas, tudo grande![279]

A fortuna paterna, da qual Viriato era o único herdeiro, não afetou seu comportamento. Mesmo com várias propriedades, inclusive uma enorme casa de veraneio em Petrópolis, ele nunca foi um tipo arrogante ou "metido a besta", muito pelo contrário: segundo relembra com carinho Rosa, o parceiro era "uma pessoa finíssima, encantadora", mas avesso a cerimônias, do tipo que "*comia sardinha no pratinho de churrasco*". Muito educado e superorganizado, para ele nunca foi problema trabalhar na Beija-Flor com *Joãosinho* Trinta: quando a temporada carnavalesca esquentava, o figurinista alugava uma casa em Nilópolis e ficava até fevereiro cuidando das fantasias da escola.

É claro que Viriato também tinha suas manias e vaidades, que o dinheiro ajudou a cultivar. Uma delas era a aversão ao volante, que ele resolveu da forma mais simples, contratando um motorista profissional para dirigir seu automóvel. A outra, que ele nunca disfarçou, era a preocupação constante com a aparência. Rosa se deu conta disso quando o convidou para acompanhá-lo a um evento e ele relutou em sair de casa. Imaginando que o chofer não estivesse de serviço, ela se ofereceu para buscá-lo em casa de carro:

— *Vamos, Viriato, eu te apanho!*

Ainda assim, ele declinou da gentileza, revelando, enfim, à amiga qual era o problema crucial que o afligia:

— *Não, não é questão de apanhar não, que o meu motorista tá aqui; é que a minha peruca não chegou da Suíça...*

---

279 Entrevista de Rosa Magalhães ao biógrafo, em 17/8/017. "Maninho" morreu assassinado em 2004, aos 42 anos de idade, na porta de uma academia de ginástica, em Jacarepaguá, no Rio.

Sem dúvida, somente o abastado Viriato, um dos figurinistas mais talentosos de nossa folia, poderia se conceder o luxo de usar uma peruca encomendada da Suíça, cujo preço era os olhos da cara, abdicando de comprar o produto nacional (as famosas perucas sintéticas ou naturais das lojas *Fispan* e *Lady*, de valor bem mais em conta, cujos anúncios eram exibidos diariamente na TV). O lado "folclórico" do artista, entretanto, é o que menos importa aqui: o que Rosa haveria de guardar do amigo para toda a vida seria a beleza de sua arte, o traço primoroso com que ele desenhava os croquis de fantasias oníricas que se tornavam vistosa realidade na avenida, como os palhaços do desfile de 93 da Imperatriz ("*Marquês que é marquês do saçarico é freguês*"), cujas cabeças eram do tamanho ideal, em perfeita proporção com o corpo (no carnaval antigo, elas eram muito pequenas[280]).

3. As amigas de meio século

Quando completou setenta anos, em 8 de janeiro de 2017, Rosa Magalhães, sempre criteriosa e reservada, resolveu festejar a data promovendo uma confraternização discreta e tranquila no **Hotel Copacabana Palace**, no coração do bairro que a viu nascer, crescer e tornar-se uma de suas mais ilustres moradoras. Para conferir à cerimônia um significado quase cabalístico, ela optou por convidar exatamente setenta pessoas, entre amigos, familiares e companheiros de trabalho da artista. Sentados nas mesas do elegante salão do hotel, reuniram-se naquela tarde de domingo figuras muito queridas da aniversariante, a quem ela recebeu com um misto de júbilo e gratidão, vestida de forma bem singela, talvez para não ofuscar o seleto grupo que se reunia ao seu redor.

Ali estavam os primos **Aloysio** e **Eleanora**, diletos membros da ala niteroiense do clã Benedetti. Também disseram presente as eternas amigas dos

---

280 MAGALHÃES, Rosa. "Saçaricar, verbo intransitivo. Predicado verbal, adjunto circunstancial de lugar". *In*: MAGALHÃES & NEWLANDS, obra citada, p. 39.

tempos escolares, em especial a museóloga **Maria Luiza Newlands** e **Ângela Kahn**, professora já aposentada, duas admiradoras fiéis da moça prosa. Compareceram ainda alguns colegas dos tempos da Escola de Belas Artes da UFRJ, além dos ex-alunos **Alessandra Cadore** e **Mauro Leite**, que conheceram Rosa na EBA e no SENAI, tornando-se depois assistentes da artista em diversos projetos e desfiles. Quem tampouco poderia faltar era **Samuel Abrantes**, que lhe ofertou o mais belo presente da data: uma caixa de madeira contendo **setenta rosas artesanais**, algumas compradas pelo artista e outras enviadas das mais diversas partes do mundo, cada uma mais graciosa que a outra – um mimo delicadíssimo que ela até hoje guarda junto a outras prendas bastante *sui generis* em um dos cômodos de sua casa.

Abra-se um parêntese para esse buquê... Quando fez 60 anos, em 2007, Rosa optou por reuniu os amigos em um discreto jantar; uma década depois, ela se animou a realizar um evento em grande estilo, idealizado pela moça prosa desde o Natal de 2015. Quando soube da resolução da amiga, Samuel a interpretou como um recado da festeira, dando-lhe tempo para pensar no presente de aniversário. Ele então cogitou de lhe oferecer uma bolsa *Louis Vuitton* pequena, abarrotada de rosas artesanais. Depois, à medida que recebia as flores remetidas por amigos no exterior, viu que precisaria de um estojo ou arca um pouco maior, capaz de acomodá-las melhor. De posse da caixa, arrumou as primeiras quarenta peças e adquiriu com carinho mais trinta, finalizando a prenda.

No dia da festa, quando chegou ao Copacabana Palace e lhe entregou o mimo, ele fez questão de pedir à aniversariante que rasgasse o papel do pacote e o abrisse na hora. Curiosa e desconfiada, Rosa seguiu a orientação de Samuel, o "irmão" querido com quem há três décadas ela tem partilhado jantares e viagens maravilhosos (e em quem semeou a paixão pelo figurino no curso do SENAI, além de adverti-lo sobre rasgos preconceituosos que ele cultivava nos anos 90). Só que, ao se deparar com aquele roseiral em forma de arte, ela não conseguiu dizer nada. Então, ao recobrar a presença de espírito um pouco depois, Rosa arrematou a surpresa expressa pelos segundos em silêncio com uma frase que soou como um rasgado elogio àquela joia:

— Nossa! Nem a rainha da Inglaterra tem um presente desses...

Caixa fechada e aberta com as setenta rosas do presente de aniversário | Fotos: George Magaraia

Sempre atenciosa e gentil com os pares, Rosa tirou fotos com todos os convivas – e era patente a sua alegria por poder receber figuras tão queridas na festa de 70 anos. Entre tantas personagens dignas de carinho, no coração da moça prosa havia decerto um lugar de honra para o seleto grupo de amigas que se conhecem há mais de meio século. Para estas, a artista constitui hoje muito mais do que uma ex-colega do *Sacré-Coeur*: conforme enunciou Maria Luiza em sua entrevista ao biógrafo, ela é uma "irmã" da vida, um novo laço de parentesco que o curso da existência lhe legou. O que mais impressiona a museóloga é o cuidado de Rosa com todos que a rodeiam, a afabilidade permanente no trato com os pares: após uma simples conversação telefônica, se ela notar que a pessoa está preocupada, ligará de novo no dia seguinte, para saber se a inquietude passou ou se há alguma coisa que a interlocutora possa fazer para ajudar a outra.

No caso de **Newlands**, os laços de amizade ultrapassaram em muito os muros da escola – e por isso se tornaram tão sólidos ao longo das décadas. As duas iam a festas nas casas das amigas do *Sacré-Coeur*, onde flertavam com os irmãos das anfitriãs, tratando de compensar a ausência de rapazes no rígido colégio das freiras. E também viajavam juntas, inclusive para fora do Brasil, como aconteceu quando Iza foi à Europa com os pais pela primeira vez e convidou Rosa para acompanhá-la. Conforme escreveu a amiga no prefácio desta biografia, a dupla viveu dias inesquecíveis naquele giro agitado pelo *Velho Mundo*...

Em Londres, houve tempo para flanar pela *Carnaby Street*, um badalado centro de moda (ali se instalara, entre outros, a estilista Mary Quant, criadora da minissaia), e conhecer lojas famosas, como a butique *Biba*, na *Abingdon Road*, um ícone dos anos 60/70. Mas a jornada iria muito além do mero *consumo*: no auge da *contracultura*, elas puderam assistir a filmes e peças que marcaram época, entre elas uma montagem local de *Hair*[281] e várias outras produções que o escritor Antônio Olinto (colega de Raymundo Magalhães

281 Escrito por James Rado e Gerome Ragni em 1967, o musical ***Hair*** retrata um grupo de *hippies* que vivia em Nova Iorque e lutava contra o alistamento militar para a Guerra do Vietnã. A peça se tornou um ícone da revolução sexual e da contracultura na década de 60, inspirando ainda o filme homônimo dirigido por Milos Forman em 1979.

na ABL e adido cultural do Brasil na capital inglesa) havia indicado às duas. O acadêmico e sua mulher Zora são duas lembranças memoráveis, sobretudo pela calorosa hospitalidade rendida às amigas – Iza confessa que até hoje guarda consigo o sabor único do prato de cordeiro com hortelã que a fabulosa anfitriã preparou para a dupla.

As duas só se afastaram por algum tempo quando Newlands se casou com o engenheiro Fernando Henrique e foi morar em Laranjeiras. Envolvida com a nova relação e com o trabalho de museóloga, sem dispor de telefone em casa (obter uma linha era, de fato, uma missão quase impossível nas décadas de 60/70), a amiga não conseguiu manter uma estreita convivência com Rosa naquele passo da vida. Ela só reatou o contato dois anos após o nascimento da filha, convicta de que o lapso na amizade logo seria superado sem nenhum trauma. E foi exatamente isso que ocorreu, inclusive na vida profissional, coroada, em 2014, pelo lançamento do livro *O inverso das origens*, um copioso ensaio sobre catorze desfiles realizados pela carnavalesca na Imperatriz, escrito a duas mãos por Rosa e Maria Luiza, com direito a um iluminado prefácio do crítico Paulo Herkenhoff.

A outra parceira dos tempos de infância presente à recepção era Ângela Maria Kahn, ou simplesmente **Ângela**, até hoje sua vizinha em Copacabana, que conheceu Rosa quando elas faziam o "Admissão" (ano de transição do antigo curso primário ao ginasial). A relação entre as duas estreitou-se com as aulas de Canto Orfeônico: como a colega tinha certa dificuldade com o ditado das notas musicais, a moça prosa se dispôs a lhe explicar o intrincado tema – e, em menos de uma hora ao piano, com algumas dicas bem simples, Kahn finalmente aprendeu a distinguir cada som.

A amizade da dupla fazia Raymundo Magalhães Jr. brincar com Gustavo Kahn, pai de Ângela, um despachante aduaneiro descendente de alemães que teve cinco filhos com a baiana Maria Octacília Nolasco. Brincando com o colega germânico, o cearense lhe dizia:

— Ô Seu Gustavo! O senhor tem tanto filho, dá um para eu criar!

Caindo na pilha do espirituoso acadêmico, o outro respondia:

Rosa entre as primas Vânia e Lola, na festa
dos 60 anos | acervo Vitório Benedetti

Ângela Kahn, entre Lola e Iza, na festa de Rosa | acervo Aloysio Benedetti

— Que isso, Seu Raymundo! Filho não se dá...

Há lembranças literalmente saborosas dos tempos do *Sacré-Coeur*, como os retiros espirituais promovidos pelas religiosas, que ambas detestavam. Certa feita, Rosa levou às escondidas das freiras um fornido pedaço de queijo e uma faca enorme para cortá-lo no piquenique noturno. Só que a organizadora da festa deixou o facão cair no corredor e chamou a atenção da superiora, que veio em disparada apurar o que havia acontecido. Sem temer o castigo, a gulosa admitiu prontamente sua responsabilidade e acabou sendo castigada, dormindo isolada em um quarto longe das colegas.

Ângela também testemunhou as metamorfoses da amiga, sobretudo no plano da indumentária. Ela se lembra de quando Rosa saiu do figurino mais tradicional da *chemise*, do vestido pregueado (moda francesa dos anos 50), do mocassim e dos calçados da Sapataria Godoy, em Petrópolis, para incorporar um estilo mais exuberante, com saias sempre coloridas – amarelas, rosa, laranja, roxas... E, apesar do cabelo bem comprido, a moça prosa fazia uma touca e botava uma peruca *Chanel*, que podia ser de tom castanho ou preto, com direito a uma provocante franja.

Por outro lado, após seis décadas de convivência com a filha de Raymundo e Lucia, Ângela faz questão de não se restringir apenas ao visual da velha companheira, advertindo também as mudanças ocorridas em seu temperamento:

— Hoje, quando ela quer algo, não fica batendo na mesma tecla: ela aprendeu a lidar com as adversidades. A paciência, porém, é menor e isso talvez explique sua permanência mais curta em algumas escolas de samba.[282]

---

282 Entrevista concedida ao biógrafo por Ângela Kahn, em sua residência, no dia 02/07/2019.

4. Os guardiões do roseiral

Nos últimos anos, morando em uma casa bastante espaçosa e acolhedora na borda da montanha ainda verdejante que separa Copacabana de Botafogo, Rosa passou a dedicar um carinho maior aos seus cães, uma companhia que ela preza desde os tempos de menina. Já na primeira entrevista da equipe do *Acervo* com a artista, em agosto de 2016, os animais fizeram sua ruidosa aparição, assumindo o posto de personagens coadjuvantes da história que se conta neste livro. Mal cruzamos o portão de acesso à residência, Tequila e Pretinha, dois vira-latas muito ariscos e desconfiados, trataram de marcar presença, zelando por seu território. Eles cheiravam as pernas das visitas e latiam de forma bastante agressiva quando algum de nós ameaçava dar um passo rumo ao interior da casa. Juliana Campos, nossa assistente de pesquisa, chegou a ficar paralisada de medo, quando Pretinha a rodeou perto da escada, rosnando sem parar. A bem dizer, não fosse a intervenção de Maria Cecília, cozinheira de Rosa, teria sido impossível chegar ao nosso destino.

Lá dentro, quem recebia a atenção da artista era Leo, o mais velho e, também, o mais dócil do trio. De pelo claro e copioso como um *poodle*, ele padecia de uma cardiopatia já diagnosticada pelo veterinário[283] e, por isso, a cada entrevista realizada, nós o víamos mais quieto e ofegante, estirado aos pés da sua protetora. Leo já estava prestes a fazer catorze anos de idade e começava a travar uma dolorosa luta contra a doença, cujos sinais pouco a pouco se fizeram notar, sobretudo a incômoda tosse que o perseguiu nos últimos meses de vida. Compadecida do fiel companheiro, Rosa fazia questão de tê-lo sempre perto de si, o que, de fato, parecia surtir algum efeito terapêutico sobre o animal, que, deitado sobre o sofá ou no tapete da sala, parecia pressentir que seu fim estava próximo.

Se pudessem viver por mais de setenta anos, os cachorros de Rosa Lucia estariam todos reunidos na mesma morada em Copacabana, sob os cuidados da

---

283 À primeira vista, Leo sofria de insuficiência da válvula mitral, enfermidade cujos sintomas mais evidentes são a tosse, a falta de ar e o cansaço.

tutora, protegendo-a das visitas indesejadas, incluindo as da nossa espécie e aquelas que provêm da mata nos fundos da casa, como os micos, os gambás e os tatus que ainda resistem ilhados na selva urbana da Zona Sul. O mais velho de todos havia sido o lendário *Capitão*, o cão adorado por Lucia Benedetti, que se tornara praticamente um membro da família nos idos da década de 1950. Maria Luiza Newlands até hoje se lembra do simpático animal, com quem a amiga conviveu desde os verdes anos. *Capitão* acompanhava Lucia, Raymundo e Rosa em todas as suas andanças, inclusive nas viagens que eles faziam de carro a Petrópolis, onde a família tinha uma casa de veraneio e o bicho podia desfrutar de muito mais espaço do que aquele oferecido pelo apartamento no Rio.

Newlands rememora com um sorriso no rosto uma das travessuras mais famosas de *Capitão*, quando ela e Rosa subiam a Serra com os pais da colega, ambas sentadas no banco de trás do automóvel, em companhia do cão fanfarrão. Após pararem na estrada para fazer um lanche, as duas voltaram para o veículo com um sorvete de casquinha nas mãos, sem se dar conta de que havia um passageiro ainda mais guloso ao seu lado, de olho na guloseima. Dito e feito: na primeira distração de Maria Luiza, *Capitão* abocanhou-lhe o saboroso sorvete, deixando a menina perplexa e acabrunhada pelo resto da viagem...

Sem dúvida, o travesso *Capitão* marcou época na história do clã Benedetti. E, além de guloso, o cão era danado de inteligente: quando via a mãe de Rosa pedir à empregada que fosse comprar carne para o almoço, ele entrava em regime de prontidão: era só ouvir a palavra "*dinheiro*" que o bicho se eriçava todo à espera da preciosa encomenda. A auxiliar, espantada, às vezes dizia: "*Cruz credo! Esse cachorro só falta falar!*" Lucia, burlando-se da mulher, provocava: "*Pode esperar, que eu vou ensinar o Capitão a falar*". Ressabiada com a hipótese, a outra logo retrucava: "*Se ele aprender, eu vou embora desta casa...*"

Décadas mais tarde, nos anos 90, quando Rosa Magalhães ainda vivia com a mãe no apartamento da Rua Mascarenhas de Moraes, em Copacabana, outro personagem entrou em cena: era o inquieto e indomável *Bombom*, um *poodle* de cor marrom chocolate, grande e peludo, que um integrante da Imperatriz Leopoldinense dera à carnavalesca de presente. O animal seria repassado a Lucia, para fazer-lhe companhia, já que a escritora, desde a morte do marido, praticamente encerrara sua vida social e raramente saía de casa. Ele tomava café com a dramaturga em sua cama, dividindo os pães e biscoitos com a dona.

Contudo, quem de fato se apaixonou por *Bombom* foi a filha: Rosa se deliciava com as traquinagens da indócil criatura, que se comportava como o *enfant terrible* da casa. Ele não obedecia a quase ninguém e, ainda por cima, tinha o péssimo hábito de morder todos aqueles de quem não gostava, a começar pelas empregadas e as visitas "indesejadas". O "*pitpoodle*" do clã era belicoso e abusado. O cão espreitava com os dentes arreganhados a maioria dos "estranhos" que mãe e filha recebiam em sua residência, sentando-se bem em frente à cadeira ou poltrona em que eles se instalavam. Quem certamente não esquece até hoje a hostilidade de *Bombom* é o coreógrafo **Carlinhos de Jesus**, que precisou se reunir com Rosa e seus assistentes para ajustar a participação do grupo na 7ª **Bienal de Dança de Lyon**, em 1996 (edição dedicada ao Brasil[284]) e permaneceu duas horas sob a mira do bicho, que não parava de rosnar aos seus pés.

A única pessoa que o travesso cachorro respeitava era o discreto e sereno **Mauro Leite**, que, naquela fase ainda "pré-industrial" da folia, desenhava os figurinos idealizados por Rosa na própria residência da carnavalesca. Mauro sempre gostara de cães e, por um estranho capricho do destino, nunca teve a menor dificuldade em lidar com *Bombom*, que, por sua vez, parecia adotar uma política de "boa vizinhança" com aquele "estrangeiro". Por isso, em pouco tempo ele se tornaria o cuidador extraoficial do bicho, assumindo o cargo com prazer e ocupando-se de tarefas bem cabeludas e penosas, que ninguém se dispunha a assumir, entre elas a ingrata missão de levar o animal ao veterinário – outro que sofria horrores com a teimosia e as pirraças do rebelde paciente.

Na entrevista que prestou ao biógrafo, o assistente fez questão de enfatizar o amor de Rosa pelo manhoso e arteiro *poodle*, narrando-nos um episódio exemplar dessa paixão: o dia em que *Bombom* fugiu de casa e desapareceu em Copacabana. Tudo começou logo cedo: alguém esqueceu a porta da cozinha aberta e o bicho saiu do apartamento, descendo a escadaria do prédio

---

284 Intitulada como "**Aquarela do Brasil**", a **VII Bienal de Dança de Lyon** obteve o maior sucesso de público da sua história. A grande atração do evento seria o desfile pelas ruas da cidade de sambistas da escola **Imperatriz Leopoldinense** e de grupos do carnaval local, que conseguiu atrair aproximadamente 200 mil pessoas. Ver, a respeito, a matéria "Guy Darmet aposta na dança brasileira". *In*: **Folha de São Paulo. Ilustrada.** São Paulo: 10/9/1998. Cf.: https://www1.folha.uol.com.br/fsp/ilustrad/fq10099808.htm . Consulta em 29/5/19.

e escafedendo-se pela portaria ninguém sabe como. Quando Mauro chegou para desenhar as fantasias de mais um desfile na Sapucaí, encontrou Rosa aos prantos, desatinada, quase em estado de choque. Sem perder tempo, ele foi até a rua, para ver se encontrava o animal, mas não logrou êxito: ninguém ali pelas redondezas tinha visto o fujão. A notícia abalou ainda mais a artista, que não fazia outra coisa a não ser chorar.

Um inusitado final feliz, porém, seria escrito para aquele "drama familiar". Uma amiga de Rosa ligou para uma rádio carioca, solicitando que esta anunciasse a fuga de *Bombom*. A mensagem de alerta foi ao ar na mesma hora: se algum ouvinte avistasse um *poodle* marrom chocolate nas ruas do bairro, deveria entrar em contato com a emissora, pois o cão extraviado era o animal de estimação da famosa carnavalesca. No fim do dia, veio a notícia benfazeja: o cachorro tinha sido encontrado na Praça Serzedelo Correia (a poucas quadras da residência de Rosa!), onde uma alma caridosa o amarrou a um poste e chamou os bombeiros para resgatá-lo.

Assim, o travesso *Bombom* foi recolhido à sede da corporação em Copacabana, situado na Rua Xavier da Silveira. Lá, alguém já tinha ouvido o anúncio radiofônico e ligou para a emissora, avisando que o fujão havia sido encontrado. Quando a novidade chegou aos ouvidos de Rosa, a desolada artista finalmente se desanuviou e esboçou um tímido sorriso de alívio e alegria, após um dia inteiro de choro e consternação. Obviamente, Mauro foi o escalado para apanhar o *poodle* no quartel de Cantagalo, missão logo cumprida pelo dublê de artista plástico e cuidador[285]. Aquela não seria a última travessura do rebelde e traiçoeiro animal, mas decerto já podia ser considerada a mais impressionante de todas as suas aventuras – e, quiçá, a história mais dramática que a criativa carnavalesca viveria com os seus cachorros.

Bombom depois conheceria *Mel*, uma cadela um pouco mais dócil que Rosa veio a adotar, assumindo de vez sua paixão pelos bichos, sobretudo depois que ela se instalou na atual residência, uma casa de dois andares erguida em um terreno encravado no sopé de uma das maiores áreas verdes do bairro. O casal acabou se entendendo e *Mel* cruzou duas vezes, sendo mãe de cinco filhotes em

---

285 LEITE, entrevista citada, 19/5/2018.

cada ninhada. Da primeira, a cenógrafa doou quatro cachorrinhos e ficou com *Neném*, assim batizado por falta de outro nome melhor. Da segunda, também só quis ter em sua companhia um único filhote, o carinhoso *Leo*, nascido em 2002, que ficaria ao seu lado por catorze anos, morrendo de insuficiência cardíaca em 2016. A casa também era o lar de *Said*, que já se encontrava por ali quando a artista se mudou, após deixar o apartamento onde vivera por longas décadas com os pais, na Rua Mascarenhas de Moraes.

Recentemente, em 2017, para amenizar a dolorosa perda de *Leo*, Rosa trouxe para sua casa o buliçoso *Tião*, cujo espírito parece evocar a rebeldia de *Bombom* e a jovialidade de *Capitão*. Ele divide o espaço da casa com Pretinha e Tequila, outros dois fiéis amigos de Rosa. O cachorro tem dado tanto trabalho à carnavalesca e suas secretárias, que foi preciso comprar uma caixa de transporte para levá-lo no carro quando ela sai para passear ou visitar amigos e amigas. Pelo visto, o pequeno, mas agitadíssimo *Tião*, promete ser mais um notável fanfarrão na galeria canina do clã Benedetti, à altura das travessuras de seus antepassados.

5. Na batida sincopada de um coração

Se jamais se importou em ocultar o amor extremado pelos cães, o coração de Rosa é um cofre muito bem guardado quando se pretende abordar a vida sentimental da artista. Os namoros da adolescência, como o rapaz cabeludo de calça *jeans* e sem meia dos tempos do *Sacré-Coeur*, são evocados de bom grado em tom de crônica literária. As relações mais profundas e densas da mulher adulta, porém, raramente vêm à tona – e os motivos para esse silêncio já são, por si só, um desafio extra para o biógrafo.

As histórias de amor juvenis surgem eventualmente em bate-papos e até em matérias de portais da *internet*. Em 2015, ao receber em sua casa o escritor Fábio Fabato, que lhe dedicava o primeiro exemplar do romance *Louvre-Rivoli*, escrito em parceria com Vera Marina, Rosa relatou ao repórter Luiz Felipe Reis, do *Sambarazzo*, um caso pitoresco da juventude. O episódio se deu quando ela,

Rosa e Tequila, sua fiel companheira
há oito anos | Fotos: TV UERJ / *Acervo do Samba UERJ*

sempre independente e aventureira, deixou o namorado no Rio e viajou para a Bahia com as amigas. Como não havia celular nem *zap* naquela "remota" década de 1960, a comunicação do casal só poderia se concretizar com a ajuda dos Correios – e a moça prosa, para matar a saudade (ou, quiçá, o remorso), escrevia com açúcar e com afeto suas mensagens líricas para o amado:

> *— Todos os dias eu mandava uma carta pra ele. Quando voltei de viagem, eu fui jantar na casa dele. Uma das primeiras coisas que a mãe do meu namorado disse foi: "Olha, adoramos suas cartas". As minhas cartas pra ele viraram atração da família toda. Onde já se viu?*[286]

A verdade é que Rosa nem sempre pôde fugir ao figurino batido de seu tempo e de seu contexto familiar e social. Mesmo que o espírito transgressor e autônomo estimulasse a ruptura com muitas *caretices* ainda vigentes nos "anos dourados" da Zona Sul do Rio (vide o pomposo "baile de debutante" aos 15 anos, que ela abjurou desde a primeira hora), a jovem vivia no seio de uma família católica. Ela tinha sido batizada, recebera a primeira comunhão em grande estilo e, como era praxe na classe média, estudou em um colégio de freiras bastante tradicional. Por vezes, era até possível driblar o conservadorismo das religiosas, mas muitas de suas próprias colegas não se dispuseram a afrontar o destino que lhes fora reservado – ou, como diria Carlos, "não quiseram ser *gauche* na vida".

Os anos passavam e, entre um namoro e outro sem nenhuma paixão avassaladora, tanto Rosa quanto Lola continuavam solteiras. A prima de Niterói viveu um romance mais intenso, que resultou na gravidez de Vitório, nascido em 1978, quando ela tinha 31 anos. Rosa, por sua vez, chegou a receber dois pedidos de casamento, ambos recusados; não por causa dos namorados, ela

---

286 REIS, Luiz Felippe. "Romance! Livro faz carnavalesca Rosa Magalhães recordar cartas de amor". *In*: **Sambarazzo**, 24/11/2015. Cf. http://sambarazzo.com.br/site/e-ai-noticias/romance-livro-faz-carnavalesca-rosa-magalhaes-recordar-cartas-de-amor. Consulta em 23/6/2019.

faz questão de ressaltar, mas por sua própria condição. Era muito difícil para um herdeiro da tradição patriarcal de Bruzundanga lidar com a autonomia financeira que uma mulher como ela, à custa de muito trabalho, gozava desde os anos 70, o que lhe permitiu comprar mais de um imóvel e não depender de ninguém para traçar seu caminho pelo mundo. Por isso, referindo-se aos convites que lhe foram feitos, ela declarou:

— *Foi muito gentil, mas eu não era a pessoa certa para a proposta...*

Vale lembrar, aliás, que a juventude de Rosa transcorreu em um período de intensa contestação social e geracional, com a "*primavera de maio*" sacudindo corações e mentes na França e em boa parte da Europa ("*A imaginação no poder!*", proclamavam os jovens em meio à revolução sexual, a luta contra o machismo e a árdua campanha pela dignidade das mulheres). Não por acaso, das amigas daquela época, só duas continuam casadas até hoje com o mesmo companheiro. As demais não escaparam ao espírito de seu tempo (*Zeitgeist*), uma geleia geral política, ideológica e existencial que, entre outros ingredientes, reunia o movimento *hippie* e o lema de *paz & amor*, associado à causa pacifista ("*Faça amor, não faça guerra*") e anti-imperialista, expressos em ícones (contra)culturais como o musical *Hair* (1967), o festival de Woodstock (1969) ou o movimento *tropicalista* no Brasil.

Envolta cada vez mais com as lides das artes e da folia, Rosa, sem ser exatamente uma militante da *contracultura*, terminou por desvencilhar-se da etiqueta que lhe cabia como moça de ilustre família e veio a encontrar no fascinante universo da criação estética a razão de ser da sua vida. Para cumprir o destino de *pioneira*, tal qual fizera a inquieta Chiquinha Gonzaga um século antes, algum sacrifício deveria ser feito. E ela não se preocupou com o rumo que a vida pessoal seguiu: bem resolvida, com sólida formação acadêmica, independência econômica e muitos projetos profissionais em curso, para que lamentar a ausência de algum episódio água com açúcar em sua biografia?

Não é exagero aventar a hipótese de que, por canalizar boa parte de sua energia vital para o folguedo (ou seja, por dedicar aos desfiles e a seu ofício uma atenção sem igual ao longo da vida), Rosa tenha sido uma das raras mulheres a se impor de corpo e alma no espaço absolutamente patriarcal e quase misógino das escolas de samba. Embora tenha raízes nos terreiros das *tias* baianas da *Pequena África* e deva muito ao canto das *pastoras* que glosavam e secundavam o canto masculino nas rodas, praças e avenidas, os grêmios recreativos até hoje acolhem em seus quadros sociais um número ínfimo de carnavalescas, compositoras, intérpretes e dirigentes. Aliás, se não fosse pela barreira do regulamento, até hoje estaríamos a ver baianas "de bigode" desfilando na Sapucaí[287].

Quase meio século depois de seu "batismo" no Salgueiro, **Rosa** sobrevive ilesa, só com leves arranhões, ao desafio que aceitou. A suíça **Marie-Louise Nery**, que iniciou sua jornada ao lado do companheiro Dirceu Nery ao final da década de 50, não se arriscou por tanto tempo – e depois de ministrar aulas na UNIRIO e na EBA, regressou ao seu país natal. **Lícia Lacerda**, como vimos há pouco, atuou por vinte e cinco anos, mas afastou-se de vez em 1996 e hoje também vive fora do Brasil. **Maria Augusta**, outra decana dos barracões, viveu anos de glória no Salgueiro e na União da Ilha, além de assumir o projeto da Tradição na década de 80, mas preferiu dedicar-se às lides acadêmicas e jornalísticas, tornando-se um dos grandes nomes da cobertura dos desfiles pela TV. Afora essas três, cabe citar ainda **Lílian Rabelo** (com quem Renato Lage dividiu seu labor até os anos 90) e **Márcia Lage**.

A resiliente Rosa, diga-se para rematar, está longe de ser um tipo humano seco ou intratável. Por trás do tom de ironia que costuma destilar em certas entrevistas e eventos (uma espécie de escudo protetor contra a voracidade desta era *líquida*), existe uma pessoa carinhosa e generosa, que adora acolher e ajudar os pares. Se os tempos se tornam mais nebulosos (como neste estranho ano de 2019 que fustiga o Rio de Janeiro e o Brasil), a artista abre as portas de sua casa para os amigos e colegas de trabalho, oferecendo-lhes alguns mimos a fim de afugentar as nuvens e deixar o sol iluminar o jardim. E desse modo, partilhando as alegrias e angústias com os pares, com uma taça de vinho na mão, ela vai levando e brindando, que, também, sem o etil, "*ninguém segura esse rojão*" (*ave*, Chico!).

---

287 Quem faz a observação é **Luis Carlos Magalhães**, presidente da Portela, que concedeu entrevista à TV UERJ sobre o tema. Cf. *Rosa Magalhães: a moça prosa da avenida* (DVD encartado neste volume do *Acervo do Samba*).

6. Os hábitos são uma segunda natureza

Segundo o bardo inglês William Shakespeare, "*o hábito é uma segunda natureza*" – que, se nos permitem acrescer, seja ele benéfico ou daninho, ajuda a compor o perfil de personagens poliédricas como a nossa biografada. Rosa, em particular, é uma fumante compulsiva, que traz sempre consigo, dentro da bolsa, um ou dois maços de cigarro. Em sua casa ao sopé da mata, os sinais da adição são evidentes: logo à esquerda da porta de entrada social, sobre o peitoril da janela, vê-se uma pilha com cerca de dez embalagens de sua marca preferida. E quem adentra o amplo e aconchegante salão da residência logo sente o olor da nicotina imerso no ar úmido que vem da montanha.

O vício já a consome há décadas: em uma passagem do documentário *Imperatriz do Carnaval*, dirigido por Luiz Fernando Schultz, lançado em 2004[288], é possível vê-la em um ensaio da Imperatriz Leopoldinense, na noite de escolha do samba de enredo, ao lado do presidente Luiz Pacheco Drummond, com um cigarro aceso na mão, em plena quadra da Rua Prof. Lacê, em Ramos. Àquela época, a proibição de fumar em ambientes fechados no país ainda não tinha sido regulamentada (a lei antifumo só entrou em vigor em dezembro de 2014). Mas, até mesmo se a resolução já estivesse valendo, dificilmente ela a acataria: quando a vontade aperta, Rosa cede à tentação até no interior do barracão, onde uma brasa fugidia pode causar um senhor estrago naquele mundo de espuma e plástico.

Se a luta contra o cigarro é uma batalha perdida, a causa da saúde foi abraçada de bom grado pela artista, que, depois dos sessenta anos, na era pós-Imperatriz, começou a ganhar peso. Quem a conhece de outros carnavais sabe que, até os quarenta, ela era uma mulher lépida e esbelta. Nas fotos de 1981 e 82, durante a vitoriosa campanha do *Bumbum Paticumbum* no Império Serrano, Rosa e Lícia sequer aparentavam ter mais de trinta anos; no entanto, a moça prosa, nascida em janeiro de 1947, já possuía 35 verões naquele título. Lícia, aliás, até hoje mantém o astral da década de 80, cultivando

---

288 SCHULTZ, Luiz Fernando. *Imperatriz do Carnaval*. Miami/Rio de Janeiro: Log On, 2004.

Rosa e o cigarro: um hábito de décadas | Foto: TV UERJ / *Acervo do Samba*

a aparência de uma *tropicalista zen*. Já a amiga acumulou alguns quilos e se desgastou nos últimos anos, deixando um pouco apreensivos os amigos mais íntimos, que sabem dos perigos que um descuido com a saúde acarreta para qualquer pessoa com mais idade.

Ilustrada e bastante antenada, Rosa também não ignora os riscos a que se expõe e trata de tomar suas providências. Contudo, em sendo ela fabuladora por natureza, todas as atividades físicas que pratica terminam por se tornar mais um *causo* para a imaginação da carnavalesca, desde as aulas de ginástica matinais que realiza três vezes por semana já há alguns anos, até os planos de exercícios de hidroginástica em algum clube da Zona Sul. Mas a dieta que lhe foi prescrita pela nutricionista tem sido cumprida com algum rigor, salvo o incorrigível hábito de beber refrigerante. Em casa, suas refeições são quase frugais: um filé de peixe ou de frango, grelhado ou à milanesa, sempre acompanhado de salada – cardápio ao qual, no entanto, pode ser acrescida uma leve porção de macarrão ou outra massa, que nossa personagem degusta com uma fatia de queijo parmesão ralada na hora.

Queijos, pastas e vinhos são, obviamente, uma tentação praticamente irresistível – não só para ela, mas para qualquer ser humano comum, havemos de reconhecer. E como preza a culinária, a própria Rosa gosta de agradar as visitas com uma boa tábua de frios e petiscos, servidos com pastas e molhos de sua própria lavra, que misturam geleias e outros saborosos ingredientes reunidos pela hedonista cozinheira. Esses banquetes nada platônicos, porém, são muito raros – e, quando acontecem, são apreciados com raro prazer pela anfitriã e seus convivas.

No almoço que serviu a um grupo de amigos em maio de 2019, mesclavam-se no bufê pratos bem saudáveis e certas iguarias mais calóricas: arroz com cereais, *ratatouille*, salada fria (com alface, azeitona, palmito e *champignon*), filé *mignon* ao molho madeira, ravióli de ricota e torta de bacalhau. Muitos convidados não resistiram ao variado cardápio e repetiram a degustação, mas a dona da casa serviu-se apenas uma vez – e de forma bem comedida, como sói ocorrer nos últimos tempos.

Não por acaso, Rosa emagreceu em 2019 – após a viagem ao Amazonas e aos EUA, em junho, era visível a perda de peso. A consciência dos males que a espreitam ajudou-a a seguir à risca as recomendações dos médicos e a artista aprendeu a fechar a boca. Já em 2016, nas reuniões da Olimpíada no Maracanã, ela alugou um carrinho elétrico exclusivo para se deslocar pelo anel superior do estádio, pois as pernas não davam conta de tantas idas e vindas nos dias agitados que antecederam o megaevento. Aliás, como driblar a passagem do tempo, que fustiga até algumas das pessoas que lhe fazem companhia?

Uma ilustração viva do mote é a cozinheira **Maria Cecília** (ou simplesmente *Maria*), quinze anos mais jovem que ela e que há dezoito anos trabalha na casa da artista (não por acaso, uma das únicas pessoas a impor respeito aos cachorros de Rosa). Ultimamente, *Maria* tem sentido dores muito incômodas nos joelhos, que às vezes mal a deixam andar. Na tarde em que o biógrafo a entrevistou, a mineira filha de uma lavradora e um motorista já tinha passado um pouco da "milagrosa" pomada *Canela de Velho* na região dolorida. O gel, muito vendido por ambulantes nas ruas e trens do Rio de Janeiro (ela me revelou que comprou de um camelô de Santa Cruz, bairro onde mora), é considerado "tiro e queda" para atenuar as dores causadas por doenças das articulações, como artrose e artrite. Rosa já a orientou a ir ao médico – e ela foi, mas hesita em pedir aposentadoria, porque a malsinada "reforma da Previdência" deve reduzir em muito o seu salário.

Convivendo com a artista há quase duas décadas durante os dias de semana, Maria Cecília é uma das pessoas que acompanham a metamorfose da artista nesta quadra de sua vida. Ela comenta que, quando começou a trabalhar na residência, Rosa andava rápido e subia a escada que dá acesso à entrada da casa com enorme agilidade. Agora, contudo, demora para subir os degraus e se cansa muito ao final. *Maria* faz questão de ressaltar, porém, que a cabeça da artista continua firme e que ela se ocupa de tudo que lhe desperta interesse: não para de ler, assiste a filmes e séries da TV a cabo e da *Netflix*[289] – e ainda encontra tempo para fuxicar as novidades na *internet*. Na linguagem da informática, Rosa é um processador provido de mais de 10 GB de memória *cache*; na humana condição, um cérebro a todo vapor, mas cujo corpo já não o acompanha como em outras épocas.

Irônica como sempre, ela diz, sem o menor pudor, que está "ficando velha". Por conta disso, Rosa talvez tenha de repensar sua rotina e, quem sabe, reduzir

---

289 Ela diz, entre séria e burlesca, que, graças à HBO & Cia., seu inglês "*melhorou muito nos últimos anos*".

seu raio de atuação. Essa hipótese, porém, já é cogitada há mais de dez anos – e até agora não veio a se concretizar. Prognósticos sobre o futuro da moça prosa, invariavelmente, estão fadados ao fracasso: ela quase sempre ludibria o destino. Em 2009, por exemplo, quando saiu da Imperatriz, a corte onde reinou por dezoito anos, os mais açodados decretaram que ela estava ultrapassada e deveria se aposentar da avenida. Ledo engano: seus desfiles na Vila Isabel, sobretudo em 2012 ("*Angola*") e 2013 (a "*Festa no arraiá*"), assim como a passagem pela São Clemente (com direito a dois *Estandartes de Ouro* de melhor enredo), provam que as pitonisas e videntes do carnaval estavam para lá de equivocadas.

É possível que em breve ela abra mão da rotina exaustiva da folia e se ocupe apenas de outros projetos nas artes plásticas e no mundo do espetáculo. Afinal de contas, Rosa completará em 2020 **cinquenta anos** nos barracões cariocas, encarregando-se do desfile da **Estácio de Sá** após dois anos dedicados à Portela. De onde ela tira tanta energia para ainda planejar novas exposições, mostras multimídia e outros projetos mirabolantes, que a fizeram até passar uma semana na Amazônia ao final do mês de junho? Bem, esse é um "vício" do qual tão cedo a filha de Raymundo Magalhães e Lucia Benedetti abdicará; essa é a sua "segunda natureza", uma extensão autorrenovável dos genes que o resoluto escritor cearense e a vanguardista dramaturga ítalo-paulista Lucia lhe legaram.

Baobá (desfile de 2012) | Desenho de Rosa Magalhães

EPÍLOGO

A MOÇA PROSA DAS AVENIDAS: A FESTA NÃO PODE PARAR

Carro do lavrador (desfile de 2013) | Desenho de Rosa Magalhães

Em meados de 2012, **Rosa Magalhães** recebeu de forma bem discreta e reservada o compositor **Martinho da Vila** em sua casa em Copacabana, a fim de conversar com o presidente de honra do GRES **Unidos de Vila Isabel** sobre uma questão estratégica: o desenvolvimento do enredo da agremiação no desfile de 2013, cujo tema, sob a chancela da milionária empresa BASF, deveria cantar o Brasil, "*celeiro do mundo*". Como se veria alguns meses depois, o encontro seria decisivo para a vitória da escola na Passarela do Samba. E não era para menos: avessa à caretice dos enredos encomendados por qualquer *patrocinador* (governo, empresa, celebridade, o que for), a carnavalesca sabia que a Vila não poderia se tornar uma inocente "garota propaganda" da maior fabricante de produtos químicos do planeta, líder no mercado de fertilizantes e agrotóxicos do país – e, também, uma das campeãs de causas judiciais por danos ambientais e por pedidos de indenização dos familiares de dezenas de trabalhadores mortos por intoxicação.

De fato, após provocar sérios problemas ambientais nas cidades onde a poderosa multinacional instalou suas fábricas e sofrer inúmeras ações por expor seus funcionários a graves problemas de saúde mediante contato com substâncias tóxicas, a BASF buscava mudar sua imagem junto à opinião pública. Para tanto, além de investir no enredo da azul & branca da terra de Noel, a companhia fundada na Alemanha em 1865 deflagrou também uma agressiva campanha publicitária no Brasil, cujo discurso bem articulado enunciava sem a menor modéstia: "*criamos química para um futuro sustentável; combinamos sucesso econômico, responsabilidade social e proteção ambiental*[290]".

A missão dos marqueteiros não era nada fácil: naquela época, a Shell e a BASF tinham sido condenadas na Justiça pela morte de sessenta trabalhadores de uma fábrica de pesticidas em Paulínia (SP), por exposição sistemática a substâncias tóxicas ao longo da vida laboral. Os números totais da tragédia, porém, eram ainda mais impressionantes: o Sindicato dos Químicos Unificados de Campinas calculava que cerca de 800 trabalhadores haviam sofrido danos de saúde por causa da contaminação, padecendo doenças como câncer, leocopenia, pancreatite aguda e outras; e destes, sessenta pessoas tinham perdido suas vidas. Mas o caso não parava por aí: no bairro Recanto dos Pássaros, em Paulínia, havia também resíduos tóxicos no solo do terreno onde a indústria, já então desativada, se instalara, assim como no lençol d'água que abastecia as chácaras do bairro[291].

Com a sabedoria acumulada de tantos carnavais e, sobretudo, de tantas décadas de vida do lado de baixo do Equador, Rosa e Martinho logo anteviram as dores de cabeça que a Vila iria arrumar se o tema fosse desenvolvido segundo a versão do anunciante. Com trânsito nos movimentos sociais, o compositor sabia que, afora o pessoal de Paulínia, o MST e outras entidades em luta contra os agrotóxicos e os alimentos transgênicos fariam muito barulho contra a BASF. E ele tinha razão: enquanto a escola ensaiava nas noites quentes do *Boulevard* e o trabalho seguia a todo vapor no barracão da Cidade do Samba, os processos contra as empresas se multiplicavam. E o roteiro dos protestos, por pura ironia ou sincronicidade, chegaria ao clímax justamente ao final do carnaval 2013, um dia após a apuração oficial do desfile, que concedeu à Vila seu terceiro título no Grupo Especial: na quinta-feira, 14 de fevereiro, ex-funcionários da Shell e da BASF fincaram sessenta cruzes no gramado em frente ao TST, em Brasília, reverenciando a memória dos colegas mortos.

---

290 Cf. "Estratégia corporativa BASF". Portal *BASF Brasil*. Disponível em: https://www.basf.com/br/pt.html. Consultado em 31/03/2019.

291 Cf. "Ex-funcionários da BASF protestam contra intoxicação por agrotóxicos". Portal *Agrotóxico mata – campanha permanente contra os agrotóxicos e pela vida*. Disponível em: http://contraosagrotoxicos.org/ex-funcionarios-da-basf-protestam-contra-intoxicacao-por-agrotoxicos/. Consultado em 31/03/2019.

A questão discutida pela dupla, então, não poderia ser outra: qual a *narrativa* que a Vila deveria levar para o público e os jurados da *Passarela do Samba* – e para a própria comunidade do Morro dos Macacos e do bairro de Noel? Ou seja: como cantar o "*celeiro do mundo*" sem encher de veneno o terreirão de Noel? Driblar temas patrocinados nunca fora um problema para Rosa, que, em 2002, reinventara o mote proposto pela Prefeitura de Campos: por um artifício narrativo da artista, o enredo destinado a celebrar a "*capital nacional do petróleo e do açúcar*" converteu-se em um tratado sobre a ***antropofagia*** tropical. Com o delirante "***Goitacazes... Tupi or not Tupi, in a South American Way***", em lugar do *chuvisco* (doce cristalizado ou em calda, à base de ovos e açúcar), da goiabada cascão e do melado, ela deglutiu o *canibalismo* brasileiro, relendo Hans Staden e o Modernismo *antropofágico*, cuja geleia geral incluía **Tarsila do Amaral** e o romântico indígena **Peri** (herói de *O Guarani*, de José de Alencar).

Em 2012, aliando o rigor da pesquisadora acadêmica à pródiga imaginação da artista plástica, Rosa concebeu com Martinho a solução para a melindrosa questão. Foi assim, pois, que surgiu a encantadora "***festa no arraiá***", que, "*ao som do fole*", iria plantar "*felicidade no amanhecer*", conforme preconizava o refrão do envolvente samba de enredo composto pelo próprio Martinho em parceria com Arlindo Cruz, André Diniz, Leonel e Tonico da Vila. Descrevendo com muita graça a sinopse elaborada por Rosa e *Seu* Ferreira, o samba valorizava o **lavrador** e explorava os signos até hoje presentes no imaginário coletivo nacional de um país de fortes raízes agrárias. Um novo dia raiava ao canto do galo e dos tamborins; guiada pelo sino da igrejinha e pela *Swingueira*, a Vila pegava a viola e tomava o "*caminho da roça*", celebrando na Sapucaí uma grande festa junina, com direito a foguetes, luar e bandeirinhas – como acontecera na velha Lapa dos anos 30, naquela noite de São João em que teve seu começo o amor de Noel Rosa e da cabrocha Ceci.

É claro que, para os sambistas, foi mais fácil elidir o delicado item do agronegócio e dos pesticidas. Num passe de mágica, o tópico saiu da letra... Para compor a narrativa visual na avenida, porém, Rosa não poderia estalar os dedos e fazer evaporar as diversas alas que retratavam as grandes **plantações** do latifúndio tupiniquim. Ela sabia que a soja, o café, o milho e outras monoculturas que ocupam vastos alqueires das terras cultiváveis do Brasil teriam de desfilar na Sapucaí – o que implicava, também, uma alusão explícita às pragas que infestam esses cultivos, como os vorazes gafanhotos que devastam largas áreas de produção. Contudo, em lugar de ressaltar o papel dos agrotóxicos, a artista se valeu de uma opção nada venenosa: o controle biológico exercido por várias espécies predadoras de pestes agrícolas, simbolizadas pela simpática ***joaninha***, o pequeno inseto coleóptero colorido e arredondado que vestiu, com muita graça, a ala de **baianas** da Vila...

Pronto! A moça prosa voltava a desarmar, com bom jogo de cintura e criatividade, mais uma arapuca do carnaval. Quem a conhece, aliás, sabe o quanto Rosa defende a causa ambiental e como ela se preocupa com o crescente processo de desmatamento da floresta amazônica. Em sua viagem mais recente ao Amazonas, em junho de 2019, aonde foi a convite de um ambicioso projeto artístico dedicado aos grandes cursos d'água do planeta, ela constatou o avanço das pastagens e das madeireiras sobre a selva – e voltou pessimista sobre o futuro da região. De qualquer forma, ao menos durante uma noite, o povo do samba do bairro de Noel – "*chão da poesia, celeiro de bamba*" – pôde fazer sua cantoria no terreirão da Sapucaí, semeando um punhado de grãos de felicidade no amanhecer...

1. A vida pós-Imperatriz

A última estrela dourada bordada no pavilhão azul e branco da Vila Isabel seria uma das maiores conquistas da carnavalesca em sua história na Passarela, em meio a uma década de altos e baixos, que se iniciara logo após a controversa saída da Imperatriz. Quem previra a derrocada da moça prosa na folia enganou-se redondamente: havia – *e houve!* – muitos desafios à sua espera após a larga temporada na soberana da Leopoldina... Em vez de pedir a aposentadoria do cortejo, como alguns haviam levianamente sugerido, Rosa seguiu a trilha oposta e assumiu duas agremiações no carnaval de 2010: a **União da Ilha do Governador**, no Grupo Especial, e o **Império Serrano**, na Série A.

Com a sobrecarga de trabalho, era de se esperar que ela não pudesse dar plantão integral nos dois barracões, mas a artista tinha lá suas manhas e puxou

Baiana "joaninha": o controle natural das pragas | Desenho de Rosa Magalhães e foto de Valéria del Cueto / carnevalerio.com

uma ou duas cartas da manga para dar conta do recado. Na **Ilha**, era voz corrente que a supercampeã aceitara dirigir a simpática escola tricolor só para evitar o seu rebaixamento ao grupo de acesso, propósito que Rosa rechaça com veemência: "*Ninguém entra para perder; todos estão competindo*". Com esse espírito, a intrépida profissional atravessou a baía e desembarcou no grêmio recreativo que, ao final dos anos 70, sob a batuta de Adalberto Sampaio e Maria Augusta (outra discípula notável de Mestre Pamplona), encantara o Rio e o Brasil com desfiles leves e divertidos, temas de fácil comunicação e sambas memoráveis cantados pelo saudoso Aroldo Melodia (*Segura a marimba!*).

Rosa sabia que não seria possível reeditar aqueles tempos áureos de enredos como "*Domingo*" (1977), "*O amanhã*" (1978), "*O que será?*" (1979), "*Bom, bonito e barato*" (1980) e "*1910: Burro na cabeça*" (1981), além de "*É hoje*" (1982), de Max Lopes, imortalizados por hinos melodiosos de um time invejável de compositores (Didi, Mestrinho, Aurinho da Ilha, Franco, Jangada & Cia.). Ainda assim, dispôs-se a desenvolver o tema "*Dom Quixote de La Mancha, o cavaleiro dos sonhos impossíveis*", mais uma releitura da obra clássica de Miguel de Cervantes, que narra as andanças do engenhoso fidalgo espanhol Dom Quixote de La Mancha, "o Cavaleiro da Triste Figura", e seu fiel escudeiro Sancho Pança, uma **paródia** deliberada dos *romances de cavalaria* tão em voga na Península Ibérica dos séculos XVI e XVII.

A trama é nossa velha conhecida: enlouquecido por tantas leituras do gênero, Dom Quixote, montado em seu cavalo Rocinante, sai pelo mundo acompanhado de Sancho Pança à caça de suas próprias quimeras, desafiando moinhos de vento e outros inimigos imaginários. Segundo a crítica literária, o livro lançado entre 1605 e 1615 é o grande precursor do romance moderno, influenciando narradores como Daniel Defoel e Laurence Sterne, além de inspirar personagens de autores célebres do século XIX (entre eles, Charles Dickens, Gustave Flaubert e Herman Melville) e do século XX (James Joyce e Jorge Luis Borges), ou até mesmo grandes gênios da pintura, como Goya e Picasso.

A artista plástica não descuidou do potencial visual do tema e obteve a autorização do filho do pintor **Cândido Portinari** para reproduzir na passarela a série de 21 gravuras sobre D. Quixote e Sancho Pança criadas pelo artista em 1956 (mais tarde reproduzidas pelo poeta Carlos Drummond de Andrade em um livro com 21 poemas alusivos às obras do amigo). Era um trunfo e tanto, não resta dúvida – o que podia fazer a tricolor insulana sonhar, como fazia o herói ibérico, com um posto entre as seis melhores da avenida. O desfile, porém, enfrentou problemas, inclusive com os carros alegóricos, não traduzindo a riqueza plástica e poética do mote abordado– e a escola terminou apenas em 11º lugar, escapando do rebaixamento, mas sem empolgar a plateia da Sapucaí.

No mesmo ano, a convite da amiga **Rachel Valença**, Rosa regressou ao **Império Serrano**, a histórica agremiação de Madureira, onde ela e Lícia haviam balançado a roseira em 1982, conquistando o último título da verde & branca no Grupo Especial. Em 2005, o novo presidente eleito Humberto Soares Carneiro convocou velhos imperianos, tais como Jorginho do Império e a própria Rachel, para cerrar fileiras em prol da escola de Mano Elói, Mestre Fuleiro, Tia Eulália, Molequinho, Aniceto, Mano Décio, Silas de Oliveira, Dona Yvone Lara e tantos baluartes do samba carioca. Valença assumiu o cargo de vice-presidente da área cultural e depois, com Humberto reeleito, tornou-se a vice de carnaval.

Àquela época, o Império vivia uma interminável gangorra na Passarela. Depois de ser rebaixada em 2007, a escola reeditou em 2008 o enredo campeão de 1972 ("*Taí, eu fiz tudo pra você gostar de mim*"), uma homenagem do carnavalesco Fernando Pinto à cantora Carmen Miranda, logrando obter o título da Série A e retornando à elite do carnaval. Já em 2009, sob a batuta de Márcia Lage, reaproveitou o tema de 1976, sob o novo título de "*Lenda das Sereias, mistérios do mar*", mas Poseidon e sua corte não apreciaram o desfile, que terminou em 12º lugar, provocando nova queda ao grupo de acesso.

Rosa estava ciente da turbulência no terreirão da Serrinha, mas aceitou o chamado de Rachel, sob uma expressa condição: em face do compromisso firmado com a **União da Ilha**, a execução do enredo de 2010 ficaria em mãos de dois traquejados assistentes da moça prosa: o figurinista **Mauro Leite**, criador das fantasias, e a escultora **Andréa Vieira**, responsável pelas alegorias. A carnavalesca, por sua vez, trataria de conceber e desdobrar o tema, contando com sua equipe para realizar um desfile à altura das expectativas da família imperiana. Segundo Rosa, mesmo sem bater ponto diariamente no barracão, é até possível realizar um bom carnaval, desde que o time escalado seja de alta qualidade.

Dom Quixote e seus inimigos imaginários: ilustrações de Portinari em livro de Drummond | Reprodução

Escolhendo como enredo o cronista **João do Rio**, Rosa estava à vontade para flanar pelas vias da cidade e reviver o Rio da *Belle Époque*. O autor de *A alma encantadora das ruas* é um personagem marcante da velha capital federal, talvez a melhor ilustração brasileira do *flâneur* parisiense descrito por Walter Benjamin. Eleito para a Academia Brasileira de Letras em 1910, ele é considerado o primeiro intelectual de dotes literários que se tornou cronista *profissional*, fazendo das colunas e textos jornalísticos seu principal meio de sustento. João escreveu para vários órgãos da imprensa carioca, entre os quais *O Paiz*, *Correio Mercantil*, *O Tagarela*, *O Coió* e a renomada *Gazeta de Notícias*, para a qual foi indicado pelo influente Senador Nilo Peçanha em 1903.

Nascido em 1881 e morto em 1921, aos 39 anos, João Paulo Emílio Cristóvão dos Santos Coelho Barreto, o consagrado "*João das ruas do Rio*", também ficaria marcado por sua opção homossexual, o que, um século atrás, constituía um autêntico "escândalo" social. Ali estava, em suma, um personagem à feição dos pincéis de Rosa, Andréa e Mauro. O conturbado clima do **Império**, porém, sempre imerso em conflitos internos acutíssimos, não ensejava as melhores condições para concretizar as ideias da equipe. Por isso, não causou maiores surpresas o resultado final do desfile na planilha dos jurados: um modesto **6º lugar**, o que deixaria a escola mais um ano na Série A, da qual, aliás, só saiu em 2017, quando obteve o título com o enredo "*Meu quintal é maior que o mundo*", um tributo mais que oportuno da Serrinha ao centenário do poeta **Manoel de Barros**.

2. A breve, porém brilhante passagem pela Vila de Martinho e Noel

Após a frustrante experiência de responder por dois barracões, Rosa aceitou o convite da **Vila Isabel** e se instalou na simpática agremiação da terra de Noel, fundada, em 1946, por um grupo de *bambas* do bairro idealizado pelo dinâmico João Batista Viana Drummond na 2ª metade do século XIX, na antiga Fazenda dos Macacos, Zona Norte do Rio. O espírito arejado do futuro Barão deve ter inspirado os sambistas da Vila, escola que sempre reuniu diversos segmentos sociais em suas alas, desde a comunidade do Morro dos Macacos até os moradores de classe média espalhados pelas vias que se entrecruzam no eixo do *Boulevard 28 de Setembro* (cujo nome, aliás, é uma alusão direta à data de proclamação da *Lei do Ventre Livre*, ocorrida em 28/9/1871).

O primeiro título na elite dos desfiles, a antológica "***Kizomba***" de 1988, evocou justamente o centenário da Abolição, celebrando uma autêntica ***festa da raça*** no terreirão da Sapucaí. Com a presença de diversos povos e nações africanas, além de núcleos da cultura negra de várias regiões do país, o batuque e a dança da legião arregimentada por Ruça, Martinho e pares arrepiaram na avenida, deixando em transe os componentes, o público e, pelo visto, até os jurados. Em 2006, a escola voltou a sagrar-se campeã com uma emocionante ode à unidade latino-americana: "***Soy loco por ti, América – a Vila canta a latinidade***". Bailando "La Bamba" e caindo no samba, o enredo exaltou o amor a esse chão, "do *sombrero* ao chimarrão", além de cantar o libertador Simón Bolívar no último carro alegórico do cortejo, para apagar fronteiras e desenhar a igualdade na "*Pátria Grande*".

A *antropofágica* Rosa, por certo, logo se afinou com a vocação libertária e pluralista da escola assentada entre o morro e o asfalto. É fato que, às vésperas de 2011, a Vila vivia um clima de incertezas com a prisão de seu presidente Wilson Vieira Alves, o contraventor "*Moisés*", que, investigado na Operação *Alvará* da Polícia Federal por integrar a máfia dos caça-níqueis em Niterói, havia sido preso em abril de 2010. Ele foi condenado à pena de 23 anos de reclusão em dezembro de 2011, quando a presidência da entidade já estava sendo ocupada por Wilson da Silva Alves, o seu filho "*Wilsinho*"[292].

Apesar da turbulência interna, Rosa tocaria o barco azul & branco de Noel com rara maestria até 2013. Na estreia, em **2011**, ela se incumbiu de mais um enredo patrocinado, circunstância à qual já se habituara após duas décadas na Imperatriz. O anunciante da vez era a linha de xampus e condicionadores *Pantene*, que desde 2007, quando a supermodelo gaúcha **Gisele Bündchen** se tornara "embaixadora" do produto, multiplicara por dez sua participação na

---

292 *Apud* "Ex-presidente da Vila é condenado a 23 anos de prisão". *In*: **G1** RJ, 01/12/2011, 13 h 25. Disponível em: http://g1.globo.com/rio-de-janeiro/noticia/2011/12/ex-presidente-da-vila-isabel-e-condenado-23-anos-de-prisao.html. Consultado em 08/08/2019.

linha do mercado brasileiro, assumindo a vice-liderança de vendas no país e o primeiro posto no Rio de Janeiro[293]. Para consolidar o vertiginoso crescimento da marca filiada à multinacional estadunidense *Procter & Gamble* (proprietária, também, dos selos *Downy*, *Gillette*, *Oral-B* e *Pampers*, entre outros) no Brasil, a *Pantene* propôs à Vila realizar um desfile sobre um dos maiores signos da beleza e da cultura: o **cabelo**!

A experiente Rosa não se incomodou com a nova *encomenda*. Narrando "***Mitos e histórias entrelaçadas pelos fios de cabelo***", ela abdicou do cronológico, priorizando os traços **simbólicos** que os cabelos evocam no imaginário coletivo da humanidade: a força sobre-humana de **Sansão** (que se esvai quando Dalila lhe corta a cabeleira); a paixão entre o príncipe e **Rapunzel**, a bela jovem de longas tranças douradas que vivia aprisionada por uma bruxa no alto de uma torre; e até a rebeldia de **Lady Godiva**, a aristocrata britânica que, para lograr uma redução nos altos impostos pagos pelo povo de Coventry, cavalgou nua pelas ruas do vilarejo inglês, com as madeixas a cobrir-lhe parte do corpo, submetendo-se à condição imposta pelo marido Leofrico, duque de Mércia. De quebra, Rosa ainda abriu alas para a subjetividade e a imaginação, abordando o significado das **perucas** em diversos contextos históricos e culturais da Humanidade.

É claro que **Gisele** teria lugar de destaque no desfile, não apenas por ser a maior garota-propaganda da marca, mas também pela projeção mundial da jovem gaúcha que desde 2004 integrava a lista das modelos mais bem pagas do mundo (tornando-se, a partir de 2007, a 16ª mulher mais rica da área de entretenimento). Com tanta fama e dinheiro, muitos poderiam imaginá-la uma pessoa arrogante ou esnobe, mas Rosa garante que sua impressão foi exatamente oposta: além de extremamente bonita, Bündchen é uma pessoa bem simples, que não cultiva a empáfia típica de certas "celebridades". E frisa que ela cumpriu seu dever com raro profissionalismo, decorando a letra do samba composto pela parceria de André Diniz, Leonel, Prof. Wladimir, Arthur das

---

293 *Apud* SIMON, Cris. "Gisele faz Pantene crescer 10 vezes no Brasil". Dados divulgados pelo grupo *Procter & Gamble Brazil*. In: **EXAME**, 06/12/2011, 9 h 23. Disponível em: https://exame.abril.com.br/marketing/gisele-faz-pantene-crescer-10-vezes-no-brasil/. Consultado em 08/08/2019.

Ferragens e Pinguim, além de receber aulas de "molejo" de um sambista da Vila às vésperas do desfile.

No dia D, porém, não houve como evitar o ti-ti-ti na Sapucaí. Rodeada por trinta seguranças, a destaque provocou enorme alvoroço na pista até ocupar seu posto no carro alegórico que Rosa lhe reservou, antes de cruzar a Sapucaí em grande estilo, ovacionada pelo público das arquibancadas. Ela dividiu os holofotes da mídia com Sabrina Sato, rainha da bateria "*Swingueira de Noel*", e com a atriz e cantora Mayana Moura, as outras musas da **Vila** em 2011. O trio fez sua parte na avenida, mas isso não bastou para levar o título: em 4º lugar, a escola totalizou "só" 297 pontos, perdendo preciosos décimos em quesitos como *Comissão de Frente, Bateria, Alegorias & Adereços* e no próprio *Enredo*. Naquele ano, a campeã seria a **Beija-Flor**, que somou nota **299,7** com o tema "*A Simplicidade de um Rei*".

Em **2012**, o grêmio de Noel daria um giro de 180°, deixando os cabelos de lado para abordar um tema bem caro a Martinho e à comunidade do Morro dos Macacos: a saga de **Angola**, a nação africana tão identificada com o Brasil, sobretudo por conta do passado colonial sob o jugo lusitano, que fez a colônia do *Novo Mundo* se tornar o porto final da diáspora negra fomentada a ferro & fogo pela metrópole europeia. O enredo, de fato, era uma escolha à feição da escola que três décadas antes encantara o país com a festança da "***Kizomba***". Em contrapartida, a conexão Brasil–África não havia sido até então um mote tão relevante na carreira de Rosa, ainda que seu batismo vitorioso na folia, em 1971, tenha ocorrido com a "*Festa para um Rei Negro*" do Salgueiro (uma recriação da visita do rei do Congo ao Recife de Maurício de Nassau no século XVII).

Para Martinho, Mart'nália & Cia., **Angola** era, sem dúvida, uma referência dileta e quase umbilical. Mesmo nos anos mais duros da guerra civil no país recém-emancipado, durante as décadas de 70 e 80, quando as tropas da UNITA, com apoio do regime de *apartheid* da África do Sul, fustigavam o governo do MPLA (organização criada na luta de independência angolana por Agostinho Neto e Viriato Clemente), nosso *Zé Ferreira* sempre visitou os irmãos de além-mar. Por lá, o sambista possuía milhares de fãs, que acorriam às suas apresentações em Luanda e até mesmo em zonas de aberto conflito no interior do país – de onde, aliás, muitas vezes, Martinho e sua banda precisaram fugir às carreiras.

Em 2012, essa "*Vila com a alma da África*", conforme anotou um jornal carioca após o desfile[294], voltaria a marcar época na Sapucaí com o mote "***Você semba lá... Que eu sambo cá!***[295] ***O canto livre de Angola***". Se Martinho já trazia consigo na memória afetiva o convívio estreito com o povo de ***lá***, a incansável pesquisadora Rosa compensou suas lacunas lendo dezenas de obras sobre a história da Mãe África e do país situado na costa ocidental do continente, cujo povo foi escravizado para servir à empresa agromercantil no Brasil e no Caribe. Ela se interessou, em especial, pela mudança ocorrida na lógica migratória, depois que Portugal se deu conta de que era um disparate levar os negros cativos da África para o entreposto de Lisboa e só a partir daí encaminhá-los ao Brasil.

Outro aspecto a ser explorado era o mote ajustado com Martinho, inspirado no laço cultural-etimológico entre *samba* e ***semba***, termo angolano cujo significado se amplia no Brasil – e que Mestre Câmara Cascudo, citando Alfredo de Sarmento, descreve como uma roda de "umbigada em Luanda[296]", cuja essência rítmica e coreográfica teria origem no ritual de acasalamento de grupos da região. Na sinopse, esses elos entre Angola e nossa gente seriam devidamente costurados por Rosa, artista apaixonada por enredos que promovem ***enlaces*** *entre dois ou mais mundos*, conforme frisamos tantas vezes ao longo deste ensaio.

Quem também captou muito bem a travessia de ***lá*** para ***cá*** foi a parceria de André Diniz, Arlindo Cruz, Arthur das Ferragens, Evandro Bocão e Leonel. De forma bem pontual, o samba não só exalta os frutos pródigos do pungente exílio imposto aos ancestrais, como também registra, com um misto de alívio e esperança, que o "*dia de paz*" já havia clareado (lembre-se que, em 1988, na

---

294 Cf.: "Uma Vila com a alma da África". *In*: **O Globo**. *Carnaval 2012*. Rio de Janeiro, 22/2/2012.

295 A oposição entre dois advérbios ("***lá***" x "***cá***") é um índice do fascínio de Rosa pelo tema dos *deslocamentos e fluxos migratórios* entre continentes, que ela tornará a explorar na Portela, em 2018, desdobrando-o entre três espaços (Ibéria, Brasil e EUA), com o enredo "*De repente, de* ***lá*** *para* ***cá****; e dirrepente, de* ***cá*** *pra* ***lá***".

296 Cf.: CASCUDO, Luís da Câmara. *Dicionário do Folclore Brasileiro*. Rio de Janeiro: Edições de Ouro, [s/d], p. 798.

festa da "*Kizomba*", a guerra civil angolana ainda não chegara ao fim). Vale a pena transcrever alguns versos do hino:

Somos cultura que embarca
Navio negreiro, correntes da escravidão
Temos o sangue de Angola
Correndo na veia, luta e libertação
A saga de ancestrais
Que por aqui perpetuou
A fé, os rituais, um elo de amor
Pelos terreiros (dança, jongo, capoeira)
Nasce o samba (ao sabor de um chorinho)
Tia Ciata embalou
Com braços de violões e cavaquinhos a tocar
Nesse cortejo (a herança verdadeira)
A nossa Vila (agradece com carinho)
Viva o povo de Angola e o negro Rei Martinho

Semba de lá, que eu sambo de cá
Já clareou o dia de paz
Vai ressoar o canto livre
Nos meus tambores, o sonho vive
[bis]

Para enriquecer a pesquisa do desfile no plano visual, Rosa contava com uma viagem a Angola organizada por Martinho e outros diretores da Vila. Contudo, às vésperas do embarque, em julho de 2011, descobriu-se que um integrante da comitiva estava com o passaporte vencido – o que obrigou o grupo a adiar o embarque. Na nova data, a artista já estava de malas prontas para Joinville, onde, na última semana do mês, em atividade incluída na programação oficial do prestigioso *Festival de Dança* da cidade catarinense, ela iria ministrar uma oficina de "Figurinos e Adereços para Dança". Por conta disso, apalavrada como estava com o evento, Rosa não pôde ir a Angola com a delegação.

Mestre-sala e porta-bandeira: uma Vila africana em 2012 | Desenhos de Rosa Magalhães

Todavia, como as musas da moça prosa estão sempre a zelar por sua afilhada, um material valiosíssimo veio a cair-lhe nas mãos: o arquiteto e urbanista Jaime Lerner, que ela conhecera em Curitiba quando trabalhou no Teatro Guaíra, veio a informá-la, por pura sincronicidade, que respondia por um amplo projeto paisagístico e urbanístico em Luanda. Ciente da tarefa que Rosa tinha pela frente, ele não pestanejou: entregou à artista toda a pesquisa que sua firma de Arquitetura desenvolvera para executar a reforma na capital angolana. Dava para reclamar da vida, moça?

O fruto de tantas leituras e dados coligidos seria visto na pista da Sapucaí já na manhã de segunda-feira, dia 20 de fevereiro. Sob o ponto de vista estético-formal, a Vila encantou pela exuberância de cores e motes visuais típicos da cultura angolana, exibidos nas fantasias e alegorias criadas por Rosa. A roupa das baianas, os trajes do casal de porta-bandeira e mestre-sala, diversas alas e inúmeros destaques da Mãe África reeditavam, com brilho e beleza, o espírito da *Kizomba*. Por sua vez, no plano temático-ideológico, o desfile concedeu atenção ímpar a elementos chave do imaginário dos cativos, como a imponência do ***baobá*** (um signo essencial das culturas africanas mais tradicionais) e a imagem aziaga do ***navio tumbeiro*** (túmulo de tantos escravos transportados de Angola para o Brasil).

Última a desfilar na primeira noite do certame, a **Vila Isabel** pisou a avenida com céu azul, iluminada pela luz do sol – e deslumbrou público e crítica. Embora tenha ficado em 3º lugar, com **299,5** pontos, apenas quatro décimos abaixo da vencedora (a **Unidos da Tijuca**, do carnavalesco Paulo Barros, somou **299,9**), a agremiação da terra de Noel saiu da Sapucaí com pose de campeã. E não era para menos: em 2012, ela faturou seis quesitos do troféu *Estandarte de Ouro – melhor escola*, *mestre-sala* & *porta-bandeira* (o exímio casal Rute & Julinho), *personalidade* (a própria Rosa Magalhães), *enredo* e *ala das baianas*.

Sem beliscar o título, mas com dois prêmios na bagagem (*personalidade* e *enredo*), a moça prosa pressentia que, pela oitava vez na carreira, sua hora estava por chegar. E, em **2013**, não houve como impedir a vitória de Rosa, Martinho e o povo da terra de Noel. Com o polêmico enredo "***A Vila canta o Brasil, celeiro do mundo – Água no feijão que chegou mais um***" (que, conforme se assinalou mais acima, requereu certos artifícios poéticos e visuais para não se converter em uma elegia aos fertilizantes e agrotóxicos), a escola finalmente

Signo da diáspora africana: o navio "tumbeiro" | Desenho de Rosa Magalhães e foto de Valéria del Cueto / carnevalerio.com volta a bordar uma estrela dourada em sua camisa, embalada pelo melodioso samba de André Diniz, Arlindo Cruz, Leonel, Martinho e Tunico da Vila – e paramentada com graça e garbo invejáveis pela carnavalesca.

Não se pense que tudo eram flores no barracão da azul & branca. Por amor à casa e para não comprometer um desfile que prometia arrebentar na avenida, Rosa abstraiu, o quanto pôde, o desacerto financeiro da escola, cuja direção não honrou os pagamentos devidos à parceria vencedora do samba e à própria carnavalesca. O descontentamento só iria explodir após o carnaval, quando, mesmo vitoriosos, a artista, o casal de mestre-sala & porta-bandeira (Julinho e Rute) e o intérprete Tinga deixam a agremiação– para surpresa de muita gente, que ignorava o descompasso interno da campeã.

Sem confrontar diretamente as expectativas do patrocinador (a multinacional BASF), Rosa construiu no amplo galpão e no ateliê de costura da *Cidade do Samba* uma leitura bastante afetiva e subjetiva do tema. Em sua narrativa visual, ela se permitiu, por exemplo, ilustrar o carro alegórico da *plantação de algodão* com uma pilha de carretéis coloridos e graciosos bordados, uma homenagem à arte das costureiras, como a sua saudosa avó Leocádia e as incansáveis trabalhadoras que cosiam as fantasias desenhadas pela equipe da moça prosa. Ou desenhar a roupa da porta-estandarte com espigas de milho nada transgênicas servindo de elemento decorativo (ou seria nutritivo?) na barra da saia *tropicalista*. Sem falar na bateria, que veio em clima de animada festa junina..

A verve e a sensibilidade da carnavalesca puderam ser apreciadas ainda no último carro do cortejo, em que a festa no "arraiá" vila-isabelense rende seu tributo à figura do **lavrador**, que, não obstante seu papel decisivo para a sobrevivência das cidades, padece o preconceito secular da elite brasileira. Postado em seu quinhão de terra e com as mãos prenhes de grãos de café, ali está o camponês com seu chapéu *caipira*, rodeado por caixas de frutas e legumes, abóboras, pencas de banana e viçosos abacaxis, com a coroa da Vila a protegê-lo (e a todos nós!) ao fundo.

A valorização do trabalhador rural e do rico imaginário que a vida na roça legou para o nosso povo também veio a ser muito bem traduzida pelo samba de André Diniz, Arlindo Cruz, Leonel, Martinho da Vila & Tonico Da Vila, vencedor do troféu *Estandarte de Ouro* em 2013, cujo melodioso refrão até hoje é cantado nas boas rodas da cidade:

Festa no arraiá/ É pra lá de bom
Ao som do fole eu e você...
A Vila vem plantar
Felicidade no amanhecer

O tom otimista e quase idílico da letra prevalece sobre a dura realidade do modelo agrário de Bruzundanga, onde, em face do regime agroexportador, o pequeno produtor rural e a lavoura de subsistência sofrem com o assédio inclemente do agronegócio:

O galo cantou
Com os passarinhos no esplendor da manhã
Agradeço a Deus por ver o dia raiar
O sino da igrejinha vem anunciar
Preparo o café, pego a viola, parceira de fé
Caminho da roça e semear o grão...
Saciar a fome com a plantação
É a lida...
Arar e cultivar o solo
Ver brotar o velho sonho
Alimentar o mundo, bem viver
A emoção vai florescer

Ô muié, o cumpadi chegou
Puxa o banco e vem prosear
Bota água no feijão, já tem lenha no fogão
Faz um bolo de fubá
[bis]

Os carretéis de Rosa: homenagem às costureiras
e o milho nada transgênico | Desenhos de Rosa Magalhães

A bateria em clima de festa junina | Foto: Valéria del Cueto / carnevalerio.com

É festa na roça, sô! | Foto: Valéria del Cueto / carnevalerio.com

Com tais "credenciais", ainda que em 2013 a **Vila Isabel** não figurasse como a maior favorita ao título[297], ao término da apuração oficial na Praça da Apoteose, os deuses da Mãe Terra a abençoaram com a terceira estrela dourada no pavilhão azul & branco. Tal qual a "*festa da raça*" em 1988, a "*festa da roça*" cativou os jurados, que atribuíram à grande campeã um total de **299,7** pontos (desconto de um décimo no quesito *comissão de frente* e de dois para a *bateria*), superando por três décimos a 2ª colocada **Beija-Flor**, cujo enredo abordou a relação entre o homem e o cavalo ("*Amigo fiel - Do Cavalo do Amanhecer ao Mangalarga marchador*"). Pronto! O arrasta-pé comeu solto no "*arraiá*" de Noel, com direito a fogos e muita cerveja na quadra do *Boulevard* e no Morro dos Macacos, desde as biroscas do Jardim até o Pau da Bandeira, Terreirinho e outras quebradas...

Era para a festa prosseguir por mais um ano, ao menos, mas a crise interna só se acirrou depois do título, culminando com o vexame de 2014, quando várias alas desfilaram sem fantasia (com alguns integrantes saindo até de cueca![298]) e a Vila acabou em 10º lugar. Já prevendo qual seria o destino da campeã no carnaval seguinte, Rosa não renovou seu contrato com a diretoria e se despediu da escola, após uma breve, porém luminosa jornada na terra de Noel.

3. De Pamplona ao Rei-Sol: um triênio de sucesso na São Clemente

No primeiro semestre de 2013, a artista assumiu o barracão da **Estação Primeira de Mangueira**, a casa de Carlos Cachaça, Cartola, Nelson Cavaquinho, Nelson Sargento, Dona Neuma, Dona Zica, Delegado, Mocinha,

---

297 Quem levou o *Estandarte de Ouro* de *melhor escola* foi a Mangueira, ao passo que a agremiação de Noel não recebeu qualquer menção nos quesitos mais relevantes do prêmio, à exceção da categoria *samba-enredo*.

298 Cf.: "Sem fantasias, integrantes da Vila Isabel desfilam de cueca". *In*: **Veja**, 04/03/2014, às 03 h 59. Disponível em: https://veja.abril.com.br/entretenimento/sem-fantasias-integrantes-da-vila-isabel-desfilam-de-cueca/. Consultado em 11/08/2019.

Jamelão, Hélio Turco, Jurandir, Tantinho, Beth Carvalho, Alcione, Leci e tantos baluartes do nosso samba. Era uma responsabilidade e tanto se incumbir do desfile de uma das mais tradicionais agremiações da cidade e a segunda maior campeã da Passarela. O momento, porém, não era o mais auspicioso para a verde & rosa, que, com graves dificuldades financeiras, passou meses sem contar com sua quadra (o "*Palácio do Samba*"), ficando alojada no espaço da Vila Olímpica (a ampla instalação do projeto esportivo da Mangueira, às margens dos trilhos da rede ferroviária).

Para piorar tudo, a moça prosa não dispôs de plena autonomia para escolher o enredo, tendo de subscrever o tema proposto pela nova diretoria eleita em abril de 2013: "***A festança brasileira cai no samba da Mangueira***". Como "*o que não tem remédio remediado está*", Rosa tratou de conceber um desfile com a sua marca registrada, valendo-se da riqueza cromática que exibira na Vila, sem descuidar do apuro plástico com os materiais que o minguado orçamento lhe permitiu usar. Isso, porém, não evitou dissabores amargos no dia do desfile (domingo, 10/2), quando o quinto carro alegórico (retratando o ritual da *Pajelança*, mote do Festival de Parintins) ficou preso na torre de televisão da Sapucaí e teve parte de uma escultura retirada para poder seguir rumo à dispersão.

O acidente não acarretou perda de pontos no quesito *cronometragem*, mas afetou inevitavelmente as notas de *alegorias & adereços* (três jurados deram 9,7 e outro cravou 9,5 – valor descartado na contagem final) e de *conjunto* (9,8 de todos os avaliadores). Com isso, a **Mangueira** se afastou do bloco das seis primeiras escolas, todas acima de 297 pontos (a **Unidos da Tijuca**, campeã com o enredo "*Acelera, Tijuca!*", obteve nota**299,4**), terminando em **8º lugar** com apenas **296,2** pontos – uma contagem incompatível com a história da verde & rosa. A posição em **2014** era a mesma de 2013; Rosa, porém, já sem paciência para lidar com problemas estruturais que estavam muito além de sua alçada, não cogitou sequer de permanecer na nação mangueirense.

Ato contínuo, ela optou por outra estação para dar asas à sua fértil imaginação no desfile de **2015**: o **GRES São Clemente**, calorosa agremiação do bairro de Botafogo (Zona Sul do Rio), fundada em 1961 por Ivo Gomes, João Marinho e Ailton Teixeira, líderes de um bloco bem humilde que desfilava pelos arredores da Rua São Clemente desde 1952. Ao aceitar o convite do presidente **Renato de Almeida Gomes** (conhecido como *Renatinho*), filho do baluarte Ivo Gomes,

Rosa tinha plena consciência de que nem sempre seria possível executar fielmente aquilo que concebera, mas isso jamais a desencorajou.

Renatinho, por sua vez, deu carta branca à artista, que, já no primeiro carnaval sob a sua batuta, sentiu-se à vontade para render um último tributo ao grande amigo, mestre e conselheiro **Fernando Pamplona**, criando um enredo que, segundo a opinião unânime da crítica, seria o melhor daquele ano. Com o mote "***A Incrível História do Homem Que Só Tinha Medo da Matinta Pereira, da Tocandira e da Onça Pé de Boi***", Rosa tratou de reconstituir a vida e a obra de Pamplona, desde a infância passada no Acre até a passagem em 2013, ressaltando sua fecunda carreira no Teatro Municipal e na Escola de Belas Artes, além da atuação na TV e em outros meios de comunicação.

Os verdes anos no Norte, onde ele travou contato com lendas e mitos dos povos da Amazônia, inspiram o título e abrem a narrativa visual de Rosa, cuja sinopse fabulava:

> *Em Rio Branco era assim, um florestão envolvendo a cidade. Ninguém adentrava na mata – "Tá doido, seu?" Era habitada pela bruxa Matinta Pereira, que calava o uirapuru, mas que sumia com a chuvarada, por um bicho brabo, o gogó de sola, de dentada perigosa feito cobra, pela formiga Tocandira, pela onça do pé de boi, que todo mundo jura que existia, com pé de boi e tudo. Pois foi lá nesse lugar tão longe que nosso personagem passou a infância.*[299]

Depois, de volta ao Rio, sua terra natal, os temores do menino cedem vez à paixão pela folia. Rosa relembra o garoto a brincar carnaval no Lido (Copacabana), ouvindo "Mamãe eu quero" e "Touradas em Madri", e os ensaios do seu bloco de sujos no cemitério. E, claro, o deslumbramento pela Av. Rio Branco, toda decorada, com desfiles de cordões e foliões vestidosde pierrôs, arlequins, tiroleses, holandeses e colombinas.

---

299 MAGALHÃES, Rosa. "*A Incrível História do Homem Que Só Tinha Medo da Matinta Pereira, da Tocandira e da Onça Pé de Boi*". Sinopse do desfile de 2015 do GRES São Clemente. Rio de Janeiro, junho de 2014.

Mais adiante, após as reviravoltas da II Guerra Mundial e da política nacional, com a queda de Getúlio e o regresso do presidente ao Palácio do Catete em 1950, o garoto vira gente grande e se envolve de forma profissional com a folia. Em 1959, ele é chamado para integrar o júri das escolas de samba na Av. Rio Branco. No ano seguinte, o inesperado: o convite para desenvolver o enredo do Salgueiro na passarela, oportunidade que Fernando prontamente aceitou. A partir daí, com a eleição da **resistência negra** como grande mote do folguedo a partir de 1960, as duas Academias irão mudar a história do cortejo carioca:

> *[Pamplona] Descobriu para o povo não só o Nzambi como Xica da Silva (foi um estouro!!!), Aleijadinho, e acabou desencavando um enredo sobre uma visita de um rei negro a Maurício de Nassau – cuja música foi cantada não só no carnaval como em estádios de futebol, casamentos e até hoje faz sucesso –* ***Olelê, Olalá, pega no ganzê, pega no ganzá...***[300]

O mestre de Rosa, João, Maria, Lícia, Renato & Cia. fez outros carnavais vitoriosos. Nos anos 80, passou a bola adiante e foi se dedicar a vários afazeres nas emissoras de TV para as quais trabalhava. Em 2013, "*cansado da vida, foi embora, acho que um pouco contrariado, pois viver foi sempre uma aventura que encarou sem medo*", escreveu a moça prosa. No plano sideral, uma extensa corte o acolheu: "*Nzambi, Aleijadinho, Xica da Silva e outros tantos negros e mulatos que fazem parte da cultura deste país mulato*".

O carinho da carnavalesca pelo tema saltava aos olhos no esmero e engenho com que Rosa desenhou cada fantasia e alegoria daquele desfile. As baianas vestidas de **onça**, a porta-bandeira e o mestre-sala trajados de **africanos**, os carros dedicados à **Matinta Pereira** e ao próprio **Pamplona** – tudo soava como uma epifania dos orixás no terreirão da Sapucaí. E, para coroar o cortejo, na alegoria consagrada ao **Teatro Municipal**, a forja em que o mestre se moldou, via-se a figura cativante da atriz e bailarina **Zeni Pamplona**, companheira de Fernando por mais de seis décadas, que, do alto de seus 85 anos,

---

300 MAGALHÃES, sinopse citada, 2014.

sorria para a multidão. Sempre bem-humorada, Zeni adorou a homenagem de Rosa ao marido, mas confessou-nos uma fortuita decepção: "Só fiquei frustrada em não poder assistir da arquibancada, pois desfilei no carro do Teatro Municipal[301]".

Não havia como negar que a modesta **São Clemente** acabara de realizar um dos mais belos cortejos da Passarela, digno de merecer um lugar no pódio das campeãs. Rosa, aliás, faturou mais um troféu *Estandarte de Ouro* de *melhor enredo* em 2015, o sexto da sua galeria na categoria (ela também recebeu o prêmio de *Personalidade* pela Vila em 2012). Infelizmente, o júri oficial não abonou a opinião da crítica e do público, deixando a escola em **8º lugar**, com nota **268,4** – 1,5 ponto abaixo da **Beija-Flor**, a campeã com **269,9**. O resultado gerou indignação no mundo do samba: na planilha dos julgadores, o *Enredo* obteve três 10; no entanto, nos dois quesitos mais plásticos do certame (*Fantasia* e *Alegorias & Adereços*), concedeu-se apenas uma nota 10 à agremiação. Como justificar a perda de meio ponto nessas rubricas?

Rosa ficou desapontada, mas virou a página rapidamente e foi cuidar do desfile de **2016**, cujo enredo era "***Mais de Mil Palhaços no Salão***" – simultaneamente uma apologia aos grandes personagens da arte circense e uma crítica explícita aos descaminhos da política brasileira. De fato, como canta a própria letra do samba composto por Alexandre Araújo, Amado Osman, Armando Daltro, Davi Dias, Fábio Rossi, Rodrigo Índio, Rodrigo Telles e Vinicius Nagem, o aspecto lírico do protagonista (que "*espalha por todas as partes sorrisos pela multidão*" e "*fascina meninos de qualquer idade*") não foi ignorado. Contudo, o caráter burlesco da figura mereceu atenção ímpar da carnavalesca, que homenageou o "*saltimbanco brasileiro*", equilibrando-se o ano inteiro nessa corda bamba chamada Brasil, terra onde "*tem marmelada e* ***faz-me rir***"

Tá certo ou não tá?
Eu vou gargalhar
Oh! Quanta alegria!
Divino dom do riso é carnaval

---

301 PAMPLONA, Zeni. "Algumas Palavras". Texto de apresentação do presente ensaio.

Uma baiana vestida de onça e um abre-alas com a Matinta Pereira: homenagens de Rosa a Fernando | Desenhos de Rosa Magalhães

Na festa dos "reis da folia"
A cara branca, o pastelão
Cara-pintada, voz de uma nação
Sou saltimbanco brasileiro,
Me equilibro o ano inteiro
Tem marmelada e "faz-me rir"
Acorda! Esquece a tristeza e vem cantar
'Pelo telefone' mandaram avisar
O palhaço o que é?
É ladrão de mulher
Mas tem samba no pé

Não seria, porém, uma noite feliz para os "reis da folia". No dia D, o segundo carro, em que a própria Rosa aparecia, sofreu uma pane elétrica e desfilou apagado. A alegoria seguinte também apresentou um problema no chassi e parou de andar, criando um buraco no meio da avenida. Se não bastassem esses dois graves contratempos, a rainha da bateria, Raphaela Gomes, filha do presidente *Renatinho*, caiu durante a sua apresentação. Desta vez, o júri teve motivos para descontar décimos preciosos da escola, deixando-a em um insosso 9° lugar. A **São Clemente** obteve nota **267,8**– inferior à de 2015 e exatamente dois pontos abaixo da grande campeã, a **Estação Primeira de Mangueira**, que, com o enredo alusivo a "*Maria Bethânia: a menina dos olhos de Oyá*", concebido e executado por Leandro Vieira, totalizou **269,8 pontos**.

Para o carnaval de **2017**, Rosa abriu a caixa de fabulações históricas e engendrou mais um enredo rocambolesco, sob o curioso título de "***Onisuáquimalipanse***[302]", um causo acontecido no tempo de Luiz XIV, nos idos do século XVII, quando o "Rei-Sol" da França se tornou um dos monarcas mais poderosos da História. Vale lembrar que os preparativos para esse desfile tiveram de ser postergados para abrir espaço à confecção das roupas e alegorias da festa de encerramento dos Jogos Olímpicos *Rio 2016*, evento realizado em 21

302 Versão adaptada para o idioma português da expressão francesa "*Honni soit qui mal y pense*", cuja tradução em nossa língua equivale a "*maldito seja quem pensar mal disso*" ou "*envergonhe-se quem pensar mal disso*".

de agosto de 2016, no estádio do Maracanã (RJ). Com o apoio incondicional do presidente *Renatinho*, a artista transformou o barracão da São Clemente no QG de seus trabalhos.

Finda a cerimônia, ela mudou o *chip* e ocupou-se do novo mote, visualmente muito complexo e trabalhoso. A sinopse baseava-se no escandaloso episódio de construção do Palácio *Vaux-le-Vicomte* por Nicolas Fouquet, superintendente do rei, cujo luxo desmedido provocou pasmo na Corte e levou seu idealizador à prisão, acusado de desvio de verbas públicas – uma mazela que, como se vê, não é privativa dos trópicos nem do século XXI. Diz-se, aliás, que, para sobrepujar Fouquet, Luiz XIV teria acelerado as obras do magnífico Palácio de Versalhes, nos arredores de Paris, até hoje uma atração irresistível para o público francês e estrangeiro.

No texto escrito por Rosa, sobressai-se, como de hábito, o bom-humor – por sinal, um traço da satírica agremiação, que em 1990 já levara para a Sapucaí o tema "*E o Samba Sambou*" (crítica aos descaminhos do desfile) e em 2007 cantou os "*Barrados no Baile*" (um libelo contra os preconceitos sociais, com direito a *hippies*, *gays*, nordestinos, funkeiros, negros e demais tribos discriminadas). Ao final do desfile, a carnavalesca não perdeu a chance de advertir, como nos bons filmes de ficção, que "*qualquer semelhança com fatos de outras épocas é mera coincidência*". Em 2017, já com o presidente "interino" Michel Temer bombardeado por denúncias escabrosas de corrupção, qualquer associação não seria, de fato, um mero"acaso" – e a ironia de Rosa, por certo, logo foi captada por público e mídia.

No artesanato do desfile, a artista explorou intensamente os elementos contextuais desua narrativa visual. A figura do ***Sol***, em especial, projetava-se em vários trajes e itens alegóricos, como as roupas do **mestre-sala** e da **porta-bandeira**, além do belo **abre-alas**, uma carruagem fulgurante puxada por quatro fogosos cavalos. Já a alegoria dos **Jardins de Versalhes** reconstituía a exuberante composição paisagística do Palácio de Luís XIV, uma imagem de cartão-postal para turistas do mundo inteiro. E o último carro, uma reprodução da **cela** onde o ambicioso Fouquet pagou sua pena de prisão perpétua, acentuava pela austeridade (um quarto despojado de pertences, com uma cama tosca de madeira e uma mesinha de canto para as refeições) o destino inglório do ministro.

Nos tempos do "Rei-Sol": os jardins de Versalhes e a prisão do Ministro Nicolas Fouquet | Desenhos de Rosa Magalhães

Na hora da apuração, mais uma vez, a planilha dos jurados não bateu com a opinião do público e da crítica. Agraciada pelo sétimo ano com o troféu *Estandarte de Ouro* para o quesito *Enredo*, Rosa Magalhães surpreendeu-se quando viu a **São Clemente** em 9º lugar, com nota **267,4** – 2,5 pontos abaixo das campeãs **Portela** (cujo enredo era "*Quem nunca sentiu o corpo arrepiar ao ver esse rio passar?*") e **Mocidade** (com o tema "*As mil e uma noites de uma Mocidade pra lá de Marrakesh*"). Para pasmo da artista e dos integrantes da agremiação aurinegra, não houve sequer uma nota máxima para as *alegorias* e o premiado *enredo* mereceu somente um solitário 10.

Há quem pense que a decepção com o resultado concorreu para que a carnavalesca deixasse a escola de Botafogo. Ledo engano. Rosa não guarda consigo a menor queixa da São Clemente, onde foi muito bem tratada pela diretoria do presidente Renato Gomes e sua equipe, conforme este biógrafo pôde constatar na escolha do samba de 2017, realizada na *Cidade do Samba* (ao final de 2016, quando a entidade, por conta de um imbróglio com o poder público, esteve afastada de sua quadra na Av. Presidente Vargas, na Cidade Nova). Como ela própria já declarou uma e outra vez, a saída somente aconteceu por causa do convite quase irrecusável que a **Portela** fez à artista e ao coreógrafo Sérgio Lobato, após a ida do carnavalesco Paulo Barros para a Vila Isabel.

4. De lá para cá e daqui para acolá

O regresso à escola de Oswaldo Cruz e Madureira acontece quase quatro décadas depois de sua primeira experiência no barracão da águia tantas vezes campeã, ao final dos anos 70, ao lado de **Hiram Araújo** e **Lícia Lacerda**. Naquela época, Rosa ainda era uma jovem aprendiz da folia e mal esboçara seu estilo singular de *fazer carnaval*. No retorno, porém, ela já se tornara uma alquimista do espetáculo e não desperdiçou a oportunidade de encenar na avenida, para o desfile de 2018, um enredo à sua imagem e semelhança.

O método *narrativo* da artista era velho conhecido dos estudiosos de sua obra e de seus pares mais constantes: segundo observa o crítico **Paulo**

Herkenhoff, a *rocambolesca* e *dramática* Rosa nunca se satisfez com histórias lineares, nem descrições simplórias de um tema. Era preciso buscar um ou mais "ganchos" para poder desdobrar o enredo de forma inusitada: como diria Alessandra Cadore, sua assistente direta, "*todo mundo pode falar de uma maçã, mas a de Rosa sempre será diferente*[303]". O gosto pelo *folhetinesco*, porém, é no fundo um artifício para que a eterna andarilha possa empreender seu *leitmotif* mor, ou seja: promover, como já se disse neste ensaio, ***enlaces** entre vários **mundos***.

O mote é fruto maduro de suas andanças pelo planeta, iniciadas na adolescência sob os auspícios do pai Raymundo, com quem viajou de cá para lá e de lá para cá. O mundo foi ficando pequeno para a moça prosa, que logo se habituou a conhecer novos horizontes, tecendo analogias e cotejos entre as terras que percorria. Em suas múltiplas sinapses, tornou-se usual o encontro entre dois ou mais universos nos causos contados por Rosa na avenida. O ponto de partida talvez tenha sido o sapoti da Estácio, em 1987, que viaja entre México, Brasil e Tailândia. Na primeira década da Imperatriz, ela faz o Velho Mundo deslocar-se até o sul do Equador (a primeira *onda de globalização* da era moderna, diria Chomsky), em 1992; leva os tupinambás para se exibir aos olhos dos reis na França, em 1994; reúne os camelos do Saara e o jegue cearense no sertão nordestino, em 1995; e une uma princesa austríaca a um Imperador português no Brasil, em 1996.

Assim, se em 2012, na Vila, o angolano *sembava de **lá*** e o brasileiro *sambava de **cá***, em **2018**, na **Portela**, seu primeiro enredo iria bem além. Navegando entre três mundos, Rosa opta por um périplo com escalas, em que reescreve a saga dos judeus e *marranos*[304] que fugiram da Península Ibérica e se abrigaram em Pernambuco entre 1630 e 1654, sob a proteção do conde Maurício de Nassau, governador do Recife ocupado pelos holandeses. O grupo

---

303 Entrevista concedida por Alessandra Cadore ao biógrafo, no barracão do GRES Portela na *Cidade do Samba*, em 23/01/2018.

304 A expressão árabe-hispânica ***marrano*** é uma designação injuriosa para os judeus e seus descendentes que, convertidos à força ao catolicismo na Península Ibérica, seguiam cultivando clandestinamente o antigo credo.

participou da vida financeira e cultural da febril metrópole do Nordeste, ocupando-se dos negócios com o açúcar e erguendo escolas, sinagogas e cemitério próprio. Depois, com a reconquista da região pela Coroa portuguesa, cerca de seiscentos judeus foram expulsos da cidade com os holandeses. Desses, um grupo de 23 conseguiu chegar a *Nova Amsterdam*, a futura Nova Iorque; eles também padeceram a intolerância dos calvinistas, mas lograram sobreviver graças a um pequeno comércio que logo se expandiu[305].

Com essa carta de navegação, Rosa singrou os mares por duas vezes e apresentou à avenida distintos cenários e elementos narrativos. No Recife de Nassau, em plena Zona da Mata nordestina, a empresa do açúcar emerge com enorme vigor, simbolizada por um primoroso **tatu** que desponta na franja do canavial. Já na fuga para a fria Nova Amsterdam, na costa leste dos EUA, o calor e a exuberância tropical cedem vez à neve e ao frio extremo, retratados pela cabana rodeada de neve e por uma pequena manada de **bisões**. Por fim, o sonho de liberdade se traduz, na Nova Iorque do século XX, na imagem da Estátua doada ao país pelos franceses, que recebe a seus pés os botes de **imigrantes** – um signo que, não obstante as ações nada libertárias do regime de Washington há várias décadas, habita o imaginário de tantos exilados ao longo dos últimos cento e trinta anos.

Dentro de um dos botes que vinham à frente da alegoria, via-se a própria Rosa vestida de **refugiada**, prova inequívoca de sua identificação com o tema da **migração** e das **diásporas** que se multiplicam no mundo atual. A carnavalesca tratou de forma quase artesanal e com raro esmero cada detalhe da história a ser contada na Sapucaí; às vésperas do desfile, era possível vê-la sentada à mesa em sua sala no barracão da Portela, tratando de envelhecer, com pinceladas de tinta nos joelhos e cotovelos, a roupa dos judeus peregrinos que compunham a comissão de frente da escola. No próprio dia do espetáculo, ela e a assistente Alessandra Cadore conferiam, horas antes da abertura do cortejo, os principais elementos alegóricos criados para a narrativa, desde o abre-alas

---

305 Ver, a respeito, LEVY, Daniela Tonelo. "Judeus e marranos no Brasil holandês: pioneiros na colonização de Nova York (século XVII)". Dissertação de Mestrado apresentada ao Departamento de História da Faculdade de Filosofia, Letras e Ciências Humanas da USP. São Paulo: USP, 2008.

até os demais carros e tripés que materializavam para o público a saga de marranos e cristãos-novos.

O esforço valeu a pena. Com a bateria "*Tabajara do Samba*" afinadíssima, além de uma harmonia e evolução impecáveis (todas amealhando três notas 10 para a águia), afora o enredo muito bem avaliado pela crítica e pelos julgadores (30 pontos no quesito), a **Portela** fez um dos mais belos desfiles de 2018 e despontou como forte candidata ao título. Aliás, durante boa parte da apuração oficial ela esteve à frente da contagem – e se não fossem os três décimos descontados da *comissão de frente*, cuja coreografia, pelo visto, não agradou aos julgadores, a azul & branca teria somado 269,7 pontos, o que a faria ser a grande campeã do cortejo.

Na planilha oficial, porém, ela totalizou nota **296,4** e ficou em 4º lugar, abaixo da **Beija-Flor** (que somou **269,6** com o enredo "*Monstro é aquele que não sabe amar. Os filhos abandonados da pátria que os pariu*"), do **Paraíso da Tuiuti** (grande sensação do certame mais politizado dos últimos tempos, vice-campeã com nota **269,5** e o mote "*Meu Deus! Meu Deus! Está extinta a escravidão?*") e do **Salgueiro** (cujo enredo "*Senhoras do ventre do mundo*" também obteve **269,5** – o desempate se deu no *samba-enredo*). Afora o desconto na comissão de frente, a Portela perdeu 0,1 nas *alegorias*, 0,1 na *fantasia* e 0,1 no *samba*.

Rosa sorriu com um misto de incredulidade e resignação quando soube que um julgador se queixou de que faltou "*glamour*" ao último carro do desfile, dedicado a Nova Iorque, em que se via a Estátua da Liberdade e a *Broadway*. O que será que o avaliador esperava? Um pastiche da estátua protegendo as saias esvoaçantes sobre um duto de ventilação das calçadas nova-iorquinas, ao estilo de Marilyn Monroe? Melhor deixar para lá e seguir em frente, já que outro desfile, baseado em um enredo absolutamente glorioso para a família portelense, a aguardava logo ali na esquina de **2019**...

Após a vitória em 2017 com um desfile em louvor às suas raízes ("*Quem nunca sentiu o corpo arrepiar ao ver esse rio passar?*") e a frustração de 2018 com a saga dos judeus e marranos ibéricos, a nação portelense voltou a apostar em um ícone da sua história para tentar obter o 23º título na elite do samba carioca. Dessa forma, a escolha da cantora **Clara Nunes** como o tema de 2019 caiu como luva no coração da comunidade. Uma questão, porém, martelou desde a primeira hora a diretoria e a própria Rosa: como contar na avenida o périplo da mítica personagem apelidada de "guerreira da utopia"?

A vida e a obra de Clara são, de fato, uma história sem fim. Desde a saídaprecoceda jovem operária de 15 anos de Caetanópolis para Belo Horizonte, após o assassinato de um pretendente por seu próprio irmão (que resolveu tirar satisfação com o rapaz porque este estaria difamando a tecelã), até sua morte trágica em uma operação de varizes no Rio de Janeiro, não faltam capítulos tensos e eletrizantes no folhetim da carismática mineira. Quem quiser saber detalhes deve ler a biografia escrita pelo jornalista Vagner Fernandes, que nos refaz, passo a passo, o roteiro da cantora entre Minas, Rio de Janeiro e o mundo[306].

Nada é simples na jornada. O início da carreira, por exemplo, revela a insegurança da jovem cantora com seu repertório (ela primeiro envereda por canções românticas e boleros, só depois abraçando o samba e a MPB). E o ser de luz também percorreu diversas trilhas na expansão da sua religiosidade, que a princípio oscila entre o catolicismo e o espiritismo, para mais tarde flutuar entre a umbanda e o candomblé, nos terreiros do Rio e da Bahia. Isso para não falar das experiências amorosas, que, como as demais esferas de sua vida, são igualmente intensas e surpreendentes.

Avessa ao meramente cronológico e linear, Rosa, como sempre, procurou enxertar novos valores a uma narrativa que estava diretamente atada às raízes portelenses. Afinar a sintonia entre a escola e a moça prosa não era missão fácil, mas, com a elegância de Luis Carlos e Rosa, dois ilustres Magalhães (mera sincronicidade onomástica, sem nenhum laço familiar), aos poucos a tessitura do enredo se conformou. Surgia, assim, a fábula de 2019, batizada como "***Na Madureira moderníssima, hei sempre de ouvir cantar uma Sabiá***".

Apaixonada por **Tarsila do Amaral**e os modernistas, Rosa não abdicou de incluir na narrativa o signo da "*moderníssima Madureira*" evocado pelo quadro em que a pintora paulista retrata a insólita torre Eiffel erguida em um coreto do bairro, iniciativa de um comerciante que patrocinava o carnaval da região. Na tela da fase *naïf*, pintada em 1924, Tarsila não esconde a admiração pela presença do monumento em pleno subúrbio carioca – e o projeta com grande

---

306 Cf. FERNANDES, Vagner. *Clara Nunes: guerreira da utopia.* 2ª ed. Rio de Janeiro: Editora Agir, 2019.

destaque em meio a um cenário multicolorido de casas simples, bandeirolas esvoaçantes e figuras de mulheres e crianças negras postadas na base.

Mais do que homenagear um dos ícones da *Semana Modernista de 22*, o propósito de Rosa era ressaltar a relevância de Madureira na vida cultural, social e econômica do Rio de Janeiro. Além de ter uma das maiores arrecadações de ICMS da cidade, o bairro sempre se orgulhou de ser um dos berços do samba carioca, acolhendo em torno de si ao menos três agremiações de peso: a **Portela**, o **Império Serrano** e a caçulinha **Tradição**, nascida de um *racha* da águia na década de 80.

Essa opção, porém, assim como o tratamento de outros setores do desfile (entre eles, o tópico da religiosidade de Clara), não foi bem assimilada por alguns integrantes da escola – fato que, em ano de vacas magras do samba (com a Prefeitura cortando com rara desfaçatez as verbas das escolas), em nada iria colaborar para o sonho do novo título. E a **Portela**, de fato, não levou a taça – que em 2019 só poderia ficar com a **Mangueira**, cuja arrebatadora "*História para ninar gente grande*" obteve **270 pontos** (nota máxima). Na planilha dos jurados, a águia somou **269,3** e acabou em 4º lugar, perdendo três décimos preciosos na *comissão de frente* (outro ano adverso do quesito) e mais dois na *bateria*, ou seja, só aí meio ponto a menos – sem o desconto, ela seria a vice-campeã. Quanto a Rosa, faturou três 30 pontos com o *enredo*, 30 com a *fantasia* e 29,9 com as *alegorias*.

Não era um resultado tão ruim, mas estava bem distante do objetivo traçado com o tema dedicado a **Clara Nunes**. As chamadas *redes sociais*, palco do suposto "debate público" da terra, fervilharam nas semanas pós-carnaval, com algumas críticas impiedosas à carnavalesca, naquele frenesi típico da *pós-modernidade* cibernética. Era difícil que Rosa permanecesse na Portela e sua saída não tardou a ser anunciada, com a sóbria nota de agradecimento divulgada na mídia e uma troca – sincera – de elogios entre as partes. Às vésperas de completar meio século de avenida(s), a artista se permitiu passar um tempo longe dos barracões, pensando no que seria o amanhã e entretendo-se com projetos mirabolantes que ela nunca deixa de maquinar. Depois, aceitou o convite da Estácio de Sá, escola com a qual encantou a Sapucaí com o *ti-ti-ti do sapoti* em 1987 – e recomeçou as leituras, a fim de tecer uma história da ***pedra***, sua nova *invenção fabulística* para 2020.

"Carnaval em Madureira", tela de Tarsila do Amaral (1924)

5. "A Rosa é muitas rosas – ela é um buquê": o legado fecundo de Rosa Magalhães

Em oito de fevereiro de 2019, quase três semanas antes do nosso '*tríduo momesco*', no *Centro Municipal de Arte Hélio Oiticica*, ao lado da histórica Praça Tiradentes (um dos marcos do Rio antigo), abria-se a mostra *Uma delirante celebração carnavalesca*, destinada a inventariar – de forma ao mesmo tempo descontraída e reverente – "*o legado de Rosa Magalhães*" no universo da folia e das artes. Sob a curadoria de **Leonardo Antan**, egresso do Instituto de Artes da UERJ, a exposição reunia obras criadas por pessoas que, de uma maneira ou de outra, possuíam afinidades eletivas com a homenageada e reconheciam a relevância do papel da moça prosa na cena cultural da cidade e do país.

Havia mais de trinta artistas espalhados pelos salões do 2º andar do vistoso prédio neoclássico do séc. XIX, cujos trabalhos promoviam uma releitura da farta produção da multifacetada **Rosa Magalhães**. Lá estavam, entre outros, antigos companheiros da EBA (em especial Fernando Pamplona e Lícia Lacerda) e a nova geração da folia (entre eles, Gabriel Haddad, Jack Vasconcelos, Jorge Silveira e Leonardo Bora). A singular galeria acolhia ainda profissionais de diversas técnicas e linguagens artísticas, como o jovem fotógrafo George Magaraia (mais um estudante do Instituto de Artes da UERJ), o cineasta Medeiros Schultz (criador do documentário *Imperatriz do Carnaval*) e nomes vinculados às artes plásticas, além de parceiros diários de Rosa (vale citar os assistentes Alessandra Cadore, Andréa Vieira e Mauro Leite), que dialogam com o seu estilo e a sua narrativa.

A abertura do evento congregou um sem-número de admiradores da venerável professora – a qual, aliás, fez questão de comparecer à efeméride, para alegria da equipe do grupo ***Carnavalize***, idealizador do evento, que careceu de rara obstinação e resiliência para empreender o projeto com o minguado orçamento disponível. O mote proposto por Antan ("*Uma delirante celebração carnavalesca*") merece, sem dúvida, muitas glosas dos cultores do enlace entre a **cultura acadêmica** e a **arte popular**. Afinal, que ensinamentos nos lega a cenógrafa, figurinista e carnavalesca?

"O legado de Rosa Magalhães" – cartaz e vista de uma das salas da exposição (2019) | Imagens: Grupo Carnavalize

A fim de responder a questão, o biógrafo julgou imprescindível ouvir alguns dos "herdeiros" que examinaram, com lentes próprias, o decálogo da decana. Suas leituras de Rosa nos permitem delinear uma espécie de 'perfil' da artista, tarefa que o próprio curador da mostra, em seu texto de apresentação da "celebração", não deixou de cumprir:

> *Para além do rótulo de "barroca", Rosa redefiniu as células-base da linguagem carnavalesca, palco de encontros e celebrações das artes. Em seus enredos, revelou histórias transbordantes de Brasis em delirantes confusões fabulísticas, que misturam povos e tempos, frutos de profundas e profícuas pesquisas. [...] Sem medo de embarcar rumos às mais distantes civilizações, navegou por utopias e uniu povos pela diáspora, reinventando ao seu modo a herança modernista e romântica fundadora da brasilidade.*

Quem tampouco foge ao desafio é **Leonardo Bora**, jovem paranaense que se divide entre as aulas dadas no Departamento de Artes Teatrais da EBA e a faina nos barracões das escolas de samba do Rio e de Niterói. Ele ressalta, de imediato, que um dado crucial para se avaliar **Rosa Magalhães** em seu trânsito por diversos espaços (ópera, escola de samba, teatro, Escola de Belas Artes, megaeventos) é o dado de que ela é filha de um casal de intelectuais, com passagem por círculos literários distintos:

> *O fato de ela ter nascido nessa família e de ter vivido em um ambiente em que circulavam artistas como Jorge Amado, Villa-Lobos e Pixinguinha, além de conviver com a ABL, confere à obra de Rosa um caráter diferenciado, em que se nota o **apreço pelo literário**, o **apreço pela pesquisa** e pela **multiplicidade de artes** que forma o nosso país.*[307]

---

307 BORA, Leonardo. Entrevista prestada ao biógrafo e à TV UERJ, em um ateliê da EBA-UFRJ, em 21/03/2019.

Segundo Leonardo, a obra de Rosa situa-se em um espaço de ***complementaridade*** e ***contraste***, o que se evidencia, por exemplo, nas fantasias que ela criou para o desfile de 1994 da Imperatriz, cujos figurinos fundem elementos indígenas e europeus. Em última instância, "*a síntese de universos aparentemente distintos é uma tônica da artista*", que Bora descreve como uma ***narradora do deslocamento***. Ou seja: ela é uma ***cronista de viagem***, cujo material para os relatos tanto pode advir das jornadas que empreende mundo afora (veja-se o enredo sobre o *jegue*, estimulado por um passeio em Marrocos no lombo de um camelo), quanto das viagens históricas, reais ou ficcionais (cf. Américo Vespúcio e os "cronistas de Índias"). Isso sem falar na saga dos escravos africanos nos navios *tumbeiros*, ou na fuga de D. João e sua corte sobre uma baleia escamada, o que faz Leo frisar:

> *Não à toa ela é uma artista que já levou para a avenida inúmeras variações do símbolo* ***barco*** *– no carnaval da Imperatriz de 1992 ("Não existe pecado abaixo do Equador"), há duas embarcações: uma trazendo os navegadores espanhóis à América Central e outra levando os produtos do Novo Mundo para o continente europeu.*[308]

O professor **Felipe Ferreira**, autor do célebre estudo *O marquês e o jegue* (1999), também destaca a vocação de Rosa para os ***contrastes*** – ou, como ele prefere enunciar, sua propensão a construir "*um diálogo entre opostos – do Super-Homem ao anjinho*[309]". Para ele, conforme já se disse mais acima, Rosa é uma artista de pródigas sinapses, que realiza uma articulação bem solta entre o *popular* e o *erudito*. Graduado em Indumentária, Felipe ressalta que, na

---

308 BORA, entrevista citada, 21/03/2019. Em ambas as passagens transcritas, os grifos são nossos.

309 FERREIRA, Luiz Felipe. Entrevista concedida ao biógrafo no *Centro de Referência do Carnaval* (UERJ), em 19/9/2018. A alusão ao ***Super-Homem*** pode soar estranha a alguns, mas o personagem realmente aparece (ao lado de *Batman*, *He-Man* e outros heróis de HQ) em um setor do desfile que Rosa criou em 1987 para o GRES Estácio de Sá ("*O ti-ti-ti do sapoti*"), em que o **chiclete** se associa à cultura *pop* estadunidense.

concepção de suas fantasias, ela quase sempre reitera esse mote – basta citar a figura do *mamulengo*, que, ao agrupar diversos retalhos, compõe um conjunto brasileiríssimo, cujo todo não ofusca nenhum de seus elementos constitutivos.

No entanto, ao digredir sobre o perfil poliédrico de Rosa (cenógrafa e figurinista de teatro e ópera, diretora artística de megaeventos e carnavalesca), Ferreira lamenta a visão distorcida que a hipertrofia do desfile impõe à apreciação de sua carreira:

> *O caráter multifacetado da artista é prejudicado pelo sucesso da carnavalesca. Todas as críticas advêm dessa visão monolítica. Não há predominância da estética carnavalesca no trabalho de Rosa. E, mesmo que houvesse, isso não seria um defeito!*[310]

Outro ex-aluno de Indumentária da EBA, o carnavalesco **Jack Vasconcelos**, cuja simpatia pela Imperatriz nasce de sua admiração pelo cuidado estético, o humor e a extrema sutileza de Rosa, interpreta sua **versatilidade** e **pluralidade** como facetas do momento vivido em cada agremiação. No caso da **Imperatriz**, houve uma *conjuntura*, um *conceito de trabalho* que forjou aquele estilo da verde & branca. Assim, sustentados por sólida pesquisa histórica e iconográfica, os temas da virada do século promoviam a síntese de elementos opostos – na "*festa dos inversos*", uniam-se, sob a mesma bandeira, o *culto* e o *popular*, o *sagrado* e o *profano*, o *caminho* e o *descaminho*. Jack arremata:

> *Ela mostra-se múltipla, abre novas perspectivas. Não sei dizer se, de maneira consciente, ela criou uma "escola de enredos": a "escola de narrativa"– com alma, com assinatura.*[311]

---

310 FERREIRA, entrevista citada, 19/9/2018.

311 VASCONCELOS, Jack. Entrevista prestada ao biógrafo no barracão do Paraíso do Tuiuti (*Cidade do Samba*), em 05/06/2018.

Colaborador direto de Rosa no GRES Dragões da Real, em 2014, e seu sucessor na São Clemente, em 2018, **Jorge Silveira** é um ex-aluno da UFRJ que não consegue dissociar a trajetória pessoal de cada criador do grande caldeirão da Escola. Para o autor do enredo que encenou na Sapucaí os 200 anos da instituição criada por D. João, Rosa é talvez "*uma das sínteses mais marcantes que a EBA já produziu*", cumprindo um papel essencial no processo de reinvenção plástica da folia: elevar o discurso do carnavalesco ao patamar do pesquisador. Jorge, porém, recusa-se a enquadrá-la neste ou naquele rótulo:

> ***A Rosa é muitas rosas – ela é um buquê****. Deu tantas viradas na carreira, que o barroco pode ter sido uma fase. Ela é muito mais que isso... A Rosa de Angola na Vila é muito viva e colorida. A Rosa dos megaeventos é bastante moderna. Em suma, ela não é apenas barroca, ela é contemporânea.*[312]

6. Muitas festas ainda vão rolar

No segundo semestre de 2019, às vésperas de completar meio século de engenhos & fabulações nos barracões das escolas de samba, Rosa segue arquitetando planos para a vida profissional. Enquanto destrincha o tema do GRES Estácio de Sá para 2020 ("***Pedra***"), encantada com as anotações de José Miguel Wisnik sobre o impacto da mineração na obra de Drummond, a jovial cinquentona da folia anda matutando sobre o futuro. Ela guarda a sete chaves dentro de uma pasta um enredo que gostaria de realizar, sem saber se algum dia ele irá conhecer os holofotes da Sapucaí. O projeto está pronto, mas a artista não revela detalhes, pois ainda não o registrou.

---

312 SILVEIRA, Jorge. Entrevista concedida ao biógrafo no barracão da São Clemente (*Cidade do Samba*), em 05/02/2019. Os grifos são nossos.

Já os cinquenta anos de desfiles da moça prosa por certo hão de merecer alguma celebração. "*Pelo menos uma missa eu acho que vai ter*", diz Rosa com sua habitual picardia. *Vanguardista* de berço, ela planejou uma exposição sobre a carreira, com projeções de 360º e outros recursos tecnológicos, mas ainda busca meios de concretizar a ideia. O "*buquê*", todavia, continua a se abrir em várias direções: enquanto busca patrocinadores para a mostra, ela também se mobiliza com um megaprojeto sobre os grandes rios e bacias fluviais do planeta, que resultará em um grande espetáculo artístico idealizado por uma produtora estrangeira. Para finalizar a proposta entregue aos realizadores na metade do ano, Rosa voltou ao Amazonas em junho de 2019 – uma viagem que, a julgar pela silhueta e pelo sorriso estampado no rosto, ela desfrutou com imenso deleite e prazer.

Desfiles, balés, exposições... Se o corpo já fatigado parece não dar conta de tantas idas e vindas, a cabeça da moça prosa continua a mil por hora, maquinando um plano atrás do outro. De quebra, recebe convites e honrarias que ela acolhe sem maiores expansões afetivas e com certo ar de incredulidade, mas quase sempre aprecia com muito gosto. De todas elas, duas homenagens, em especial, calaram fundo no coração de Rosa. A primeira partiu do **GRES Unidos de Vila Tereza**, modesta agremiação do Grupo C do carnaval carioca; a segunda proveio do Departamento Cultural e da Sub-reitoria de Extensão e Cultura da **UERJ**, instituição em que a moça prosa estudou ao final dos anos 60.

Com o mote "***No Saçarico da Intendente, a Vila canta Rosa***", a turma de Honório, Turiaçu, Rocha Miranda e arredores (região próxima a Madureira) festejará na passarela da Av. Intendente Magalhães, em Campinho, em **2020**, os **50 anos** que **Rosa Magalhães** tem dedicado à folia no Rio, no Brasil e no mundo. Identificando na artista "uma mulher visionária e cheia de ensinamentos", a escola valorizará o talento feminino no samba, estendendo sua láurea a outras notáveis protagonistas da folia, como **Marie-Louise Nery**, **Maria Augusta** e **Lícia Lacerda**. Nada mais oportuno, aliás, nesta sociedade que ainda padece os males seculares de uma cultura bastante patriarcal e misógina – mazela da qual o próprio samba não escapa, como a própria Rosa pôde sentir na pele...

A homenagem da UERJ, que em 2019 elegeu a causa da **igualdade de gênero** (personificada na atuação da Profª **Carmen Portinho**, ex-diretora da

Logomarca do enredo da Unidos de Vila Tereza para 2020

Carmen Miranda e Frida Kahlo: dois ícones de Rosa | Foto: Daniel Cordeiro

ESDI) o ícone maior de seu calendário, é igualmente significativa. Reconhecendo o papel ímpar de Rosa e sua geração à nossa cultura e à pauta identitária e social do país, o DECULT-UERJ, dirigido pelo Prof. Dr. Marcelo Campos, e a SR-3, nas mãos da Profª Drª Elaine Tôrres, propuseram ao Conselho Universitário a concessão do título de Doutora *Honoris Causa* à Profª Rosa Magalhães – ex-aluna da Universidade, onde obteve sua licenciatura em Língua Francesa.

Enquanto isso, a moça prosa segue tocando seus projetos, aconchegada na casa em que vive desde o início do milênio, depois que saiu do apartamento dos pais, ali mesmo em Copacabana. No dia em que ela recebeu a equipe da TV UERJ, em agosto de 2019, para gravar as cenas incluídas no documentário encartado neste volume, fazia frio ao pé da mata e Rosa estava toda encasacada, com a calefação acesa, reclamando da temperatura, mas contente com a visita dos cinegrafistas. Ela fez questão de chamar sua cachorra Tequila para aparecer no DVD, afagando-a e pedindo-lhe que sentasse e levantasse, para exibir os dotes de animal bem amestrado. O adestrador dos cães, Aldecir Xavier **Itaboraí**, trabalha com Rosa desde que ela foi para a São Clemente e acabou também se convertendo em motorista da artista, quando esta não se dispõe a dirigir, o que faz oficialmente desde os vinte anos (a primeira habilitação foi emitida em 16 de maio de 1967).

Rodeada de amigos e auxiliares, sobretudo a equipe que a assessorou na brilhante cerimônia de encerramento dos Jogos *Rio 2016* (a assistente Alessandra Cadore, a dupla de criação Mauro Leite e Andréa Vieira, o produtor Celso Lemos e o especialista em projeção Batman Zavareze, entre outros), Rosa não para. Ninguém sabe o que será o amanhã, mas ela segue em frente, imaginando e executando projetos artísticos, não apenas no mundo do carnaval, mas também em várias outras esferas, como sempre aconteceu na vida de quem aos 19 anos já estreava numa Bienal de Arte e em 1973 reunia-se a Chico Buarque e Ruy Guerra para uma genial invenção dramática – a censurada peça *Calabar: o elogio da traição*, "cassada" pela ditadura em pleno ensaio geral.

Rosa sofre, como todos nós, com os descaminhos atuais do país, mas não entrega os pontos. Ela sabe, há muito tempo, que o enlace entre a **cultura acadêmica** e a **arte popular** é decerto a forma mais virtuosa e original que o povo brasileiro encontrou para compensar os rumos claudicantes de Bruzundanga, esta nação híbrida e sincrética na qual a História não cansa de se repetir, ora como farsa, ora como tragédia... E, parafraseando mestre João Cabral, a moça prosa também sabe que, para os arautos da desesperança, não há melhor resposta do que o espetáculo da vida – a eterna certeza de que outras festas ainda vão rolar...

Evoé, Baco! Axé, Rosa!

A nossa arte, minha gente, é isso aí! É isso aí...

Luiz Ricardo Leitão

Vila Isabel, 31 de agosto de 2019

Rosa Magalhães: a moça prosa das avenidas | Foto: Daniel Cordeiro

E a festa não para de rolar... | Foto: Valéria del Cueto / carnevalerio.com

POSFÁCIO

O Nome da Rosa e A Rosa do Povo

Se há algo que me fascina no fazer artístico de Rosa Magalhães é a curiosa resistência que adorna com ambiguidades uma produção extensa e sofisticada, que atravessa décadas a gerar debates. De saída, a resistência aos rótulos classificatórios, produtos da sede taxonômica que tendem a aparar as mais instigantes arestas e a desidratar as dúvidas, as incoerências, as ironias, as pluralidades. Muito já foi dito (e escrito) dos acentos barrocos observáveis nos traços da artista, especialmente na face carnavalesca, a mais estudada e conhecida; enclausurar a obra nessa gaveta estilística, porém, é algo a ser questionado: "eu sou e não sou barroca, eu sou o que dizem que eu sou", afirmou a biografada, em entrevista concedida a mim, em meados de 2012.

Na época, eu desenvolvia pesquisa de mestrado na Faculdade de Letras da UFRJ e estudava justamente um fragmento da produção de Rosa Magalhães: os onze enredos carnavalescos por ela assinados, no período de 1992 a 2002. Quando me vi, na sala de criação do barracão da Unidos de Vila Isabel, na Cidade do Samba, diante de uma artista que admirava desde a primeira infância, percebi que o questionário previamente elaborado jamais daria conta das infinitas possibilidades interpretativas do trabalho da "Professora". Compreendi, ali, a ideia defendida por Felipe Ferreira, professor do Instituto de Artes da UERJ, em artigo publicado na *Revista de Carnaval* da Imperatriz Leopoldinense, distribuída às portas da folia momesca de 2009: Rosa Magalhães é o triunfo da "pós-modernidade barroca".

Há quem diga, pelos campos da literatura, que o romance *O Nome da Rosa,* de Umberto Eco, é a pedra angular do conceito de pós-modernidade literária. A trama medieval com referências explícitas às criações de *Sir* Arthur Conan Doyle incendiou a fortuna crítica e gestou teorias das mais diversas, iluminando com novas luzes o debate dos gêneros literários, tão antigo quanto a *Poética,* o pilar do pensamento aristotélico. Eco, vagando pelos "bosques da ficção", misturava em um mesmo caldeirão as influências mais contrastantes. O produto final era híbrido e deliciosamente atrevido – como híbrida ou anfíbia (nos termos do teórico da cultura Néstor García Canclini) é a obra de Rosa.

Anfíbia porque transita por círculos culturais distintos com extrema maleabilidade, não fazendo concessões a fórmulas prontas ou seguindo receitas empoeiradas (novamente, a resistência). No caldeirão temático da autora (símbolo presente no carro abre-alas do desfile da Imperatriz Leopoldinense de 2004, cujo enredo, *Breazail*, buscava as raízes profundas do nome do nosso país, desbravando minas de estanho e florestas tropicais), fervem referências eruditas e populares, Macunaíma com *Flash Gordon,* motivos rococós e moicanos de *punk-rock*. Dos cenários das mais festejadas óperas aos palcos das cerimônias de abertura e encerramento de megaeventos esportivos, passando, é claro, pela *Passarela do Samba*, Rosa Magalhães propõe passeios por diferentes culturas, paisagens, visualidades, carregando em uma mesma mochila o conjunto de saberes adquirido na Escola de Belas Artes (onde foi aluna de Fernando Pamplona, o artista que a levou para o mundo do carnaval) e os incontáveis fragmentos de histórias e anedotas recolhidos durante uma vida inteira marcada por viagens. Rosa Magalhães, pois sim, é uma narradora do deslocamento.

O apreço pelas narrativas de viagem (daí o gosto subsequente pelo símbolo do navio e o diálogo com autores como Thomas More) se reflete no conjunto de enredos carnavalescos desfiado pela autora. Se *O ti-ti-ti do sapoti,* de 1987, foi gestado durante um passeio na Tailândia, o famoso *Mais vale um jegue que me carregue que um camelo que me derrube, lá no Ceará,* de 1995, nasceu, em parte, em meio aos mercados e às dunas marroquinas, algo narrado pela artista em dois momentos: em artigo publicado na revista *Textos Escolhidos de Cultura e Arte Populares* (TECAP – UERJ), em 2009, e no livro *O Inverso das Origens,* redigido em coautoria com a historiadora Maria Luiza Newlands, em 2014. Ao descrever o quanto as surpresas vivenciadas sob o sol do país africano influenciaram a concepção da narrativa em foco, Rosa explica parte do seu processo criativo, que une a prospecção bibliográfica e a paixão pelas bibliotecas aos tantos ensinamentos colhidos no chão das praças, nas encruzilhadas e nas ruas (do Ouvidor ou de João do Rio?), a alma das cidades, pura potência festiva.

É possível evocar, aqui, a matriz poética de Carlos Drummond de Andrade, escritor mencionado no texto de apresentação do enredo *Pedra,* desenvolvido para o carnaval de 2020 da Estácio de Sá. O poema *Fragilidade,* originalmente publicado na coletânea *A Rosa do Povo,* no complexo ano de 1945, compara um verso a um arabesco que se desenha "em torno do elemento essencial

– inatingível." Um arabesco que "abraça as coisas, sem reduzi-las." Rosa Magalhães, ao abraçar as múltiplas faces do fazer artístico e ao transitar pelos múltiplos planos da folia brasileira, desenha arabescos, volutas e elementos decorativos que não asfixiam a poeticidade. Ao contrário: potencializam o ato criativo, motor do delírio e do sonho.

Dado o volume de material a ser costurado, tecer a biografia de Rosa Magalhães não é uma tarefa fácil. Há pedras no(s) caminho(s) que desafiam permanentemente a reflexão crítica. Luiz Ricardo Leitão, ao destacar os traços marcantes da obra da artista e ao propor um itinerário de viagem que não deixa de lado a inquietude, nos brinda com um mosaico fundamental, peça que adquire posição de destaque na galeria dos escritos dedicados à autora. Entre jegues e camelos, cortesãos e "tupinambôs", marinheiros e sereias, desenham-se arquipélagos de contornos indefinidos, imersos em uma neblina que menos oculta e mais instiga. As rotas sugeridas no texto são um convite aos "redescobrimentos". Afinal, navegar sempre foi preciso – ao sabor do capricho da Rosa dos ventos.

Leonardo Augusto Bora

CARTOGRAFIA SOCIAL DO SAMBA: ROSA MAGALHÃES

A proposta da *Cartografia do Samba*, em parceria com o laboratório Viramundo da UERJ e o *Acervo Universitário do Samba*, é organizar as informações por meio de mapas afetivos dos sambistas e personagens da cultura carioca. O projeto permite compreender a leitura e a interpretação da lógica espacial de vivência desses atores, valorizando-os enquanto importantes nomes da cultura popular do Rio de Janeiro e apontando redes que costuram diferentes espacialidades. Acredita-se que a memória da cultura do samba e, neste caso, do carnaval esteja associada aos seus personagens, que constroem um imaginário do gênero, contribuindo como movimento de resistência cultural na cidade.

A cartografia afetiva de Rosa é marcada por muitos trabalhos, por possuir uma dimensão internacional, desafiando a própria forma de representação, devido à intensa circulação entre os diferentes territórios do samba, do carnaval, do teatro e da cultura percorridos pela moça prosa da avenida. Preferimos, desta vez, apresentar duas possibilidades de cartografia, grafando os territórios que projetaram a artista. Assim, temos um mapa com o recorte na região mais frequentada por ela no Rio de Janeiro onde optamos por: produção do carnaval, escolas de samba, estudos, moradia, lazer e infância nos bairros em destaque que constituíram a memória afetiva da cidade. E uma cartografia que busca espacializar trajetórias das memórias narradas pela artista.

Participantes do Projeto:
Andressa Lacerda, Daniela Seixas, Rodrigo Santana e Thaissa Triballi Paraná.

Elaboração da *Cartografia do Samba*:
Rodrigo Santana e Andressa Lacerda.

Cartografia da fala:
Rosa Magalhães, por Daniela Seixas.

CARTOGRAFIA DO SAMBA

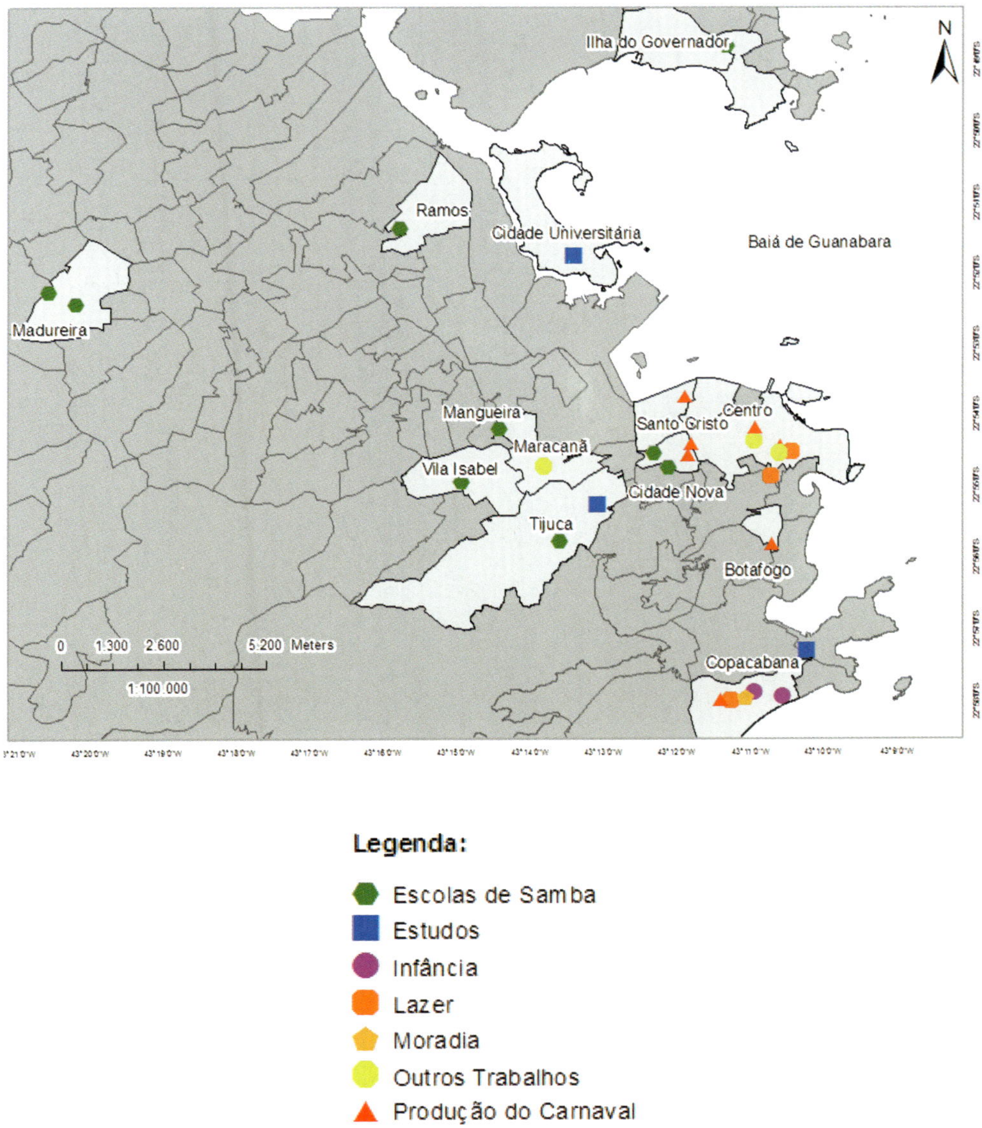

CARTOGRAFIA DA FALA: ROSA MAGALHÃES

Apêndice 1

REFERÊNCIAS BIBLIOGRÁFICAS E PLÁSTICAS

I. Obras de Rosa Magalhães e textos sobre a artista

BORA, Leonardo. *A Antropofagia de Rosa Magalhães*. Dissertação de Mestrado apresentada ao PPG em Ciência da Literatura da Faculdade de Letras da UFRJ. Rio de Janeiro: UFRJ, 2014.

______________. *A Antropofagia de Rosa Magalhães*. Rio de Janeiro: Rico, 2019.

FERREIRA, Luiz Felipe. *O marquês, o jegue, a princesa, o corta-jaca*: um estudo sobre a expressão plástica da cultura popular e da cultura erudita nas fantasias de carnaval das escolas de samba do Rio de Janeiro. Rio de Janeiro: Editora Altos da Glória, 1999.

FERREIRA, Felipe. "Rosa Magalhães: pós-modernidade barroca". *In*: **Revista da Imperatriz** 2009. Rio de Janeiro: Imperatriz Leopoldinense, 2009, p. 34.

MAGALHÃES, Rosa. "*A Incrível História do Homem Que Só Tinha Medo da Matinta Pereira, da Tocandira e da Onça Pé de Boi*". Sinopse do desfile de 2015 do GRES São Clemente. Rio de Janeiro, junho de 2014.

__________________. *E vai rolar a festa*. Rio de Janeiro: NovaTerra Editora, 2018.

__________________. *Fazendo carnaval = The making of carnival*. Rio de Janeiro: Nova Aguilar, 1997.

__________________ "Imperatriz... Só quer mostrar que faz samba também!". Rio de Janeiro: G. R. E. S. Imperatriz Leopoldinense, 2008 [sinopse do desfile de 2009].

__________________. "Uma delirante confusão fabulística". *In*: SANTOS, Gilda; VELHO, Gilberto (org.). *Artifícios e artefatos: entre o literário e o antropológico*. Rio de Janeiro: 7 Letras, 2006. pp.11-18.

MAGALHÃES, Rosa & NEWLANDS, Maria Luiza. *O inverso das origens*. Rio de Janeiro, NovaTerra, 2014.

OLESEN, Jens. *Hans Christian Andersen: carnaval 2005 Imperatriz Leopoldinense*. Brasília / Copenhagen: MinC / Embaixada da Dinamarca no Brasil, 2005.

SOARES, Leonardo Francisco. "Uma delirante confusão fabulística: a literatura infantil 'sacode' a Marquês de Sapucaí". *In*: Anais do CENA, vol. 1, nº 1. Uberlândia: EDUFU, 2013, pp. 154-168.

II. Textos sobre carnaval, samba, música e cultura popular brasileira

ALMEIDA, Renato. *História da música brasileira.* Rio de Janeiro: F. Briguiet, 1942.

ARAÚJO, Bernardo. *O Prazer da Serrinha: histórias do Império Serrano.* Rio de Janeiro: Verso Brasil Editora, 2015.

BESSA, Virgínia de Almeida. *A escuta singular de Pixinguinha: História e música popular no Brasil dos anos 1920 e 1930.* São Paulo: Alameda, 2010.

BRAZ, Marcelo. *Noca – da Portela e de todos os sambas.* Coleção *Acervo Universitário do Samba*, vol. 3. Rio de Janeiro / São Paulo: DECULT-UERJ / Outras Expressões, 2018.

BRAZ, Marcelo (org.); COUTINHO, E. G.; LEITÃO, L. R. *et alii. Samba, cultura e sociedade.* São Paulo: Expressão Popular, 2013.

BRUNO, Leonardo. *Explode, coração: histórias do Salgueiro.* Rio de Janeiro: Verso Brasil Editora, 2013.

CABRAL, Sérgio. *As escolas de samba do Rio de Janeiro.* São Paulo: Lazuli/Cia. Editora Nacional, 2011.

CAMÕES, Marcelo; FABATO, F.; FARIAS, J. C.; NATAL, V.; SIMAS, L. A. *As titias da folia.* O Brilho Maduro de Escolas de Samba de Alta Idade. Rio de Janeiro: NovaTerra, 2014.

CASCUDO, Luís da Câmara. *Dicionário do Folclore Brasileiro.* Rio de Janeiro: Edições de Ouro, [s/d].

DINIZ, Edinha. *Chiquinha Gonzaga: uma história de vida.* 11ª ed. Rio de Janeiro: Rosa dos Tempos, 2005.

FABATO, Fábio; GASPARINI, Gustavo; MAGALHÃES, Luis Carlos; MELO, João Gustavo & SIMAS, Luiz Antonio. *As Matriarcas da Avenida: quatro grandes escolas que revolucionaram o maior* show *da Terra.* Rio de Janeiro: NovaTerra, 2016.

FERNANDES, Vagner. *Clara Nunes: guerreira da utopia.* 2ª ed. Rio de Janeiro: Editora Agir, 2019.

GRAND JR., João; MONTEIRO, Lício Caetano do Rego & SILVA, Thiago Rocha Ferreira da. "Escolas de Samba no Rio de Janeiro: da conquista do espaço à avenida fechada". Simpósio Nacional sobre Geografia, Percepção e Cognição do Meio Ambiente. Londrina: Universidade Estadual de Londrina, 2005.

JÓRIO, Amaury & ARAÚJO, Hiram. *Escolas de samba em desfile: vida, paixão e sorte.* Rio de Janeiro: Editora dos Autores, 1969.

LEITÃO, Luiz Ricardo. *Aluísio Machado: sambista de fato, rebelde por direito.* Coleção *Acervo Universitário do Samba*, vol. 1. Rio de Janeiro / São Paulo: DECULT / Outras Expressões, 2015.

_________________. *Noel Rosa: poeta da Vila, cronista do Brasil.* São Paulo: Expressão Popular, 2009.

_________________. *Zé Katimba: antes de tudo um forte.* Coleção *Acervo Universitário do Samba*, vol. 2. Rio de Janeiro / São Paulo: DECULT / Outras Expressões, 2016.

LEMOS, Renato. *Os inventores do carnaval.* Rio de Janeiro: Verso Brasil Editora, 2015.

LOPES, Nei. *O Samba, na realidade... Utopia da ascensão social do sambista.* Edição comemorativa de 35 anos. Rio de Janeiro: Malungo, 2012 [edição original: 1987].

_________. *Partido alto: samba de bamba.* Rio de Janeiro: Pallas, 2008.

MACIEL, Lygia dos Santos & SILVA, Marília Trindade Barbosa da. *Paulo da Portela: traço de união entre duas culturas.* Rio de Janeiro: FUNARTE, 1979.

MORAES, Eneida de. *História do carnaval carioca*. Rio de Janeiro: Record, 1987.

MOURA, Roberto M. *No princípio, era a roda.* Rio de Janeiro: Rocco, 2004.

_________________. *Tia Ciata e a Pequena África no Rio de Janeiro.* 2ª ed. Coleção Biblioteca Carioca. Rio de Janeiro: Secretaria Municipal de Cultura, 1995.

NATAL, Vinícius. "Samba e cultura: práticas de resistência do Departamento Cultural da Imperatriz Leopoldinense (1967-1973)". **Textos escolhidos de cultura e arte populares**, Rio de Janeiro, v. 9, nº 1, [pp. 181-197], maio de 2012.

PAULINO, Fernando. *Que grande destino reservaram para você!* Niterói: Panorama, 2009.

PILOMBETA, Misael. *Na batida do bum, bum, paticubumprugurundum*. Rio de Janeiro: Multifoco, 2014.

RAMOS, Artur. *O folclore negro no Brasil*. 2ª ed. Rio de Janeiro: Editora Casa do Estudante do Brasil, 1954.

SILVA, Alberto Moby Ribeiro da. *Sinal Fechado: a música popular brasileira sob censura (1937-45 / 1969-1978)*. 2ª ed. Rio de Janeiro: Apicuri, 2008. [1ª edição: 1994.]

SIQUEIRA, Magno Bissoli. *Samba e identidade nacional: das origens à Era Vargas*. São Paulo: Editora UNESP, 2012.

SOUZA, Tárik de. *Tem mais samba: das raízes à eletrônica*. São Paulo: Editora 34, 2003.

TINHORÃO, José Ramos. *As origens da canção urbana*. São Paulo: Editora 34, 2011.

______________________. *Música Popular: um tema em debate*. São Paulo: Editora 34, 1997.

______________________. *Os negros em Portugal: uma presença silenciosa*. Lisboa: Editorial Caminho, 1988.

______________________. *Os sons dos negros no Brasil*. São Paulo: Art Editora, 1988.

TROTTA, Felipe. *O samba e suas fronteiras: "pagode romântico" e "samba de raiz" nos anos 1990*. Rio de Janeiro: Editora UFRJ, 2011.

III. Textos sobre arte, literatura, comunicação e temas afins

ABRANTES, Samuel. *Samile Cunha: transconexões, memórias e heterodoxia*. Rio de Janeiro: Rio Book's, 2014.

BAKHTIN, Mikhail. *A cultura popular na Idade Média: o contexto de François Rabelais*. São Paulo / Brasília: HUCITEC / Editora da Universidade de Brasília, 1987.

DEBORD, Guy. *La societé du espetacle*. Paris: Gallimard, 1992.

FIGUEIRA, Bárbara Cristina dos Santos. "Antígona e a ditadura militar: a experiência e o diálogo cênico-trágico na montagem do Coletivo Calcanhar de Aquiles". Dissertação de mestrado apresentada ao PPG em Literatura do Instituto de Letras da UnB. Brasília: 2017.

MICHALSKY, Yan. *O palco amordaçado: quinze anos de censura teatral no Brasil*. Rio de Janeiro: Avenir Editora, 1979.

PEREIRA, Ricardo A. B. "A ENBA da primeira metade do século XX vista pela obra de alguns dos seus professores - uma gradual transição para o moderno". *In*: **19 & 20**, Rio de Janeiro, v. VIII, n. 1, jan./jun. 2013.
Disponível em: http://www.dezenovevinte.net/ensino_artistico/ensino_enba_rp.htm

SEVCENKO, Nicolau. *Literatura como missão: tensões sociais e criação cultural na Primeira República*. São Paulo: Brasiliense, 1983.

SCHWARZ, Roberto. *Um mestre na periferia do capitalismo: Machado de Assis*. São Paulo: Duas Cidades, 1990.

IV. Obras literárias e libretos

ANDRADE, Mário de. *Macunaíma: o herói sem nenhum caráter*. 22ª ed. Belo Horizonte: Editora Itatiaia, 1986.

ASSIS, Joaquim Maria Machado de. *Memórias póstumas de Brás Cubas*. *In*: *Obra completa*, vol. I. 4ª ed. Rio de Janeiro: Nova Aguilar, 1979.

BARRETO, Lima. *Triste fim de Policarpo Quaresma*. In: *Prosa Seleta*. Rio de Janeiro: Nova Aguilar, 2001.

______________. *Os Bruzundangas*. In: *Prosa Seleta*. Rio de Janeiro: Nova Aguilar, 2001.

BUARQUE, Chico & GUERRA, Ruy. *Calabar: o elogio da traição*. Rio de Janeiro: Civilização Brasileira, 1994.

BENEDETTI, Lucia Matias. *A menina das nuvens*. Rio de Janeiro: José Olympio, 1949.

________________________. & VILLA-LOBOS, Heitor. *Amenina das nuvens – aventura musical em três atos*. Libreto da ópera. Rio de Janeiro: Teatro Municipal, 2015.

CAMÕES, Luís de. *Os Lusíadas*. 3ª ed. Porto: Porto Editora, s/d.

LIMA, Jorge de. *Poesia completa*. Rio de Janeiro: Nova Aguilar, 1977.

PRETA, Stanislaw Ponte. *Primeiro Festival de Besteiras que Assola o País – Febeapá 1*. Rio de Janeiro: Editora do Autor, 1966.

V. Textos sobre história e formação social do Brasil e da América Latina

CAVALCANTE, Paulo. *Negócios de trapaça: caminhos e descaminhos na América Portuguesa (1700-1750)*. HUCITEC / FAPESP, São Paulo, 2006.

"Chuvisco: de Portugal para Campos adoçando a boca do Brasil". Pesquisa orientada por Orávio de Campos Soares (Faculdade de Filosofia de Campos). São João da Barra: VI Conferência Brasileira de Folkcomunicação, 2003.

FREYRE, Gilberto. *Casa grande & senzala*. São Paulo: Círculo do Livro [s/d].

GARCÍA CANCLINI, Néstor. *Culturas híbridas*. São Paulo: EDUSP, 2006.

HOBSBAWM, Eric. *A era dos extremos: o breve século XX (1914-1991)*. São Paulo: Companhia das Letras, 1995.

HOLANDA, Sérgio Buarque de. *Raízes do Brasil*. 21ª ed. Rio de Janeiro: José Olympio, 1990.

INSTITUTO BRASILEIRO DE GEOGRAFIA E ESTATÍSTICA (IBGE). *Brasil: 500 anos de povoamento*. Rio de Janeiro, 2000.

JUPIARA, Aloy & OTAVIO, Chico. *Os porões da ditadura: jogo do bicho e ditadura militar – a história da aliança que profissionalizou o crime organizado*. Rio de Janeiro: Record, 2015.

LEVY, Daniela Tonelo. "Judeus e marranos no Brasil holandês: pioneiros na colonização de Nova York (século XVII)". Dissertação de Mestrado em História. São Paulo: USP, 2008.

MAGALHÃES JÚNIOR, Raymundo. *Rui: o homem e o mito*. Rio de Janeiro: Civilização Brasileira, 1964.

1960/1980 – Sob as Ordens de Brasília. I parte. Coleção *Nosso Século*. São Paulo: Abril Cultural / Círculo do Livro, 1980 / 1986.

PRADO JR., Caio. *A evolução política do Brasil*. 10ª ed. São Paulo: Brasiliense, 1977.

RAMA, Ángel. *A cidade das letras.* São Paulo: Brasiliense, 1985.

REZUTTI, Paulo. *D. Leopoldina: a história não contada.* Rio de Janeiro: CJT, 2018.

RIBEIRO, Darcy. *As Américas e a civilização.* Petrópolis: Vozes, 1983.

__________________. *O povo brasileiro: a formação e o sentido do Brasil.* 2ª ed. São Paulo: Cia das Letras, 2001.

ROMERO, José Luis. *Latinoamérica: las ciudades y las ideas.* 4ª ed. Buenos Aires: Siglo Veintiuno Editores, 1986.

SÁBATO, Jorge. *La clase dominante en la Argentina moderna.* Buenos Aires: GEL-CISEA, 1986.

SARLO, Beatriz. *Una modernidad periférica: Buenos Aires 1920 y 1930.* Buenos Aires: Nueva Visión, 1988.

VI. Dicionários

ALBIN, Ricardo Cravo. *Dicionário Houaiss Ilustrado: Música Popular Brasileira.* Rio de Janeiro: Paracatu Editora, 2006.

CASCUDO, Luís da Câmara. *Dicionário do folclore brasileiro.* Rio de Janeiro: Ediouro. [s/d].

HOUAISS, Antônio & VILLAR, Mauro de Salles. *Dicionário Houaiss da língua portuguesa.* Rio de Janeiro: Objetiva, 2009.

MACHADO, José Pedro. *Dicionário Onomástico Etimológico da Língua Portuguesa.* Vol. III. Lisboa: Editorial Confluência, 1981.

VII. Coleções de MPB

Ismael Silva. Coleção *Nova História da Música Popular Brasileira.* São Paulo: Abril Cultural, 1970. [2ª ed. São Paulo: Abril Cultural, 1977.]

Noel Rosa. Nova História da Música Popular Brasileira. 2ª ed. São Paulo: Abril Cultural, 1976.

Silas de Oliveira / Mano Décio da Viola. Nova História da Música Popular Brasileira. 2ª ed. São Paulo: Abril Cultural, 1977.

VIII. Sinopses, revistas das escolas de samba e cadernos de eventos esportivos

Bumbum Paticumbum Prugurundum – Império Serrano 1982. Caderno de apresentação do enredo. Rio de Janeiro: GRES Império Serrano, 1981.

Imperatriz Leopoldinense. Quem descobriu o Brasil foi Seu Cabral, no dia 22 de abril, dois meses depois do carnaval... Rio de Janeiro: GRES Imperatriz Leopoldinense, 2000.

Imperatriz Leopoldinense. Carnaval 2001. Rio de Janeiro: GRES Imperatriz Leopoldinense, 2001.

Imperatriz Leopoldinense. Revista de Carnaval 2009. Rio de Janeiro: GRES Imperatriz Leopoldinense, 2009.

Rio 2016: Cerimônia de encerramento. Prefeitura do Rio de Janeiro, 2016.

IX. Mostras de Arte recentes realizadas com obras de Rosa Magalhães

O Rio do Samba: resistência e reinvenção. Museu de Arte do Rio (MAR), Rio de Janeiro, de 28/4/2018 a 28/04/2019, sob a curadoria de Clarissa Diniz, Evandro Salles, Marcelo Campos e Nei Lopes.

Mulheres na Coleção MAR – Museu de Arte do Rio (MAR), Rio de Janeiro, de 11/2018 a 06/2019, sob um projeto de curadoria coletiva,

Uma delirante celebração carnavalesca: o legado de Rosa Magalhães. Centro Municipal de Arte Hélio Oiticica, Rio de Janeiro, de 08/02/2019 a 27/04/2019, sob a curadoria de Leonardo Antan.

X. Jornais, revistas, vídeos e sítios virtuais consultados

Agrotóxico mata – campanha permanente contra os agrotóxicos e pela vida. "Ex-funcionários da BASF protestam contra intoxicação por agrotóxicos". Cf.: http://contraosagrotoxicos.org/ex-funcionarios-da-basf-protestam-contra-intoxicacao-por-agrotoxicos/. Consultado em 31/03/2019.

BASF Brasil. "Estratégia corporativa BASF". Cf.: https://www.basf.com/br/pt.html. Consultado em 31/03/2019.

BATISTA, Débora. "Imperatriz Leopoldinense desagrada a Sapucaí; tetra fica longe". *In*: **Folha de São Paulo**. Cotidiano, 12/02/2002.

"Beth Filipeck – Trajetória". Perfil profissional da artista publicado na página **Memória Globo**: *In*: http://memoriaglobo.globo.com/perfis/talentos/beth-filipecki/trajetoria.htm. Consultado em 26/04/2019.

"Biografia de Marie Louise Nery". *In*: **Brasil: Memória das Artes. Cenário e Figurino.** FUNARTE: Portal das Artes. Cf. http://www.funarte.gov.br/brasilmemoriadasartes/acervo/cenario-e-figurino/biografia-de-marie-louise-nery/. Consultado em 26/04/2019.

BITTENCOURT, Sérgio. "Voltando ao tema (enquanto há tempo)". **Correio da Manhã**, 4º caderno, p. 3, Rio de Janeiro, 23/2/1965.

CABRAL, Sérgio. "Programa de hoje é o desfile das escolas". Rio de Janeiro: **Correio da Manhã**, 4º caderno, p. 1, 9/2/1964.

"Castor de Andrade: de preso a aliado dos militares". Rio de Janeiro: **O Globo**, 07/10/2013, atualizado em 8/10/2013. *In*: https://oglobo.globo.com/brasil/castor-de-andrade-de-preso-aliado-dos-militares-10288725.

"Contraventores já foram condenados há 14 anos". Rio de Janeiro: **O Globo**, 13/4/2011. Consultado em 23/11/2011.

CORDEIRO, Tiago. "Porres, trapaças e censura". **Superinteressante,** 31/10/2016. Disponível em: https://super.abril.com.br/historia/porres-trapacas-e-censura/.

DANTAS, Júlio. "O Entrudo Lisboeta no Século XVIII". Rio de Janeiro: **Gazeta de Notícias**, 21/2/1909.

Enciclopédia Itaú Cultural. Cf.: http://enciclopedia.itaucultural.org.br/evento392314/electra.

"Guy Darmet aposta na dança brasileira". São Paulo: **Folha de São Paulo. Ilustrada,** 10/9/1998. Cf.: https://www1.folha.uol.com.br/fsp/ilustrad/fq10099808.htm. Consulta em 29/5/19.

"FINEP tira o chapéu – *Joãosinho Trinta, o Rei Mendigo do Carnaval*", 9º debate da Escola de Inovação, realizado no Espaço Cultural FINEP (RJ), em 7/11/2012, com a participação de Fernando Pamplona, Rosa Magalhães, Maria Augusta, Geraldo Carneiro, Milton Cunha e Aydano André Motta, sob mediação do jornalista Fábio Fabato.
Disponível em: https://www.youtube.com/watch?v=TzQw_uWbISA.

"Ex-presidente da Vila é condenado a 23 anos de prisão". *In*: **G1** RJ, 01/12/2011, 13 h 25. Disponível em: http://g1.globo.com/rio-de-janeiro/noticia/2011/12/ex-presidente-da-vila-isabel-e-condenado-23-anos-de-prisao.html. Consultado em 08/08/2019.

"Maria Augusta Rodrigues: a maga criadora de carnavais inesquecíveis". Entrevista concedida pela artista a Caio Barretto Briso. Rio de Janeiro: **O Globo** / Rio, 15/02/2015. *In*: https://oglobo.globo.com/rio/carnaval/maria-augusta-rodrigues-maga-criadora-de-carnavais-inesqueciveis-15343428#ixzz5NylTSYCr Consultado em 12/8/2018.

MELLO, Marcelo de. "Há 50 anos, 'Chica da Silva', do Salgueiro, marcou o primeiro desfile na Presidente Vargas". Rio: **O Globo**, 06/01/2013. *In*: https://oglobo.globo.com/rio/carnaval/ha-50-anos-xica-da-silva-do-salgueiro-marcou-primeiro-desfile-na-presidente-vargas-7205142. Consultado em 17/05/2018.

PESCIOTTA, Natália. "Não Existe Pecado do Lado de Baixo do Equador". *In*: ***Atrás da Música***. Postado em 27/7/2014. Cf. http://atrasdamusica.tumblr.com/post/93062884100/n%C3%A3o-existe-pecado-do-lado-de-baixo-do-equador

PINTO, Gustavo de Souza. *"Os imigrantes e a culinária em Mococa"*. *In*: ***História de Mococa*** – *blog* de pesquisa, museu virtual e guia turístico. Postado em 17/11/2010.
In: http://cliomococa.blogspot.com.br/2010/11/os-imigrantes-e-culinaria-em-mococa.html

SCHULTZ, Luiz Fernando. *Imperatriz do Carnaval.* Miami/Rio de Janeiro: Log On, 2004.

"Sem fantasias, integrantes da Vila Isabel desfilam de cueca". *In*: **Veja**, 04/03/2014, às 03 h 59. Disponível em: https://veja.abril.com.br/entretenimento/sem-fantasias-integrantes-da-vila-isabel-desfilam-de-cueca/. Consultado em 11/08/2019.

SILVA, Fábio. "Lícia Lacerda: Quero voltar a fazer carnaval". *In*: **Galeria do Samba**, 14/09/2006.

SIMON, Cris. "Gisele faz Pantene crescer 10 vezes no Brasil". *In*: **EXAME**, 06/12/2011, 9 h 23. Disponível em: https://exame.abril.com.br/marketing/gisele-faz-pantene-crescer-10-vezes-no-brasil/. Consultado em 08/08/2019.

TV ALERJ. Entrevista com a carnavalesca Rosa Magalhães publicada em 14/09/2016. Disponível em: https://www.youtube.com/watch?v=9u8CXlkA3ao.

"Uma Vila com a alma da África". *In*: **O Globo**. *Carnaval 2012*. Rio de Janeiro, 22/2/2012.

Apêndice 2

ARTISTAS E PERSONALIDADES ENTREVISTADOS

Breve Notícia Biográfica

[Foto: TV UERJ / *Acervo do Samba*]

** Depoimento prestado ao biógrafo, por correio eletrônico, em 03/04/2019.*

Alba Ribeiro

A carioca **Alba** Valéria **Ribeiro** Pinto é graduada em Letras (Português-Literaturas) pelo Instituto de Letras da UERJ. Trabalhando desde cedo na área teatral, ela assumiu o posto de Produtora Cultural e Chefe de Produção e Programação da Divisão de Teatro da UERJ de 2008 a 2017, além de ter sido Chefe da Divisão de 2017 a 2019.

** Depoimento concedido ao biógrafo, por correio eletrônico, em 02/07/2019.*

Áldice Lopes & Edson Bueno (Grupo Delírio C.I.A. de Teatro)

Ator, diretor, figurinista, produtor de moda, maquiador e diretor de produção, **Áldice Lopes**, junto com o diretor **Edson Bueno** e outros atores, é membro fundador do **Grupo *Delírio*** de teatro, criado em Curitiba (PR) em 1983. O coletivo contou desde cedo com a colaboração de Rosa Magalhães, que concebeu figurinos e cenários para diversas peças, entre elas *New York por Will Eisner* (1990), *Pluft, o fantasminha* (1992), *Paixão e Morte segundo Nelson Rodrigues* (1993) e *Psicose: a comédia* (2005).

Alessandra Cadore

[Foto: TV UERJ / *Acervo do Samba*]

** Entrevista prestada ao biógrafo, no barracão da Portela na Cidade do Samba, em 23/01/2018.*

Alessandra Cadore Goulart é formada em Cenografia e Indumentária pela EBA-UFRJ, instituição na qual travou contato com o universo do carnaval. O gosto pelas artes plásticas é precoce, estimulado pelos cursos no Centro de Artes de Laranjeiras (CAL) e no Teatro Tablado. Desde 2007, quando assessorou Rosa Magalhães na cerimônia de abertura dos *Jogos Pan-americanos* do Rio de Janeiro, ela tornou-se uma fiel assistente da artista.

Aloysio Benedetti

[Foto: TV UERJ / *Acervo do Samba*]

** Entrevista concedida ao biógrafo, na residência do farmacêutico, em 12/01/2018.*

Nascido em Niterói (RJ), em 07 de abril de 1952, **Aloysio** Aguiar **Benedetti** é irmão mais novo de Eleanora Benedetti, prima dileta de Rosa que morreu em 2017. Graduado em Farmácia pela Universidade Federal Fluminense (UFF), ele tornou-se farmacêutico e laboratorista, especializado em Análise Clínica. Além disso, atua há muitos anos como músico nada amador, que já tocou com Biafra, Jerry Adriani, Renato *Blue Cap* e outros artistas.

[Foto: Ernani Penido]

* Entrevista concedida ao biógrafo e à TV UERJ no CTE-UERJ, em 04/07/2019.

Aluísio Machado

Nascido em Campos (RJ), em 1939, Alcides **Aluísio Machado** tornou-se um dos maiores nomes da arte popular carioca, sendo agraciado por seis vezes com o troféu *Estandarte de Ouro* de *melhor samba-enredo*. Cria do Império Serrano e discípulo de Silas de Oliveira, ele é coautor de clássicos como "*Bumbum Paticumbum Prugurundum*" (campeão de 1982), "*Eu Quero*" (1986) e "*Verás que um filho teu não foge à luta*" (1996). Eleito *Cidadão Samba* do Rio em 2014, o artista abriu a série de biografias do *Acervo do Samba UERJ*, o livro-CD *Aluísio Machado: sambista de fato, rebelde por direito,* publicado em 2015 pelo DECULT e pelo selo editorial *Outras Expressões* (SP).

[Foto: acervo pessoal de André Bonatte]

* Entrevista concedida ao biógrafo, na residência do farmacêutico, em 12/01/2018.

André Bonatte

André Luiz de Lima **Bonatte** nasceu em Ramos, no Rio de Janeiro, em 09 de julho de 1976. Ele é servidor público da Fundação Oswaldo Cruz (FIOCRUZ). Seus laços com a Imperatriz se estreitaram desde cedo. Em 2009, com Felipe Ferreira e outros gresilenses, ele decidiu recriar o **Departamento Cultural** da escola, inaugurando o ***Centro Cultural Oswaldo Macedo***. Além disso, André exerceu ainda o cargo de Diretor da Ala de Compositores da escola.

[Foto: acervo da artista]

** Entrevista concedida ao biógrafo na Cidade do Samba, em 26/03/2019.*

Andréa Vieira

A carioca **Andréa Vieira** nasceu em 11 de maio de 1969. Graduada em Cenografia e Indumentária pela EBA-UFRJ em 1995, ela tornou-se uma das principais assistentes de Rosa Magalhães. Sua carreira no carnaval começou em 1992, na União da Ilha. Depois, ela atuou no GRES Unidos do Viradouro de 1995 a 2010, além de colaborar com a Beija-Flor de Nilópolis. Ao lado de Rosa e Mauro Leite, Andréa compôs a laureada equipe de criação do *Pan 2007* e da *Olimpíada Rio 2016*.

[Foto: acervo Aloysio Benedetti]

** Entrevista concedida ao biógrafo pela pedagoga, em sua residência, em 02/07/2019.*

Ângela Kahn

Nascida no Rio de Janeiro em 03 de maio de 1946, a professora aposentada **Ângela** Maria Nolasco **Kahn** é graduada em Pedagogia pela Faculdade Bennett e sempre trabalhou na área de educação infantil. Ela conheceu Rosa no Colégio *Sacré-Coeur*, um dos mais tradicionais do bairro da Zona Sul, em meados dos anos 1950. As duas se tornaram amigas desde aquela época, assim como seus pais, compartilhando na juventude os "*anos dourados*" do bairro e da cidade.

[Foto: TV UERJ / Acervo do Samba]

** Entrevista concedida ao biógrafo, em uma cafeteria do Centro do Rio, em 13/05/2019.*

Eduardo Medrado

Eduardo Martins **Medrado** nasceu no Rio de Janeiro, em 12 de novembro de 1963. Ele se graduou em Psicologia pela UFRJ e concluiu Mestrado na FGV/UFRJ, exercendo seu ofício na PETROBRAS. Cria do subúrbio, Eduardo visitava os tios de Ramos, onde conheceu o amigo *Tuninho* Professor e se envolveu com a Imperatriz Leopoldinense. Em parceria com Cesar Som Livre, Kleber Rodrigues, Waltinho Honorato e João Estevam, Eduardo compôs dois sambas campeões da verde & branca na era Rosa Magalhães: "*Mais vale um jegue que me carregue, do que um camelo que me derrube*" (1995) e "*Brasil, mostra a sua cara em… Theatrum Rerum Naturalium Brasiliae*" (2000).

[Foto: TV UERJ / *Acervo do Samba*]

** Entrevista concedida ao biógrafo, no Centro de Referência do Carnaval (UERJ), em 19/09/2018.*

Felipe Ferreira

Nascido no Rio de Janeiro, em 1954, Luiz **Felipe Ferreira** é graduado em Artes Cênicas – Indumentária pela EBA-UFRJ e já há alguns anos é professor do Instituto de Artes da UERJ, onde dirige o *Centro de Referência do Carnaval* e também lidera o Laboratório de Arte Carnavalesca. Seu envolvimento com os desfiles surge com a admiração por Arlindo Rodrigues e Zé Katimba, o que explica seu vínculo mais estreito com a Imperatriz Leopoldinense, onde foi presidente de ala por dois anos. Ferreira é ainda autor de duas obras de expressão sobre o cortejo: *O Marquês e o Jegue* (1999) e *O livro de ouro do carnaval brasileiro* (publicado pela Ediouro em 2005).

Jack Vasconcelos

[Foto: Rádio UERJ / *Acervo do Samba*]

* *Entrevista concedida ao biógrafo no barracão do Tuiuti, na Cidade do Samba, em 05/06/2018.*

O carioca **Jackson** Almeida de **Vasconcelos** nasceu em 13 de maio de 1977. Formado na Escola de Belas Artes da UFRJ, ele já trabalhou com Chico Spinoza na Mocidade e com Cahê Rodrigues na Santa Cruz. O primeiro desfile foi em 2004, pela Império da Tijuca. Seu maior aprendizado foram os cinco anos na União da Ilha, levando-a ao Grupo Especial em 2009. De 2015 a 2019, esteve no Paraíso do Tuiuti, onde foi vice-campeão em 2018, com o enredo "*Meu Deus, Meu Deus, está extinta a escravidão?*". Em 2020, o carnavalesco leva à avenida a homenagem da Mocidade Independente a Elza Soares, artista nascida e criada na Vila Vintém, em Padre Miguel.

Jorge Silveira

[Foto: TV UERJ / *Acervo do Samba*]

* *Entrevista concedida ao biógrafo, no barracão do GRES São Clemente, em 05/02/2019.*

Jorge Luiz **Silveira** nasceu em Niterói (RJ), em 04 de fevereiro de 1981. Licenciado em Artes Plásticas pela EBA-UFRJ, a paixão pela folia se deve à sua imensa admiração por Fernando Pinto, o artista pernambucano que criou enredos imortais no Império Serrano e na Mocidade. Ele também possui grande apreço por Rosa Magalhães, com quem trabalhou no Rio e em São Paulo. Depois de integrar a Comissão de Carnaval da escola Dragões da Real (de SP) e de trabalhar com a Unidos do Viradouro no Grupo de Acesso em 2017, Jorge estreou no Grupo Especial em 2018, no GRES **São Clemente**, com um desfile em homenagem ao 200 anos da EBA: "*Academicamente Popular*".

Jorge Teixeira

[Foto: acervo de Jorge Teixeira]

** Entrevista concedida ao biógrafo, na residência deste, em 05/01/2016.*

O carioca **Jorge** Luiz Ramos **Teixeira**, o ***Jorginho***, nasceu em 09 de junho de 1949. Formado em Medicina pela UFF, ele trabalha até hoje na UERJ. Sua história na Imperatriz começa nos anos 60, ao lado de Amaury Jório e Oswaldo Macedo, que o estimula a fundar, em 1968, junto com Arnaldo dos Santos, a famosa ***Ala dos Estudantes*** da escola. Jorge também atuou no **Departamento Cultural** da agremiação, órgão responsável pela concepção e elaboração coletiva dos temas para o carnaval, cuja direção ele assume após a saída de Macedo, em 1973.

Leonardo Bora

[Foto: TV UERJ / *Acervo do Samba*]

** Entrevista concedida ao biógrafo, no ateliê "Pamplonão" da EBA-UFRJ, em 21/03/2019.*

Leonardo Augusto **Bora** nasceu em Irati (PR), em 24 de julho de 1986. Ele se licenciou em Letras (Português-Inglês) pela PUC-PR (2009) e tornou-se bacharel em Direito pela UFPR em 2011. Já no Rio de Janeiro, Bora cursou o Mestrado e o Doutorado em Teoria Literária pelo Programa de Ciência da Literatura da UFRJ, pesquisando temas como *A antropofagia de Rosa Magalhães* (dissertação lançada em 2019). Depois de atuar no GRES Acadêmicos do Cubango (Niterói) com Gabriel Haddad (dupla agraciada com dois troféus *Estandarte de Ouro* de melhor enredo), ele estreia na Grande Rio em 2020. Bora é ainda professor substituto do Departamento de Artes Teatrais da EBA-UFRJ, onde leciona Estudos da Cena, da Dramaturgia e do Espaço Cênico.

[Foto: TV UERJ / *Acervo do Samba*]

Luis Carlos Magalhães

O advogado **Luiz Carlos Magalhães** é presidente reeleito do GRES Portela, cargo ocupado desde 2016, e também Diretor Cultural da LIESA. Coautor da obra *As matriarcas da avenida* (2016), Luis Carlos tem se destacado por sua luta em defesa dos valores culturais do carnaval e contra o descaso do poder público pelo desfile. Por conta de sua incansável campanha em prol do nosso samba, ele recebeu em 2018 a *Medalha Tiradentes da ALERJ*, proposta pelo deputado Eliomar Coelho (PSOL).

** Entrevista concedida ao biógrafo, no barracão da Portela na Cidade do Samba, em 27/06/2019.*

[Foto: TV UERJ / *Acervo do Samba*]

Madalena Grimaldi

A carioca **Madalena Grimaldi** nasceu em 31 de julho de 1965. Graduada em Arquitetura e Urbanismo pela UFRJ, doutorou-se pelo Instituto de Pesquisa e Planejamento Urbano e Regional da mesma Universidade (IPPUR-UFRJ) e realizou pós-doutorado em Arte e Tecnologia na Inglaterra. Desde 2018, ela é Diretora da EBA-UFRJ, cumprindo a árdua tarefa de promover o "renascimento" da instituição, após o duro golpe sofrido em outubro de 2016, quando um incêndio no 8º andar do prédio da Reitoria obrigou a Unidade a deixar suas dependências no 6º e 7º andar do edifício.

** Entrevista concedida ao biógrafo na Faculdade de Letras da UFRJ, em 15/08/2019.*

[Foto: TV UERJ / *Acervo do Samba*]

* *Entrevista concedida ao biógrafo, na residência de Rosa Magalhães, em 13/06/2019.*

Maria Cecília Batista

Nascida em Laranjeira (MG), em 05 de maio de 1962, **Maria Cecília Batista** vive há cinquenta anos no Rio de Janeiro. Ela trabalha na casa de Rosa Magalhães há quase duas décadas, sendo cozinheira da artista. Apaixonada pelo carnaval, seu envolvimento inicial com a festa se deu nos ensaios do GRES Acadêmicos de Santa Cruz, tradicional agremiação da Zona Oeste do Rio, ainda que a sua escola do coração seja a Portela, onde Rosa esteve em 2018 e 2019.

[Foto: acervo pessoal da artista]

* *Entrevista concedida ao biógrafo pela museóloga, em sua residência, em 13/03/2018.*

Maria Luiza Newlands

Maria Luiza Newlands Silveira nasceu no Rio de Janeiro, em 29 de junho de 1947. Ela formou-se em Museologia pelo Museu Histórico Nacional e realizou pós-graduação em Teoria, Conservação e Restauração de obras de arte pela EBA-UFRJ. Sua amizade com a artista remonta à época do *Sacré-Coeur*, em Copacabana, onde as duas cursaram o ensino fundamental e médio. Escritora e tradutora, ela é coautora, com Rosa, do livro *O inverso das origens*, lançado em 2014. Além disso, é tradutora de obras como *Alice no país das maravilhas*, *Anjos e demônios* e *Sombras na relva*.

Mauro Leite

[Foto: acervo da artista]

* *Entrevista concedida ao biógrafo pelo figurinista, em sua residência, em 19/05/2018.*

O figurinista **Mauro Leite** Teixeira nasceu em Barra Mansa (RJ), em 18 de abril de 1959. Graduou-se em Artes Cênicas – Indumentária na EBA-UFRJ, sendo aluno de Maria Augusta, Marie-Louise Nery e Lícia Lacerda. Além disso, também estudou Estilismo no SENAI, onde conheceu Rosa Magalhães, de quem até hoje é assistente. Sua primeira experiência no barracão se deu em 1988, com o desfile "*Um, dois, feijão com arroz*", do GRES Estácio de Sá. Na área de megaeventos, ele também integrou, com Rosa e Andréa Vieira, a equipe de criação do *Pan 2007* e dos Jogos Olímpicos *Rio 2016*.

Paulo Hernkenhoff

[Foto: AMT Parsons]

* *Entrevista concedida ao biógrafo pelo crítico, em sua residência, em 17/04/2018.*

O capixaba **Paulo** Estellita **Herkenhoff** Filho nasceu em Cachoeiro do Itapemirim, em 1941. Ele se bacharelou em Direito e realizou Mestrado em Direito Comparado na *New York University*. Paulo deixou as lides da advocacia em 1983, quando lecionava Direito Constitucional na PUC-RJ. Ao trabalhar na FUNARTE nos anos 80, ele conheceu Hermínio Belo de Carvalho, convertendo-se de mero folião em dedicado estudioso do carnaval. O professor tornou-se ainda um conceituado crítico e curador de arte, atuando em diversos museus, entre eles o *MoMa* de Nova Iorque (1999/2002).

[Foto: TV UERJ / Acervo do Samba]

* *Entrevista concedida ao biógrafo pela pesquisadora, em sua residência, em 17/10/2018.*

Rachel Valença

A carioca **Rachel** Teixeira **Valença** nasceu em 18 de junho de 1944. Ela se graduou em Letras pela UnB e realizou Mestrado em Língua Portuguesa pela UFF. A professora e pesquisadora também ocupou o cargo de Subsecretária de Cultura do Município do Rio de Janeiro. Sua maior paixão, porém, é o Império Serrano, escola na qual cumpriu relevantes missões: dirigiu a Ala das Crianças nos anos 80 e assumiu o posto de vice-presidente de 2005 a 2010. Com Suetônio Valença, Rachel escreveu ainda a obra *Serra, Serrinha: o Império do Samba*, um notável estudo sobre a agremiação.

[Foto: TV UERJ / *Acervo do Samba*]

* *Entrevista concedida ao biógrafo, no barracão da Portela na Cidade do Samba, em 27/06/2019.*

Sidney Machado ("Chope")

Com 78 anos de samba e décadas de desfiles no currículo, o carioca Sidney Machado, conhecido como "***Chope***", há décadas exerce o cargo de Diretor de Harmonia em tradicionais escolas de samba do Rio. Entre elas, destaca-se a Imperatriz Leopoldinense, em que pôde acompanhar a carreira vitoriosa de Rosa Magalhães desde 1984, e o GRES Portela, sua agremiação atual. As histórias de "***Chope***" ao lado da amiga "Rosinha" ilustram algumas curiosas passagens desta obra.

[Foto: TV UERJ / Acervo do Samba]

Tuninho Professor

O carioca Antônio Sérgio Ramos Teixeira, o ***Tuninho Professor***, nasceu em 19 de julho de 1954. Irmão do médico e sambista Jorginho Teixeira, ele é formado em Letras pela UFRJ, com pós-graduação em Literatura Brasileira pela UERJ. Morador de Ramos nos anos 60/70, seus laços com a Imperatriz se estreitam em 1967, quando se tornou compositor e intérprete da escola, na quadra e na Marquês de Sapucaí (em 1978, 1984 e 1986). Ele é coautor de doze sambas vencedores em Ramos, entre eles "*Eu sou da lira, não posso negar*" (1997), em homenagem a Chiquinha Gonzaga, e "*Quem descobriu o Brasil foi Seu Cabral, no dia 22 de abril, dois meses depois do carnaval*" (2000).

* *Entrevista concedida ao biógrafo na residência deste em 15/01/2016.*

[Foto: acervo pessoal de Vitório Benedetti]

Vitório Benedetti

Nascido em Niterói (RJ), em 21 de setembro de 1978, **Vitório Benedetti** é graduado em Desenho Industrial pela ESDI-UERJ, com Mestrado em *Design* para Interação pelo Instituto de *Design* da Universidade de Umeå, na Suécia. Ele hoje vive em Berkley, na Califórnia (EUA), onde é casado com a sueca Katrin e exerce a profissão de desenhista industrial. Filho de Eleanora Benedetti, Vitório é sobrinho-primo de Rosa Magalhães, a quem visitava em Copacabana, quando a artista ainda vivia com sua mãe no apartamento da Rua Mascarenhas de Moraes.

* *Entrevista concedida ao biógrafo por correio eletrônico, em 25/01/2018.*

Zé Katimba

[Foto: Leonardo Zulluh]

O paraibano José Inácio dos Santos, o popular **Zé Katimba**, nasceu em Guarabira, em 11 de novembro de 1932. Ainda menino, veio com os pais para Niterói e logo depois para o Rio de Janeiro. Katimba desde jovem se filiou à Imperatriz Leopoldinense, escola para a qual compôs o samba campeão de 1981, "*Só Dá Lalá*", reeditado em 2020. Zé também se destacou pelas canções em parceria com Martinho da Vila, João Nogueira e Alceu Maia, entre elas "Bandeira da Fé", "Do Jeito que o Rei Mandou" e "Tá Delícia, Tá Gostoso". Eleito Cidadão Samba do Rio em 2013, ele é o artista biografado no volume II do *Acervo do Samba*, o livro-CD *Zé Katimba: antes de tudo um forte*.

* *Entrevista concedida ao biógrafo por telefone, em junho de 2019.*

Zélia dos Santos

[Foto: TV UERJ / *Acervo do Samba*]

A baiana **Zélia** Pereira Silva **dos Santos** nasceu em Guanambi, em 25 de janeiro de 1944. Depois de sair da terra natal, ela viveu algum tempo em São Paulo, antes de se radicar no Rio de Janeiro, onde foi servidora pública. Casada com o radialista **Rubem Confete** desde 1985, Zélia é uma imperiana de fé, tendo, inclusive, integrado a ala das "*Superescolas de Samba S/A*" no desfile campeão de 1982, o "*Bumbum Paticumbum Prugurundum*" encenado por Rosa Magalhães & Lícia Lacerda.

* *Entrevista concedida ao biógrafo, na residência de Zélia, em 27/02/2019.*

[Foto: TV UERJ / *Acervo do Samba*]

* *Entrevista concedida ao biógrafo na residência da atriz, em 11/07/2019.*

Zeni Pamplona

A atriz e bailarina **Zeni** Lacerda **Pamplona** nasceu em 8 de julho de 1929. Sua irmã era a renomada atriz Vanda Lacerda, que faleceu em 2011, aos 77 anos. **Zeni** também abraçou a arte dramática, além de integrar o corpo de baile do Teatro Municipal do Rio de Janeiro. Lá, ela conheceu Fernando Pamplona, seu companheiro de toda a vida, com quem dividiu experiências no mundo acadêmico e, sobretudo, nas lides do carnaval, em especial nos anos de ouro do GRES Acadêmicos do Salgueiro, escola onde se forjou a maior geração de carnavalescos do samba carioca.

[Foto: TV UERJ / *Acervo do Samba*]

* *Entrevista concedida ao biógrafo no ateliê do artista, em 12/07/2018.*

Samuel Abrantes

Além da criativa participação nas escolas de samba do Rio, **Samuel** Sampaio **Abrantes** é figurinista e professor adjunto de Indumentária da EBA. O artista possui trabalhos brilhantes na cena teatral, entre eles "A Escola de Bufões" (prêmios Molière, Shell e Sated em 1990) e "Epifanias" (Mambembe e Shell em 1993). Ele publicou ainda *Samile Cunha: transconexões, memórias e heterodoxia* (2014) e *Itinerários da criação: abismo; dobra e figurino* (2017). Ex-aluno de Rosa Magalhães no SENAI-CETIQT, Samuel é seu fiel colaborador desde o final dos anos 80.

DVD – ROSA MAGALHÃES: A MOÇA PROSA DA AVENIDA

Direção – Luiz Ricardo Leitão
Fotografia e Montagem – Daniel Cordeiro
Roteiro – Adil Lepri, Ana Cláudia Theme, Cássia Ferreira, Daniel Cordeiro, Félix Milesi e Luiz Ricardo Leitão
Produção – *Acervo do Samba UERJ* e TV UERJ
Realização – CTE-UERJ / DECULT-UERJ / SR-3 UERJ
Patrocínio – DAF-UERJ
Produção Executiva – Tatiana Agra
Pesquisa – Cássia Ferreira, Daniel Cordeiro, Juliana Campos e Tatiana Agra
Cinegrafistas – Daniel Cordeiro, Félix Milesi, Guapy Góis e Victor Quaresma
Imagens aéreas – Félix Milesi
Assistência de Imagens – Jairo Delane e Valdeci Ferreira
Videografismo – Adil Lepri
Narração – Luiz Ricardo Leitão

Imagens

Arquivos públicos, meios de comunicação e outras instituições

Acervo *carnevalerio.com* | Arquivo Geral da Cidade do Rio de Janeiro (AGCRJ) | Arquivo Múcio Leão (ABL) | Arquivo Nacional (AN) | Centro de Memória LIESA | Colégio Sagrado Coração – Rio de Janeiro | Escola de Belas Artes da UFRJ | Museu da Imagem e do Som (MIS) | TV Globo RJ | TV Manchete

Fotógrafos colaboradores

Adil Lepri | Andressa Lacerda | Daniel Cordeiro | George Magaraia | Luciano Belford | Valéria del Cueto | Wigder Frota

Agradecimentos especiais

Beatriz Kushnir e Rachel Torres (AGCRJ) | Juliana Amorim (Arquivo ABL) | Cláudio Teixeira (Arquivo Nacional) | Fernando Araújo (Memória LIESA) | Prof. Amaro França, Maria José Lima da Silva e Mayara Almeida (CSC) | Luciano Belford | Maria Helena Cardoso de Oliveira e Rodrigo Manoel (MIS) | Rosemeire Rodrigues (TV Globo) | Valéria del Cueto – acervo *carnevalerio.com* | Wigder Frota

Produção musical

Canções

Ó abre-alas (Chiquinha Gonzaga) | ***Copacabana*** (Alberto Ribeiro & Braguinha) | ***Rosa Morena*** (Dorival Caymmi) | ***Pirata da perna de pau*** (Braguinha)

As duas equipes do DVD 100% uerjiano: em pé (da esq. para a dir.), Guapy Góis, Eduardo Sobral, Daniel Barros, Cássia Ferreira, Daniel Cordeiro e Yasmim de Cássia (CTE-UERJ); sentados, Andressa Lacerda, Luiz Ricardo Leitão, Juliana Campos e Tatiana Agra (*Acervo do Samba*) | Foto: Aline Zacher

Intérpretes

Thati Carvalho (voz) | Mariana Braga (violão) | Ana Barão e Tatiana Agra (coro)

Técnicos e estúdio de gravação

Daniel Barros Luz e Eduardo Sobral | Rádio UERJ

Fonogramas cedidos

"O ti-ti-ti do sapoti" (Estácio, 1987)
"Mais vale um jegue que me carregue do que um camelo que me derrube" (Imperatriz, 1995)
"Eu sou da lira, não posso negar" (Imperatriz, 1997)
"A Vila canta o Brasil celeiro do mundo" (Vila Isabel, 2013)
"A incrível história do homem que só tinha medo da Matinta Pereira, da Tocandira e da Onça Pé de Boi" (São Clemente, 2015).

Editora

EDIMUSA (Editora Musical Escola de Samba Ltda.)

Agradecimento especial

Gleide Mota Trancoso (Assistente Executiva – EDIMUSA)